Hermann E. Mark

Geschichte und Geschichten vom Canal Grande

Hermann E. Mark

Geschichte und Geschichten vom Canal Grande

Ein illustrierter Führer durch Politik und Kunstgeschichte, Geographie und Abenteuer entlang des Canal Grande

Ibera – Edition N. Orac

Zueignung

Dieses Buch ist geschrieben in der liebevollen Erinnerung an die unvergeßlich schönen und glücklichen Tage, die ich mit mir so teuren Menschen in Venedig erlebt habe, aber auch in der Vorfreude darauf, in der Zukunft mit meinen Lieben dort noch viele glückliche Stunden zu verbringen.

Vor allem aber widme ich das Buch meiner treuesten Begleiterin in dieser herrlichen Stadt, meiner lieben Monika.

Die Deutsche Bibliothek – CIP-Einheitsaufnahme
Mark, Hermann:
Geschichte und Geschichten vom Canal Grande
Ein illustrierter Führer durch Politik und Kunstgeschichte, Geographie
und Abenteuer entlang des Canal Grande / Hermann Mark. – Wien:
Ibera Verlag/European University Press GmbH., 2002
ISBN 3-85052-116-8

1. Auflage

Lektorat: Dr. Helga Zoglmann
Herstellung: Web- und Buchdesign, Wien

ISBN 3-85052-116-8

www. ibera.at

Inhaltsverzeichnis

Vorwort

Es mag im ersten Moment überflüssig erscheinen, wieder einen neuen Führer über Venedig zu schreiben. Wer aber einmal versucht hat, selbst mit den besten Führern in der Hand die Paläste am Canal Grande zu identifizieren, wird sich wundern, wie viele Gebäude aus oft unerklärlichen Gründen nicht erwähnt sind und wie schwierig es dann wird, ohne Illustration die einzelnen Bauwerke sicher zu erkennen. Natürlich ist das bei den großen und berühmtesten Palazzi kein Problem, aber bei vielen der kleineren ist das oft kaum möglich.

Außerdem beschäftigen sich die meisten Führer nur mit der Architektur der Bauwerke. In diesem Führer wird die Architektur bewußt in den Hintergrund gestellt und statt dessen die Geschichte der einzelnen Gebäude in den Vordergrund gerückt, und es werden, sofern solche bekannt sind, Geschichten aus dem Leben ihrer Bewohner erzählt.

Beim Schreiben dieses Buches bin ich auf manch interessanten Zusammenhang zwischen der Geschichte Venedigs und der Weltgeschichte gestoßen sowie natürlich auf Verbindungen zur Geschichte des Heiligen Römischen Reiches, der Geschichte Österreichs, Deutschlands und anderer europäischer Staaten. Ich habe diese Zusammenhänge besonders faszinierend gefunden und habe sie bei jenen Palazzi, bei denen ich auf solche gestoßen bin, dargestellt.

Da sich dieses Buch jedoch nur mit den Gebäuden am Canal Grande beschäftigt, konnte keine vollständige und schon gar keine kontinuierliche Geschichte Venedigs entstehen. Das Buch befaßt sich aber nicht nur mit der Geschichte, sondern auch mit den Geschichten, die sich um die Bewohner der Palazzi ranken. Ohne diese oft sehr turbulenten Affären wäre das Buch wahrscheinlich viel trockener geworden, oder ich hätte es vielleicht gar nicht geschrieben.

Einige dieser Geschichten habe ich in den wunderbaren Büchern gefunden, in denen Alvise Zorzi seine Heimatstadt Venedig so liebevoll beschreibt, in „Canal Grande" und in „Venezia Austriaca". Andere stammen aus Büchern, die im Literaturverzeichnis angeführt sind; viele wieder wurden mir zugetragen, während ich an dem Buch gearbeitet habe.

Bei allen jenen, die mir solche Geschichten teils mündlich, teils schriftlich zukommen ließen, und die dadurch zum Werden dieses Buches beigetragen haben, möchte ich mich an dieser Stelle herzlichst bedanken. Mein Dank gilt auch allen jenen, die mir in Form alter Bilder, alter Stiche, alter Photographien und alter Ansichtskarten, die ihre Großeltern oder Urgroßeltern aus Venedig nach Hause geschrieben haben, ein riesiges Bildmaterial zur Verfügung gestellt haben, das so groß war, daß ich es in diesem Buch gar nicht ausnützen konnte.

Ferner gilt mein Dank meinen Verlegern, Frau Strobele und Herrn Orac, ohne die dieses Buch nicht erschienen wäre, und Frau Dr. Zoglmann für ihre so positive Kritik beim Korrekturlesen.

Eine kurze **„Einführung“** in die Geschichte Venedigs und die Architektur seiner Paläste ist dem eigentlichen Führer vorangestellt.

Im Abschnitt **„Handhabung des Führers“** ist die Verwendung des Führers, die Geographie des Canal Grande und die Einteilung der Bauwerke erklärt.

Im Anschluß an den eigentlichen Führer findet sich ein Kapitel **„Der venezianische Staat“**, eine **„Zeittafel“** und eine chronologische **„Liste der Dogen“**, damit sich der Leser rasch über Fragen der venezianischen Verfassung und der venezianischen Geschichte orientieren kann, ohne unbedingt andere Bücher zur Hand nehmen zu müssen.

Im **„Geographischen Glossar“** findet sich die Erklärung verschiedener heute nicht mehr bekannter geographischer Namen. Ein **„Glossar venezianischer Ausdrücke“** übersetzt die im Text immer wieder vorkommenden typisch venezianischen Ausdrücke.

Zum Aufsuchen der Objekte dienen zwei Stichwortverzeichnisse:

Im **„Index nach Ordnungsnummern“** finden sich die Nummern, unter denen das jeweilige Objekt (Gebäude, Straße, Kanal) im Buch gefunden werden kann, wenn man den Namen oder zumindest einen Teil des Namens kennt.

Im **„Register“** finden sich Personen- und Ortsnamen sowie Sachstichwörter mit der jeweils zugehörigen Seitenzahl.

Einführung

Die Geschichte Venedigs

Einen gar wundersamen Staat haben sich die Venezianer da aufgebaut am nördlichsten Ende der Adria, wo im Schwemmland mehrerer Flußmündungen eine fruchtbare Ebene allmählich ins Meer übergeht. Es war bereits ein kleines Wunder, auf diesen schlammigen Inseln zu überleben, ein noch größeres Wunder war es, dort eine Stadt zu bauen, und es war eine unglaubliche, wunderbare Leistung, aus dieser Stadt auch noch einen selbständigen Staat zu formen, der zur Weltmacht aufstieg und der dann über tausend Jahre bestand. Die Venezianer selbst haben diesen ihren Staat hingebungsvoll geliebt und waren sich dieses Wunders wohl bewußt, das sie da vollbracht haben: Ein Staat ohne Land, eine Stadt im Wasser, umgeben von Wasser, und ein Weltreich auf dem Wasser, zusammengehalten nur durch seine Schiffe und sein Gold.

Die Venezianer haben die Geschichte ihres Staates selbst geschrieben, und sie haben sie nach ihrem Gutdünken ausgeschmückt. Die vom Staat beschäftigten Historiographen haben natürlich die Geschichte Venedigs so dargestellt, wie es der Staatsregierung genehm war, aber auch andere Venezianer, die als Privatleute Geschichte und Geschichten niederschrieben, haben ihre bewundernde Phantasie spielen lassen und allesamt an einem Netz gewoben, das über die nüchternen Fakten gebreitet ist und das wegzuziehen die venezianische Geschichte ihrer Romantik entkleiden würde.

Die herausragende Leistung, die ganz am Anfang der Geschichte steht, war zweifellos die Gründung einer funktionsfähigen Stadtsiedlung in dieser unwirtlichen Umgebung. Eine Leistung, die schon Cassiodorus, der Kanzler König Theoderichs, bewundernd anerkannt hat. Aber ein Wunder, wie es uns die venezianischen Geschichtsschreiber erzählen, war das auch nicht.

Man darf nur ja nicht glauben, daß es arme Bauern und Fischer waren, die da aus dem Nichts heraus im Schlamm der Lagune eine Stadt und schließlich einen selbständigen Staat schufen. Nein, es war die Elite der Veneter, reiche Landadelige, erfahrene Kaufleute, hervorragende tüchtige Bürger aus den Städten der Provinz Venetia des alten Römischen Reiches mit einer jahrhundertelangen Erfahrung im Schiffsbau, im Städtebau, im internationalen Seehandel und in der Verwaltung von Gemeinwesen, denen das gelang.

Auch die Lagunen selbst waren diesen Leuten nicht so unbekannt. Ihre Seehäfen hatten sie immer schon an der äußeren Inselreihe, wo die Flußmündungen der Brenta, der Piave, des Po, der Aussa und noch einiger anderer sich zum freien Meer hin öffnen. In Malamocco, in Caorle, in Chioggia hatten sie Häfen gebaut, und dort lagen auch ihre seegängigen Schiffe. Und nur durch die Lagune konnten sie zu diesen Seehäfen gekommen sein! Also waren ihnen auch die Laguneninseln nicht so unbekannt, wie später behauptet worden ist. Wahrscheinlich waren viele von ihnen immer schon dort fischen oder Enten jagen gewesen.

Auch die Methode, mit der man auf den schlammigen Laguneninseln große Bauwerke errichten konnte, nämlich das Bauen auf hölzernen Piloten, die in den Boden gerammt wurden, hatten die Veneter schon gekannt, und das Holz, das sie dafür brauchten, haben sie ebenso wie das Holz zum Bau ihrer Schiffe schon von jeher aus Istrien und Dalmatien geholt, wo einige von ihnen auch über große Ländereien verfügten.

Als sich die Veneter entschlossen, vor den Stürmen der Völkerwanderung und nach der mehrfachen Verwüstung ihrer Städte mit Sack und Pack, mit ihren Familien und ihrem Gesinde in die Lagune zu flüchten, haben sie sich zuerst in den schon bestehenden alten Hafenstädten wie in Malamocco angesiedelt.

Erst als diese Orte allmählich überfüllt waren und sich schließlich auch als angreifbar erwiesen, sobald die Invasoren sich Schiffe verschafften, besiedelten sie nach und nach die inneren Laguneninseln. Von dieser sicheren Festung aus haben sie dann ihre Vorherrschaft im Handel und ihr Weltreich aufgebaut, das im 14. Jahrhundert seinen machtvollen und glänzenden Höhepunkt erreichte.

Mit der Entwicklung anderer, geographisch geschlossener oder national einheitlicher Staaten wie dem Deutschen Reich, Frankreich und der Türkei nahm die handelspolitische Bedeutung Venedigs wieder ab, das durch die weiten Verbindungswege zu seinen Stützpunkten oder Kolonien verwundbar war. Mit dem Schwinden des Reichtums schwand allmählich auch die Macht und schließlich auch der Staat.

Die Architektur der venezianischen Paläste

Jene prunkvollen Bauwerke, die wir heute fälschlich Palazzi nennen, haben die Venezianer in früheren Zeiten immer als ***Casa*** oder abgekürzt als ***Ca'*** bezeichnet. Das einzige Bauwerk, das man Palazzo nannte, war der ***Palazzo ducale,*** der Dogenpalast. Allen anderen stand in falscher Bescheidenheit nur das schlichte *Ca'* zu, und so gewaltige Paläste wie der Palazzo Rezzonico oder Foscari hießen korrekt nur *Ca'Rezzonico* oder *Ca'Foscari.* Da sich aber mit der Zeit der Name Palazzo für jedes Bauwerk entsprechender Größe eingebürgert hat, werden in diesem Buch beide Ausdrücke abwechselnd verwendet, ohne daß dem Wort jeweils eine besondere Bedeutung zu Grunde liegt.

Für den venezianischen Kaufmann war seine Casa nicht nur ein mehr oder weniger prunkvolles Wohnhaus, sondern ursprünglich auch sein Lagerhaus und sein Kontor. Die ältesten der erhaltenen Paläste weisen auch noch die zu diesem Zweck hervorragend geeignete Bauweise auf mit einer Reihe von Arkaden an der Wasserfront, wo die Schiffe zufahren und praktisch unter Dach entladen werden konnten. Wir nennen diese Palazzi ***venezianisch-byzantinisch,*** und Beispiele für diese Art der Bauweise sind der Fondaco dei Turchi oder der Fondaco dei Tedeschi.

Um 1300 änderte sich der Baustil in Venedig, und die Venezianer bauten ihre Paläste nun der Zeit entsprechend im ***gotischen*** Stil. In Venedig nannte man die Gotik damals den ***„deutschen Stil"***. Als Beispiel eines gotischen Palastes sei der Palazzo Foscari genannt mit seinen zahlreichen Spitzbogenfenstern. Gotik ist in Venedig überhaupt der vorherrschende Stil, und gotische Elemente findet man überall, wo man hinsieht.

Später wurden die Fenster runder und man begann die Fassaden zu verkleiden. Man nennt diese Zeit und diese Stilrichtung ***Renaissance***. Manchmal wird dieser Stil in der italienischen Literatur auch „klassischer Stil" genannt, ein Ausdruck, der in diesem Buch ebenfalls gelegentlich verwendet wird. Ein früher Renaissancepalast ist z. B. der Palazzo Dario, ein Bau der Hochrenaissance ist der Palazzo Vendramin Calergi.

Die nächsten Epochen in der besonders große und prunkvolle Paläste in Venedig gebaut wurden, waren ***Barock*** und ***Rokoko,*** wobei diese zwei Stilrichtungen in Venedig mehr ineinander übergehen als in Österreich und Deutschland. Auch hier findet man verkleidete Fassaden. Typische Beispiele des ***Barockstils*** sind der Palazzo Pesaro oder der Palazzo Rezzonico; mehr Elemente des ***Rokokostils*** weist der Palazzo Labia auf.

Auch nach dem Fall der Republik wurde in Venedig weitergebaut, und etliche Palazzi sind in ***neugotischem*** Stil im 19. Jahrhundert errichtet oder umgebaut worden.

Es gibt Palazzi, in denen Stilelemente mehrerer Epochen vereint sind, sei es durch Umbauten, oder weil der Stil zur Zeit des Baues noch nicht ganz ausgereift war, oder weil sich der Bau so lang hinzog, oder schlicht und einfach deswegen, weil es der Bauherr so wollte.

Umbauten und Neubauten der Paläste wurden immer wieder notwendig, da vor allem die älteren Ziegelbauwerke unter der ständigen Feuchtigkeit stark litten und manchmal ein Neubau billiger kam als eine aufwendige Reparatur.

Die Namen der Palazzi lassen meistens Rückschlüsse auf die Geschichte ihrer Besitzverhältnisse zu. Meist sind die Namen der Erbauer und die der folgenden Besitzer genannt, manchmal nur die der Erbauer oder die der letzten Besitzer. Manche Namen wiederum sind architektonische Beschreibungen eines Palastes, wie z. B. Ca' d' Oro – Haus aus Gold.

Handhabung des Führers

Die Geographie des Canal Grande und die Ordnungsnummern der einzelnen Objekte

Wer nach Venedig kommt, sieht früher oder später den Canal Grande entweder vom Ufer, von einer Brücke, von einem Boot oder sogar vom Hotelfenster aus. Jedenfalls kann sich niemand in Venedig aufhalten, ohne irgendwann und irgendwie mit dieser einzigartigen Wasserstraße und den prachtvollen Bauwerken an ihren Ufern in Berührung zu kommen.

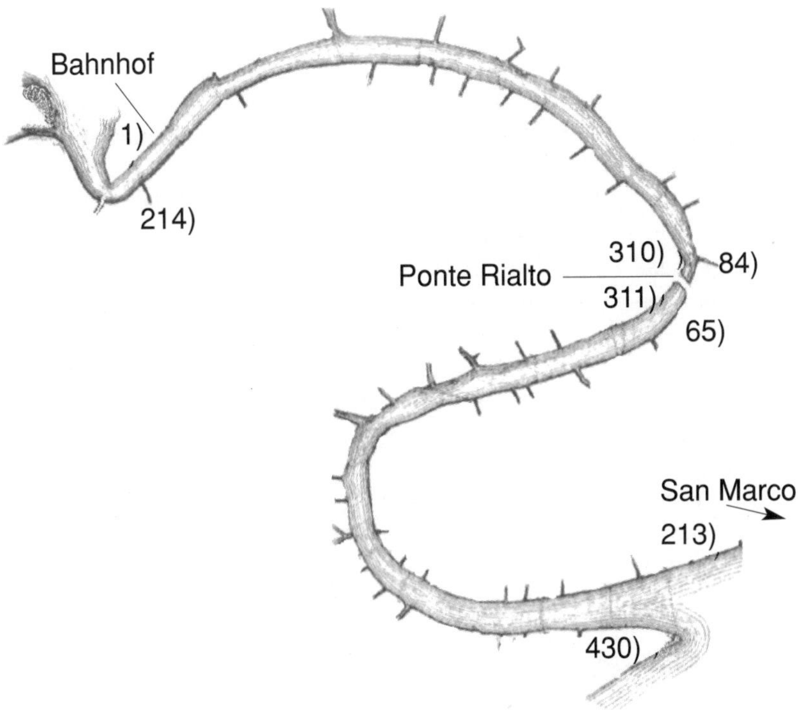

Der Canal Grande mit den einmündenden Seitenkanälen und den im Text verwendeten Ordnungsnummern

Der Canal Grande war ursprünglich ein Mündungsarm des Flusses Brenta, der sich hier zwischen ganz flachen Laguneninseln und Sandbänken von Nordwesten nach Südosten ins Meer schlängelte. Auch heute noch besteht eine geringe Strömung in dieser Richtung, wenn sie nicht gerade vom Gezeitenstrom aufgehoben oder umgekehrt wird.

Der Canal Grande durchzieht Venedig in zwei Halbkreisen, die sich gegensinnig aneinander schließen. Seine Länge beträgt etwa 3800 m, und seine Breite schwankt zwischen 40 m und 80 m. An seiner schmalsten Stelle, genau am ersten Knie, wird der Canal von der Rialtobrücke überspannt. Diese Brücke war die erste und für Jahrhunderte die einzige Brücke, die die zwei Teile von Venedig verband. Erst im 19. und 20. Jahrhundert kamen zwei weitere Brücken dazu, die eine beim Bahnhof und die andere bei der Accademia nahe der Einmündung des Canal Grande in das Bassin von San Marco. Die Rialtobrücke – italienisch: „Ponte di Rialto" – unterteilt den Canal Grande in zwei Abschnitte, einen nördlichen und einen südlichen.

Für die Orientierung ist es wichtig zu wissen, wo der Canal Grande beginnt und wo er endet und welches Ufer man als das rechte und welches als das linke ansieht.

In diesem Buch beginnt der Canal im Norden beim Bahnhof, wo jeder Fremde, der mit der Bahn oder mit dem Auto nach Venedig kommt, den Canal Grande zum ersten Mal sieht. Wir betrachten ihn als einen Fluß, so wie einst das Wasser der Brenta durch diesen Mündungsarm ins Meer geflossen ist.

Für uns ist das linke Ufer jenes, das zuerst im Norden, dann im Osten, dann im Südosten und dann wieder im Norden liegt. Das rechte Ufer ist demgemäß das zuerst südliche, dann westliche, dann nordwestliche und schließlich wieder das südliche.

Alle Gebäude, einmündende Kanäle, Gassen und sonstige Objekte am Canal Grande sind in diesem Sinne mit fortlaufenden Ordnungsnummern versehen. Die Numerierung beginnt mit der Ordnungsnummer 1) am linken Ufer beim Bahnhof, geht bis 213), der Biblioteca Sansovina, dem letzten Gebäude am linken Ufer vor dem Marcusplatz. Mit 214) beginnt sie wieder oben am rechten Ufer mit dem Ponte del Rio Nuovo und endet mit 430), bei der Dogana da Mar, dem letzten Bauwerk am rechten Ufer.

Wegen der besseren Übersicht werden die Objekte in vier Kapiteln beschrieben: in den Kapiteln 1 und 2 die Objekte oberhalb der Rialtobrücke, in den Kapiteln 3 und 4 die Objekte unterhalb der Brücke.

Auf folgende Weise sind die numerierten Objekte in den einzelnen Kapiteln zusammengefaßt:

Kapitel 1:	**oberhalb der Rialtobrücke** Objekt 1) bis 84).	**links**
Kapitel 2:	**oberhalb der Rialtobrücke** Objekt 214) bis 310).	**rechts**
Kapitel 3:	**unterhalb der Rialtobrücke** Objekt 85) bis 213).	**links**
Kapitel 4:	**unterhalb der Rialtobrücke** Objekt 311) bis 430).	**rechts**

Die Seitenzahlen, unter denen die einzelnen Objekte gefunden werden können, finden sich im Inhaltsverzeichnis auf den Seiten I und II. Es sind dabei immer etwa zehn Objekte in einer Gruppe zusammengefaßt.

Um dem Benützer das Herumblättern zu ersparen, gibt es nur sehr wenige Querverweise von einem Objekt zum anderen (sie stehen, wenn sie vorkommen, in eckiger Klammer). Dafür kann es aber geschehen, daß Personen oder Ereignisse, die bei einem Bauwerk schon ausführlich abgehandelt wurden, bei einem anderen nochmals vorkommen.

Kapitel 1

1) Verwaltungsgebäude der Eisenbahn. Das Gebäude wurde unter der österreichischen Herrschaft 1860 zusammen mit dem Bahnhof für die Eisenbahnverwaltung errichtet und diente damals wie heute dem gleichen Zweck. Es besteht aber der Plan, das Winterspielkasino in den nächsten Jahren vom Palazzo Vendramin hierher zu übersiedeln.

Links das Verwaltungsgebäude der Eisenbahn 1), rechts davon der Bahnhof 2)

2) Bahnhof. Das heutige Bahnhofsgebäude stammt aus dem Jahr 1954. Während der österreichischen Herrschaft über Venedig wurde Venedig an die Südbahn angeschlossen und der erste Bahnhof gebaut.

Scuola dei Nobili, Palazzo Lion Cavazza, Kirche Santa Lucia; auf einem Stich aus dem 19. Jahrhundert

Die Mitte des 19. Jahrhunderts errichtete Eisenbahnverbindung zwischen Wien und Venedig war auch der Grund dafür, daß vor der Fassade des alten Wiener Südbahnhofs zwei Markuslöwen zu sehen waren. Einer der beiden, der die Bomben im Zweiten Weltkrieg überdauert hat, steht heute in der Halle des neuen Wiener Südbahnhofs. Um in Venedig den Bahnhof bauen zu können, wurden damals die Scuola dei Nobili, der Palazzo Lion Cavazza, die Kirche und das Kloster von Santa Lucia abgerissen sowie das Kloster und die Kirche von Corpus Domini. Die ersten drei Objekte sind auf dem alten Stich aus dem Beginn des 19. Jahrhunderts zu sehen.

Von links nach rechts: Die Kirche Santa Maria degli Scalzi 4), die steinerne Brücke und die drei kleinen Häuser an der Fondamenta degli Scalzi 3)

3) Fondamenta degli Scalzi

4) Chiesa santa Maria di Nazareth degli Scalzi. Die Kirche hat eine barocke Fassade von G. Sardi aus dem 17. Jahrhundert. Anschließend an die Kirche stehen drei kleine Häuser am Fuß der steinernen Ponte degli Scalzi, die im Jahr 1934 gebaut wurde und die bis dahin bestehende Eisenbrücke ersetzte, die unter der österreichischen Herrschaft 1858 zur Zeit des Bahnhofsbaues errichtet worden war.

5) PALAZZO SORANZO CALBO CROTTA. Der Palazzo ist ein mehrfach auch in der Barockzeit umgebautes und vergrößertes, ursprünglich gotisches Gebäude aus dem 15. Jahrhundert. Es war zuerst im Besitz der Familie Soranzo. Die prachtvollen Rokokomöbel, die sich bis zum Tod des letzten Erben in dem Haus befanden, wurden vom Museo Correr aufgekauft und sind jetzt dort und im Museum des 18. Jahrhunderts (Museo Del Settecento Veneziano) im Ca' Rezzonico zu sehen. Die großen Gemälde, „Die Heiligen der Familie Calbo Crotta", die G. B. Tiepolo um 1753 malte, wurden von der Pinakothek Frankfurt angekauft. Auf dem vor dem Palazzo liegenden Teil der Fondamenta Crotta befinden sich jetzt die Gastgärten der Restaurants, die heute dort eingemietet sind.

Palazzo Soranzo Calbo Crotta 5)

6) FONDAMENTA CROTTA mit insgesamt fünf Gebäuden, von denen einige noch Reste der Bausubstanz aus dem 15. und 16. Jahrhundert zeigen, wie Fenster und Balkone aus der Gotik und der Renaissance. Die Gebäude sind heute in ein Hotel und in Privathäuser umgewandelt. Sie sind zwar stark modernisiert worden, lassen aber immer noch durchaus die alten Formen erkennen, wie auf dem Stich auf der nächsten Seite zu sehen ist.

Fondamenta Crotta mit den fünf Gebäuden 6)

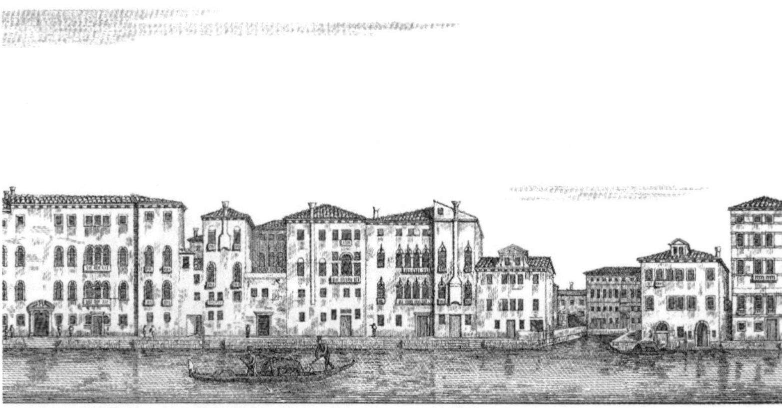

Fondamenta Crotta links, der heutige Rio Terrà dei Sabioni noch als Canal und der Palazzo Zen im Hintergrund auf einem Stich aus dem Beginn des 19. Jahrhunderts

Von links nach rechts: Gebäude an der Fondamenta Crotta 6) oberhalb des Rio Terrà dei Sabbioni. Anschließend Rio Terrà dei Sabbioni und Gebäude unterhalb des Rio Terrà dei Sabbioni 7)

7) Rio Terrà dei Sabbioni ist heute ein Platz, war früher aber ein Seitenarm des Canal Grande, an dessen Ende im Palazzo Zen zeitweilig die spanische Botschaft untergebracht war. An der unteren Ecke wurde das alte aus dem 16. Jahrhundert stammende Gebäude sehr radikal in das Hotel Continental umgebaut und ein Stockwerk aufgesetzt. Das daran anschließende hohe Gebäude stammt aus der Barockzeit und wurde ebenfalls recht schmucklos umgebaut, ist aber auf dem Stich um das Jahr 1800 noch gut in einer ähnlichen Form wie heute zu erkennen.

Von links nach rechts: Rio Terrà dei Sabbioni, Hotel Continental, hohes Gebäude 7), zwei neue Gebäude 8), Casa Cini 9), Casa Seguso 10), Palazzo Flangini 11)

8) Zwei neue Gebäude, die durch einen kleinen Garten getrennt sind, der zum Canal Grande hin eine Ziegelmauer und ein eisernes Gittertor hat. Das linke stammt aus der Mitte des 20. Jahrhunderts, das rechte aus der Mitte des 19. Jahrhunderts. An dieser Stelle stand früher der alte gotische Palazzo Morosini della Tressa, der schon im 18. Jahrhundert abgerissen wurde und von dem nur der alte gotische Torbogen in der dahinter liegenden Gasse, der Lista di Spagna, erhalten ist. Das Sims, das von zwei Putten getragen wird, ist wahrscheinlich eine Arbeit von G. Buora aus dem 15. Jahrhundert.

Von links nach rechts: Zwei neue durch einen Garten getrennte Gebäude 8) und rechts die Casa Cini 9)

9) Haus, ehemals Casa Cini. Ein mehrfach umgebautes Gebäude aus dem 16. Jahrhundert.

10) Casa Seguso, ein Bauwerk aus der ersten Hälfte des 16. Jahrhunderts.

11) Palazzo Flangini, ein von G. Sardi begonnener Palast, der aus Geld- und Platzmangel unvollendet blieb. Das Gebäude gehörte der ursprünglich aus Zypern stammenden Familie Flangini, die sich im 17. Jahrhundert in das venezianische Patriziat eingekauft hatte.

Im Jahr 1804 starb die Familie mit dem Tod des letzten Familienmitgliedes aus.

Es war dies Kardinal Lodovico Flangini gewesen, Patriarch von Venedig, Kardinal von Santa Anastasia. Dieser 1733 geborene Patrizier hatte eine eigenartige

Der gotische Torbogen des abgerissenen Morosinipalastes in der Lista di Spagna

Von links nach rechts: Casa Seguso 10), Palazzo Flangini 11), Scuola dei Morti und ein Teil der Apsis der Chiesa di San Geremia 12)

Karriere gemacht. Zur Zeit der Republik war er Mitglied des Rates der Vierzig, Avogador di Commun, Dogenberater und Senator. Im Jahr 1774 war er einer jener Korrektoren, die damals das Spielkasino bei San Moise schlossen. [s. 204] Er war verheiratet gewesen, hatte eine Tochter und war erst nach dem Tod seiner Frau in den geistlichen Stand übergetreten. Seine Weihen hatte er erst kurz vor dem Eintritt in das Konklave im Jahr 1799 empfangen. Dieses Konklave fand in Venedig im Kloster San Giorgio statt, da der vom französischen Revolutionsheer nach Valence verschleppte und in französischer Gefangenschaft verstorbene Papst, Pius VI., verfügt hatte, das Konklave solle dort stattfinden, „wo sich gerade die meisten Kardinäle und der Kardinaldekan aufhalten“. Venedig, damals unter österreichischer Herrschaft, war vor den Franzosen relativ sicher. Der im März 1800 gewählte Papst, Pius VII. (Kardinal Graf Chiaramonti), war aber den Österreichern wieder nicht recht, und Generalgouverneur Graf Wallis verweigerte dem Neugewählten die Krönungsfeierlichkeiten im Markusdom.

12) Scuola dei Morti, Chiesa di San Geremia und Pfarrhaus. Die Mitglieder bzw. Brüder der Scuola dei Morti waren für die Veranstaltung von Begräbnissen zuständig, waren also die Leichenbestatter von Venedig. Das Gebäude wurde bei der Beschießung Venedigs durch österreichische Truppen im Zuge der Wiedereroberung 1848 bis 1849 schwer getroffen, brannte ab und wurde in der jetzigen Form 1849 wiederaufgebaut.

Von links nach rechts: Scuola dei Morti, San Geremia und Pfarrhaus 12), Fondamenta Labia und Palazzo Labia im Hintergrund 13)

13) Fondamenta Labia und Palazzo Labia. Der Palazzo selbst liegt eigentlich nicht am Canal Grande, sondern am Canale di Cannaregio und sieht nur mit einer Seitenfront in Richtung des Canal Grande. Obwohl nur die Schmalseite zum Canal Grande schaut, ist diese reicher dekoriert als die Fassade zum Rio Cannaregio hin. Der Ballsaal mit den berühmten Fresken von Tiepolo mit der Geschichte über Antonius und Cleopatra ist genauso breit wie diese Seitenfassade. Der Palazzo wurde von der damals sagenhaft reichen Kaufmannsfamilie Labia gebaut. Baumeister war zuerst Andrea Comelli, dann später Alessandro Tremignon. Die Labia waren im 14. Jahrhundert aus Katalonien nach Venedig gekommen und hier sehr reich geworden. Sie waren die ersten, denen man angeboten hatte, gegen Bezahlung von hunderttausend Dukaten in das venezianische Patriziat aufgenommen zu werden.

Von links nach rechts: Fassade und Campanile von San Geremia 12), Palazzo Labia 13), Canale di Cannaregio 14), Palazzo Emo 15), Calle di San Antonio 16) und Teil des Palazzo Querini 17).

„Die Ankunft des Antonius“
Fresko von G. Tiepolo im Ballsaal des Palazzo Labia

1646 war es dann soweit, und die frischgebackenen Patrizier bauten, um den alteingesessenen nicht nachzustehen, alsbald diesen prachtvollen Palast. Der Bau war 1696 fertig. Aber da die Labia ihr vieles Geld anscheinend besonders gerne verbauten, beschäftigten sie sich die nächsten fünfzig Jahre damit, den Palast innen umzubauen und zu dekorieren. Der oben erwähnte Ballsaal wurde erst später gebaut, und die Tiepolo-Fresken hat wahrscheinlich Paolo Antonio Labia in Auftrag gegeben. Diesem so überaus verschwenderischen Mann sagt man nach, daß er am Ende eines Banketts das goldene Tafelgeschirr mit den Worten aus dem Fenster zu werfen pflegte: „L'abia o no l'abia, sarò sempre Labia“. (Ein Wortspiel: „Ob ich es habe oder nicht habe, ich werde immer ein Labia sein“). Wenn man sich aber die sehr seriöse politische Karriere dieses Paolo Antonio Labia ansieht, dürfte diese Geschichte eher ein Märchen sein. Er selbst wurde schon als Patrizier geboren. Seine Mutter, Maria Civran, war aus ältestem venezianischen Adel, soll sehr schön gewesen sein und besaß nach dem Zeugnis eines französischen Reisenden, der bei ihr zu Gast war, die prachtvollsten Juwelen, die je einer Privatperson in Europa gehört haben.

Bildnis des Paolo Antonio Labia im Fresko „Die Ankunft des Antonius“

Sie mußte diese aber in einer Truhe verwahren, da es Patrizierinnen außer in ihrem ersten Ehejahr verboten war, Juwelen oder bunte Kleider zu tragen. Paolo Antonio selbst war mit einer Emo verheiratet, machte sehr erfolgreich die für einen Patrizier obligatorische politische Laufbahn durch, wobei er es mehrmals zu dem sehr hohen Rang eines Dogenberaters brachte. Außerdem war er offensichtlich ein Kunstmäzen, der den damals in höchstem Ansehen stehenden Tiepolo engagierte, um seinen prunkvollen Ballsaal mit Fresken zu verzieren. Der Freskenzyklus im Ballsaal heißt „Antonius und Cleopatra" und zeigt unter anderem „Die Ankunft des Antonius in Ägypten" und sein erstes Zusammentreffen mit Cleopatra. Ein anderes Gemälde aus dieser Reihe zeigt ein „Gastmahl der Cleopatra", bei dem die Königin eine riesige Perle in Wein auflöst, um sie auf das Wohl ihres Geliebten zu trinken. Diese Fresken sind auch deshalb so interessant, weil die dargestellten Personen zeitgenössische Festkleidung tragen und Tiepolo wohl auch die Atmosphäre der sagenhaften Feste im Palazzo Labia eingefangen hat.

Es ist viel darüber gerätselt worden, ob Mitglieder der Familie Labia auf den Gemälden dargestellt sind. Wahrscheinlich ist der ältere Mann mit seiner eigenartigen Kopfbedeckung im Hintergrund, der die Ankunft des Antonius beobachtet, der Auftraggeber Paolo Antonio Labia. Sicher ist, daß die schöne Maria Civran Labia nicht das Modell für die Cleopatra gewesen sein kann, denn um 1750, als Tiepolo diese Bilder malte, war sie schon sechzig Jahre alt, aber vielleicht ähneln die Gesichtszüge der Königin den ihren.

Wand des Ballsaales des Palazzo Labia mit dem „Gastmahl der Cleopatra"
Fresko von G. Tiepolo

Die Gemälde sind heute wunderschön restauriert, dank der RAI, der der Palazzo jetzt gehört. Es bestand große Gefahr, daß sie verloren gingen, als nach dem Fall der Republik 1797 der Palazzo für einige Zeit unbewohnt war und in einen sehr schlechten Zustand geriet. Später war er dann außerdem noch längere Zeit ein Asyl für Obdachlose, die in die Wände mit den Fresken Haken einschlugen und dazwischen Stricke spannten, um ihre Wäsche zu trocknen. Zu allem Überfluß explodierte in den letzten Tagen des Zweiten Weltkriegs noch ein mit Munition beladener Dampfer genau vor dem Palazzo, wodurch das „Gastmahl" schwer beschädigt wurde.

14) Canale di Cannaregio ist einer der nach dem Canal Grande am meisten befahrenen Wasserwege Venedigs, der eine Verbindung zwischen dem Canal Grande und der Lagune herstellt.

15) Palazzo Emo wurde im 18. Jahrhundert stark renoviert, aber die alten Strukturen aus der Renaissancezeit sind gut erhalten. Das Gebäude liegt genau an der Einmündung des Canale di Cannaregio in den Canal Grande.

16) Calle di San Antonio

17) Palazzo Querini zeigt auf der Fassade das Wappen der Familie Querini. Im Inneren gibt es noch Spuren des alten byzantinischen und gotischen Gebäudes. Das heutige Aussehen des Gebäudes geht auf einen Umbau im 19. Jahrhundert zurück.

18) Campiello del Remer (Platz der Rudermacher) wird so genannt, weil hier in früheren Zeiten eine kleine Bootswerft stand, in der aber vorwiegend Ruder hergestellt wurden.

19) Gotisches Haus oberhalb der Calle Soranzo.

Von links nach rechts: Palazzo Querini 17), Campiello del Remer 18), gotisches Haus 19), Palazzo Correr Contarini Zorzi 20), Casa Spinazzi 21) und Casa Lucatello 22)

20) Palazzo Correr Contarini Zorzi. Dieser Palast heißt heute auch Palazzo Barbini und wird auch Ca' dei Cuori genannt, weil die am Gebäude angebrachten schmiedeeisernen Familienwappen herzförmige Gestalt haben. Die heutige Form hat das Gebäude seit dem 17. Jahrhundert. Der Palast war bis 1768 im Besitz der Familie Contarini, dann kam er in den Besitz der Familie Zorzi. Im 19. Jahrhundert gehörte er Cristiano Lobbia, einem General von Garibaldi, später ging er in den Besitz der Fürsten Borghese über. Gebaut wurde der Palast von der Familie Correr. Diese Familie besaß auch einen viel älteren, venezianisch-byzantinischen Palast genau gegenüber am Canal Grande, der unter der Nummer 249) besprochen ist. Er wurde aber im 17. Jahrhundert abgerissen.

Aus dieser Familie stammte Angelo Correr, der am 30. November 1406 zum Papst gewählt wurde und den Namen Gregor XII. annahm. Er war zuerst Bischof von Castello, also Bischof von Venedig; später als Kardinal war er Patriarch von Konstantinopel. Er bestieg in einer für die Kirche äußerst schwierigen Zeit den Papstthron. Neben ihm gab es noch zwei Gegenpäpste und dazu eine ganze Reihe von Konzilien, die sich bemühten, die Kirche aus diesen Wirren herauszuführen. Die italienischen Kardinäle in Rom hatten Kardinal Correr auch nur unter der Bedingung gewählt, daß er bereit sei abzudanken, wenn das für die Einheit der Kirche notwendig wäre. Er hat das schließlich auch getan und damit zur Beilegung der großen Kirchenspaltung beigetragen. Seine Heimat, die Republik Venedig, konnte ihn politisch wenig unterstützen, da sie gerade in Kriege um den Besitz von Padua und Verona verwickelt war. Sie wollte in die Streitigkeiten zwischen Frankreich, Deutschland, England und Spanien mit der Kirche, die damals zu der Kirchenspaltung geführt hatten, nicht auch noch hineingezogen werden.

Offenbar hatte sich die venezianische Diplomatie auf dem Papstthron aber doch bewährt. Innerhalb kurzer Zeit wurden zwei weitere Venezianer zu Päpsten gewählt, noch dazu beides Neffen von Gregor XII. Der erste, Kardinal Gabriel Condulmer, war zur Zeit seiner Wahl Bischof von Siena und nannte sich als Papst Eugen IV. (1431–1447). Der zweite war Kardinal Pietro Barbo, Bischof von Cervia, und nahm als Papst den Namen Paul II. an (1464–1471). Beide hatten noch mit den Folgen nach der großen Kirchenspaltung zu tun und waren in die Streitigkeiten zwischen Deutschland, Frankreich und Spanien verstrickt. Paul II. hat dann 1470 etwas geschaffen, das bis heute nachwirkt, nämliche ein „Jubeljahr" alle 25 Jahre. Die katholische Kirche nennt diese Einrichtung heute „Heiliges Jahr".

Papst Paul II. (1464–1471)
Terracottabüste von B. Bellano,
Rom, Palazzo Venezia

Papst Gregor XII. (1406–1415)
Gemälde von Justus von Ghent,
Rom, Palazzo Barbarini

Die Erinnerung an diese großen geschichtsträchtigen Gestalten ist im Zusammenhang mit diesem Palazzo Correr heute verblaßt.

An was man sich aber noch erinnert ist, daß hier 1758 der N.H. Antonio Correr verstorben ist, der letzte unter den Patriziern, der sich weigerte, eine Perücke zu tragen. Uns mag heute ein Streit um Perücke ja oder nein komisch erscheinen, im 17. Jahrhundert aber gingen die Wogen deswegen sehr hoch. 1665 hatte ein Graf Vincinguerra di Collalto die Perückenmode aus Frankreich mitgebracht. Anfangs hat der Zehnerrat das Tragen von Perücken verboten, aber es hat sich niemand daran gehalten. Schließlich bestieg am 22. März 1709 Giovanni Corner den Dogenthron und setzte sich den Corno (die Dogenmütze) auf sein perückengeschmücktes Haupt. Von da an, bis zum letzten Dogen Lodovico Manin, sieht man alle Dogen auf ihren Porträts mit Perücke.

„Ein Arzt ohne Perücke wäre wie das in der Poetik des Horaz beschriebene Monster gewesen", zitiert Zorzi eine unveröffentlichte Chronik eines Giovanni Rossi aus dem 19. Jahrhundert. Jedenfalls konnte sich ab einem gewissen Zeitpunkt niemand, der etwas auf sich hielt, ohne Perücke in der Öffentlichkeit sehen lassen; und jener Edelmann Antonio Correr, der sich bis zu seinem Tode weigerte, eine Perücke zu tragen, schwamm vergeblich gegen den Strom der Zeit.

21) Casa Spinazzi ist ein schmuckloses Gebäude aus dem 19. Jahrhundert mit einem kleinen Vorgarten.

22) Casa Lucatello ist ein kleines Gebäude aus dem 16. Jahrhundert.

23) Palazzo Gritti Dandolo ist ein Bauwerk aus dem 17. Jahrhundert, das auf einem älteren gotischen Gebäude aufbaut. Es zeigt auf der Fassade die Wappen der Familien Gritti und Dandolo, die durch Heirat und Erbschaft in den Besitz dieses Palastes kamen.

Von links nach rechts: Palazzo Correr Contarini Zorzi 20), die zurückgebaute Casa Spinazzi mit Vorgarten 21), Casa Lucatello 22), Palazzo Gritti Dandolo 23), Haus über der Fondamenta Gritti 24) und Ecke des Palazzo Memmo 25)

24) Haus über der Fondamenta Gritti ist ein Gebäude mit drei Arkaden, die den Durchgang vom Palazzo Gritti bis zum Campo San Marcuola gestattet. Die Arkaden stammen aus dem 16. Jahrhundert und wurden im 19. Jahrhundert wiederhergestellt.

25) Palazzo Memmo Martinengo Mandelli. Der Palast heißt auch Donà delle Rose. Das Bauwerk stammt aus dem 10. Jahrhundert und gehörte bis ins 18. Jahrhundert der Familie Memmo. Im 18. Jahrhundert wurde es zum letzten Mal umgebaut, und zwar von Andrea Memmo, der eine große Kunstsammlung anlegte. Der nachfolgende Besitzer Graf Luigi Martinengo delle Palle ließ die obere Terrasse und später den Uhrturm anbauen. Ab 1886 wurden weitere bauliche Veränderungen von dem neuen Besitzer Mandelli durchgeführt.

Palazzo Memmo 25) links mit dem dazugehörigen Garten, rechts davon ein Teil des Campo und der Kirche von San Marcuola 26)

Aus der patrizischen Familie Memmo, die auch einen Dogen gestellt hatte (Marcantonio Memmo, Doge von 1612–1615), stammte auch jener Andrea Memmo (1732–1798), ein überaus kunstverständiger Patrizier, der diesen Palast im 18. Jahrhundert umgebaut und eine prachtvolle Bildersammlung angelegt hat. Memmo wohnte in diesem Palast ursprünglich mit seinen Brüdern Bernardo und Lorenzo. Seine Mutter war Lucia Pisani. Andrea Memmo genoß eine sehr gute Ausbildung durch den Franziskanerpater Carlo Lodoli, der bei einer ganzen Reihe von Patriziersöhnen, die dann später erfolgreiche Leute wurden, als Erzieher tätig war. Die Erziehung der Söhne aus patrizischem Hause war ein Problem. Gerade in der Schicht der besonders reichen Patrizier, die infolge des Wahlsystems immer in die höchsten politischen Ämter kamen, wäre eine gute Ausbildung so wichtig gewesen. Leider wurden aber oft Hauslehrer engagiert, die sich dann als ungeeignet erwiesen. Für die Patriziersöhne aus armen Häusern war diese Gefahr erstaunlicherweise geringer. Für sie gab es nämlich eine auf Staatskosten betriebene Schule, die Akademie für Adelige auf der Giudecca.

Andrea Memmo hatte jedenfalls das Glück, mit Padre Lodoli einen der brillantesten und universell gebildetsten Lehrer seiner Zeit zu erhalten. Er hat ihm auch ein Denkmal gesetzt, indem er in späteren Jahren das einzige von Lodoli erhaltene Werk über die Architektur herausgab. Alle anderen Werke des Gelehrten waren nach seinem Tod in einem Magazin verschimmelt.

In seiner Jugend gehörte Andrea Memmo zu einem Kreis junger Leute, die man heute als Jet-set bezeichnen würde. Zu ihnen gehörte auch Casanova, und dieser behauptet auch in seinen Memoiren, daß die Mutter der drei Memmobrüder die Staatsinquisition auf ihn gehetzt habe, da sie meinte, er habe ihre Kinder verdorben und zum Atheismus verführt; eine Behauptung, der Casanova entgegenhielt, daß das gar nicht mehr notwendig gewesen sei. Casanova hat aber eher als Freimaurer das Interesse der Staatsinquisition auf sich gezogen. Jedenfalls wanderte Casanova in die Bleikammern, aus denen er aber wieder fliehen konnte. Mit Casanova hatte Andrea Memmo auch eine gemeinsame Geliebte, wenn auch nicht gleichzeitig. Diese Dame, Giustiniana Wynne, war eine exotische Schönheit, Tochter eines Engländers und einer Griechin und wird uns im Verlauf unserer Wanderung am Canal Grande noch in einigen Palästen begegnen. [s. 384] Sie hat offenbar stets nach einem Ehemann Ausschau gehalten, der einen Palazzo am Canal Grande besaß. Am Ende ist ihr das auch gelungen, bei Andrea Memmo jedenfalls noch nicht.

Andrea Memmo war aber nicht nur bis in sein hohes Alter ein großer Frauenheld, sondern auch ein sehr erfolgreicher und fleißiger Politiker und Verwaltungsmann. 1759 war er als Savio agli ordini in das Collegio, den sogenannten Kleinen Rat, gewählt worden. Dann wurde er zum Provveditore in Padua bestellt. Dort hat er in Durchsetzung der städtebaulichen Theorien seines Lehrers Lodoli die Sümpfe am Stadtrand trockengelegt und ein Messegelände, den Prato della Valle, angelegt, ein zu seiner Zeit sehr umstrittenes Projekt, das sich aber bis in die Gegenwart bewährt hat. Ferner hat er sich als Politiker leider vergeblich um eine Reform der Handwerkszünfte bemüht, die einer Modernisierung des Gewerbes im Wege standen.

Seine große Zeit als Diplomat kam, als man ihn als Bailo (Vorstand der venezianischen Kolonie und zugleich Botschafter) nach Konstantinopel schickte. Hier zeigte sich sein politischer Weitblick. Er begann Verhandlungen mit Rußland, dessen Aufstieg zur europäischen Großmacht er voraussah, ebenso wie die Konfrontation Rußlands mit der Türkei, wegen der unterdrückten orthodoxen Völker auf dem Balkan. Ihm schwebte ein Bündnis Venedigs mit

Rußland vor, das dessen Drang zum offenen Meer, zum Mittelmeer, hätte befriedigen können. Etwa zur gleichen Zeit machte Kaiser Josef II. Rußland den Vorschlag, die venezianischen Besitzungen auf dem Balkan untereinander aufzuteilen. Da die russische Zarin Katharina aber der Meinung war, daß ihr Venedig bei der unvermeidlichen Konfrontation mit den Türken eher von Nutzen sein werde als Österreich, verhandelte ihr Botschafter in Konstantinopel weiterhin mit Memmo, und es wurden reguläre diplomatische Beziehungen zwischen der Serenissima und St. Petersburg aufgenommen.

Von Konstantinopel kehrte Memmo nach Venedig zurück, bekam aber zu seinem Leidwesen nicht die Botschaft in St. Petersburg, sondern die Botschaft beim Papst in Rom, die bei weitem nicht so wichtig war wie sein vorheriger Posten. Während seines Aufenthalts in Rom verstarb seine Frau, was ihn aber nicht hinderte, gleichzeitig in exzessiver Weise am Gesellschaftsleben teilzunehmen, eine Tatsache, die seinen Biographen immer Anlaß zur Kritik gegeben hat.

Memmo spielte sein Interesse an einer Karriere in der venezianischen Politik stets herunter. Er nahm aber doch die Würde eines Prokurators von San Marco an, dessen Wohn- und Amtssitz in den Prokuratien am Markusplatz war, angeblich nur um „eine schöne und mietenfreie Wohnung zu haben“. Am 2. März 1789 starb der Doge Paolo Renier, und Memmo versuchte eine Kandidatur, fiel aber jämmerlich durch. Von den 41 Wahlmännern erhielt er nicht eine einzige Stimme, und so wurde Lodovico Manin der letzte Doge von Venedig. In späteren Jahren hat Andrea Memmo immer noch großes Interesse an den Problemen seiner Heimatstadt gezeigt und sich besonders mit der Reorganisation der Verwaltung von Dalmatien beschäftigt. Die von ihm eingebrachten Vorschläge wurden angenommen, und Memmo erlebte noch den Beginn ihrer Verwirklichung. Er ist 1793 in diesem seinem geliebten Palast am Canal Grande gestorben und ist in der benachbarten Kirche San Marcuola beigesetzt.

Campo und Kirche von San Marcuola 26)

26) Campo e Chiesa di San Marcuola

27) Casa Gatti Casazza. Dieses ursprünglich gotische Haus wurde im 18. Jahrhundert umgebaut und dabei ein Balkon und eine Dachterrasse angefügt.

In diesem Hause lebte bis in die Mitte des 20. Jahrhunderts ein berühmter Kunstsammler, Beppino Gatti Casazza, ein großer Sammler venezianischer Kunst des 18. Jahrhunderts. Besonderen Seltenheitswert hatte seine Sammlung aus den ältesten venezianischen Pozellanmanufakturen Cozzi, Hewelke und vor allem Vezzi. Letzteres war besonders selten, weil der Vater des Grafen Vezzi, des Pioniers des venezianischen Porzellans, in wildem Zorn über erlittene Verluste die gesamte Produktion seines Sohnes in den Kanal geworfen hat. Leider ist die Sammlung von Gatti Casazza, zu der außer dem Porzellan noch viele andere Kunstgegenstände aus dem 18. Jahrhundert gehört haben, nicht mehr erhalten. Sie wurde nach dem Tode ihres Besitzers im Jahr 1948 in alle Winde zerstreut. Beppino Gatti Casazza und seine Sammlung leben nur in der liebevollen Erinnerung jener Menschen fort, die diese Sammlung noch selbst gesehen haben. Graf Alvise Zorzi beschreibt sie so bezaubernd in seinem Buch „Canal Grande“.

Casa Gatti Casazza 27) und Casa Zucchini 28), Rio di San Marcuola und Casa Volpi 29)

28) CASA ZUCCHINI. Altes gotisches Haus, das im 19. Jahrhundert renoviert wurde.

29) RIO DI SAN MARCUOLA UND CASA VOLPI. Die Casa Volpi ist ein vielfach umgebautes Gebäude, bei dem nur mehr geringe Reste der alten Bausubstanz aus dem 15. Jahrhundert erhalten sind.

30) PALAZZO VENDRAMIN CALERGI. Der Palast ist heute deswegen so berühmt, weil Richard Wagner hier am 13. Februar 1883 gestorben ist.

Palazzo Vendramin Calergi 30); links sieht man die Gartenmauer mit der Marmortafel für Richard Wagner, rechts den weißen Seitentrakt, in dem Wagner wohnte und wo er auch gestorben ist. Ganz links ist noch ein Teil der Casa Volpi 29) zu erkennen.

In seiner wechselvollen Geschichte hieß das Gebäude ursprünglich PALAZZO LOREDAN A SAN MARCUOLA, später auch PALAZZO LOREDAN-GRIMANI-VENDRAMIN-CALERGI.

Es ist in Venedig auch unter NON NOBIS DOMINE bekannt, einer Inschrift, die unter den Seitenfenstern des Erdgeschosses angebracht ist. Wieso gerade dieser Spruch, ein Motto des Templerordens, der zur Zeit der Errichtung dieses Bauwerkes schon untergegangen war, dort steht, ist nicht ganz klar. Der Spruch stammt aus einem Psalm und heißt ungekürzt: NON NOBIS DOMINE, NON NOBIS, SED NOMINI TUO DA GLORIAM. Sollte dieser Spruch der hochmütigen Templer ein Ausdruck der Bescheidenheit sein angesichts des höchsten Palastes am ganzen Canal Grande?

Die Patrizierfamilie Loredan hatte den prachtvollen Palast, den sie errichten ließ, nur etwas über achtzig Jahre in ihrem Besitz. Abgesehen von anderen Palästen, in denen Loredans wohnten, war die Familie ursprünglich in San Stefano daheim, wo sich auch das Heim des ersten ihrer drei Dogen befand. Der imposante, über zweiundzwanzig Meter hohe Palast ist ein Meisterwerk des aus Bergamo stammenden Mauro Coducci, der aber noch vor der Beendigung des Baues 1504 starb. Der Baubeginn war knapp nach 1500 und andere lombardische Baumeister beendeten ihn 1509. Die Fassade ist aus istrianischem Kalkstein mit kräftigen Simsen und mit vielen Säulen horizontal und vertikal reich gegliedert. Es ist ein Musterbeispiel der triumphalen Baukunst der venezianischen Renaissance.

Der Palast hat auch einen Seitenflügel, von der Wasserfront her gesehen rechts, der auf den Garten hinausgeht und im frühen 17. Jahrhundert nach Plänen von Vincenzo Scamozzi von den damaligen Eigentümern, der Familie Grimani, angebaut wurde und über dessen wechselvolles Schicksal weiter unten zu berichten sein wird.

Andrea Loredan, der Erbauer des Palastes, stammte aus der Loredan-Familie aus dem Bezirk Santa Maria Formosa; er war ein sehr kunstsinniger Mann und hatte Mauro Coducci sehr gefördert, den Architekten aus Bergamo, der die neue Hochrenaissance in Venedig eingeführt hat. Er ließ sich von ihm ein Grabmal in San Michele errichten und gab ihm dann den Auftrag, das damals höchste Gebäude am Canal Grande zu bauen.

Als Andrea Loredan kinderlos starb, fiel der Palast an seine Neffen, die ihn zuerst vermieteten und ihn schließlich 1581 an den Herzog von Brunswick um 60.000 Dukaten verkauften. 1583 wurde er für 95.000 Dukaten an Guglielmo III. Gonzaga Herzog von Mantua verkauft. Die Gonzaga zahlten aber nicht, und die Brunswickschen Erben ließen den Palast versteigern. Für 36.000 Dukaten ging er an Vettore Calergi.

Diese Familie stammte aus Kreta, hieß ursprünglich Kalergis und war eine der mächtigsten und reichsten Familien unter den kretischen Archonten (den Herrschern in Kreta während der byzantinischen Zeit). Nach der Besetzung Kretas durch Venedig 1205 (im Anschluß an den Fall von Byzanz 1204) zettelten sie einen blutigen Aufstand nach dem anderen an, da sie nicht in den Großen Rat von Candia zugelassen wurden, der den nach der kretischen Hauptstadt übersiedelten venezianischen Patriziern vorbehalten blieb.

Schließlich gab Venedig nach, und die Kalergi wurden 1300 in das Patriziat aufgenommen. Sie rebellierten aber trotzdem immer wieder einmal; einige Familienmitglieder kamen bei diesen Kämpfen ums Leben, andere wurden hingerichtet, die Familie wurde aus dem Patriziat wieder ausgeschlossen und dann 1331 schließlich wieder aufgenommen, hauptsächlich deshalb, weil sie der Staatskasse immense Summen für den Krieg gegen Genua stiftete. Der Name wurde dann italianisiert und seit damals heißen sie Calergi.

Aber auch dieser ursprünglich griechischen Familie blieb der Palast nicht sehr lange erhalten. Vettore Calergi hatte aus seiner Ehe mit Isabella Gritti nur eine Tochter, Marina Calergi, die den Patrizier Vincenzo Grimani von Santa Maria Formosa heiratete. Sie brachte ein immenses Vermögen in die Ehe mit, unter anderem den Palast „Non Nobis Domine". Nach einem 1634 erlassenem Testament wurde der Calergische Besitz immer dem Erstgeborenen vererbt, aber unter der Bedingung, daß dieser zusätzlich zu seinem eigenen Namen den Namen Calergi führen müsse.

Obwohl Vincenzo Grimani selbst eher prunkliebend als kriegerisch war, vererbte sich das wilde Blut der kretischen Archonten über seine Frau Marina offenbar auf seine vier Söhne Vettore, Antonio, Giovanni und Piero. Für diese jetzt recht groß gewordene Familie ließ Vincenzo Grimani den oben erwähnten Seitenflügel des Palastes bauen, der auf den am Canal Grande gelegenen Garten hinausgeht.

Das Erstgeburtsrecht war von dem früh verstorbenen Antonio auf den dritten Sohn Giovanni übergegangen, da der Zweitgeborene, Vettore, als Priester automatisch vom Erbrecht ausgeschlossen war. Er hatte dafür die Einkünfte von drei Abteien bekommen. Giovanni Grimani Calergi heiratete 1648 Maria Loredan, die ihrerseits wieder mit dem Erbauer des Palastes entfernt verwandt war. Diese vier Personen waren in den folgenden Jahren in wilde Affären verwickelt.

Bereits ein Jahr vor der Hochzeit seines Bruders Giovanni war der Abate Vettore Grimani Calergi vom Rat der Zehn zu lebenslangem Exil verurteilt worden, weil er einem seiner Bravi (ein Mittelding zwischen Diener, Leibwächter und bezahltem Killer) befahl, auf einen Polizeibeamten zu schießen, als ihn dieser beim Schmuggeln erwischte. Ob dem Ärmsten viel passiert ist, wissen wir nicht. Vettore ist jedenfalls nicht viel passiert. Er hat es sich rasch richten können. Sein patriotisches Angebot, zweihundert Soldaten im Krieg gegen die Türken einen Monat lang zu besolden, genügte, das Urteil wieder aufzuheben.

Auch noch mit einigen anderen Schurkenstreichen wurde der geistliche Herr berühmt. Bei einem seiner zahlreichen Theaterbesuche hatte er sich die Schauspielerin Anna Maria Santelli angelacht, die auch unter dem Namen „die Campaspe“ bekannt war, aber weniger wegen ihrer Schauspielkunst, sondern wegen ihrer Qualitäten als Kurtisane. Ob diese Tatsache Hochwürden entgangen war, oder ob er überhaupt auf Untreue empfindlich reagierte? Jedenfalls ließ er wieder einmal einen seiner Bravi schießen, und zwar diesmal aus einer Gondel auf die Campaspe, als diese im Hause eines anderen Liebhabers auf den Balkon trat, um sich von ihrer anstrengenden Tätigkeit zu erholen. Und dies alles am Canal Grande in der Nachbarschaft des Palazzo Balbi in der Canalbiegung. Die Campaspe hat es überlebt, wurde aber im Gesicht schwer verletzt. Der Skandal war gewaltig, der Zehnerrat verurteilte den Abate zu fünf Jahren Dunkelhaft.

Ein derartiges Urteil war aber bei den Calergi, in deren Adern das Blut der wilden Aufrührer aus Kreta rollte, nicht so ohne weiteres durchzusetzen. Die Brüder Piero und Giovanni Grimani Calergi sammelten sich mit ihrer Leibgarde unter der Ponte de la Paglia (die Brücke an der Wasserfront zwischen Dogenpalast und den Bleikammern, von der man die Seufzerbrücke so gut sieht) und befreiten ihren Bruder Vettore, als dieser abends in die Bleikammern gebracht werden sollte.

Bei diesem Sturm auf das Gebäude, der das Ausmaß einer besseren Straßenschlacht angenommen haben dürfte, kam auch ein Gardehauptmann des Zehnerrates ums Leben. Die drei Brüder flohen und tauchten unter. Die Behörden zuckten die Achseln.

Der Zehnerrat schritt erst wieder wegen einer noch wilderen Geschichte gegen die Brüder Grimani Calergi ein. Sie besaßen zusammen mit ihren Cousins von einer anderen Grimani-Linie ein Theater, das damals Teatro di San Giovanni Crisostomo hieß (später Malibran-Theater) und um dessen Betrieb sie sich mit großer Hingabe kümmerten. Wegen einer Loge in diesem Theater entstand ein Streit mit den Brüdern Polo und Francesco Querini Stampaglia, deren Familie auch in Griechenland ihre Besitzungen hatte. (Stampaglia ist der italienische Name für Astypalaia, einer Insel nordöstlich von Kreta.)

Die Brüder Querini-Stampaglia waren auch rechte Rabauken und scheinen den Brüdern Grimani Calergi an Wildheit ebenbürtig gewesen zu sein. Der Zehnerrat, der von dieser Feindschaft wußte und dem Übles schwante, verhängte vorsorglich über alle fünf Hausarrest. Da sich natürlich niemand daran hielt, wurden alle fünf schließlich verbannt, die Querini nach Zara und die Grimani Calergi nach Korfu. Daß sich die Herren daran halten würden, blieb ein frommer Wunsch. Am 15. Jänner 1658 waren die drei Grimani trotz Hausarrest und Verbannung in ihrem Theater versammelt, bei der Generalprobe einer neuen Oper.

Als Giovanni und Piero nach der Probe mit ihrer Gondel heimfuhren, wurde das Boot von einer Salve von Schüssen getroffen und die Nobili gingen unfreiwillig baden und schwammen im schmutzigen und wahrscheinlich auch recht kühlen Canal, eine blamable Situation. Hochwürden Vettore, der wieder einmal wegen irgendeiner Sängerin im Theater geblieben war und seine Leibwache noch bei sich hatte, hörte die Schüsse und ließ seine Leute die Umgebung absuchen, während er selbst nach Hause in den Palazzo zu seinen Brüdern eilte.

Seine Bravi wurden fündig und schleppten Francesco Querini herbei, der an einer finsteren Stelle seine Pistole gesucht hatte, die verloren gegangen war, als sich seine Leute nach dem Überfall aus dem Staub machten.

Francesco Querini
Gemälde von T. Tinelli

Über das, was dann geschah, gibt es einige Versionen: Giovanni Grimani habe Francesco Querini mit einer Pistole erschossen. Die wild gewordenen Bravi hätten den Francesco erstochen. Der Abate hätte einen Tiger, den er sich offenbar für solche Notfälle im Garten hielt, auf Francesco gehetzt und der hätte ihn zerfleischt und aufgefressen. Wie auch immer, am Schluß war Francesco Querini tot und die Leiche verschwunden. Der Gesandte der Medici schrieb nach Florenz, man habe die Leiche ins Meer geworfen, der Gesandte des Herzogs von Modena schrieb, der Leichnam sei verbrannt worden, und in den Archiven des Herzogtums Parma konnte man lesen, die Leiche sei zwischen San Giorgio und San Servolo in den Canale Orfano versenkt worden, weil der dort so schön tief sei.

Der Skandal war gewaltig. Die Grimani-Brüder flohen. Die öffentliche Meinung war zweigeteilt. Manche meinten, die Rache für das vorher verübte Attentat sei berechtigt gewesen. Außerdem wurde der Mord eher den Bravi als den Grimani angelastet.

Auswärtige Potentaten mischten sich ein, die Herzöge von Parma und Modena und der Fürsterzbischof von Trient ergriffen für die Grimani-Brüder Partei. Das hätten sie besser nicht tun sollen. Jetzt wurde der vorher so zögerliche Rat der Zehn ernstlich böse. Den Grimani-Brüdern wurde der Adelstitel aberkannt, ohne Möglichkeit der Berufung, außerdem wurden sie zu lebenslänglichem Exil verurteilt. Für den Fall, daß sie je wieder venezianischen Boden betreten sollten, wurde ein Kopfgeld auf sie – tot oder lebendig – ausgesetzt. Ihr Wohntrakt im Palazzo Calergi (der von Scamozzi angebaute Gartentrakt) wurde abgerissen und eine Schandsäule errichtet, auf der ihre Untaten eingemeißelt waren. Schon Ende Jänner 1658 waren bereits hundert Arsenalarbeiter mit den Demolierungsarbeiten beschäftigt. So schnell konnte der Zehnerrat offensichtlich auch reagieren, wenn er wirklich wollte oder mußte.

Erstaunlicherweise kehrten die Grimani-Brüder sehr bald wieder zurück. Es hatte einen Umschwung in der öffentlichen Meinung zu ihren Gunsten gegeben. Ein erstes Bittgesuch mit dem Angebot, tausend Soldaten ein Monat lang zu besolden, wurde noch empört abgelehnt. Das Gesuch wurde dann ein zweites Mal gestellt, und diesmal wurde das Angebot mit der Besoldung der tausend Soldaten angenommen und die Grimani hatten ihren Adelstitel wieder, konnten in den Palazzo zurückkehren und den Gartentrakt wieder aufbauen.

Aber wer etwa glaubte, daß sich diese drei Wilden in Zukunft etwas sittsamer verhalten würden, war im Irrtum, sie blieben, wie sie waren.

Vier Jahre waren seit der Ermordung Francesco Querinis ins Land oder durch die Kanäle gezogen. Man schrieb das Jahr des Herrn 1683, und Maria Loredan, die Frau von Giovanni Grimani Calergi, begab sich in diesem Jahr während der Fastenzeit täglich, begleitet von zwei Hausangestellten und zwei Gondolieri, in die nahegelegene Franziskanerkirche San Giobbe bei der Ponte dei tre Archi am Rio di Cannaregio.

Nach dem Ende der Fastenzeit setzte sie diese fromme Gepflogenheit fort. Einige Zeit nach Ostern sprach ein Mönch im Palazzo vor und teilte Ser Giovanni unter vier Augen eine geheime Botschaft mit. Giovanni soll danach sehr mitgenommen ausgesehen haben.

An dem darauffolgenden Sonntag betete Maria Loredan nach der Abendandacht weiter am Hochaltar der Kirche, die sich in der Dämmerung schon leerte, während ihre Begleiter hinten auf einer Bank saßen. Kurz darauf betrat ein eleganter junger Patrizier die Kirche und nahm nicht weit vom Hochaltar Platz. Maria Loredan erhob sich, als sie mit ihren Gebeten fertig war und ging in eine Seitenkapelle. Der junge Patrizier folgte ihr. Einer der Begleiter von Maria verließ die Kirche, ein anderer eilte zur Seitenkapelle und riß die Vorhänge beiseite. Der junge Mann rannte aus der Seitenkapelle davon und traf am Haupteingang mit Ser Giovanni Grimani Calergi zusammen, der mit dem Mönch gerade die Kirche betrat, konnte sich aber losreißen und fliehen.

Der Skandal war wieder gewaltig. Der Zehnerrat trat in Aktion und verurteilte den jungen Mann – es war Ser Polo Nani aus der Linie Nani von San Trovaso – und verbannte ihn aus Venedig. Er wurde schuldig gesprochen, „in der Kirche von San Giobbe abscheuliche und gotteslästerliche Akte der Wollust verübt zu haben". Zur Verhandlung war er nicht erschienen, und die Verbannung hätte man gar nicht aussprechen müssen, er war schon weg und muß wohl gewußt haben warum.

Im Hause bei den Grimani ging es nämlich weiter. Maria Loredan, 29 Jahre jung, verstarb innerhalb von zwanzig Tagen „zerfleischt von Fieber und einer inneren Entzündung". Innerhalb weniger Wochen starb auch der Mönch, der die Sache ins Rollen gebracht hatte, die Hausangestellten, die Maria zur Kirche begleitet hatten, und die beiden Gondolieri.

Kaum ein Jahr später verstarb Giovanni Grimani Calergi, der trauernde Gatte von Maria Loredan, an einem Fieber und wieder kaum ein Jahr später der Abate Vettore an Auszehrung. Wer wem was und wie und wo ins Essen geschüttet hat, ist nie aufgeklärt worden; die Behörden hatten Wichtigeres zu tun. Die Sage tippt auf den Abate Vettore jedenfalls für den Anfang. Wer dann ihn ums Eck gebracht haben könnte, oder ob er – höchst unwahrscheinlich – eines natürlichen Todes gestorben ist, darüber schweigt die Chronik.

Lediglich Piero Grimani Calergi überlebte das Gemetzel, ebenso wie der wohl zu seinem eigenen Besten verbannte Polo Nani. Piero wurde Statthalter in Friaul, Polo Nani viele Jahre später nach der Aufhebung seiner Verurteilung (1664) Dogenberater und in dieser Funktion ein Kollege von Vincenzo Grimani Calergi, des Sohnes von Maria Loredan, seiner ermordeten Geliebten.

Von Maria Loredan und Giovanni Grimani Calergi stammten zwei Söhne, Vettore und Vincenzo. Vettore war ein kunstsinniger Sammler von Büchern, Junggeselle und ein unauffälliger Senator. Sein Bruder Vincenzo war Mitglied des Rates der Zehn. Er hatte keine männlichen Erben, so daß das Erstgeburtsrecht wieder an Vettore zurückfiel. Dieser vermachte den Palast seinem Cousin Nicolò Vendramin, natürlich wieder mit der Auflage, dem eigenen Namen den Namen Calergi hinzuzufügen. Seit damals hat der Palast den Namen, unter dem er heute bekannt ist: VENDRAMIN CALERGI.

Die Vendramin waren sehr reiche Bankiers am Rialto, gehörten zu den Case novissime, dem jungen Adel, da sie erst 1381 in das Patriziat aufgenommen worden waren. Ein Andrea Vendramin war von 1476 bis 1478 Doge gewesen.

Die Vendramin-Zeit verlief ruhig. Nicolò Vendramin war Kunstsammler und brachte unter anderem zwei Jaspissäulen aus dem Artemistempel in Ephesus in den Palast, die Catarina Cornaro, die Königin von Zypern, ihrer Schwester Cornelia geschenkt hatte, die mit Paolo Vendramin verheiratet war. Ferner kamen die Statuen von Adam und Eva in den Palast, die Antonio Rizzo für das Grabmal des Dogen Andrea Vendramin geschaffen hatte. Die Mönche von Santa Maria dei Servi hatten sich geweigert, sie in ihrer Kirche aufstellen zu lassen, da sie – offenbar der paradiesischen Mode entsprechend – zu nackt waren. Der Adam steht heute im Metropolitan Museum.

Maria Carolina Herzogin von Berry, um 1823

Am 23. März 1844 wurde der Palast NON NOBIS DOMINE um 160.000 österreichische Lire verkauft, und zwar an Ihre königliche Hoheit Maria Carolina Ferdinanda Luisa von Bourbon, Herzogin von Berry. Die abenteuerlichen Zeiten im Leben der zu diesem Zeitpunkt 45-jährigen Herzogin waren zwar schon vorbei, aber sie waren mindestens ebenso stürmisch gewesen wie die der drei Grimani-Calergi-Brüder. Mit dem Unterschied aber, daß es bei den Abenteuern im Leben der Herzogin von Berry erstens um einen höheren Einsatz ging als bei den mafiosen Gangsterstreichen der Grimani, und daß zweitens alles viel zahmer ablief. Der Einsatz war tatsächlich hoch gewesen; es ging um nichts weniger als um die Königskrone von Frankreich. Maria

Carolina von Bourbon, die spätere Herzogin von Berry, wurde als Tochter des Königs Beider Sizilien Franz I. geboren und heiratete 1816 den Herzog von Berry, den jüngeren Sohn des letzten bourbonischen Königs Karl X. Auf ihm ruhten die Hoffnungen der Royalisten, da sein älterer Bruder, der Herzog von Angoulême, kinderlos blieb. Er wurde aber am 13. Februar 1820, als er seine Gemahlin nach der Oper zum Wagen geleitete, von einem Anarchisten erdolcht. Da das Ehepaar bis dahin nur eine Tochter hatte, war die königliche Linie der Bourbonen damit ausgestorben.

Die Herzogin war aber, was zu diesem Zeitpunkt auch sie nicht wußte, neuerlich schwanger und gebar am 29. September 1820 einen Sohn. Dieser von den Royalisten und Legitimisten als „Sohn des Wunders" bejubelte Prinz erhielt den Namen Henri Herzog von Bordeaux.

König Karl X.

Als nach der Julirevolte 1830 ihr Schwiegervater Karl X. abgesetzt wurde und der Herzog von Orléans als Bürgerkönig Louis Philippe den Thron bestieg, folgte die Herzogin vorerst einmal mit ihren Kindern dem Schwiegervater ins Exil nach Holyrood in England. Nun war aber Maria Carolina eine außergewöhnliche Persönlichkeit. Über ihre Mutter, einer Enkelin der Kaiserin Maria Theresia, war sie mit den Habsburgern ein Mal und über ihre Großmutter väterlicherseits ein zweites Mal verwandt. Ihr Vater war ein spanischer Bourbone. Sie galt als exotisch schön, war eine leidenschaftliche, wahrscheinlich launenhafte und exaltierte Frau, die absolut nicht bereit war, die undankbare Rolle der Mutter eines exilierten Königs zu spielen. Hingegen war sie sehr wohl bereit, mit Zähnen und Klauen um den Thronanspruch ihres Sohnes zu kämpfen, obwohl die versnobten französischen Royalisten auf sie, „die Neapolitanerin", herunterschauten.

Da sich im Süden Frankreichs und in der Vendée eine Partei der Henriquisten gebildet hatte, die den legitimistischen Thronanspruch ihres Sohnes vertraten, begab sie sich trotz der Mißbilligung des alten Königs Karl zuerst nach Italien. Von dort fuhr sie geheim nach Marseille, wo sie am 28. April 1832 an Land ging. Es gelang ihr, der Revolte in der Vendée einigen Schwung zu verleihen, aber allzuviel kam dabei nicht heraus. Außerdem erfuhr die Regierung von der Anwesenheit der Herzogin sehr früh, weil ihr Schiff auf der Heimreise in La Ciotat angehalten wurde, wo es wegen einer

Havarie einlaufen mußte, während die Herzogin selbst aber schon in der Vendée war. Dort gebärdete sie sich als Regentin und erließ im Namen ihres Sohnes Proklamationen. Es gelang ihr wohl mit Hilfe einiger Veteranen des Vendée-Aufstandes von 1793 und Verwandten des damaligen Führers, des Baron de la Charette, einige Unruhe zu stiften. Aber summa summarum war die Erhebung alles eher als ein durchschlagender Erfolg.

Die aufmerksame Polizei von Louis Philippe hatte die Spur der Herzogin bald aufgenommen; sie wurde schließlich in einem Bürgerhaus in Nantes, wo sie sich hinter der drehbaren Wand eines Kamins versteckt hatte, verhaftet und in der Festung Blaye als Staatsgefangene inhaftiert.

Ihre Tante, die Gattin des Königs Louis Philippe in Paris, machte sich darüber angeblich große Sorgen; wahrscheinlich aber mehr deshalb, weil plötzlich die Sympathie der Bevölkerung auf die heldenmütige Mutter überging, auf die beherzte Kämpferin um die legitimen Rechte ihres Sohnes.

In Frankreich sind heroische Frauengestalten seit der Jungfrau von Orléans immer ein Renner. Für die Regierung des Bürgerkönigs wurde die Staatsgefangene mehr und mehr zur Verlegenheit und eine Lösung erschien weit entfernt. Ihr Ruhm stieg von Tag zu Tag.

Der Herzog von Orléans (Louis Philippe I.) leistet 1830 den Eid auf die Verfassung

Aber plötzlich verwandelte sich das Heldenepos in eine Skandalgeschichte. Die Gefangene teilte am 22. Februar 1833 ihrem Kerkermeister, dem General Bugeaud, Herzog von Isly, brieflich mit: „Herr General, ich fühle mich durch den Druck der Umstände, aus persönlichen Gründen und aus Pflichtgefühl meinen Kindern gegenüber verpflichtet, Ihnen mitzuteilen, daß ich mich während meines Aufenthaltes in Italien im Geheimen verheiratet habe." Donnerwetter! Der Auserwählte war zwar nicht standesgemäß für eine Beinahekönigin von Frankreich – er war „nur" ein sizilianischer Marchese: Ettore Lucchesi Palli. Aber es kam noch dicker. Die fruchtbare Herzogin war wieder schwanger, aber diesmal zur Unzeit, denn die Geschichte mit der geheimen Heirat in Italien und der Schwangerschaft paßte mit den auch in höchsten Gesellschaftskreisen obligaten neun Monaten nicht zusammen. Die Regierung in Paris konnte auch bis neun zählen! Sie veröffentlichte die Geschichte sofort und rückhaltlos. Dann wartete man noch den Geburtstermin ab, um irgendwelchen Unglücks- oder Zufällen vorzubeugen, legte ein Protokoll an (demnach brachte die Herzogin am 10. Mai 1833 eine gesunde Tochter zur Welt) und entließ gleich darauf mit einem lauten Seufzer der Erleichterung die Staatsgefangene. Die Propaganda der Regierung legte noch ein paar Schäuferln nach. Die Herzogin hatte sich ja fünf Monate in Nantes versteckt bei einem jungen Advokaten namens Guibourg, einem glühenden Anhänger des bourbonischen Königshauses. Die damals vierunddreißigjährige Herzogin, ein junger glühender Bewunderer, zusammen in Gefahr und in einem Versteck. Französische Phantasie, was brauchst du mehr?! Der „Engel der Monarchie", wie die Legitimisten sie nannten, war bis auf die Knochen blamiert.

Mit dem Schwiegerpapa, dem alten König Karl X., der schon das politische Abenteuer seiner Schwiegertochter in der Vendée nicht goutiert hatte und das andere amouröse wahrscheinlich noch viel weniger, kam es in einem Hotel in Leoben in der Steiermark zu einem lautstarken Auftritt, und der Marchese Lucchesi Palli, der neue sizilianische Ehemann, soll das Neugebore ignoriert haben, als die Herzogin mit ihm in Palermo an Land ging. Aber sonst ist eigentlich weiter nicht viel passiert, und wirklich geheiratet haben die beiden dann auch noch. Wenn man sich vorstellt, wie so eine Affäre 175 Jahre früher bei den Grimani Calergi ausgegangen wäre …!?!

1836 starb Karl X. im Exil in Görz, kurz darauf sein erstgeborener Sohn, der kinderlose Herzog von Angoulême. Der „Sohn des Wunders", der Herzog von Bordeaux, war jetzt als Henri V. der legitime Kronprätendent von Frankreich und der letzte lebende Nachkomme des Hauses Bourbon. Die Herzogin erreichte, daß ihr jetziger Gatte zum Herzog della Grazia erhoben wurde. Mit ihm, ihren eigenen und den gemeinsamen Kindern übersiedelte man nach Venedig, wo die Herzogin 1844 den Palazzo Vendramin Calergi kaufte. Sie war auch damals noch temperamentvoll und feurig, eine schöne Frau in den Augen ihrer Verehrer ungeachtet ihrer schon etwas molligen Gestalt und ihrer kleinen Statur. In den Augen derer, die sie nicht mochten, war sie eine laute und aufdringliche Nervensäge.

Ihre königliche Hoheit die Herzogin von Berry – wie sie sich nennen ließ – hielt prächtig Hof im Palazzo Vendramin, veranstaltete Bälle, ließ ein kleines Hoftheater bauen, kaufte den daneben liegenden Palazzo Marcello, zahlreiche wertvolle Gemälde und gab das Geld rundum mit vollen Händen aus.

1855 wurde dieses Treiben seiner Mutter dem Herzog von Bordeaux unheimlich, der sich inzwischen offenbar zu einem besonnenen und, wie die Quellen berichten, besonders liebenswürdigen und höflichen Edelmann entwickelt hatte. Er erreichte, daß der Palast als Fideikomiß an den souveränen Malteser Ritterorden ging, um so die dauernden Umbauten und künstlerischen Ausgestaltungen durch seine Mutter zu unterbinden, die wohl an die finanzielle Substanz gingen. Die Malteser gaben ihn in Erbpacht an seinen Stiefbruder Herzog Adolfino della Grazia.

1865 mußte Henri Herzog von Bordeaux, der „Sohn des Wunders", die Gläubiger seiner Mutter neuerdings beruhigen und das muntere Treiben am Canal Grande abstellen. Die berühmte Gemäldesammlung wurde im Hôtel Drouot in Paris versteigert. Die lebenslustige Herzogin mußte nach Brunnsee in der Steiermark umziehen, wo ihr Henri vom übrig gebliebenen Geld ein kleines Schloß gekauft hatte. Sie kehrte niemals mehr nach Venedig zurück.

Auch die Herzöge della Grazia führten ein großes Haus, benützten aber nicht den ganzen Palast. Im September 1882 vermieteten sie fünfzehn Räume des Erdgeschosses und den Gartentrakt an Richard Wagner, der dort mit der ganzen Familie einzog. Im November kam auch noch Wagners Schwiegervater Franz Liszt auf einen längeren Besuch, und die beiden Herren gaben am Weihnachtsabend ein gemeinsames Konzert im Teatro Fenice.

Richard Wagner Frühjahr 1882

Richard Wagner liebte Venedig seit jeher und war schon mehrmals in der Stadt gewesen. [s. 373] Er hatte sich auch diesmal auf einen langen Aufenthalt eingerichtet und die Räumlichkeiten, so wie es ihm besonders gefiel, mit roten Samtvorhängen drapiert und mit roten Plüschmöbeln eingerichtet.

Auch einen eigenen Gondoliere hatte er aufgenommen, von dem er sich täglich auf die Piazetta rudern ließ. Von dort ging er die paar Schritte zum Markusplatz, wo er in einem Café Platz nahm und der Musik lauschte. Manchmal, wenn er von den Musikern darum gebeten wurde, nahm er auch den Taktstock zur Hand. Dann erklang eines seiner Werke unter seiner Stabführung auf dem Markusplatz.

Am 13. Februar 1883 erlitt Wagner in seiner Wohnung einen Herzanfall und starb in den Armen seiner Frau Cosima. Venedig trauerte tief um seinen berühmten Gast, der mit seinem übergroßen samtenen Barett eine bekannte Erscheinung geworden war. An der Mauer neben dem Palazzo Vendramin ist eine Gedenktafel für Wagner eingelassen mit Versen von Gabriele D'Annunzio: „In questo palagio | l'ultimo spiro di Riccardo Wagner | odone le anime | perpetuarsi | come la marea che lambe i marmi." (In diesem Palast hören die Seelen den letzten Atemzug von Richard Wagner fortleben, wie die Fluten, die den Marmor umspülen.)

Gedenktafel für Richard Wagner an der Gartenmauer des Palazzo Vendramin

Auf einen Roman von Franz Werfel geht die Legende zurück, daß Verdi, der auch gerade in Venedig war, am Nachmittag des Todestages Wagner besuchen kam, um ihn zum ersten Mal in seinem Leben persönlich zu treffen.

1936 kaufte Graf Volpi di Misurata den Palast, nachdem es ihm gelungen war, den Fideikomiß der Malteser auf ein Schloß auf dem Land zu übertragen. 1946 kaufte die Stadtverwaltung von Venedig von ihm den Palast und richtete dort den Wintersitz des Spielkasinos ein.

Es ist geplant, den Wintersitz des Kasinos wieder aus dem Palast auszusiedeln und oberhalb des Bahnhofs in das Gebäude der ehemaligen Bahnverwaltung zu verlegen.

Die Räume, die Richard Wagner bewohnt hat, sind von der venezianischen Richard-Wagner-Gesellschaft (Associazione Richard Wagner di Venezia), liebevoll hergerichtet worden und können heute besichtigt werden.

31) Palazzo Marcello Duchessa di Berry. Der Palast, der auf ein altes, wahrscheinlich venezianisch-byzantinisches Bauwerk zurückgeht, wurde zu Beginn des 18. Jahrhunderts stark umgebaut. Zusammen mit dem benachbarten Palazzo Vendramin-Calergi war er Mitte des 19. Jahrhunderts im Eigentum der Herzogin von Berry.

Die Familie Marcello, nach der auch noch eine ganze Reihe anderer Paläste in Venedig, darunter auch einige am Canal Grande, benannt sind, hat der Republik eine Reihe hervorragender Soldaten und Seeleute geschenkt, unter anderem jenen Lorenzo Marcello, Capitano General da Mar (Oberbefehlshaber der venezianischen Flotte), der versuchte, durch einen kühnen Streich die türkische Belagerung von Kreta zu beenden. Er wollte nicht mehr und nicht weniger, als durch einen Seesieg über die Türken bei den Dardanellen sich den Weg nach Konstantinopel freikämpfen und die feindliche Hauptstadt selbst angreifen. Beinahe wäre es ihm gelungen. Eine venezianische Flotte, bestehend aus 24 Galeeren und 7 Galeassen (die größten Kriegsschiffe ihrer Zeit, 50 m lang, 30 Kanonen in zwei Türmen, 1200 Mann Besatzung) und eine Flotte der Malteser-Ritter, 7 Galeeren und 25 Dreimaster, standen gegen die türkische Flotte, bestehend aus 60 Galeeren, 8 Galeassen und 28 Dreimastern.

Venezianische Galeasse oder Maone, die mächtigsten Kriegsschiffe ihrer Zeit

Am 28. Juni 1656 kam es vor den Dardanellen tatsächlich zur Seeschlacht. Die Türken griffen am frühen Nachmittag mit Rückenwind die im Halbkreis um die Ausfahrt postierten und zum Großteil verankerten Venezianer und Malteser an. Das war anfangs für die Venezianer ungünstig, aber nach einer Winddrehung auf West mußten die Türken versuchen, sich wieder in die Meerenge zurückzuziehen und wurden dabei von den Venezianern abgeschnitten. Es war ein erbitterter Kampf Schiff gegen Schiff. Lorenzo Marcello, der bereits eine türkische Galeere geentert hatte, griff mit seinem Schiff gerade eine zweite an, als er von einer Kanonenkugel getroffen fiel. Sein Vetter Giovanni Marcello ließ den Toten zudecken, damit dieses Unglück von den anderen nicht als schlechtes Omen angesehen werde. Der Provveditore Badoer, der stellvertretende Admiral, übernahm das Kommando und vollendete den Sieg. Er hätte vollständiger kaum sein können. Die Türken konnten nur 14 Galeeren retten, der Rest der Flotte ergab sich oder wurde vernichtet. Die Türken verloren 10.000 Mann, die Venezianer 304 Mann und 3 Schiffe. Über 5000 christliche Galeerensklaven wurden befreit. Der Weg nach Konstantinopel war frei. Da aber der gemeinsame Oberbefehlshaber Lorenzo Marcello gefallen war, weigerte sich der Kommandant der maltesischen Flotte, Prior Caraffa di Rocella, den ursprünglichen Plan auszuführen, da er nur befugt sei, vom Capitano General da Mar Befehle entgegenzunehmen. Die große Chance wurde wegen dieser formalistischen Sturheit vertan.

Ein anderer Marcello – Benedetto Marcello – wurde in diesem Palast am 24. Juli 1686, fast auf den Tag genau dreißig Jahre nach der Dardanellenschlacht geboren. Er hat den Ruhm seiner Vaterstadt nicht als Kriegsheld, sondern als ein zu seiner Zeit hochberühmter Künstler gemehrt. Er war ein universeller Mann, Jurist und Anwalt, ein tüchtiger Verwaltungsbeamter, Schriftsteller und Komponist. In seinen jungen Jahren ein fröhlicher Weltmann, Freund und Förderer vieler Künstler, war er der Inbegriff des schon im Aussterben begriffenen venezianischen Edelmannes. Nach einem Unfall soll er in späteren Jahren schwermütig geworden sein.

Als Musiker war er ein Schüler des berühmten Antonio Lotti. Er schrieb eines der instruktivsten Bücher über die Musik jener Zeit, das 1720 erschienene „Teatro di musica alla moda …“ (Das heutige Musiktheater). Darin kritisiert er mit viel Humor den Opernbetrieb seiner Zeit und gibt auch Anleitungen in Kompositionslehre. Er selbst hat als Tondichter weniger für die Bühne geschrieben, mehr Kirchen- und viel Kammermusik. Berühmt geworden ist seine Vertonung der Psalmen.

Benedetto Marcello war so von seiner Begeisterung für die Musik erfüllt, daß er sich eines Abends in die schöne Stimme eines jungen Mädchens verliebte, die er in einer Gondel unter seinem Balkon singen hörte. Er verliebte sich aber nicht nur in die Stimme, sondern auch in das Mädchen selbst, heiratete sie und wurde mit ihr sehr glücklich. Die Hochzeit wurde geheimgehalten, da sie, Rosanna Scalfi, ein Mädchen aus dem Volke, für den Patrizier, Mitglied des Rates der Vierzig, Provveditore in Pola, Camerlengo (Schatzmeister) in Brescia nicht standesgemäß war. Am 24. Juli 1739 starb

Benedetto Marcello in Brescia. 1877 wurde dann das bedeutendste Konservatorium Venedigs, das *Liceo Benedetto Marcello,* nach ihm benannt, das sich im Palazzo Pisani seitlich vom Campo San Stefano befindet.

Anfang des 20. Jahrhunderts zog in den vierten Stock des Palazzo Marcello ein verschrobener Engländer ein, Frederic William Rolfe, der auch unter dem Pseudonym Baron Corvo bekannt war. Er war 1860 in London geboren worden, verließ sein Elternhaus mit 15 Jahren, genoß eine sehr unorthodoxe Erziehung und versuchte sich unter anderem auch 1887 als katholischer Priesterseminarist. Aus dieser Karriere wurde aber nichts, außer daß ihm sein ganzes Leben lang eine Vorliebe für katholisch-kirchlichen Pomp blieb. Das hat dazu geführt, daß er den von ihm gemieteten Raum im Palazzo Marcello mit purpurrotem Stoff auskleiden ließ, einem Material, aus dem normalerweise die Soutanen der Kardinäle gemacht werden. Um sich den richtigen Stoff zu besorgen, ist er angeblich eigens nach Rom gereist.

Im übrigen war er ein eher erfolgloser Schriftsteller, der aber das gewisse Talent hatte, immer wieder irgendwelche Gönner zu finden, von denen er sich aushalten ließ. Er hat einige sehr bissige satirische Bücher geschrieben, die in England zu seiner Zeit einen gewissen Bekanntheitsgrad erreichten, im deutschen Sprachraum aber völlig unbekannt blieben. England hat er auch deswegen verlassen, weil er wegen seiner homosexuellen Neigungen in Schwierigkeiten geraten war. In dem in dieser Hinsicht toleranten Venedig hat er sich dann niedergelassen, führte ein sehr unstetes Leben und lebte meistens von der Hand in den Mund. Er schaffte sich aber einen Sàndolo an, eine kleine Gondel, die auch stehend gerudert wird. Auf dieser Gondel lebte er zeitweise, beschäftigte sich mit schönen Jünglingen und jungen Gondolieri, mit denen er durch die Lagune ruderte und baden ging. Dieses Leben beschrieb er recht schwülstig als „Welt der Abenddämmerung mit wolkenlosem Himmel und spiegelglattem Wasser, ein Meer aus Sonnenblumen, Veilchen und Lavendel, aus Bändern von glühendem Kupfer, das am anderen Ende in das tiefe Blau der Augen auf den Federn des Pfauenrades versinkt, während sich Luna erhebt, rosarot wie Perlmutter".

Einige Male wäre Rolfe fast verhungert, und eines Herbsts hatte er ein merkwürdiges Abenteuer, das ihn davor bewahrte, im darauffolgenden Winter vielleicht zu erfrieren. Er ruderte auf seinem Sàndolo stehend – vielleicht nicht ganz nüchtern – während einer Regatta der Gondolieri aus einem kleinen Kanal in den Canal Grande hinein, nahm die Kurve zu eng oder streifte die Ecke. Jedenfalls fiel er ins Wasser und hatte, so wie man sich einen echten Engländer eben vorstellt, gerade seine Pfeife im Mund. Als er wieder aus dem Wasser auftauchte, hatte er sie immer noch fest zwischen den Zähnen. Er muß ein köstliches Bild abgegeben haben, wie er so zu seinem Boot zurückschwamm, eine karierte Kappe auf dem Kopf und die Pfeife im Mund. Er kletterte wieder hinauf, stopfte seine Pfeife aufs neue, ließ sich von einem Gondoliere Feuer geben, rief „Avanti, Avanti!“ und ruderte weiter. Die Gondolieri, die ihm zu Hilfe geeilt waren und sich um ihn versammelt hatten, waren von diesem Sportsgeist so begeistert, daß sie ihn zum Ehrenmitglied des Rudervereines Buccintoro machten. Für Rolfe hatte das dann den großen Vorteil, daß er sich während der kalten Wintermonate in den geheizten Clubräumen des angesehenen Ruderclubs aufhalten durfte.

Der verrückte Engländer mit dem kurz geschnittenen roten Haar, dem Kneifer, der Pfeife und der karierten Kappe war eine stadtbekannte Erscheinung. Abgesehen von seiner literarischen Tätigkeit hatte Baron Corvo in späteren Jahren auch noch einen anderen, jedoch geheimgehaltenen Beruf, von dem er leben konnte und der ihm mehr einbrachte als seine exzentrischen Romane. Er verfaßte pornographische Schriften, ging emsig einer Betätigung als Zuhälter nach und vermittelte Jünglinge an reiche homosexuelle Engländer. Am 25. Oktober 1913 wurde Corvo in seiner Wohnung im Palazzo Marcello tot aufgefunden, und der Konsul der Britannischen Majestät war sehr bemüht, eilends den sehr kompromittierenden Nachlaß

Von links nach rechts: Der Garten des Palazzo Vendramin, der Palazzo Marcello Duchessa di Barry 31), Palazzo Erizzo 32), Palazzo Soranzo 33), und der geknickt gebaute Palazzo Emo 34)

aus pornographischen Photos, Zeichnungen, Notizen und vor allem Adressen verschwinden zu lassen, der sich durch Baron Corvos stadtbekannte Nebenbeschäftigung angesammelt hatte.

32) Palazzo Erizzo delle Maddalena, später **Palazzo Molin.** Seit dem 19. Jahrhundert war der Palast im Eigentum der Familie Barzizza, später der Familie Boldrin. Das Bauwerk mit den Spitzbögen stammt aus dem 15. Jahrhundert, wurde später aber etwas verändert. Aus dem 18. Jahrhundert wird eine reiche Innenausstattung mit Stukkatur und Wandmalerei erwähnt, die aber heute nicht mehr existiert. In dem Führer von Giulio Lorenzetti aus 1926 werden zwei Gemälde von Andrea Celesti beschrieben, die in diesem Palast zu sehen seien und die mit der Geschichte der Familie Erizzo zu tun haben.

Links Palazzo Marcello 31), Palazzo Erizzo in der Mitte 32), rechts Palazzo Soranzo 33)

Diese Gemälde sind aber heute verschwunden und über ihren derzeitigen Aufenthalt ist nichts bekannt. Auf dem einen war die grausame Hinrichtung von Paolo Erizzo dargestellt.

Paolo Erizzo war der Bailo (Statthalter) in Chalkis, der Hauptstadt von Euböa – und man schrieb das Jahr 1470. In Konstantinopel war Sultan Mechmed II. der Eroberer an der Regierung, und er machte seinem Namen alle Ehre. Venedig verlor im östlichen Mittelmeer eine seiner Besitzungen nach der anderen, und jetzt hatte es Mechmed eben auf Euböa abgesehen, das damals auf italienisch Negroponte hieß. Diese langgestreckte Insel vor der Ostküste Griechenlands war ein bedeutender venezianischer Außenposten. Die venezianische Flotte bestehend aus 30 Galeeren, einer Galeasse und 18 sonstigen Schiffen unter dem Kommando des Generalkapitäns Nicolò da Canal lag vorsorglich in der Nähe, zwischen den Inseln Skiatos und Skopelos, als Erizzo erfuhr, daß sich eine türkische Flotte von angeblich 300 Schiffen Chalkis nähere. Das Ziel des türkischen Angriffes war somit klar, denn der

Sultan hatte außerdem ein großes Landheer auf dem nahegelegenen griechischen Festland zusammengezogen.

Nicolò da Canal hatte eine zu schwache Flotte, um den Sultan daran zu hindern, am 14. Juni 1470 über den schmalen Kanal zwischen Euböa und dem Festland eine Pontonbrücke aus dicht nebeneinander liegenden Schiffen zu bauen und Chalkis zu belagern. Eine Übergabe hatte der Bailo abgelehnt und dem türkischen Parlamentär, den der Sultan geschickt hatte, ließ er nachrufen: „Sage deinem Herrn, er soll doch gehen und Schweinefleisch essen. Dann soll er kommen und am Graben kämpfen, und er wird sehen, ob er dieses Land haben kann." So berichtete jedenfalls ein Galeerenkommandant nach Venedig.

In Venedig selbst, wo man bisher an die Existenz einer so großen türkischen Flotte nicht geglaubt hatte, arbeitete das Arsenal auf Hochtouren, legte eine Galeere nach der anderen auf Kiel und schickte sie nach Griechenland. Am 9. Juli hatte jedenfalls Nicolò da Canal eine Flotte von hundert Schiffen unter seinem Kommando, und man erwartete von ihm, daß er jetzt zuschlagen und die für Chalkis so gefährliche Pontonbrücke vernichten würde. Er hielt seine Flotte jedoch immer noch für zu schwach und hat es nicht einmal versucht. Später hat man ihm deswegen den Prozeß gemacht und ihn nach Portogruaro verbannt. In den Prozeßakten bezeichnete man ihn als „zum Bücherlesen geschaffen, nicht zum Admiral". Der Sultan jedenfalls, der die Gefahr für sein Unternehmen wohl sah, ließ einen Sturmangriff nach dem anderen vortragen, und am 12. Juli fiel die Festung. Dem Bailo hatte der Sultan zusichern lassen, daß nach einer Übergabe sein Kopf heil bleiben werde. Dieses Versprechen hat er zwar gehalten, dafür ließ er Paolo Erizzo bei lebendigem Leib in der Mitte durchsägen. Diese grausame Episode war eben auf einem der beiden verschwundenen Gemälde dargestellt.

Das andere Gemälde zeigte die Ermordung von Paolo Erizzos Tochter Anna, die Mechmed angeblich umbringen ließ, weil sie ihm nicht zu Willen war. Da Paolo Erizzo nicht verheiratet war und auch keine Kinder hatte, ist die arme Anna wahrscheinlich eine Legende gewesen, diente aber als leuchtendes Beispiel für das tugendhafte Christenmädchen, das sich dem lüsternen siegreichen Muselmann widersetzt und dies mit ihrem Leben bezahlt. Bei der Aversion, die das damalige Venedig gegen seinen türkischen Erzfeind verständlicherweise hatte, war eine solche weibliche Heldengestalt sehr willkommen und ist auch nicht die einzige geblieben.

Der Maler dieser Bilder, Andrea Celesti (1637–1706), war einer der Hauptvertreter der venezianischen Barockmalerei. Werke von ihm gibt es außer in

Italien auch in Dresden, Potsdam, Bordeaux, Nantes und in der Albertina in Wien. Für das Stift Sankt Florian in Oberösterreich ist er ebenfalls tätig gewesen; es existieren Rechnungen von ihm in der Stiftsbibliothek für fünf Bilder und zwei Altarblätter aus den Jahren 1697 bis 1699.

Palazzo Soranzo 33)

Um Celesti ranken sich auch einige Legenden. Er soll wegen eines Mordes an den Gardasee verbannt worden sein. Nach einer anderen Lesart ist er an den Gardasee geflohen, weil er sich den Zorn des damaligen Dogen Alvise Contarini zugezogen hatte. Er habe nämlich ein Bild des Dogen gemalt, das am Markusplatz ausgestellt worden sei. Dem Dogen habe das Gemälde nicht gefallen und er habe sich dementsprechend ablehnend über Celesti geäußert. Der darauf, auch nicht faul, habe das Gemälde in der Nacht entfernt, dem Dogen Eselsohren angemalt und es so wieder hingestellt. Dann blieb ihm angeblich eben nur mehr die Flucht. Da es aber kein Bild des Dogen Contarini von Celesti gibt, ist die ganze Geschichte vielleicht auch nicht wahr gewesen.

Palazzo Emo 34)

33) Palazzo Soranzo, später **Piavone** ist ein aus dem frühen 16. Jahrhundert stammendes Gebäude. Seine gefällige und wohlproportionierte Fassade ist ein schönes Beispiel für die Arbeiten der lombardischen Baumeister in der Renaissancezeit und stammt wahrscheinlich von Sante Lombardo. Der Palazzo hat eine schöne Eingangshalle mit Stiegenaufgang.

34) Palazzo Emo. Das Bauwerk aus dem 17. Jahrhundert mit einigen Bauelementen aus dem 16. Jahrhundert hat eine interessante, sich an die Biegung des Canal Grande anpassende Front.

35) Palazzo Molin, später **Querini,** heute **Gaspari.** Dieser Palast aus dem 17. Jahrhundert fällt durch das hohe Eingangstor an der Wasserfront auf. In diesem Gebäude wurde am 21. April 1575 der spätere Doge Francesco Molin geboren, Sohn des Marino Molin und der Paola Barbarigo. Er ging in jungen Jahren zur venezianischen Marine und machte dort eine Bilderbuchkarriere als Schiffskommandant und später als Flottenadmiral.

Es gab zu seiner Zeit keine Seeschlacht in der Adria und in der Ägäis, bei der er nicht dabei gewesen wäre. Einer seiner späteren, enthusiastischen und sehr devoten Biographen hat geschrieben, daß er „zwischen den Wellen des Meeres und den Blitzen des Mars geboren wurde". In dem Palast an der Einmündung des Rio della Maddalena in den Canal Grande wird er nicht oft gewohnt haben, da er dauernd auf See oder in einer fernen Festung weilte. Er hat auch, wie sein Biograph vermerkt, niemals Zeit gefunden, sich zu verheiraten. Er wurde Schiffskommandant, Kommandant in Kreta, später Generalkapitän d. h. Flottenkommandant.

Die Schwerpunkte der Kampfhandlungen dieser Jahre lagen in der Ägäis verstreut und es gab immer wieder Angriffe in der Gegend um Kreta, das man zurecht von den Türken bedroht sah. Die Sicherung dieser reichen Insel,

Palazzo Emo 34), Palazzo Molin 35), Rio della Maddalena 36), Palazzetto Barbarigo 37), Palazzo Barbarigo 38)

die die Venezianer ebenso wie Zypern nicht als Stützpunkt, sondern als Kolonie betrachteten, lag der Serenissima natürlich besonders am Herzen. Die einheimische griechische Bevölkerung sympathisierte offen mit den Türken, da sich vor allem der orthodoxe Klerus von der katholischen Kirche verfolgt fühlte, die im Gefolge der Venezianer gekommenen war. Die Orthodoxen wünschten sich damals die in ihren Augen wesentlich toleranteren Türken herbei und inszenierten zusammen mit den einheimischen Adeligen immer wieder Aufstände gegen die venezianische Fremdherrschaft. Die Venezianer ihrerseits waren auch keine gerade milden Kolonialherren und unterdrückten die Aufstände mit blutiger Gewalt, was sie wiederum nicht beliebter machte. Einer der rücksichtslosesten Militärbefehlshaber auf Kreta war eben dieser Francesco Molin. Kreta ging später tatsächlich an die Türken verloren, nicht so sehr weil die Türken so stark und die Venezianer so schwach waren, sondern weil eben die einheimische griechische Bevölkerung und die orthodoxe Kirche den Türken bei der Invasion halfen. Kreta fiel nach jahrzehntelangen Kämpfen im Jahr 1669.

Francesco Molin
Doge von 1646 bis 1655

Noch war es aber nicht soweit, als am 20. Jänner 1646 Francesco Molin zum Dogen gewählt wurde. Man hatte sich lange nicht auf einen neuen Dogen einigen können und die Signoria mußte das Wahlmännerkollegium mehrmals mahnen, endlich zu einer Entscheidung zu kommen.

Man hat dann schließlich einen Mann ausgesucht, der in dem sich seit Jahren hinschleppenden Krieg sehr erfahren war, eben Francesco Molin. Während seines Dogats gab es ständig kleinere und größere Kämpfe gegen die Türken zur See und zu Lande auf dem Balkan. Diese Kriege waren sehr teuer und dem Staat ging zunehmend das Geld aus. Die Regierung kam deswegen auf die Idee, reichen und angesehenen Bürgern die Möglichkeit zu geben, sich in das venezianische Patriziat einzukaufen. Gegen den Erlag von hunderttausend Dukaten, einer astronomischen Summe, wurde man Patrizier, wenn die übrigen Patrizier im Großen Rat zustimmten.

Wieweit diese Idee auf den Dogen Molin selbst zurückgeht, weiß man nicht, aber er dürfte von diesem Verfahren durchaus angetan gewesen sein. Er war durch seine Militärlaufbahn ein sehr praktischer und nüchterner Mann von recht schroffem Wesen, aber in allem, was er anpackte, sehr effizient und bei langem Gerede wurde er sofort ungeduldig. Eine Anekdote über ihn demonstriert das.

Eines schönen Tages soll eben ein solcher Kandidat für die Patrizierwürde – Antonio Corregio [s. 290] – zum Dogen in Privataudienz gekommen sein, wohl um sich vorzustellen. Dabei begann er über die große Ehre zu reden, die ihm da widerfahre und äußerte in wohlgesetzten Worten gebührend Zweifel, ob er denn auch würdig sei, oder vielleicht nicht, oder vielleicht doch. Der Doge Francesco unterbrach ihn nach wenigen Minuten äußerst ungeduldig und fuhr ihn an: „Haben Sie jetzt die hunderttausend Dukaten oder haben Sie sie nicht?!"

Palazzo Barbarigo 38)

Francesco Molin starb am 27. Februar 1557 und wurde im Kloster Santo Stefano beigesetzt.

36) Rio della Maddalena

37) Palazzetto Barbarigo. Die Familie Barbarigo, die den danebenliegenden größeren Palast errichten ließ, hat diesen kleinen, älteren und schlichten Palast wahrscheinlich gekauft, um ihn abreißen zu lassen, da ein Ausbau des großen Palastes geplant gewesen sein dürfte.

38) Palazzo Barbarigo. Das Gebäude wurde in der zweiten Hälfte des 16. Jahrhunderts errichtet. Die asymmetrische Anordnung der Balkone des Piano Nobile spricht dafür, daß wahrscheinlich eine Erweiterung des Palastes auf Kosten des danebenliegenden Palazzetto Barbarigo geplant war.

Reste der Fresken von Camillo Ballini unter dem Balkon und rechts unter dem Gesims

Die Fassade zeigt noch Reste einer Freskomalerei, wie sie früher einmal die meisten Palazzi am Canal Grande verziert hatte. Sie ist die einzige, die noch erhalten ist. Es sind Fresken mit allegorischen Motiven von Camillo Ballini, einem Nachfolger von Palma il Giovane. Man sieht unter dem Balkon noch zwei Gestalten und rechts über dem Tor an der Wasserfront ebenfalls Figuren. Ballini hat auch einige Deckenfresken im Dogenpalast gemalt, die erhalten sind. Eine Außenfreskoarbeit von ihm, am Palazzo Corner auf dem Campo Santi Apostoli, ist leider verloren gegangen.

39) Palazzo Zulian. Das Gebäude stammt aus dem 17. Jahrhundert und gehörte Girolamo Zulian, der es 1794 der Familie Priuli aus San Trovaso hinterließ. Das Gebäude fällt durch seine besondere Schlichtheit auf und durch eine starke horizontale Gliederung der Fassade mit dichten horizontalen Friesen. Die Fassade weist außer den Balkonbalustraden und den Fensterbögen keine weiteren Verzierungen auf.

Palazzo Zulian 39)

Girolamo Zulian war einer der großen Förderer von Antonio Canova, der durch seine zahlreichen Bildhauerarbeiten ein zu seiner Zeit schon hochberühmter Künstler war. Zulian war, als Canova 1779 nach

Rom ging, venezianischer Gesandter beim Papst in Rom. Er erwirkte damals für Canova ein dreijähriges Stipendium von der Signoria.

So wie auch Tizian waren Canova die vielen Ehrungen, die Erhebung in den Adelsstand und sein Reichtum nicht zu Kopf gestiegen, sondern er blieb bis zu seinem Tode ein begeisterter Bildhauer und Steinmetz und übte seine Tätigkeit bis ins höchste Alter hinein aus.

Seine körperlichen Gebrechen sind wahrscheinlich auf diese unermüdliche körperliche Schwerarbeit zurückzuführen. Er hat sich bei der Bearbeitung des Marmors für das Denkmal von Papst Clemens XIV. (Ganganelli) verletzt. Durch den monatelangen Gebrauch eines gegen die Brust gestützten Bohrers, mit dem er den Faltenwurf des Gewandes der Mansuetudo (Sanftmut) an diesem Denkmal herausarbeitete und bei der Bearbeitung der Löwenmähne am Denkmal für Papst Clemens XIII. zog er sich einen Rippenbruch und einen Leberriß zu.

In späteren Jahren wurde er dann auch noch päpstlicher Graf, als es ihm gelang, die von Napoleon in Rom gestohlenen und nach Paris verschleppten Kunstwerke wieder nach Rom zurückzubringen.

40) Palazzo Ruoda. Das Bauwerk in seiner heutigen Form stammt aus dem 17. Jahrhundert. Es wurde auf die vorhandenen gotischen und venezia-

Palazzo Ruoda 40) und Casa Velluti 41)

nisch-byzantinischen Fundamente aufgebaut und zeichnet sich durch die zwei Piani Nobili aus. Die quadratischen Fenster im obersten Stockwerk stammen aus viel späterer Zeit.

41) Casa Velluti. Auf ein altes Bauwerk aus dem 14. Jahrhundert mit einer abgesetzten Terrasse zum Canal Grande hin wurde im 17. Jahrhundert der linke Flügel aufgesetzt. Am rechten Teil ist das alte Gebäude noch gut zu erkennen.

Von links nach rechts: Ein Teil der Casa Velluti 41), Palazzo Gussoni Grimani della Vida 42), Rio di Noale 43) und ein Teil des Palazzo da Lezze 44)

42) Palazzo Gussoni Grimani della Vida. Ein schön proportionierter Palast aus dem 16. Jahrhundert, an der Einmündung des Rio di Noale in den Canal Grande gelegen, wahrscheinlich nach Plänen von Michele Sanmicheli ausgeführt. Früher war die Fassade mit berühmten Fresken von Tintoretto geschmückt, die aber alle zerstört sind. Tintoretto soll die Ideen für diese Bilder von Michelangelos Grabmal der Medici in Florenz bezogen haben. Der Palast ging später an die Familie Grimani über und in der ersten Hälfte des 19. Jahrhunderts an einen jüdischen Geschäftsmann, Cesare della Vida.

Auch um diesen Palast rankt sich eine merkwürdige Geschichte. Am 18. Dezember 1731 erstattete die N.D. Faustina Lazari, die Gemahlin des

N.H. Giulio Gussoni, eine Anzeige beim Tribunal des Vorstandes des erlauchten Rates der Zehn. Sie brachte vor, daß ihre einzige Tochter, Giustiniana Gussoni, die einem Patrizier als Ehefrau versprochen war, von dem Grafen Francesco Tassi aus Bergamo geraubt worden war.

Abgesehen von der Entführung ging es natürlich auch darum, daß Giustiniana Gussoni als einzige Tochter Erbin eines riesigen Vermögens, unter anderem auch des Palazzo Gussoni war. Der Zehnerrat beauftragte die Avogadori di Commun mit einer Tatsachenfeststellung, bei der sich ergab, daß dem Grafen aus Bergamo „in gutem Glauben in dem Patrizierhaus und in der adeligen Konversationsgesellschaft, in der auch Faustina Lazari Gussoni und deren Tochter verkehrten, Einlaß gewährt wurde und er in mangelnder Beachtung des vielfältigen Respektes, den er dem mit einem rechtmäßig unterzeichneten Vertrag einem patrizischen Bräutigam zur Ehe versprochenen Mädchen schuldig war, versucht hat, mit verdammenswerten Zielen eine hinterhältige Vertraulichkeit zu ihr herzustellen, und da dieser boshafte Plan sich hinter frommen Äußerungen verbarg, es sogar geschafft hatte, im Hause Gussoni empfangen zu werden, mit dem Ziele, den Kontakt zu verstärken und sich mit jenen Künsten in die zarte Seele der Jungfrau einzuschleichen, die in seinem durchaus reifen Alter erfolgversprechend waren, während er unter den Augen der Öffentlichkeit sehr geschickt eine künstliche und simulierte Gleichgültigkeit zur Schau stellte, ohne die er das Verhältnis nicht so lange hätte geheimhalten können". Wenn man diese gezierte venezianische Kanzleisprache von 1731 auf gut Deutsch übersetzt, heißt das: er hat der jungen Dame den Kopf verdreht. Die Mutter schien aber etwas geahnt zu haben, weil sie dem Grafen „Personen geistlichen Standes schickte", um ihn zur Räson zu bringen. Da die junge Dame offensichtlich mitgespielt hat, war diese Maßnahme wohl nicht sehr erfolgreich.

Jedenfalls hatte der Graf am Sonntag, dem 16. Dezember 1731, eine Gondel mit vier Ruderern bestellt, Giustiniana war eingestiegen und die ganze Gesellschaft fuhr in großer Eile nach Fusina, von dort in einer Kutsche die ganze Nacht über nach Padua. Dort wartete unter den Stadtmauern eine Kalesche, die dann in rasender Eile davonfuhr. Dem Grafen war es damit gelungen, die Grenzen des Staates Venedig zu überschreiten und seine Giustiniana an einen dem Zehnerrat unbekannten Ort zu bringen. Von dort kündigte er auch noch seine unmittelbar bevorstehende Hochzeit mit Giustiniana an.

Der Rat der Zehn befahl seine Verhaftung, die nicht gelingen konnte, weil man nicht wußte, wo er war. Man forderte ihn dann auf, sich zu stellen und sich im Gefängnis einzufinden, was dem unternehmungslustigen Bergamasken nicht einmal im Traum einfiel.

Das Ende der Geschichte ist recht banal. Der schon etwas ältliche Graf Tassi wurde 1732 in Abwesenheit zur Verbannung verurteilt, was ihn, der sowieso nicht in Venedig lebte, kaum gestört haben dürfte. Was ihn wahrscheinlich mehr geärgert hat, war die Tatsache, daß die reiche Erbin Giustiniana in den Schoß ihrer Familie zurückkehrte und 1736 den N.H. Piero Mario Curti heiratete.

Von links nach rechts: Palazzo Gussoni Grimani della Vida 42), Rio di Noale 43), Palazzo da Lezze 44), Palazzo Boldù 45) und Teil des Palazzo Contarini Pisani 46)

Jedenfalls war die ganze Sache dem Zehnerrat eher lästig, und da die gute Giustiniana wahrscheinlich auch kein Kind von Traurigkeit gewesen sein dürfte, war man froh, daß die Geschichte mit der Hochzeit schließlich zu einem ganz guten Ende kam. Giustiniana gebar zwei Söhne und ist 1747 gestorben. Unter heraldischen Aspekten war das keine aufregende Hochzeit, weder die Gussoni noch die Curti waren ein besonders vornehmer venezianischer Adel. Die Gussoni gehörten zu den „Case novissime“ und waren seit 1310 im Großen Rat, die Curti gar gehörten zu den „Case fatti per soldo“ und waren erst seit 1688 adelig. Sie sollen als Viehhändler und Fleischhauer ihr Geld gemacht haben, als sie ungarische Ochsen via Kroatien nach Venedig importierten.

43) Rio di Noale

44) Palazzo da Lezze a San Felice ist ein kleines Gebäude in gotischem Stil aus dem Anfang des 15. Jahrhunderts mit einem kleinen Vorgarten und einem sehr niedrig gelegenen Piano Nobile.

45) Palazzo Boldù. Das Gebäude war ursprünglich im Besitz der Familie Boldù, wurde im 17. Jahrhundert von der Familie Ghisi erworben und umgebaut. Der Palast ging dann ins Eigentum der Familie Contarini Pisani über, die ihn umbaute und wahrscheinlich mit dem benachbarten Palast, den sie ebenfalls besaß, zusammenlegen wollte. Dafür spricht auch die asymmetrische Anlage der Piani Nobili im ersten und zweiten Stock.

Von links nach rechts: Teil des Palazzo Boldù 45), Palazzo Contarini Pisani 46), Calle del Traghetto 47) und Casa Levi Morenos 48)

46) Palazzo Contarini Pisani ist ein Bauwerk, an dem noch sehr gut der Charakter des alten Handelshauses im venezianisch-byzantinischen Stil zu sehen ist, das auch als Warenlager gedient hat. Der über die ganze Wasserfront verlaufende Portico mit der hier noch besonders imposanten Ecksäule rechts sind typische Reste. In der Gotik wurde das Gebäude zum Teil verändert.

47) Calle del Traghetto

48) Casa Levi Morenos ist ein aus zwei Gebäuden bestehendes Bauwerk. Das Lagerhaus mit zwei Bögen am Anlegeplatz liegt links und ist der ältere Teil. Der neue Teil rechts hinter dem Vorgarten wurde im 18. Jahrhundert im Renaissancestil errichtet. Auf alten Stichen ist noch der ursprüngliche Zustand des Gebäudes zu erkennen, das bis an den Canal Grande heranreichte.

49) Rio San Felice

50) Palazzo Fontana Rech Rezzonico ist ein Renaissancepalast, den die Familie Fontana, reiche Kaufleute aus Piacenza, errichteten. Die Fontanas waren mit vielen aristokratischen Familien Venedigs verwandt und hatten als Kaufleute lange Zeit schon enge Bindungen mit Venedig gehabt, als sie um die Mitte des 16. Jahrhunderts hierher übersiedelten. Sie kauften damals hier einen alten Palast, der abgerissen wurde und an dessen Stelle sie den heutigen

Von links nach rechts: Casa Levi Morenos 48), Rio San Felice 49), Palazzo Fontana Rech Rezzonico 50), Garten und Gartenhaus 51) und ein Teil des Palazzo Giusti 52)

errichten ließen. Einige Fontanas waren auch Sekretäre des Senats. Ende des 17. Jahrhunderts ging der Palast in den Besitz der Familie Rezzonico über. 1693 wurde hier Carlo Rezzonico geboren, der spätere Papst Clemens XIII., der von 1758 bis 1769 regierte. [s. 377]

51) Garten und Gartenhaus

52) Palazzo Giusti, früher Miani Coletti oder auch Contarini. Die Fassade ist im Renaissance-Stil mit verschiedenen Anklängen an Barock und stammt von A. Visentini aus 1776. Das Gebäude gehört heute dem Staat. Es wurde angekauft, da das Museum in der benachbarten Ca' d'Oro zuwenig Platz hatte, und so sind die beiden Gebäude heute innen verbunden. Wenn man das Museo Franchetti in der Ca' d'Oro besucht, so wechselt man immer wieder in den Palazzo Giusti hinüber, meist ohne es zu merken.

Links Palazzo Giusti 52), rechts ein Teil der Fassade der Ca'd'Oro 53)

53) Ca' d'Oro. Die Ca' d'Oro ist neben dem Dogenpalast das prächtigste Beispiel von Venedigs herrlicher Gotik. Diese verspielte Architektur, der Reichtum an verschiedenartigem Marmor, der Glanz seines Goldes und das Leuchten der Farben war sicher mehr vom Osten als vom Norden inspiriert. Das Gebäude wurde zwischen 1421 und 1440 von Marino Contarini errichtet. Marino Contarini, Sohn des Antonio Contarini, Prokurator von San Marco, heiratete mit zwanzig Jahren im Jahr 1406 Soradamor Zen. 1410 kaufte er von der Familie seiner Frau einen alten venezianisch-byzantinischen Palast aus dem 12. Jahrhundert, der an der Stelle der heutigen Ca' d'Oro stand.

Ca' d'Oro 53)

Von den beiden jungen Eheleuten wissen wir leider wenig. Ihre Namen klingen so romantisch, und der Name der jungen Frau erinnert an ein orientalisches Märchen. Sie werden wohl noch in dem alten Palast gewohnt haben. Soradamor hat nach der Hochzeit nur noch elf Jahre gelebt, und sie war schon fünf Jahre tot, als im Jahr 1521 Marino Contarini mit dem Bau des Palastes begann, den wir heute als Ca' d'Oro kennen. Aus den alten Dokumenten geht eindeutig hervor, wie entscheidend er in die Ausführung des Baues eingegriffen hat, und sie zeugen von dem hervorragenden Kunstverständnis dieses patrizischen Bauherrn. Teile des alten venezianisch-byzantinischen Bauwerks blieben erhalten, so z. B. der Portico an der Wasserfront. Der ausführende Architekt, Marco Raverti, der Architekt des Mailänder Doms, war schon mindestens zehn Jahre in Venedig, als er von Contarini den Auftrag zum Bau der Ca' d'Oro erhielt. Er hat sich meisterhaft an die Anforderungen seines Bauherrn und an die Traditionen des lokalen venezianischen Stils angepaßt. Nichtsdestoweniger sind sein Stil und die Hand seiner lombardischen Steinmetze an vielen Details zu erkennen, wie z. B. in den doppelt gedrehten Bandverzierungen an den Kanten des Gebäudes. Es gibt genaue Anweisungen Contarinis an seinen Architekten über die Bauausführung. So wollte er, daß die Säulenkapitelle aus Marmor von Rovigno gemacht würden ebenso wie die des benachbarten Palazzo Sangredo. Oder er verlangte, daß ein Eckfenster vom Palazzo Priuli von San Severo kopiert würde. Wahrscheinlich war auch er es, der die Außenstiege zum Piano Nobile so wollte, eine Kopie der Stiege aus dem Palazzo Contarini da la Porta di Ferro. Es gibt eine Theorie, daß der Palast ursprünglich symmetrisch um den Portico geplant war, daß also von der Wasserfront her gesehen noch ein linker Flügel geplant war, der dann nicht gebaut wurde. Neuere Untersuchungen widersprechen dieser Ansicht, da die Anordnung der Innenräume jedenfalls nicht auf einen solchen Plan hinweist.

Eine der größten Neuerungen in der venezianischen Architektur, die bei der Ca' d'Oro zum ersten Mal deutlich hervortritt, ist die prächtige Ausführung des Portico im Piano Nobile im ersten Stock. Manche der Verzierungen und Gesimse des Ca' d'Oro sind verfeinerte Details vom Dogenpalast, einige vom Palazzo Priuli. In späterer Zeit finden sie sich dann häufig an venezianischen Palästen wie etwa am Palazzo Giustiniani oder am Palazzo Bernardo.

Ursprünglich hatte das Gebäude noch ganz anders ausgesehen, als es sich uns heute zeigt. 1431 beauftragte Contarini nämlich einen seit 1405 in Venedig wohnhaften französischen Maler, Jean Charlier – auch Zusanne da Franza genannt – , die blauen und roten Marmorschnitzereien, die entweder vom alten Zenpalast stammten oder sogar neu angefertigt worden waren, herauszunehmen und weite Teile der Fassade auf das großzügigste zu vergolden und farbig zu bemalen. Aus dieser Zeit stammt auch der heutige Name Ca' d'Oro – Haus aus Gold.

Nur zwei Generationen lang blieb der Palast im Eigentum der Familie Contarini. Durch die Heirat von Marino Contarinis Enkelin mit Pietro Marcello 1484 ging der Palast an diese Familie über. Ebenfalls durch Heirat ging dann der halbe Palast 1620 an einen Zweig der Familie Loredan. Bis zum 18. Jahrhundert hatte sich die Nachkommenschaft jenes Mannes, der seinen Traum aus Marmor mit so viel Begeisterung und Liebe verwirklicht hatte, derartig vermehrt, daß der Besitz vierundzwanzig Erben gehörte. Eigentümer waren die Familien Marcello, Loredan, Grimani, Zeno, Donà und Venier. In den letzten Jahren der Republik war dann das geteilte Haus an eine Familie Bressa vermietet, und 1791 stellte ein Gutachten einen miserablen Zustand des Gebäudes fest: „... zerbrochene Schwellen, Risse im Mauerwerk, morsche Balken, gebrochene und baufällige Steinbalkone, wackelige Säulen". Durch die Fenster ohne Glas und Fensterläden kamen Regen und Wind herein, kurzum, es war ein „von jedermann verlassenes Gebäude". 1802 kaufte es ein gewisser Pezzi als „baufälliges Gut". Das Haus ging dann noch durch mehrere Hände, bis es 1846 von einem Moisè Conegliano an den russischen Fürsten Alexander Trubetzkoi verkauft wurde, der es seiner Geliebten, der Tänzerin Maria Taglioni schenken wollte – angeblich aus Dankbarkeit dafür, weil sie durch ihren hinreißenden Tanz den russischen Zaren Nikolaus I. erweichen konnte, die Verbannung des Fürsten Trubetzkoi nach Sibirien aufzuheben. Die Taglione war eine Sammlerin von Palästen in Venedig. Sie besaß schon einige, wie den Palazzo Businello bei San Apponal, den Corner Spinelli bei San Angelo und den Giustinian Lolin bei San Samuele. Die Ca' d'Oro wäre ein weiteres Juwel in ihrer Sammlung geworden.

Für die Ca' d'Oro war dieser Besitzwechsel aber keine glückliche Wendung, sondern das Gegenteil. Da der Bauzustand des Palastes so katastrophal war, engagierte Fürst Trubetzkoi einen Architekten, der damals gerade sehr in Mode war, nämlich Giovanni Battista Meduna aus Ravenna. Dieser hatte seinen Ruhm in Venedig damit begründet, daß er das durch einen Brand verwüstete Teatro La Fenice so rasch und so schön wiederaufgebaut hatte. Meduna war kein schlechter Baumeister, aber alles nur kein Denkmalschützer. Die Freunde neugotischer Architektur schwärmen immer noch von seiner Wendeltreppe, die er dem Palazzo Giovanelli am Rio di Noale verpaßt hat. Aber auch darüber kann man streiten, denn seine harte Hand wird auch dort sichtbar.

Wenn Meduna vielleicht auch kein schlechter Baumeister war, war er jedenfalls ein miserabler Restaurator und auch ein Vandale. Fünfundzwanzig Jahre später hat er mit einer unbesonnenen Restaurierung auch noch die nördliche Flanke der Basilika von San Marco ruiniert. Meduna wollte immer alles nach seinen eigenen Plänen und vor allem neu und anders machen. Heute würde man so etwas „Selbstverwirklichung" nennen. Für alte Dinge hatte er kein Gefühl. Jedenfalls ging über den baufälligen Palast von Marino Contarini ein wahrer Wirbelsturm von Veränderungen hinweg. Der prächtige Brunnenaufsatz von Bon wurde aus dem Weg geräumt, die von Raverti stammende offene Treppe im Hof wurde in Stücke geschlagen und fortgeschafft, Kapitelle und Marmorplatten wurden entfernt, neue Fenster in die Fassade gebrochen. Mitten in diesem Zerstörungswerk aber hatten die Götter ein Einsehen, und Gott Amor rettete von dem Palast, was noch zu retten war. Fürst Trubetzkoi verliebte sich nämlich in die Tochter seiner Freundin Taglioni, die aus deren Ehe mit dem Grafen de Voisin stammte, und heiratete sie auf der Stelle. Ebenso plötzlich wie diese Liebe entflammte, erlosch das Bedürfnis des Fürsten, seiner ehemaligen Geliebten und jetzigen Schwiegermutter die Ca' d'Oro zu schenken. Vielleicht war auch das Töchterchen dagegen? Jedenfalls hörte das Zerstörungswerk von Meduna sofort auf. Der Fürst verkaufte den Palast an den Bankier Errera, der ihn nur so weit restaurieren ließ, daß er wieder bewohnbar wurde. Er verkaufte ihn dann an den Marchese Tacoli, der die Wohnungen im Palast vermietete.

Um 1890 waren zwei dieser Wohnungen an Personen vermietet, die schon berühmt waren oder es bald werden sollten. Berühmt war die Diva Contessa Annina Morosini. Einer ihrer Verehrer war der deutsche Kaiser Wilhelm II. Berühmt und vor allem wichtig für Venedig wurde der andere, der Historiker Pompeo Molmenti. Sein Buch „Storia di Venezia nelle vita privata" (Geschichte Venedigs im Privatleben) ist heute noch bekannt. Damals war Molmenti vor allem durch seine wütenden Polemiken im Gemeinderat von Venedig bekannt, in denen er die Abrißprojekte bekämpfte, die der damalige Vorsitzende der Stadtregierung Graf Dante di Serego (ein Verwandter des Dichters über die mütterliche Linie) für notwendig hielt, um die Stadt zu modernisieren. Molmenti hatte mit seiner Kampagne schließlich weitgehend Erfolg und konnte eine „Modernisierung", wie sie damals geplant war, verhindern.

Diese beiden Mieter erhielten 1894 die Kündigung und mußten zu ihrem großen Ärger den Palast verlassen. Viele Jahre später schrieb Molmenti in einem Brief an Gabriele D'Annunzio, daß er sich nachträglich nie über etwas so gefreut habe wie über diesen Hinauswurf. Die Kündigung war nämlich vom neuen Besitzer, dem Baron Giorgio Franchetti, ausgesprochen worden, der den Palast soeben gekauft hatte. Franchetti war für die Ca' d'Oro ein wahrer Segen. Wie ein wiederauferstander Marino Contarini, mit ebensoviel Liebe und Leidenschaft, Sachkenntnis und dazu noch mit persönlicher Mühe und schwerster körperlicher Arbeit machte er sich an den Wiederaufbau des so sehr mißhandelten Palastes. Er scheute keine finanziellen und persönlichen Opfer und hatte in der Wiedergeburt der Ca' d'Oro seinen Lebensinhalt gefunden. Gabriele D' Annunzio, der mit ihm befreundet war, hat geschildert, wie auch er, wenn er Franchetti in seinem Haus besuchen kam, mithelfen mußte, „auf den Knien am Boden rutschend im Erdgeschoß Serpentin und Porphyr in die Mörtelmasse des Mosaiks zu verlegen", das Franchetti dem Mosaik in der Markusbasilika nachmachen wollte.

Giorgio Franchetti beabsichtigte, seine beachtliche Kunstsammlung in der Ca' d'Oro unterzubringen. Noch mitten während des Umbaues hatte er schon ein Juwel seiner Sammlung aufgestellt, einen Tabernakelschrank aus gemasertem, rosenrotem Marmor und auch einen „Heiligen Sebastian" von Mantegna. Er hat aber auch noch etwas ganz besonders Wichtiges getan. Mit einem geradezu starrsinnigen Fanatismus hat er bei Antiquitätenhändlern in fast der ganzen Welt alle jene Stücke zurückgekauft, die bei Medunas Zerstörungswerk weggeräumt und verkauft worden waren. Mit Originalteilen hat er die Treppe von Raverti rekonstruiert und ebenso das große Portal zur Gasse hin mit der Blume des Romanello, dem ebenfalls von Raverti gemeißelten Wappen der Contarini. Er hat auch die vandalisch neu eingesetzten Fenster wieder geschlossen. Franchetti beabsichtigte, die Ca' d'Oro und seine Kunstsammlung dem Staat zu übereignen. Das geschah dann schließlich auch, nachdem er sich, von den schrecklichen Schmerzen einer grausamen Krankheit gepeinigt, am 18. Dezember 1922 das Leben genommen hatte.

Palazzo Giustinian Pesaro 55)

Die Galerie Giorgio Franchetti, die neben seiner Sammlung heute auch die Reste der Fresken von Giorgione und Tizian von der Fassade des Fondaco dei Tedeschi enthält, sowie die Fresken von Pordenone aus Santo Stefano, haben seinen Namen unvergessen gemacht. Seine Asche ruht unter einem Säulenfuß aus Porphyr im restaurierten Portego seines Palastes.

54) Calle del Ca' d'Oro

55) Palazzo Giustinian Pesaro ist ein gotischer Palast, der aus der Mitte des 15. Jahrhunderts stammt. Auffallend ist die asymmetrische Anordnung der mit sehr feinen Spitzbogen verzierten Fenster in den beiden Piani Nobili im ersten und zweiten Stockwerk.

56) Palazzo Sagredo. Der Palazzo Sagredo war ursprünglich im Eigentum der Familie Morosini und ist ein vorwiegend aus dem 14. Jahrhundert stammendes Bauwerk, das später stark baulich verändert wurde. Gotisch sind die schönen zentralen Fenster. Es finden sich aber auch noch Spuren des aus dem 13. Jahrhundert stammenden venezianisch-byzantinischen Baues wie Gesimse und Bögen.

Im 18. Jahrhundert wurde das Innere radikal umgebaut, während die Wasserfront in ihrer alten Form bewahrt blieb, obwohl Gherardo Sagredo – Prokurator von San Marco (gest. 1738) – in seinem Testament gerade dort Veränderungen nach Plänen von Temanza vorgesehen hatte.

Auch die Freitreppe stammt aus dem 18. Jahrhundert. Dort ist auch, mittlerweile sehr verwittert, das Fresko „Der Sturz der Giganten" von Pietro Longhi zu sehen.

Von links nach rechts: Ecke der Ca' d'Oro 53), Calle del Ca' d'Oro 54), Palazzo Giustinian Pesaro 55) und der Palazzo Sagredo 56)

Longhi hat auch noch ein anderes Gemälde mit Familienmitgliedern der Familie Sagredo gemalt, das heute im Museo Querini Stampaglia hängt. Als Longhi dieses Bild malte, hatte gerade ein Prozeß um den Besitz des Palastes Sagredo begonnen. Der Prokurator hatte ihn nicht seiner Frau und seinen Töchtern vererbt, sondern dem reichsten Zweig seiner Familie. Er wollte sicher gehen, daß der Palast, der schließlich den Namen der Familie trug, angemessen gepflegt und erhalten werden würde. Die einzelnen Familienzweige mußten beweisen, wer von ihnen der reichste war. Es waren die Sagredo von Santa Ternita, die den Gerichtsstreit gewonnen haben. (Die Witwe des Prokurators Gherardo, die schließlich den Prozeß verloren hat, ist die Dame auf dem Familienporträt ganz links.)

Der Name der Familie geht angeblich auf Gherardo Sagredo zurück, der Benediktinermönch in San Giorgio Maggiore war und später der Abt dieses Klosters wurde. Er ging schließlich als Missionar nach Ungarn, wohin ihn König Stephan der Heilige gerufen hatte, um die Ungarn zu christianisieren. Er wurde der erste Bischof der von König Stephan eingerichteten Diözese Csanád. Die Ungarn wollten aber gerade damals ihren König stürzen, und vom Christentum wollten sie erst recht nichts wissen. Den armen Gherardo, der zwangsläufig in diese Streitigkeiten verwickelt wurde, hat man am 24. September 1046 in ein Faß gesteckt, von außen ein paar hundert Nägel hineingeschlagen und Faß samt Gherardo von einem Hügel in die Donau rollen lassen. Das hat er natürlich nicht überlebt, und seit damals ist er ein Märtyrer. Als solcher heißt er heiliger Gerhard von Csanád, in Ungarn Gellért genannt. Er ist ein Stadtheiliger von Budapest geworden. Auf ihn soll eben der Name Sagredo zurückgehen, eine Verballhornung des Wortes San Gherardo.

Portrait der Familie Sagredo von Pietro Longhi

Aus der Familie Sagredo stammten viele hohe Würdenträger der Republik, darunter auch Nicolò Sagredo, Doge von 1675 bis 1676. Er war einer der beliebtesten Dogen in der Geschichte von Venedig und einer der ganz wenigen, denen es gelang, bereits im ersten Wahlgang fast einstimmig gewählt zu werden. Er hätte sogar die Stimmen aller 41 Wahlmänner erhalten, wenn

Nicolò Sagredo,
Doge von 1675–1676

sich nicht sein Bruder Alvise (Patriarch von Venedig und deshalb im Kollegium der Wahlmänner) der Stimme hätte enthalten müssen. Der Doge galt als brillanter Diplomat, leidenschaftlicher Kunstsammler und äußerst prachtliebender Mann. Seine Wohnung im Dogenpalast ließ er auf eigene Kosten herrlich ausschmücken, und in der Öffentlichkeit erschien er nicht nur in golddurchwirkten Gewändern, sondern diese waren auch noch mit leuchtenden goldenen Sternen übersät. Er war bei wohltätigen Anlässen sehr freigiebig, und kein Doge nach ihm erreichte seine Popularität. Er war „von gebeugter und kleiner Statur, mit blassem Gesicht und weißem Haar, vollendet galant, ein Ehrenmann und Kavalier und liebenswürdiger Freund", schrieb ein Zeitgenosse über ihn. Den leiblichen Genüssen war er sehr zugeneigt, was am Ende auch seine Gesundheit ruiniert hat.

Zweiundachtzig Jahre bevor Nicolò Sagredo zum Dogen gewählt wurde, legte um die Mittagszeit eines Frühlingstages im Jahr 1593 am Palazzo Sagredo eine prächtige Gondel an, gerudert von livrierten Gondolieri mit dem Sagredowappen. Ihr entstieg der damals zwanzigjährige Gian Francesco Sagredo, der Großonkel des späteren Dogen, und ein zweiter bärtiger Herr, damals erst 29 Jahre alt und schon eine Berühmtheit – Galileo Galilei. Seit einem Jahr war er Professor an der zu Venedig gehörenden Universität von Padua. Galilei kam oft nach Venedig, wo ja auch die Verwaltungsbehörden seiner Universität ihren Sitz hatten. Die beiden Herren hatten sich gerade kennengelernt, und zwar in einer Buchhandlung unter dem Uhrturm

Galileio Galilei 1564–1642

neben der Markuskirche. Sagredo, der sich für Wissenschaften sehr interessierte, hatte die Gelegenheit ergriffen und Galilei zum Mittagessen eingeladen. Dieser hatte die Einladung angenommen und war dann zutiefst beeindruckt von dem unermeßlichen Reichtum, den er in diesem Palast zu sehen bekam.

Gian Francesco Sagredo hat, wie Zorzi schreibt, in späteren Jahren von sich folgende Charakteristik gegeben: „Ich bin ein venezianischer Edelmann und habe mich weder je als Gelehrten bezeichnet, denen ich doch viel Zuneigung entgegengebracht und die ich immer gefördert habe; noch beabsichtigte ich meine Reichtümer zu vermehren, noch Lob oder Reputation zu erwerben durch den Ruhm der philosophischen oder mathematischen Gelehrtheit, sondern vielmehr strebe ich nach Anerkennung durch die gute Ausübung meiner Ämter und durch meine Arbeit in der Regierung der Republik, der ich mich in meinen jungen Jahren widmete und damit dem Vorbild meiner Vorfahren folgte, die alle in ihr alt geworden sind und sich ihr aufgeopfert haben. Meine Studien handeln von der Erkenntnis jener Dinge, die ich als Christ Gott schulde, als Bürger meiner Heimat, als Patrizier meinem Geschlecht, als Mensch meinen Freunden und als Edelmann und wahrer Philosoph mir selbst. Ich verbringe meine Zeit damit, Gott und der Heimat zu dienen, und da ich frei von familiären Pflichten bin, verbringe ich einen guten Teil davon in Diskussionskreisen im Dienste und zur Zufriedenheit meiner Freunde, und den ganzen Rest widme ich der Bequemlichkeit und meinen Vorlieben. Und wenn ich mich manchmal der Spekulation der Wissenschaft zuwende, dann maße ich mir nicht an, ein Konkurrent der Professoren dieser Wissenschaften zu sein, da ich ganz frei forsche, bar jeder Verpflichtung und Vorliebe."

Sagredo stellt in dieser Selbstdarstellung sein Licht etwas unter den Scheffel, denn er war ein brillanter Geist, der Galilei viele Anregungen gab und ihm ein wahrer Freund wurde. Er hat ihm auch oft großzügig aus seinen permanenten Geldverlegenheiten geholfen. Er führte Galilei auch in jene wissenschaftlichen Diskussionskreise ein, wo sich z. B. im Hause des Historikers Andrea Morosini viele interessante Zeitgenossen trafen, darunter auch ein zweiter guter Freund Galileis, der Servitenpater Paolo Sarpi, und auch zwei spätere Dogen, Leonardo Donà und Nicolò Contarini.

Wie sehr wiederum Galilei seinen Freund Sagredo schätzte, kann man daran ermessen, daß er ihm in seinem Werk „Dialogo sopra i due massimi sisteme del mondo", das in Dialogform abgefaßt war, die Rolle des einen Diskutanten zugewiesen hat. Die beiden anderen hießen Salviati und Simplicio.

Durch dieses Buch und vor allem durch den Namen Simplicio bekam Galilei seine Schwierigkeiten mit der Inquisition und besonders mit Papst Urban VIII., der sich in der Person des Simplicio zu erkennen glaubte und sich verspottet fühlte.

Bei der berühmten Vorführung des von Galilei erfundenen Fernrohrs auf dem Campanile vor San Marco für den Dogen Leonardo Donà am 21. August 1609 konnte Sagredo nicht dabei sein, da er als Konsul in Aleppo weilte. Zugegen war aber Antonio Priuli, der damals Riformatore (oberster Verwaltungsbeamter) der Universität Padua war und später selbst Doge wurde und der uns einen lebendigen Bericht über das Experiment hinterlassen hat.

Von links nach rechts: Im Hintergrund der Palazzo Sagredo 56), Campo Santa Sofia 57), Palazzo Foscari 58), Calle della Pergola 59) und Casa Coin 60)

Sagredo hat seinen Freund Galilei oft eingeladen, und Galilei hat den Luxus, den ihm sein Freund und Gönner bieten konnte, reichlich genossen und schwärmte von „den schön gefüllten Tassen voller guter kalter und moussierender Spirituosen", denen er offensichtlich nicht abhold war. Sagredo hat seinen Freund später auch eindringlich davor gewarnt, nach Florenz zurückzukehren, und hat ganz richtig die Schwierigkeiten vorausgesehen, die auf Galilei zukommen sollten. „In Venedig", schrieb er, „hattet Ihr Einfluß auf diejenigen, welche die anderen regieren, und Ihr hattet niemandem zu dienen außer Euch selbst."

Galilei hat den gut gemeinten Rat seines Freundes leider nicht angenommen. Wäre er in Padua geblieben, der weltberühmte Prozeß hätte nie stattgefunden oder bestenfalls ohne den Angeklagten. Die Serenissima hätte sich ein Vergnügen daraus gemacht, die heilige Inquisition abblitzen zu lassen. Die Republik hatte solche Fälle schon öfter durchgekämpft, und es war für sie eine Ehrensache, um jeden Preis die Professoren ihrer Universität zu schützen und erst recht dann, wenn sie irgend etwas taten oder schrieben, was in Rom besonderen Ärger erregte.

57) Campo Santa Sofia

58) Palazzo Foscari. Dieser Palazzo ist ein sehr hübsches Bauwerk aus dem 15. Jahrhundert mit gotischen Spitzbogenfenstern in der Fassade. Die Fenster des Pianao nobile sind etwas assymmetrisch nach links verschoben, gegen die Ecke zum Campo Santa Sofia hin. Hier residierte in den Jahren um 1520 Federigo Gonzaga, Herzog von Mantua. Später richteten die Gonzaga, die Herzöge von Mantua, hier ihre Botschaft in Venedig ein. Dann ging das Bauwerk in das Eigentum der Familie Del Prà über.

Heute befindet sich in diesem Palazzo das Deutsche Konsulat.

59) Calle della Pergola

60) Casa Coin. Das Gebäude stammt aus dem 19. Jahrhundert, steht etwas zurückgesetzt. Vor ihm ist eine Terrasse aus istrianischem Kalkstein. Aus dem gleichen Material bestehen auch die beiden kleinen ebenfalls mit einer Terrasse bekrönten Bauwerke, die auf beiden Seiten dieser Terrasse angeordnet sind.

Von links nach rechts: Ecke des Palazzo Foscari 58), Calle della Pergola 59), Casa Coin 60), Palazzo Michiel dalle Colonne 61)

Von links nach rechts: Palazzo Michiel dalle Colonne 61), Palazzetto Michiel 62) und Palazzo Michiel dal Brusà 63)

61) Palazzo Michiel dalle Colonne. Der Palast ist wahrscheinlich romanischen Ursprungs, gehörte ursprünglich der Familie Duodo und wurde in der Folgezeit mehrfach umgebaut, so in der zweiten Hälfte des 17. Jahrhunderts vom Architekten Giuseppe Sardi für die Familie Zen. Dann ging er 1702 in das Eigentum des Herzogs von Mantua, Ferdinando Gonzaga, über. In der Folge besaßen ihn die Familien Michiel, Martinengo und Donà delle Rose. (Der Eingang ist von der Strada nuova bzw. Calle del Duca erreichbar.) In einem Innenhof sind noch Reste des gotischen Teils des alten Palastes aus dem 14. Jahrhundert zu finden. Seinen Namen „Dalle Colonne" (mit den Säulen) hat der Palast von dem im Erdgeschoß gelegenen Portico an der Wasserfront, der eine prachtvolle Loggia zum Canal hin bildet.

Die Familie Michiel, deren Namen der Palast heute trägt, hat diesen Palazzo eigentlich nicht sehr lang besessen, sondern erst in den letzten siebzig Jahren der Republik. Sie war im benachbarten Palazzo Michiel (heute dal Brusà) daheim. Auch der dazwischenliegende Palazzetto Michiel wurde erst zu Beginn des 18. Jahrhunderts so umgebaut, wie wir ihn heute sehen. Die Familie Michiel gehörte zum ältesten venezianischen Adel, stellte in der Frühzeit der Republik dem Staat drei Dogen und später unzählige hohe Beamte, Senatoren und Soldaten. Der Palast enthielt schöne Kunstsammlungen der letzten Besitzer, die aber heute nicht mehr existieren. Die Stücke sind zum Teil im Museo Correr und im Museum der Akademie oder in privaten Sammlungen zu finden.

Die Familie Michiel von Pietro Longhi

Im Museo Querini Stampalia hängt ein eigenartiges Familienporträt der Familie Michiel von Pietro Longhi. Es zeigt den N.H. Marcantonio Michiel am Tisch sitzend mit seiner Frau Giustina Renier links, mit ihren beiden gemeinsamen Töchtern. Die drei anderen Damen am Tisch sind seine beiden Schwestern und seine Mutter. An der Wand hängt ein Gemälde, das Pietro Barbarigo darstellt, Longhis Freund und Gönner, der auch dieses Bild bestellt haben dürfte. Marcantonio Michiel selbst war einer der wenigen, der sich später, dann schon als Senator, in den entscheidenden Stunden des Jahres 1797 für einen bewaffneten Widerstand Venedigs gegen Napoleon aussprechen sollte.

Seine Frau Giustina Renier war die Enkelin des vorletzten Dogen und hat ungefähr ein Vierteljahrhundert später ein hochinteressantes Werk über den Ursprung der venezianischen Feste geschrieben („Origine delle feste Veneziane"). Sie hatte viele dieser Feste an führendem Platz mitgemacht, da sie bei diesen öffentlichen Veranstaltungen oft an der Seite ihres verwitweten Großvaters war und zwar als „Dosetta", als jene Frau, die die Stelle der Gemahlin des Dogen ausfüllte. Giustina Michiel Renier hat mit viel Sachwissen und viel Enthusiasmus die alte untergegangene Markusrepublik verteidigt, zu einer Zeit, da eine böswillige vorwiegend französische Geschichtsschreibung das alte zerstörte Reich nach Möglichkeit schlecht zu machen versuchte. Besonders der französische Graf Daru, ein Historiker von zweifelhaftem Ruf, hatte mit handfesten Fälschungen und Geschichtklitterungen Venedig als einen finsteren bösartigen Staat hingestellt, um die kriegsverbrecherischen Handlungen Napoleons gegenüber Venedig als Befreiung von einer finsteren Diktatur erscheinen zu lassen. Mit dem erfolgreichen Buch dieser Frau aus altem venezianischen Adel, der Enkelin eines Dogen, Frau eines Senators, die noch dazu der bedeutendste Doge des 18. Jahrhunderts, Marco Foscarini, über das Taufbecken gehalten hatte, begann man zumindest in der Fachwelt der Historiker der Serenissima wieder mehr Gerechtigkeit widerfahren zu lassen.

62) Palazzetto Michiel ist ein Ende des 17. und Anfang des 18. Jahrhunderts errichtetes Bauwerk mit einem zurückgebauten zweiten und dritten Stock, wodurch davor eine Terrasse entsteht. Das Gebäude verbindet die beiden damals zusammengehörigen Michielpaläste.

63) Palazzo Michiel dal Brusà hat seinen Namen dal brusà (vom Brand), weil der alte gotische Palazzo 1774, angeblich durch die Unachtsamkeit einer Magd, fast völlig niederbrannte. Im Jahr 1777 wurde er mit finanzieller Hilfe der Signoria wiederaufgebaut. Die Hilfe wurde wegen der großen Verdienste der Familie Michiel gewährt. Das Gebäude enthält auch heute noch Wohnräume, die mit Stuckarbeiten und Fresken verziert sind, die hauptsächlich von Jacopo Guarana stammen. Dieser Palazzo war das Stammhaus der Familie Michiel, und die Verdienste der Michiel-Dogen waren ja wirklich so bedeutend, daß es sich die Signoria wohl leisten konnte, den Wiederaufbau des abgebrannten Palastes zu finanzieren.

Links Palazzetto Michiel 62) und rechts Palazzo Michiel dal Brusà 63)

Die drei Dogen der Familie Michiel folgten kurz aufeinander und waren alle innerhalb eines Zeitraumes von etwa 75 Jahren an der Regierung. Dazu kam noch der Doge Pietro Polani (Doge von 1130–1147), der Schwiegersohn des Dogen Domenico Michiel, so daß die Michiel-Dynastie über 50 Jahre an der Regierung war, nur unterbrochen von den Dogen Ordelaf Falier (1102–1118) und Domenico Morosini (1147–1156).

In dieser Zeit zwischen 1095 und 1172 war Venedig an einem Wendepunkt seiner Geschichte angelangt, als es die letzten Reste seiner Abhängigkeit von Byzanz abstreifte und sich von einer byzantinischen Provinz zu einer europäischen Großmacht entwickelte.

Eine Großmacht, was den Besitz an festem Land anlangte, wurde Venedig damals nicht, aber eine Großmacht, was seine geographische Ausdehnung durch seine Stützpunkte und was seinen Einflußbereich und sein politisches

Vitale I. Michiel
Doge von 1095–1102

Domenico Michiel
Doge von 1118–1130

Vitale II. Michiel
Doge von 1156–1172

Gewicht anlangte, wurde es sehr wohl. Diese Umwälzungen haben in jenen Jahren und den darauffolgenden bis 1205 stattgefunden und waren nicht nur für Venedig, sondern für ganz Europa bedeutsam.

Vitale I. Michiel war gerade Doge geworden, als Papst Urban II. 1095 zu einem Kreuzzug aufrief, der in unserer Geschichtsschreibung heute als Erster Kreuzzug bezeichnet wird. Venedig hatte sich vorerst einmal klug herausgehalten, da es zu den islamischen Staaten, zu Alexandria, zu Bagdad, zu Tunis und Fes die besten kommerziellen und diplomatischen Beziehungen unterhielt. Im Juli 1099 lief nach langen internen Streitigkeiten dann doch die erste Kreuzfahrerflotte Venedigs aus, unter der Führung des Dogensohnes Giovanni und des Bischofs von Olivolo, Contarini. Wahrlich nicht aus Begeisterung zogen die Venezianer ins Heilige Land, sondern weil die anderen Seestädte, allen voran Genua und Pisa, den Kreuzzug unterstützten. Und dieser erste Kreuzzug war entgegen allen Erwartungen ein Erfolg geworden.

1099 war Jerusalem und das ganze Heilige Land an das Kreuzheer gefallen. Es bestand die Gefahr, daß der gesamte Orienthandel entlang der syrischen Küste den feindlichen Seestädten zufallen könnte. Venedig wollte nicht, aber es mußte handeln und es handelte geschickt.

Zunächst begründete man einen auch später stets beibehaltenen guten Brauch. Wenn man schon mit der ganzen venezianischen Flotte an den Küsten von Istrien und Dalmatien vorbeisegelte, nahm man wieder einmal allen abhängigen Städten den Untertaneneid auf Venedig ab, verdrosch ein paar Aufmüpfige und sicherte an der ganzen Küste den venezianischen Besitz. Dann kam die Flotte ganz gemütlich im Oktober in Rhodos an, erwischte dort die ebenfalls auf Kreuzfahrt befindlichen Pisaner und schlug deren ganze Flotte so zusammen, daß von ihr nichts übrig blieb als ein Haufen Gefangener. Diese ließ man erst wieder frei, als sie im Namen ihrer Heimatstadt hoch und heilig versprachen, nie mehr wieder mit Griechenland Handel betreiben zu wollen. Dann wurde im sonnigen Rhodos Winterlager gehalten.

Auf der Weiterfahrt im Mai 1100 kam der fromme Zug an der Nikolausbasilika in Myra vorbei, auch damals schon eine berühmte Sehenswürdigkeit an der Südküste Kleinasiens. Dort machte man kurz Station. Andenkenläden gab es damals keine, so weit war der Fremdenverkehr noch nicht. Aber ein Reiseandenken wollte man doch mitnehmen. Da gab es die Mumie des heiligen Nikolaus und die gefiel den Gästen aus der Adria so gut, daß sie die Überreste des großen Heiligen auf ein venezianisches Schiff verluden, um ihm in Venedig eine neue und würdigere Heimstätte zu verschaffen. Dies war um so notwendiger, als bei dieser Aktion die ganze Stadt Myra niederbrannte, weil die Einheimischen ihren Heiligen nicht gleich hergeben wollten. Aber: „Unrecht Gut gedeihet nicht!“ Es hat sich nämlich später herausgestellt, daß der Nikolaus, den man da in Myra hatte mitgehen lassen, nicht ganz echt war. Den echten Nikolaus hatten nämlich Seefahrer aus Bari schon früher einmal gestohlen.

Der Kaiser in Byzanz soll auch nicht gerade entzückt gewesen sein, als er von dem Feuerzauber erfuhr, den die venezianischen Kreuzfahrer da in seinem Land veranstaltet hatten.

Als die Flotte schließlich am 21. Juni 1100 in Jaffa ankam, wurde sie schon sehnlichst erwartet; ein sehr gutes Zeichen! Um die Kreuzritter stand es nämlich nicht mehr so gut wie ein Jahr zuvor. Ihr Reich war in Bedrängnis geraten. Da solche Zeiten für Vertragsabschlüsse aber recht günstig sind, ließen sich die Venezianer im Heiligen Land allerlei Vorrechte einräumen. Sie traten mit so viel Pomp auf, daß sie jedermann bestaunte und niemand sich ihnen zu widersetzen wagte. Als ihr verehrter Vertragspartner Herzog Gottfried von Bouillon, der Eroberer von Jerusalem, am 18. Juli verstarb, gaben sie sich dann außerdem noch als die Hauptleidtragenden.

Leichenbegängnisse und vor allem Erbfolgestreitigkeiten dauern bekanntlich lange, und so wurde es Oktober, bis das venezianische Heer dann zum eigentlichen Zweck seiner Kreuzfahrt, nämlich zum Kampf um die heiligen Stätten oder dergleichen Zeit hatte. Das Ziel hieß jedenfalls Haifa, und das wurde nach einem kurzen harten Kampf genommen. Die venezianischen Truppen sollen sich dabei nicht sehr angestrengt haben. Dennoch bekam Venedig, Vertrag ist Vertrag, das vereinbarte Drittel der eroberten Stadt und hatte nun ein Tor zum Heiligen Land. Versehen mit den sonstigen Zusagen des seligen Herzogs Gottfried war das eine recht erfreuliche und ausbaufähige Position. Und da somit das Ziel der frommen Pilgerreise erfüllt war, rauschte die Flotte des Dogen am 6. Dezember wieder heim in die Adria.

In den folgenden Jahren hat Vitale I. Michiel noch den Handel mit dem Heiligen Land aufgebaut, ohne dabei die Muselmanen allzusehr vor den Kopf zu stoßen, eine kunstvolle Politik und eine hervorragende diplomatische Leistung. Während nämlich die Nebenbuhlerin Genua dem neuen König von Jerusalem, Balduin, nach Kräften half und fast alle Reserven in Palästina einsetzte, verlegte sich die Republik von San Marco auf die Betreuung aller kämpfenden Parteien. Sie lieferte die verschiedensten Bedarfsgüter an jede Seite, organisierte gewinnbringende Pilgerreisen und pflegte emsig die besten Beziehungen zu den christlichen Fürsten in Palästina und zu den muslimischen in den Nachbarländern. In jedem Bericht pries der Doge den bestehenden „festesten Frieden mit den Sultanen in Bagdad und Ägypten". Auch die anfängliche interne Opposition gegen das Kreuzzugsunternehmen beruhigte sich, da der Kreuzzug statt der erwarteten Probleme nur Vorteile gebracht hatte. Lediglich der gute Ruf Venedigs war angeschlagen – und das gründlich. Venedig wurde als verräterisch und hinterhältig hingestellt, der Papst war bitterböse, stellte die Venezianer als häßliche Opportunisten hin und drohte mit allen möglichen Strafen, wenn sie diese Haltung nicht aufgäben.

Der Doge Vitale I. löste dann noch einige Probleme mit dem Nachbarn Ferrara, bevor er 1102 starb.

Die nächsten Jahre wurden für Venedig schwierig, aber kein Michiel war Doge, sondern Ordelafo Falier, den wir später am Canal Grande bei einem Palazzo kennenlernen werden, in dem er wahrscheinlich aufgewachsen ist. [s. 155] Dieser Falier-Doge hatte Byzanz sehr brav und bündnisgetreu gegen die Normannen unterstützt, die von ihren Städten in Unteritalien aus immer wieder byzantinische Gebiete zu erobern suchten. Zudem hatte er viele Kämpfe mit den Ungarn wegen Dalmatien auszufechten, die meisten sehr erfolgreich, bis er bei einem solchen Scharmützel im Jahr 1117 vor Zara fiel.

Sein Nachfolger war 1118 der nächste aus der Michiel-Dynastie, Domenico Michiel. Bei Antritt seines Amtes war Venedig in einer üblen Lage. Zwar waren die Beziehungen mit den römisch-deutschen Kaisern gut, aber dafür begann man in Byzanz Schwierigkeiten zu machen. Der neue oströmische Kaiser Johannes erklärte nämlich, er werde das Chrysobullon, die goldene Bulle, worin alle Handelsverträge zwischen Byzanz und Venedig niedergelegt waren, nicht erneuern. Das war schlimm, um nicht zu sagen katastrophal. Wie konnte Byzanz nur so niederträchtig sein und vertragsbrüchig werden? Hatte doch die Republik gerade in den letzten Jahren ihre Bündnisverpflichtungen peinlich eingehalten, ihre Flotte, das Leben ihrer Bürger in den Kämpfen mit den Normannen aufs Spiel gesetzt und schwerste Opfer gebracht. Und das für diese elenden Griechen und dieses verlogene Byzanz! Hatte nicht Venedig durch seine bedingungslose Hilfe dreimal das oströmische Reich vor der Eroberung durch die Normannen bewahrt? Hatte man sich nicht noch vor zehn Jahren für den Basileus geschlagen? Und jetzt so eine Gemeinheit!

Die Venezianer waren empört und völlig aus dem Häuschen. Sie kamen sich betrogen vor, womit sie auch völlig recht hatten. Formal war das richtig, politisch kann man die Griechen auch verstehen. Denn dieses Chrysobullon, das griechisch-kaiserliche Privileg, gab den Venezianern Vorrechte, die eigentlich kein Staat den Bürgern eines anderen Staates zugestehen sollte. Sie konnten ohne Steuern und Abgaben im ganzen byzantinischen Reich unbeschränkt Handel treiben und das ohne der griechischen Gerichtsbarkeit zu unterstehen. Dadurch war mit der Zeit der gesamte Handel in venezianische Hände übergegangen und die griechischen Kaufleute zugrunde gerichtet worden.

Diese Handelsverträge stammten aus der Zeit, als Venedig noch eine byzantinische Provinz war und nicht ein auf seine Unabhängigkeit pochender Staat. In Konstantinopel hatte man diese Fehlentwicklung mit der Zeit auch gesehen, und es war kein Wunder, daß der neue Basileus versuchte gegenzusteuern, zumal sich die Herren Kaufleute aus Venedig in Byzanz aufführten, als wäre das ihre Kolonie. Protzig trugen sie ihren Reichtum zur Schau, diktierten die unverschämtesten Preise und waren überall zu finden, wo es viel zu verdienen gab.

Aber Venedig dachte natürlich nicht daran, auch nur einen Schritt zurückzuweichen. Und da gerade die Kreuzfahrerstaaten in Palästina wieder in

Schwierigkeiten waren und um Hilfe schrien, sah der Doge seine Chance in einer kriegerischen Aktion, die er als Kreuzzug ins Heilige Land tarnte. Flammend rief er seine Landsleute auf, das Kreuz zu nehmen, und von heute auf morgen stand ein gewaltiges Heer von fünfzehntausend Mann, und eine Flotte von zweihundert Schiffen lag bei San Marco vor Anker. Der Papst war über die Venezianer höchst erstaunt, wußte nicht, was er von diesem Kreuzzug halten sollte, schickte aber auf alle Fälle eine geweihte Fahne mit besten Grüßen und innigen Segenswünschen.

Am 8. August 1122 hißte der Doge seine Flagge am Admiralsschiff, und die Flotte lief aus gegen Süden. Die Reise dauerte so lange wie gewöhnlich, da man unterwegs noch in einigen Küstenstädten Ordnung machen mußte; man verbrachte die Wintertage wie immer im sonnigen Rhodos, und am 29. Mai des folgenden Jahres kreuzte die Flotte vor Akkon auf. Gerade zur rechten Zeit war man gekommen, denn die ägyptische Flotte lief auch gerade ein, um einen Großangriff zu starten. So geschwind konnten aber die Ägypter gar nicht Fersengeld geben, daß sie der Doge nicht noch vor dem Hafen von Askalon erwischte und völlig vernichtete.

So etwas machte natürlich Eindruck, die bedrängten Kreuzfahrerstaaten hatten auf einmal einen starken großen Bruder, und der Doge sah sich alsbald überschüttet mit allen möglichen Handelsprivilegien im christlichen Palästina. Er hatte viel zu tun, alle diese Verträge auszuhandeln und erreichte einen Vertragsvorteil nach dem anderen gegenüber Genua und Pisa. Die Venezianer besaßen bald in jeder Stadt des Landes eine Kirche und einen Markt ohne Steuerabgaben. Es blieb nur noch die letzte Sarazenenfestung Tyros zu erobern. Mit der venezianischen Seeblockade und einem verwegenen Handstreich eines venezianischen Kapitäns vom Meer her gelang das auch, und am 7. Juli 1124 fiel die Stadt. Der Kapitän, der dieses Landungsunternehmen kommandierte, hieß Domenico Morosini, ein Mann, den wir ein Vierteljahrhundert später als Dogen wieder treffen werden.

Die Venezianer bekamen ein Drittel von Tyros und von Askalon zu eigen. Der Zweck des Kreuzzugs war erfüllt, der Doge und Venedig standen mächtiger da als je zuvor, und jetzt konnte man darangehen, den neuen Basileus Johannes in Konstantinopel Mores zu lehren. Und so legte denn die siegreiche Flotte des heiligen Markus im Sommer 1124 von der Küste des Heiligen Landes ab und fuhr in die griechischen Inseln, die sie plünderten und eine nach der anderen verwüsteten. Rhodos, Chios, Lesbos, Samos, Andros kamen dran, ebenso wie Modone und Kephalonia auf dem Festland.

Der Basileus saß in Konstantinopel, knirschte mit den Zähnen und sah seine schönen Festungen eine nach der anderen fallen und in Flammen aufgehen. Dann segelte Domenico Michiel noch die Adria hinauf, verprügelte am Weg einige byzanzfreundliche Küstenstädte in Dalmatien und kehrte im Juni 1125 als strahlender Sieger heim. Der Kaiser in Byzanz wußte dann am Ende des Jahres auch, was es geschlagen hatte. Er verstand und erneuerte das Chrysobullon im folgenden Jahr 1126 mit allen venezianischen Vorrechten.

Domenico Michiel, der strahlende Sieger, baute sich einen neuen Palast gegenüber der Kirche San Giovanni in Bragora – nicht am Canal Grande – mit einem großen Garten. Aus Chios hatte er auch die Mumie des heiligen Isidoro mitgebracht und in San Marco beisetzen lassen. Zu seiner Ehre hatte in Hinkunft der Doge jährlich am Festtag des Heiligen eine feierliche Messe zu besuchen, ein Brauch, der bis zum Ende der Republik bestand. Der Doge Domenico hat dann auch noch in Venedig die nächtliche Straßenbeleuchtung eingeführt – ein unglaublicher Luxus in der damaligen Zeit! 1130 dankte er ab und ist einige Tage später gestorben.

Um die Dogenwürde ja nicht erblich zu machen, gab es schon damals Regelungen. Kein naher Verwandter durfte dem Dogen im Amt nachfolgen. Man wußte sich zu helfen! Zum Nachfolger von Domenico Michiel wurde Pietro Polani gewählt. Der neue Doge war ein noch junger Mann, und gleich nach seiner Wahl hat er auch geheiratet. Und wer war wohl die glückliche Braut? Adelasa Michiel natürlich, die Tochter seines Vorgängers. Die anderen alten Familien, die Badoer und Dandolo und wie sie alle hießen, schäumten, aber gewählt ist gewählt, das Dogat blieb in der Familie Michiel.

Pietro Polani
Doge von 1130–1147

Pietro Polani hat dann einen der größten Triumphe auf Venedigs Weg zur Großmacht erleben dürfen, und das kam so: Im nämlichen Jahr 1130, da er Doge wurde, ließ sich am Weihnachtstag der Normannenherzog Roger in Palermo zum König krönen, worüber sich neben dem Basileus in Byzanz auch der römisch-deutsche Kaiser Lothar III. ärgerte. Besonders aber war Papst Innozenz II. erbost, weil Roger den Gegenpapst Anaklet unterstützte. Auf dem prächtigen Reichstag, den Kaiser Lothar in Merseburg im April 1135 abhielt, traten die Gesandten von Byzanz und von Venedig vor den Kaiser und führten Klage über den „Grafen Roger von Sizilien", der dem Griechenkaiser Besitzungen in Afrika weggenommen hatte. Auch Venedigs Handelsflotten hatte er geplündert und dabei angeblich einen Schaden von 40.000 Talenten verursacht. Beide boten Lothar eine Koalition an. Der Kaiser erwiderte, daß er diese schwerwiegenden Fragen mit den „beiden Mächten“ eingehend prüfen müsse. Venedig war ein gleichberechtigter Partner der beiden Kaiser, eine Großmacht. Das Ziel war erreicht!

Die Koalition kam zustande, ein gewaltiges deutsches Heer marschierte 1137 nach Süditalien, Venedig griff von der See her an, und die Griechen bezahlten den ganzen Krieg. Venedig eroberte das mit Roger verbündete Ancona und vernichtete die normannische Flotte im Mai vor Trani. Bari, Capua, Benevent und auch Salerno fielen. Es sah böse aus für König Roger. Aber dann zerstritten sich Papst und Kaiser, und die Deutschen kehrten um. Lothar starb auf dem Heimweg, und Roger war seine Sorgen los. Die nächsten Jahre lavierte der Doge Pietro Polani zwischen Roger, Byzanz und dem Nachfolger Lothars, Konrad III. Byzanz wollte auch wieder die Koalition mit dem Westkaiser und dem Papst erneuern, und der Vermittler dazu war wieder einmal der Doge Pietro Polani.

Daheim hatte er Sorgen mit den Nachbarn. In Italien war nach dem Rückzug der Deutschen die Ordnung gänzlich zusammengebrochen und jeder machte, was er wollte. Die Paduaner kamen auf die Idee, die Brenta umzuleiten. Dazu muß man wissen, daß die Wasser der Brenta früher bei Fusina in die Lagune flossen und der Canal Grande eigentlich ein Mündungsarm der Brenta war. Durch das Geschiebe des Flusses war die Lagune aber immer wieder versandet. Deswegen hatten die Venezianer schon vor weit über hundert Jahren, kurz nachdem die Siedlungen um den Rialto entstanden waren, die Brenta bei Stra angezapft und durch einen breiten Kanal um die Lagune herum südlich von Chioggia in die Adria abgeleitet. Und das war eben jetzt die Bosheit der Paduaner, daß sie diesen Kanal sperrten und das ganze Wasser wieder in die Lagune leiteten. Natürlich hat sich die Republik das nicht gefallen lassen, und natürlich hat sie die unausweichliche Keilerei mit den Paduanern im Oktober 1144 auch gewonnen.

Die Folge davon war, daß sich Venedig, ob es wollte oder nicht, mehr mit seiner Nachbarschaft auf der Landseite zu beschäftigen begann, und die Diskussion darüber, ob man nicht die wichtigsten Teile des benachbarten Festlandes unter die Herrschaft der Republik bringen müsse, ist nie mehr ganz verstummt. Es war der Anfang der „Terra-Ferma-Politik“, die die venezianische Innenpolitik nie mehr losgelassen hat. Zur gleichen Zeit änderte man die Verfassung Venedigs. Die Verwaltung war ja auch viel komplizierter geworden. Es wurde 1143 ein Rat von Weisen geschaffen, die sogenannten Sapientes oder

Savi, die den Dogen bei seinen wichtigsten Entscheidungen berieten und über deren Urteil er sich aber auch nicht so ohne weiteres hinwegsetzen konnte.

1143 war in Ostrom Kaiser Johannes Komnenos gestorben und Nachfolger wurde sein Sohn Manuel Komnenos, ein phantasiebegabter, aber undurchsichtiger Fürst und ein Mann von plötzlichen, unüberlegten Entscheidungen. Mit den Stauferkaisern, somit auch mit dem gegenwärtig regierenden Konrad III., war er durch seine Frau, Berta von Sulzbach, verschwägert.

Zunächst ließ auch er durch den Dogen weiter mit den Deutschen und dem Papst verhandeln, um eine Koalition gegen die Normannen zustande zu bringen. Aber dann riß 1146 eine Kreuzzugsbegeisterung, die vom Franzosenkönig Ludwig VII. ausgegangen war, die abendländischen Länder zu anderen Zielen fort. Nach einigem Zögern nahm nämlich auch Konrad III. das Kreuz. Die Horden der Kreuzritter durchzogen das griechische Reich, und die Beziehungen zwischen Kaiser Konrad und Byzanz kühlten sich empfindlich ab. Auch die Beziehungen zwischen Byzanz und Venedig wurden schlechter, da der neue Kaiser wieder Schwierigkeiten mit den Handelsverträgen machte. Daraufhin schlossen die Venezianer Frieden mit Roger und seinen Normannen und harrten der Dinge, die da kommen mußten.

Zwischen Venedig und der Kurie entbrannte zur gleichen Zeit ein Investiturstreit um die Ernennung der Bischöfe, der zunächst einmal dem Dogen den Kirchenbann einbrachte. Schließlich endete diese Kontroverse damit, daß der Doge zwar auf die Überreichung von Inful und Stab verzichtete, die Kleriker dafür aber von allen politischen Ämtern und Wahlgremien ausgeschlossen wurden. Da die Geistlichen aber weiterhin an die Weisungen des Staates gebunden blieben wie jeder andere Bürger Venedigs auch, war die Kirche damit völlig neutralisiert und von da an ein nützliches Werkzeug in der Hand des Staates.

Die Geschäfte gingen auch während dieser Zeit sehr gut; der Orienthandel brachte Traumumsätze, der Markt im normannischen Süditalien war unersättlich, und im byzantinischen Reich lagen Gold und Silber geradezu auf der Straße. Venedig wurde immer reicher, und der Staatsschatz, der Schatz von San Marco, nahm derartige Ausmaße an, daß seine Verwaltung einer eigenen Behörde – den Prokuratoren von San Marco – übertragen wurde.

Das ganze politische Durcheinander, besonders die Abwesenheit der abendländischen Heermassen, die irgendwo in Palästina herumkrochen, nützten die Normannen aus. König Roger begann im Frühherbst 1147 den lange geplanten Angriff auf das oströmische Reich. Er eroberte Korfu und drang bis weit auf das griechische Festland vor, eroberte Theben, Korinth und Euböa. Den Rücken hatte er frei, denn die Franzosen waren wohlwollend, und in Italien hatte er eine Revolte gegen den Papst niedergeschlagen, dessen Gunst ihm damit auch sicher war.

In dieser Bedrängnis hatte es Kaiser Manuel auf einmal sehr eilig, das Chrysobullon für die Venezianer zu erneuern, womit er sich vorher vier Jahre Zeit gelassen hatte. Bereits im Oktober 1147 lag der Vertrag in Venedig auf dem Schreibtisch des Dogen. Außerdem bewilligte der Kaiser auch eine Erweiterung des venezianischen Quartiers in Konstantinopel, worüber eine Urkunde vom März 1148 erhalten ist. Venedig reagierte daraufhin auch sehr prompt und anständig. Der Doge Polani rief alle, auch die im Ausland und insbesondere die in Griechenland weilenden venezianischen Bürger zu den Waffen und stellte eine riesige Flotte auf, die so groß war, daß man sie später sogar teilen konnte. Er setzte sich an die Spitze dieser Armada, erkrankte aber, kaum ausgelaufen, schon in Caorle und mußte den Oberbefehl an seinen Bruder Johannes und seinen Sohn Naymerius abgeben. Die Flotte lief ohne ihn nach Korfu. Er kehrte nach Venedig zurück und starb gleich nach seiner Rückkehr. Er war ein großer Doge gewesen, der nicht so wie sein Schwiegervater auf dem Schlachtfeld, sondern mehr durch zähe Verhandlungen und Diplomatie erfolgreich war.

Sein Nachfolger wurde Domenico Morosini (Doge von 1147–1156), der schneidige Seeoffizier, den wir von seinem Handstreich vor Tyros 1124 kennen. Er war ein Kandidat, der zwischen den sich um den Dogenthron streitenden Familien stand. Er selbst war kein Anhänger der Michiel-Partei, er stand wohl eher auf der Seite der Dandolo, der Falier und der Badoer, war aber sehr um den inneren Ausgleich bemüht und knüpfte, kaum Doge geworden, familiäre Bande mit den Polani.

Inzwischen fuhr die Flotte nach Süden die Adria hinunter, und der Seekrieg gegen die Normannen ging weiter. Die Belagerung von Korfu dauerte ein ganzes Jahr, bis die vereinten Griechen und Venezianer die Normannen geschlagen hatten. Zwar fuhr im Frühjahr 1149 der Normannenadmiral Gregorios mit seiner Flotte bis unter die Mauern von Byzanz. Dort richtete er aber trotz einiger Feuerpfeile, die er in den Bukoleonpalast schießen ließ, keinen ernstlichen Schaden an. Lediglich die Obstgärten des Kaisers plünderten die Normannen noch. Auf der Rückreise fiel ihnen aber der Konvoi mit den Steuergeldern aus Kreta in die Hände. Das war schon viel ärger, und der Kaiser beeilte sich, die vor Korfu liegenden Venezianer davon zu verständigen. Diese teilten die Flotte und fingen die Normannen bei Kap Maléa ab, nahmen ihnen alle Schiffe und wohl auch das Geld weg und verfolgten die wenigen, die entkamen, bis nach Sizilien. Ungefähr gleichzeitig fiel auch Korfu. Die Venezianer konnten nach Hause fahren.

Zwischen den verbündeten Byzantinern und Venezianern war es vor Korfu zu erheblichen Reibereien gekommen. Bei einem der bekannt gewordenen Zwischenfälle hatten venezianische Matrosen den byzantinischen Kaiser verspottet, indem sie einen äthiopischen Sklaven als Kaiser Manuel verkleidet herumlaufen ließen. Auch in Konstantinopel selbst gab es immer wieder Reibereien zwischen Venezianern und Griechen, aber der oströmische Kaiser, der zwar verärgert war, konnte es sich nicht leisten, gerade jetzt seinen mächtigen Bundesgenossen zur Rechenschaft zu ziehen.

Inzwischen kehrte Konrad III. recht ruhmlos von seinem Kreuzzug aus dem Morgenland zurück, erneuerte mit Manuel die Bündnisverträge und veranstaltete 1151 einen Reichstag in Regensburg, auf dem unter anderem auch mit den Venezianern über einen neuen Zug gegen die lästigen Normannen beraten wurde.

Plötzlich, 1151, man weiß eigentlich nicht so genau warum, ließ Kaiser Manuel das unter venezianischem Einfluß stehende Ancona besetzen. Für Venedig war das ein feindlicher Akt, da via Ancona der Handelsweg der Pisaner nach Griechenland lief, und eine volle Öffnung der griechischen Märkte für andere italienische Seestädte war in San Marco mehr als unwillkommen. Wieder eine so unvorhersehbare Handlung dieses unberechenbaren Manuel und ein Zeichen, das nichts Gutes für die Zukunft ahnen ließ. Vielleicht wollte Kaiser Manuel, ein griechischer Geschichtsschreiber erzählt es jedenfalls so, eine Basis in Italien haben, gegen das ihm so verhaßte Venedig und gegen das römisch-deutsche Reich, also gegen seine bisherigen Bundesgenossen. Vielleicht wollte er später auch durch Zugeständnisse an den Papst die Römische Kaiserkrone für das byzantinische Reich und für seine Familie, die Komnenen, gewinnen. Venedig machte jedenfalls postwendend Frieden mit König Roger, grollte und wartete ab.

1152 starb in Deutschland der schwache Konrad III. Sein Nachfolger wurde ein Gewaltiger, Friedrich I. von Hohenstaufen, der Barbarossa, Kaiser ab 1155. Der wußte, was er wollte: er wollte alles, nämlich ganz Italien und auch Byzanz. Und da bekamen auf einmal eine Menge Leute Angst. Kaiser Manuel schloß sofort Frieden mit dem Normannenkönig, inzwischen mit einem Wilhelm; bei der Papstwahl gab es gleich zwei Päpste, einer pro und einer kontra Barbarossa. Um letzteren, Alexander III., scharten sich alle, die sich vor Barbarossa fürchteten, darunter auch Venedig mit seinem neuen Dogen Vitale II. Michiel, der den nächsten Sturm zu überstehen hatte.

Der Doge Vitale II. Michiel war wahrscheinlich ein Sohn von Domenico Michiel, aber erstaunlicherweise ist sich die Geschichtsschreibung da nicht ganz sicher. Verheiratet war er mit Felicia Maria, der Tochter eines Herzogs Beomund, Fürst von Antiochia. Seine Wahl, die im Februar und März 1156 stattfand, war die letzte Dogenwahl nach dem alten System durch die Volksversammlung. Mit seinem Tod traten dann mehrere Verfassungsänderungen in Kraft, unter anderem das System der Dogenwahl durch Wahlmänner und ein absolutes Sukzessionsverbot für den Sohn des Dogen. Jedenfalls hat das neue System für die Zukunft verhindert, daß sich ausschließlich die großen alten Familien, die auch die „apostolischen" genannt wurden, wie bisher die Dogenwürde untereinander teilten.

Die Regierungszeit des Dogen Vitale II. Michiel begann also schon unter sehr schwierigen Bedingungen, da eine recht uneinheitliche Allianz gegen den deutschen Kaiser bestand, die nur mit äußerstem diplomatischen Geschick halbwegs zusammengehalten werden konnte.

Barbarossa hatte auf einem Reichstag angekündigt, daß er in Oberitalien keine selbständigen Stadtstaaten mehr dulden werde, und die Republik von San Marco konnte sich trotz eines Paktes aus dem Jahr 1154 ausrechnen, war ihr blühte. Venedigs Feinde Genua und Pisa schlugen sich mit großer Begeisterung auf die Seite des Staufers, und Venedig wurde gegen seinen Willen zum Zentrum des Widerstandes gegen die Deutschen. Papst Alexander, Kaiser Manuel, die Könige von England und Frankreich, eine Reihe norditalienischer Städte vereinigten sich zum Abwehrkampf. 1162 belagerte Barbarossa Mailand, das sich ihm nicht unterworfen hatte, und zerstörte es völlig. Der Doge lavierte so gut es eben ging zwischen den Fronten, da er nicht offen die Sympathie für die Gegner des Kaisers zugeben wollte. Der Kaiser, der natürlich trotzdem merkte, was da vorging, ließ zur Strafe eine Handelssperre über die Lagune verhängen, aber de facto konnte sie niemand durchführen, da ausschließlich die Venezianer Schiffe besaßen. Im übrigen war ein Handelskrieg mit dem deutschen Reich zu dieser Zeit nicht sehr besorgniserregend, da die meisten Märkte Venedigs nicht in den Gebieten des Kaisers lagen und mit den Nadelstichen von Pisa und Genua konnte man leben und bei Gelegenheit kräftig zurückschlagen.

Kritisch wurde die Sache erst, als Barbarossa 1166 wieder mit einem gewaltigen Heer nach Italien marschierte und alles zusammendrosch, was sich ihm in den Weg stellte. Die meisten Städte bekamen es mit der Angst zu tun und schlugen sich auf seine Seite. Der Sieg schien nicht mehr aufzuhalten und ganz Italien war ein aufgeregter Ameisenhaufen. Kaiser Manuel aber hatte wieder eine seiner phantasievollen Ideen. Er schlug dem Papst eine Kirchenunion vor, vorausgesetzt, er bekäme auch die Römische Kaiserkrone. Auf die bescheidene Frage, wie gerade er Barbarossa aufhalten wolle, gab er sich beleidigt.

Inzwischen hatte das deutsche Heer bei Tusculum nahe Rom einen großen Sieg errungen und bedrohte die heilige Stadt. Aber plötzlich stockte der Vormarsch. Im Heer war eine Seuche ausgebrochen. Es gab Tausende und Abertausende Tote, unter ihnen auch der Reichskanzler Rainald von Dassel. Das gewaltige Heer schrumpfte auf einen Haufen maroder Krieger zusammen, und dem Kaiser blieb 1168 nur die Flucht nach Deutschland.

Nun wandte sich alles ins Gegenteil. Ganz Oberitalien war wieder gegen Barbarossa und alle waren schon immer gegen die Deutschen gewesen. Am wildesten trieb es aber wieder Kaiser Manuel von Byzanz aus. Er gab sich als großer Sieger, schickte seine Boten bis nach Ägypten und forderte Untertaneneide, eroberte Dalmatien und Kroatien und verlangte auf einmal die bedingungslose Unterwerfung der Republik Venedig. Der Doge schickte seine Diplomaten herum und versuchte die Wogen zu glätten, aber am 12. März 1171 schlug Byzanz gegen Venedig los. Zur gleichen Stunde – und nach der bewährten Art jeder Geheimpolizei bis heute, in der Morgendämmerung – ließ Manuel in seinem ganzen Reichsgebiet alle venezianischen Bürger verhaften und ins Gefängnis werfen, ihr gesamtes Vermögen einziehen sowie ihre Schiffe beschlagnahmen. Es sollen über zehntausend Menschen und unermeßlich große Vermögenswerte gewesen sein.

Die Empörung in Venedig war grenzenlos. Schon wieder so ein Treuebruch der verdammten Griechen. Man schrie nach Rache. Die Savi und die zwei Richter Ziani und Mastropiero rieten trotzdem zur Vorsicht, der Doge war für den Krieg. Eine riesige Flotte wurde aus dem Boden gestampft und noch im September des nämlichen Jahres brauste sie unter der persönlichen Führung des Dogen die Adria hinunter nach Griechenland. Seine Söhne setzte er zu Regenten und zu den Erben seiner Besitzungen ein. Im Testament ist auch der Palazzo Michiel bei Santa Sofia eigens genannt.

Überall wo die Flotte hinkam, brach jeder griechische Widerstand zusammen, aber dann machte der Doge einen entscheidenden Fehler. Anstatt direkt nach Konstantinopel zu laufen, wo Kaiser Manuel schon ganz nervös an seinen parfümierten Bart zupfte und nicht verstand, warum sein herrliches Heer solche Prügel bekam, wollte der Doge noch nach guter alter Sitte ein paar griechische Inseln überfallen, ausrauben und in Brand stecken. Das hätte er nicht tun sollen. Als die Flotte vor Skyros lag, brach die gleiche Seuche aus, die schon Barbarossa aus Italien vertrieben hatte. Der Doge versuchte zu retten, was zu retten war. Er schickte einige Gesandtschaften nach Byzanz, aber der Kaiser, der wieder Morgenluft witterte, ging mit den Gesandten sehr unfreundlich um, und die letzte Gesandtschaft, die ein gewisser Enrico Dandolo führte, behandelte er besonders übel. Er ließ alle einsperren, und Enrico Dandolo wurde im Gefängnis zudem geblendet. Ob das auf Geheiß des Kaisers geschah oder eine Fleißaufgabe der Gefängniswärter war, weiß niemand, aber der maßlose Haß Enrico Dandolos auf die Griechen datiert von da an, und mit diesem Haß im Herzen hat er einige Jahrzehnte später das byzantinische Kaiserreich vernichtet.

Die Seuche hatte sich in der venezianischen Flotte ausgebreitet, die jetzt kein schlagkräftiges Kriegsinstrument mehr war, und der Doge entschloß sich zum Rückzug. Es war alles andere als eine triumphale Heimkehr, und nicht nur das. Die Flotte brachte die Pest auch nach Venedig, wo sie sich erschreckend schnell ausbreitete. Es gab Tausende Tote, es kam zu Unruhen, der Doge wurde in der Versammlung offen angeklagt und beschuldigt, an dem ganzen Unglück schuld zu sein. In Venedig hat man bei Niederlagen immer nach Schuldigen gesucht und ist dann mit denen, die man dafür verantwortlich machte, nie sehr fein umgegangen. Ein gewisser Marco Casolo versuchte einen Putsch, und in dem folgenden Chaos wurde der Doge, der sich in das Kloster von San Zaccharia retten wollte, vom Dolch des Marco Casolo tödlich getroffen und starb am 28. Mai 1172. Eine sofortige Dogenwahl war in den folgenden Wirren nicht möglich, und so wurde für einige Monate ein Regentschaftsrat bestehend aus den Savi und den höchsten Richtern eingesetzt, der die Ordnung wieder herstellte.

Am 29. September wurde als neuer Doge Sebastiano Ziani gewählt. Er soll tief geseufzt haben, als man ihm die Dogenmütze aufsetzte – eine verständliche Regung. Er hat dann aber seine Sache sehr gut gemacht und durch die Fortsetzung geschickter und vermittelnder Diplomatie die Position Venedigs weiter gefestigt. [s. 100]

Alles in allem erfolgte in der Zeit der Dogen aus der Familie Michiel der steile Aufstieg Venedigs zur Weltmacht, der mit dem Dogat des Enrico Dandolo, des von Kaiser Manuel geblendeten Botschafters, dann seinen Höhepunkt fand. Ihn werden wir später am Canal Grande dort wieder treffen, wo dereinst sein Palast stand. [s. 102]

64) Palazzo Guillon Mangilli Valmarana Smith. Der Palazzo gehörte einmal einem Zweig der Familie Soranzo und war ursprünglich ein Balbi-Palast, damals ein wesentlich kleineres gotisches Bauwerk. Im Jahr

1743 beauftragte der damalige englische Konsul, Joseph Smith, den Architekten und Graveur Antonio Visentini, dem alten gotischen Palast eine neue Renaissancefassade zu geben. Der Umbau dauerte bis 1751.

Der 1674 geborene Joseph Smith war Anfang des 18. Jahrhunderts nach Venedig gekommen, um beim Bankhaus Williams zu arbeiten. Die damaligen englischen Bankhäuser waren nicht ausschließlich Geldinstitute, sondern auch noch Handelsniederlassungen. So betrieb das Bankhaus Williams Handel mit Lebensmitteln, Wein, Getreide, Stockfisch und vor allem mit Sultaninen, die für die Zubereitung des berühmten englischen Weihnachtspuddings so wichtig waren.

Das Bankhaus Williams & Smith wurde dann sehr bedeutend und hat unter anderem die Finanzierung der Feldzüge von Prinz Eugen in den Jahren 1701 bis 1709 in Oberitalien und in den Niederlanden gesichert. In diesen Kriegen hatten die Österreicher unter Feldmarschall Prinz Eugen gemeinsam mit den Engländern unter Herzog von Marlborough – einem Vorfahren von Winston Churchill – gegen die Franzosen im Spanischen Erbfolgekrieg gekämpft.

Von links nach rechts: Palazzo Guillon Mangilli Valmarana Smith 64), Rio di Santi Apostoli mit der Chiesa Santi Apostoli im Hintergrund 65) und die Casa Zago 66)

Als Smith schließlich alleiniger Firmeninhaber wurde, begann er groß in den Kunstmarkt einzusteigen, teils als Sammler, aber auch als Händler und Vermittler. In dem reichen und aufstrebenden England gab es zu dieser Zeit ein enormes Interesse für italienische und vor allem venezianische Künstler und dementsprechend eine große Nachfrage nach Kunstwerken und dadurch wieder einen interessanten Markt. 1744 wurde Smith englischer Konsul und ließ sich mit großem Pomp im Dogenpalast empfangen, um sein Ernennungsdekret zu überreichen. Das Amt des englischen Botschafters hat er auch immer angestrebt, es aber nur wenige Monate vor seinem Tod 1770 interimistisch bekleidet.

Smith wurde eine geachtete Persönlichkeit in Venedig als bedeutender Kunstsammler und auch als großer Kunstmäzen. Er förderte Rosalba Carriera, eine Pastellmalerin [s. 407] und auch viele andere Künstler. Seine größte Bedeutung aber bestand in seiner engen Beziehung zu Giovanni Antonio

Canal, genannt Canaletto. Er war es, der Canaletto beauftragte, seine berühmten Ansichten von Venedig zu malen, um sie dann später von Visentini in Kupferstiche übertragen zu lassen. Diese Serie von Drucken wurde erstmals 1742 aufgelegt und fand eine enorme Verbreitung. Eine andere große kulturelle Tat von Smith, dem auch der venezianische Verlag Pasquali gehörte, war, daß er die „Quattro libri dell' Architectura" von Palladio nachdrucken ließ.

Smiths persönliche Sammlung wurde später, als er schon alt geworden war und Geld brauchte, zum Teil an den englischen König Georg III. verkauft und bildet heute einen Bestandteil der King's Library im Britischen Museum. Ein weiterer Teil ging in die Sammlungen der Herzöge von Bedford und Buckingham und des Grafen Fitzwilliam.

Smith hat den Enthusiasmus für Venedig in der englischen Gesellschaft nicht hervorgerufen, sondern zu seiner Zeit schon vorgefunden. 1707 war der Graf von Manchester als Botschafter nach Venedig gekommen und hatte später, als er nach England zurückkehrte, zwei venezianische Maler, Pellegrini und Marco Ricci, mit nach London genommen. Die daraufhin boomende Nachfrage nach italienischen Künstlern hat eine Berufsgruppe von Agenten hervorgebracht, deren bedeutendster eben Smith geworden ist.

Venedig war zu dieser Zeit eines, wenn nicht sogar das bedeutendste Kunst-, Literatur- und Verlagszentrum in ganz Europa. Man kann sich vorstellen, wie in dem Palast am Canal Grande an der Ecke des Rio dei Santi Apostoli bedeutende Persönlichkeiten der venezianischen Kunst- und Literaturszene ein und aus gegangen sind. Viele waren besonders daran interessiert, im Verlag Pasquali ihre Bücher herauszubringen, oder sie kauften lediglich in der dem Verlag angeschlossenen Buchhandlung die letzten Neuerscheinungen. Smith hatte sich darauf spezialisiert, die neuesten Bücher zu verlegen, brachte aber auch alte Werke der Literatur heraus, unter anderem eine wundervolle von Visentini illustrierte Ausgabe von Dantes „Göttliche Komödie".

In erster Ehe war der Konsul mit einer englischen Sängerin verheiratet gewesen. Nach ihrem Tod hat er seine Aufmerksamkeiten jener Giustiniana Wynne zugewandt, die wir auch schon im Palazzo Memmo getroffen haben. [s. 25]. Giustiniana erzählt in ihrem Buch, daß Smith immer versuchte, sich um zehn Jahre jünger zu machen, als er war. Später als Achtzigjähriger heiratete er die Schwester des englischen Botschafters John Murray. Böse Zungen behaupteten, daß Murray, der Smith nicht leiden konnte, diese Hochzeit in die Wege geleitet hatte, um an Smiths großes Vermögen heranzukommen. Dies mißlang aber, denn Smith kam in der Folgezeit selbst in finanzielle

Schwierigkeiten. Nachdem er 1760 sein Amt als Konsul niedergelegt hatte, begann er allmählich seine Sammlung zu verkaufen. Er starb 1770. In der englischen Kirche am Campo San Vio erinnert sein Grabstein, der ursprünglich am evangelischen Friedhof am Lido stand, an diesen Engländer, der so viel für die venezianische Kunst und Kultur getan und zu ihrer Verbreitung in seiner englischen Heimat beigetragen hat.

Der Palast ging nach dem Tod von Smith in den Besitz von Conte Gambara über und kam von diesem 1784 an Graf Giuseppe Mangilli. Mangilli ließ das Gebäude von Antonio Selva, dem Architekten des Teatro Fenice, vergrößern und zwei Stockwerke aufsetzen. Auch das Interieur wurde von ihm neu gestaltet und Canovas berühmte Gruppe „Cupido und Psyche“ war damals hier, wurde aber später an Napoleon verkauft. Der nächste Eigentümer Benedetto Valmarana war auch ein großer Kunstmäzen und besaß eine bedeutende Bildergalerie und eine berühmte Bibliothek, die sich ebenfalls in dem Gebäude befanden. Heute ist der Palast im Besitz von Nachfahren der Familie und die von Selva eingerichteten neoklassizistischen Räume sind immer noch erhalten.

65) Rio di Santi Apostoli

66) Casa Zago ist ein schlichtes Gebäude aus dem späten 16. Jahrhundert.

67) Ca’ da Mosto. Dieser Palast ist eines der interessantesten Gebäude aus dem 13. Jahrhundert. Er ist ein besonders gut erhaltenes Beispiel für den venezianisch-byzantinischen Stil, der trotz einiger Veränderungen (Aufbau des obersten Geschosses) gut erkennbar ist. Die Verzierungen oberhalb der Fenster des ersten Stocks sind für diesen Stil ganz typisch. Diese sogenannten Paterae zeigen rein byzantinische Motive in Marmorplatten mit Halbreliefs. Die Motive selbst sind meist religiöser Natur und weisen auf die zu dieser Zeit äußerst enge

Von links nach rechts: Casa Zago 66), Ca’ da Mosto 67) und Casa Dolfin 68)

Verbindung zwischen kirchlicher und weltlicher Architektur hin. Manche dieser Paterae sind wohl aus Byzanz eingeführt, andere in Venedig hergestellt worden. Das Haus gehörte der Familie Da Mosto bis Ende des 16. Jahrhunderts. Dann ging es in den Besitz der Familien Contarini und Dolfin über. Von 1661 an war das Albergo „Al Lion Bianco" darin eingemietet. Es war zu seiner Zeit das berühmteste Hotel in Venedig und beherbergte prominenteste Gäste, wie z. B. Kaiser Josef II. in den Jahren 1769 und 1775. Der Kaiser hatte eine offizielle Unterbringung durch die Republik abgelehnt.

Die Da Mosto waren eine Familie von Seefahrern, und der berühmteste von ihnen wurde Alvise Da Ca'da Mosto. Er unternahm Mitte des 15. Jahrhunderts eine Expedition in den Atlantik und lernte den portugiesischen Prinzen Heinrich den Seefahrer kennen. Er trat in dessen Dienste und nahm an einer portugiesischen Expedition entlang der afrikanischen Küste teil, die bis Lagos im heutigen Nigeria führte, wo Da Mosto eine Handelsniederlassung gründete, in der er selbst gleich sieben Jahre blieb.

Da Mosto wird auch die Entdeckung der Kap Verdeschen Inseln während dieser Expedition zugeschrieben. Strittig ist, ob er der Herausgeber eines berühmten 1490 erschienenen Segelhandbuches war. Um 1470 muß er nach Venedig zurückgekehrt sein, weil er an der Verteidigung von Cattaro gegen die Türken 1473 teilgenommen hat. 1481 schließlich kommandierte er den alljährlichen Geleitzug der Handelsgaleeren nach Alexandria.

Später, in seiner Zeit als Venedigs erstes Hotel, ist der Palazzo wegen einer Duellgeschichte sehr berühmt geworden.

Paterae über den Bögen des ersten Stocks

Im Jahr 1716 war Venedig ebenso wie Österreich in schwere Kämpfe mit den Türken verstrickt. Die Türken wollten damals den Venezianern Korfu wegnehmen. Am 13. April 1716 schloß der venezianische Botschafter in

Wien, Piero Grimani, mit dem österreichischen Feldmarschall Prinz Eugen von Savoyen einen Bündnisvertrag. Da die Verteidigung der Festung Korfu als Eckpfeiler der Front, die von der Adriaküste über den ganzen Balkan reichte, für den gemeinsamen Kriegsplan besonders wichtig war, wurde ein Festungskommandant gesucht. Die Venezianer hatten niemanden und wandten sich an Prinz Eugen. Er empfahl der Serenissima seinen Unterfeldherrn, den sächsischen Grafen Johann Matthias von der Schulenburg. Es war eine gute Wahl. Schulenburg hielt Korfu, und Prinz Eugen schlug die Türken vernichtend in der Schlacht von Peterwardein.

1769: Kaiser Josef II. mit seinem Bruder und späteren Nachfolger Erzherzog Leopold, mit dem er etwa um diese Zeit auch in Venedig weilte

Gemeinsam mit dem Grafen von der Schulenburg war eine Anzahl deutscher Offiziere nach Venedig gekommen, die er sich zu seiner Unterstützung mitgebracht hatte. Einige von ihnen wohnten im Hotel „Al Lion Bianco“. Zwei davon gerieten einmal, wie das bei diesen Haudegen offenbar so üblich war, in Streit und duellierten sich mit Pistolen. Das Denkwürdige an diesem Duell war, daß nach dem ersten Schuß beide Duellanten tot umfielen. Offenbar schossen von der Schulenburgs Soldaten wirklich gut.

Wir werden den Grafen von der Schulenburg bei jenem Palazzo wieder treffen, in dem er schließlich etliche Jahrzehnte bis zu seinem Tod gewohnt hat. [s. 388] Er war ein treuer Diener seiner Wahlheimat Venedig geworden und hat der Serenissima in zahlreichen Kriegen treu gedient.

Wie erwähnt wohnte Kaiser Josef II. (Sohn Maria Theresias und selbst Kaiser des Heiligen Römischen Reiches von 1765–1790) bei seinen Aufenthalten in Venedig in diesem Gebäude, das damals eben die „Locanda al Lion Bianco“ war.

Er hat den Aufenthalt in diesem Albergo so sehr genossen, daß er meistens von Abendveranstaltungen, die eigens für ihn organisiert wurden, wegging, um den Abend lieber im „gemütlichen Hotel“ zu verbringen.

Großfürst Paul Petrowitsch 1781

Vielleicht waren es die Berichte von diesen so gelungenen Aufenthalten Kaiser Josefs II. in Venedig, die bis St. Petersburg drangen und den russischen Thronerben, den Zarewitsch Großfürst Paul Petrowitsch (1754–1801), bewogen, zusammen mit seiner Frau, der Großfürstin Maria Feodorowna, nach Venedig zu reisen und auch im „Lion Bianco“ abzusteigen. Der schon damals als verschroben bekannte Thronfolger reiste zwar inkognito als „Graf des Nordens“, aber es gab in Venedig niemand, der nicht wußte, wer sich hinter diesem Namen verbarg. Nur die Russen glaubten vielleicht, sie seien inkognito. Die Venezianer aber, die ja auch sonst eine nahezu krankhafte Begeisterung für Maskeraden hatten, waren von diesem Versteckspiel und diesem Theater begeistert.

Bei der Ankunft des Thronfolgerpaares in Maghera am 17. Jänner 1782 wurden die beiden vom Prokurator Francesco Pesaro feierlich eingeholt und an Bord seines Staatsschiffes in ihr Hotel gebracht.

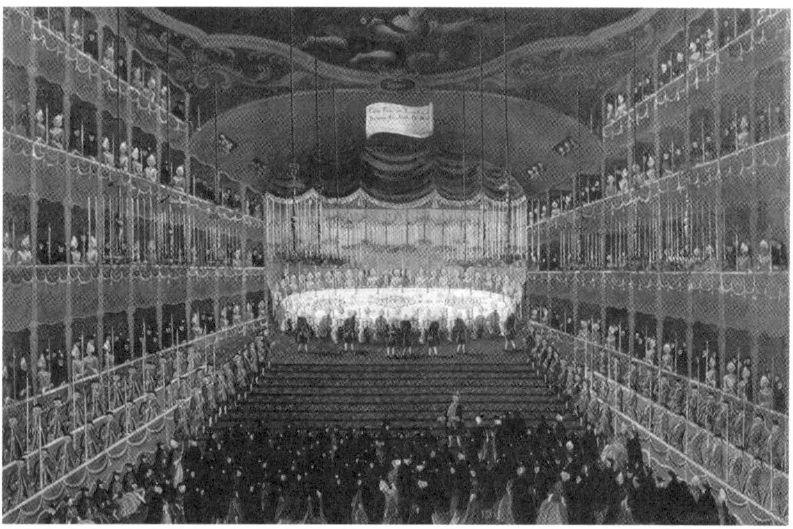
„La Cena al Teatro di San Benedetto per el Duchi del Nord“ von Gabiel Bella

Am Abend gab es in den Prokuratien ein Konzert und einen Empfang, bei dem sich, welch ein Zufall, der gesamte venezianische Adel versammelt hatte. Während des Aufenthalts der Russen in Venedig jagte eine Festivität die andere. Es gab Bälle, Empfänge wie im Teatro San Benedetto, Konzerte und auch eine Regatta, und das Paar blieb selbstverständlich „inkognito".

Auf einem Bild von Gabriele Bella im Museo Querini Stampaglia sieht man das Abendessen, das für die „Duchi del Nord" gegeben wurde.

Nach der mit viel Gepränge veranstalteten Abreise der hohen Herrschaften beruhigte sich die venezianische Tratschbörse monatelang nicht, und in venezianischen Berichten spürt man bis heute noch die Aufregung, die dieser Staatsbesuch damals verursacht hat. Streitereien darüber, welche der Damen die Gäste willkommen zu heißen habe, führten dazu, daß einige der Damen schon den ersten Empfang beleidigt verließen. Auch über das Lob der Großfürstin für die Juwelen der Cattina Loredan, Gattin von N.H. Alvise II. Mocenigo, von dessen Palast am Canal Grande das Großfürstenpaar einer Regatta zusah, wurde wochenlang getratscht. Wenn uns das heute merkwürdig erscheint, muß man bedenken, daß es damals erst 20 Jahre her war, daß die Mutter des Großfürsten als Katharina II. auf Rußlands Thron gekommen war, nachdem sie ihren Mann Zar Peter III. gestürzt und ermordet hatte. Außerdem waren das keine russischen, sondern deutsche Fürsten, die da auf Rußlands Thron saßen, und jetzt konnte man jemand aus dieser berüchtigten Familie hier und in Venedig aus der Nähe sehen. Zusätzlich hielt Katharina II. ihren Sohn, den wahren Thronerben nach ihrem ermordeten Mann, von der Herrschaft fern und zwang ihn, in der Verbannung zu leben. Sie scheint wohl gewußt zu haben, warum! Kaum war sie nämlich 1796 gestorben, begann der Großfürst, jetzt als Zar Paul I., in Rußland eine wilde und maßlos despotische Herrschaft zu errichten. Er hat einmal gesagt: „In meinem Reiche gibt es außer mir nur einen Mann von Bedeutung und das ist der, mit dem ich gerade rede, und auch diesen nur so lange, als ich mit ihm rede." 1801 gingen diese tollen Jahre mit der Ermordung von Zar Paul I. zu Ende. Also kein Wunder, daß schon damals solche „Royals" im tratschsüchtigen

Paul I. Zar von Rußland 1797

Venedig für einige Sensationsgeschichten gut waren. Jedenfalls waren solche Gäste viel ergiebiger als der bescheidene Habsburger Josef II., der lieber am Abend in seinem Hotelzimmer saß, als sich auf Festivitäten herumreichen zu lassen.

Daß gekrönte Häupter nach Venedig kamen und dort in Hotels logierten, kommt auch in Voltaires „Candide“ vor, wo die Hauptperson in einem venezianischen Hotel abends an der table d' hôte speist. Die anderen Gäste des Hotels, die er dort antrifft und die nach Venedig gekommen waren, um den Karneval zu erleben, werden von ihren Dienern als „Majestät“ angesprochen. Er glaubt zunächst an einen Karnevalsscherz, bis sich herausstellt, daß sie tatsächlich Könige oder Expotentaten sind. Offenbar waren Besuche gekrönter Häupter in Venedig so ins allgemeine Bewußtsein gedrungen, daß diese Tatsache in die Literatur eingegangen ist.

Von links nach rechts: Ca' da Mosto 67), Casa Dolfin 68), Palazzetto Dolfin 69), Palazzo Bollani Erizzo 70), Rio San Giovanni Crisostomo 71), Haus am Campiello del Remer 72), Campiello del Remer 73)

Die Eigentumsverhältnisse an der Ca' da Mosto nach dem Fall der Republik waren ungelöst, das Gebäude verfiel und seine Geschichte geriet fast in Vergessenheit. Erst um die Mitte des 19. Jahrhunderts erinnerte man sich wieder des Hotels „Al Lion Bianco“ und brachte auch eine Gedenktafel für den berühmten Seefahrer Alvise Da Mosto an. Jetzt wird der Palazzo endlich restauriert.

68) Casa Dolfin wurde von der Familie Dolfin im 15. Jahrhundert gebaut und hat eine durchgehende Spitzbogenfassade in zwei Stockwerken.

69) Palazzetto Dolfin, ein gotisches Bauwerk aus dem 15. Jahrhundert mit auffallend hohen Spitzbogenfenstern im Piano Nobile.

Pietro Aretino
Tizian 1545, Galeria Pitti, Florenz

70) Palazzo Bollani Erizzo. Das Gebäude stammt in seiner heutigen Form aus dem 16. Jahrhundert und ist auf ein noch viel älteres Gebäude aufgesetzt worden. In den letzten Jahren wurde zudem das oberste Stockwerk stark verändert. In diesem Haus hat Pietro Aretino von 1529 bis 1551 gewohnt.

Aus Aretinos Feder stammen einige sehr eindrucksvolle Schilderungen Venedigs, mit besonderer Liebe beschreibt er den Canal Grande. Es sind Beschreibungen, die das Leben an dieser Wasserstraße zur Mitte des 16. Jahrhunderts wiedergeben. Aretino hatte auch einen besonders guten Platz, um den Canal Grande und das Leben auf ihm zu beobachten, da er genau gegenüber der Erbaria (Gemüsemarkt), der Beccarie (Fleischmarkt) und der Pescaria (Fischmarkt) wohnte. Voll Begeisterung beschreibt er, wie am Morgen die Boote, voll beladen mit Früchten und Gemüse, ankommen und dies alles zu den Ständen transportiert wird, um dort verkauft zu werden. Außerdem „das Spectaculum der zwanzig oder fünfundzwanzig Segelboote, beladen mit Melonen, die sich wie zu einer Insel zusammendrängen. Die Menge kommt herbeigelaufen, um den Preis zu erfragen, sie zu riechen und zu wiegen.“

Aretino war durch und durch ein Renaissancemensch, aber offensichtlich auch ein Lebenskünstler. Er war zu seiner Zeit hauptsächlich durch seine sehr boshaften Schmähschriften bekannt geworden, die auch vor den Größten seiner Zeit nicht halt machten. Berühmt geworden sind seine zahllosen Briefe; er korrespondierte mit politischen Persönlichkeiten seiner Zeit, mit Kaiser Karl V., dem französischen König Franz I., dem Papst Clemens VII. und vielen anderen. Dabei gelang es ihm, durch Schmeicheleien oder mit mehr oder minder versteckten Drohungen sich alle möglichen Geschenke und Pensionen zu erbetteln oder zu erpressen.

Viele der angeschriebenen Personen waren wahrscheinlich froh, wenn er in seinen boshaften Schriften und Gedichten nicht über sie lästerte, und ließen ihm darum relativ hohe Summen zukommen. Prahlerisch rühmte er sich seines Genius und seiner Verdienste, und seine Zeit hielt ihn für einen großen Mann, während ihn die Nachwelt absolut nicht so hoch einschätzte. Mit den Künstlern, die zu dieser Zeit in Venedig lebten, hatte er engen Kontakt, und für sie hat er durch seine Verbindungen zu den bedeutenden Personen seiner Zeit auch einiges bewirkt. Seine größte und vor allem seine kunstgeschichtlich bedeutendste Tat war es, daß er über Federigo Gonzaga, den Herzog von Mantua, seinen Freund Tizian, der ihm „Kamerad und mehr als ein Bruder" war, 1533 in Bologna mit Kaiser Karl V. zusammenbrachte und daß Tizian den Kaiser porträtieren durfte. Das damals entstandene Gemälde hängt heute im Prado. Tizians spätere Tätigkeit als Hofmaler des spanischen Königshauses begann eigentlich damals und ihr verdanken wir die wunderbare Serie von Porträts der spanischen Habsburger, die heute im Kunsthistorischen Museum in Wien und im Prado in Madrid hängen. Damit alleine hat sich Aretino schon, man mag sonst über ihn denken, wie man will, eine gewisse Dankbarkeit der Nachwelt verdient und nicht nur eine damnatio memoriae. Die kurz darauf einsetzende und überaus humorlose Gegenreformation hat Aretino dann, maßlos übertreibend, als die Verkörperung der Verderbnis des ganzen Jahrhunderts hingestellt.

Kaiser Karl V. mit seinem Hund
Tizian 1533, Prado Madrid

71) Rio San Giovanni Crisostomo

Von links nach rechts: Palazzo Bollani Erizzo 70), Rio San Giovanni Crisostomo 71), Haus am Campiello del Remer 72), Campiello del Remer 73), Palazzo Remer 74), Palazzo Sernagiotto 75) und Häuser an der Calle Sernagiotto 76)

72) Haus am Campiello del Remer. Es ist ein einfaches Gebäude aus dem 16. Jahrhundert, auf das später zwei Stockwerke aufgesetzt wurden.

73) Campiello del Remer. Der Name stammt daher, daß hier einmal eine Bootswerft war, die hauptsächlich Ruder fabrizierte. Hier finden sich noch einige Überreste des alten venezianisch-byzantinischen Palazzo Lion Morosini aus dem 13. Jahrhundert.

74) Palazzo Remer ist ein kleiner gotischer Palazzo aus dem Anfang des 15. Jahrhunderts.

75) Palazzo Sernagiotto wurde Mitte des 19. Jahrhunderts errichtet, und einige alte kleinere Häuser wurden in diesem Bereich niedergerissen.

Campiello del Remer 73)

Von links nach rechts: Teil des Palazzo Sernagiotto 75), Häuser an der Calle Sernagiotto 76), Palazzo Civran 77), Casa Perducci 78) und Palazzo Ruzzini 79)

76) Häuser an der Calle Sernagiotto. Sie wurden hier an der Stelle älterer kleiner Häuser im 19. Jahrhundert errichtet.

77) Palazzo Civran ist ein Gebäude mit renaissanceartigen Stilelementen, das um 1700 an der Stelle eines alten byzantinischen Palastes errichtet wurde, von dem einige Mauerteile erhalten geblieben sind. Wahrscheinlich wurden die Pläne für den Palazzo Civran vom Architekten G. Massari gezeichnet.

Im Vordergrund rechts: Die Ecke des Fondaco dei Tedeschi 81), Einmündung des Rio del Fondaco dei Tedeschi 80), vorspringend der Palazzo Ruzzini 79), die Casa Perducci 78), der Palazzo Civran 77) und noch weiter hinten der Palazzo Sernagiotto 75)

78) Casa Perducci ist ein zum Teil umgebautes, aus dem 15. Jahrhundert stammendes Gebäude mit Spitzbogenfenstern in der Fassade.

79) Palazzo Ruzzini. Er wurde im 20. Jahrhundert restauriert. Der alte Fondaco dei Persiani stand einst hier, und seine Überreste waren im Inneren des Palazzo bis zum Ende des 19. Jahrhunderts zu sehen.

80) Rio del Fondaco dei Tedeschi

81) Fondaco dei Tedeschi. In diesem Gebäude befindet sich heute das Hauptpostamt. Den Fondaco gab es seit dem 12. Jahrhundert und er diente als Wohnhaus, Bürohaus und Warenlager für die deutschen Kaufleute. Unter den „Deutschen“ verstand man damals in Venedig alle Ausländer, die aus dem Heiligen Römischen Reich kamen. Dazu zählten alle Kaufleute aus Österreich, Deutschland, Böhmen, Flandern und viele andere.

Fondaco dei Tedeschi 81)

Der Fondaco dei Tedeschi diente aber nicht nur den Kaufleuten als Wohn- und Handelsplatz, sondern war auch der Treffpunkt vieler deutscher Künstler, die Venedig aufsuchten. Viele berühmte Leute haben dort während ihres Aufenthaltes in Venedig gewohnt wie auch z. B. Albrecht Dürer. Ihn hatte Christoph Fugger nach Venedig geholt, um das Altarbild „Das Rosenkranzfest" für die Kirche San Bartolomeo zu malen. San Bartolomeo war die Kirche der Deutschen, und Christoph Fugger ist dort auch begraben. Dieses Bild hat dann später, gegen Ende des 16. oder Anfang des 17. Jahrhunderts, Kaiser Rudolf II. um eine recht bedeutende Summe gekauft. Er ließ es, der Überlieferung nach, von vier starken Männern auf den Schultern von Venedig nach Prag tragen, um es vor Beschädigungen durch einen Wagentransport zu bewahren. In der Kirche San Bartolomeo hängt dafür heute eine „Verkündigung" von Hans Rottenhammer.

Das Rosenkranzfest
Albrecht Dürer um 1506, Prag, Rudolfinum

Der Fondaco wurde in der Nacht vom 27. auf den 28. Jänner 1505 durch einen Brand vollkommen zerstört, aber bereits einige Tage später ordnete die Signoria an, ihn „schnell und wunderschön" wieder aufzubauen. Das deutsche Finanzzentrum war den Venezianern offenbar äußerst wichtig. Das Gebiet des Heiligen Römischen Reiches Deutscher Nation war damals der wichtigste Handelspartner Venedigs, und im Fondaco waren alle große Finanzhäuser des Reiches vertreten, wie auch alle namhaften Handelshäuser.

Zweihundert Büroräume soll es, wie der Chronist Francesco Sansovino schreibt, dort gegeben haben. Interessant ist, daß die Salzburger Kaufleute hier im Jahr 1508, was die Zahl der gemieteten Räume anlangte, an dritter Stelle nach den Augsburgern und Nürnbergern folgten.

Die Deutschen waren auch bei weitem nicht so streng in ihrem Fondaco kaserniert wie die Türken im Fondaco dei Turchi. Die deutschen Kaufleute waren zwar Fremde und man mißtraute ihnen und schikanierte sie entsprechend, aber man war mit dem Deutschen Reich doch nicht dauernd im Krieg wie mit den Türken. In Venedig lebten außerdem auch viele Deutsche, die einem Handwerk nachgingen wie Goldschmiede, Buchdrucker, Buchhändler, Juweliere und Schuhmacher. Diese letzteren hatten sogar eine eigene „Colonna"; das war eine eigene Unterabteilung in der Zunft der Schuhmacher.

Manche dieser deutschstämmigen Einwohner Venedigs wurden sehr reich, und einigen gelang es sogar, sich in den venezianischen Adel einzukaufen, wie z. B. der Familie Widmann aus Kärnten. Giovanni Widmann war 1586 nach Venedig gekommen, um im Fondaco zu arbeiten und wurde dabei reich, was seinen Nachfahren die Möglichkeit gab, sich 1646 um die übliche runde Summe von hunderttausend Dukaten den Adel zu kaufen. Diese eingekauften Patrizier – die sogenannten „Case fatti per soldo" – waren natürlich nicht so angesehen wie die alten adeligen Familien, aber doch voll in das politische und gesellschaftliche Leben der Republik integriert. 1797, zur Zeit des Zusammenbruches der Republik, bekleidete z. B. ein Widmann den Posten des Provveditore General da Mar, des Oberkommandierenden der venezianischen Flotte.

Nach dem Brand von 1505 wurde der Fondaco also eiligst wieder aufgebaut, und zwar nach Plänen von Girolamo Tedesco, der mit einigen anderen Architekten zusammenarbeitete. Der Bau war 1508 fertig. Die Fassade erhielt das Aussehen eines Renaissancepalastes, mit einem Portico, einer Säulenhalle zentral an der Wasserfront, an der Seite waren zwei durch Balkone markierte und abgesetzte Flügel angefügt, deren oberste Teile wie Türme über das letzte Stockwerk hinausragten. (Diese obersten Teile wurden 1836 abgetragen.)

Die Fassade hat Giorgione mit Fresken geschmückt, und zwar mit für die damalige Zeit sehr unüblichen Motiven. Giorgione hat nämlich zwischen die Fenster riesige Aktfiguren gemalt. Letzte Überreste davon sind nach mühseliger Restaurierung erhalten geblieben und heute in der Galleria Franchetti in der Ca' d'Oro zu sehen. Auch einige Rekonstruktionen dieser Werke gibt es, weil im 18. Jahrhundert glücklicherweise Abbildungen von diesen Fresken angefertigt worden waren. Im 17. Jahrhundert hatten sie nämlich begonnen abzublättern und man hatte ihren Untergang vorausgesehen. Stiche davon sind z. T. in der Galaria Franchetti in der Ca' d'Oro zu sehen.

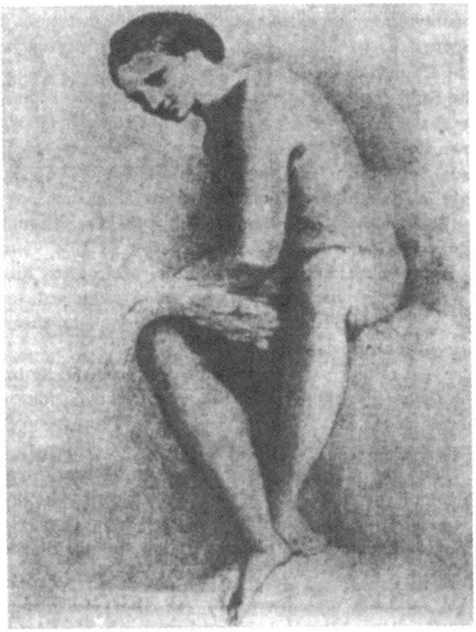

Eine der Aktfiguren Giorgiones vom Fondaco dei Tedeschi, rekonstruiert nach einem Stich von Antonio Maria Zanetti aus dem 18. Jahrhundert

Der junge Tizian, der Giorgione bei diesem Auftrag am Fondaco unterstützte, hat selbständig die Seitenmauer zur Calle del Fondaco dei Tedeschi bemalen dürfen. Überreste davon kann man oberhalb des Einganges noch vage erkennen, überragt von einem modernen symbolischen Löwen. Zum Glück hatte ja Zanetti im 18. Jahrhundert eben eine ganze Reihe von Stichen angefertigt, auf denen nicht nur Giorgiones Werke dokumentiert sind, sondern auch ein Fresko von Tizian.

„Judith und Holophernes" oder „Die Gerechtigkeit". Stich von Zanetti nach Tizians untergegangenem Fresko am Fondaco dei Tedeschi

Angeblich sollen diese damals anstößigen Fresken überhaupt nur deswegen gemalt worden sein, weil die zuständige Baubehörde der Stadt den Ausländern nicht so kostbare Baumaterialien wie Marmor zur Verkleidung der Frontseite des Fondaco zugestanden hatte, Materialien, wie sie an den Palästen der venezianischen Patrizier üblich waren. Diese Aktfiguren dürften eben dann eine feine Art der Rache der Architekten an der Signoria gewesen sein, die sie anscheinend während des Baues schikaniert hatte. Die dreistöckigen Arkaden im Innenhof sind erst 1937 im Zuge einer Renovierung des gesamten Fondaco in ihrem ursprünglichen mächtigen Zustand wiedererstanden. Viele der Bögen waren zugemauert und wurden bei der Restaurierung freigelegt. Auch die Innenräume hat man dann 1937 saniert.

82) Calle del Fondaco dei Tedeschi

83) **Gebäude am Fuss des Ponte di Rialto.** Dieses Gebäude wurde im Zuge des Neubaues des Ponte di Rialto im Jahr 1588 vom gleichen Architekten – Antonio da Ponte – errichtet, der auch die Brücke selbst gebaut hat. Das Gebäude besitzt im Erdgeschoß große, für Geschäfte geeignete Arkaden, hat eine horizontal mit Friesen aus istrianischem Kalkstein gegliederte und mit Balkonen aus dem gleichen Material aufgelockerte Fassade. Dieses Gebäude und sein gegenüberliegendes Pendant bilden mit ihren einander zugekehrten Fronten die Fortsetzung des Aufganges zur Rialtobrücke und etwas weiter unten eine kleine Gasse, die „Salizada Pio X.“, die zum Campo San Bartolomeo führt.

Gebäude am Fuß des Ponte di Rialto 83) und Aufgang zum Ponte di Rialto 84)

84) Aufgang zum Ponte di Rialto

Kapitel 2

Ponte del Rio Nuovo 214)

214) Ponte del Rio Nuovo

215) Fondamenta della Croce zieht sich entlang einer Mauer hin, hinter der die Giardini publici liegen, die auch Papadopoli-Gärten genannt werden.

Die Fondamenta della Croce 215) und dahinter die Papadopoli-Gärten 216)

216) Papadopoli-Gärten. Sie waren ursprünglich die Gärten eines alten Benediktinerklosters, das zusammen mit dem Nonnenkloster von Santa Chiara zur Chiesa della Santa Croce gehörten. Die Kirche von Santa Croce war eine der ältesten von Venedig. Sie wurde 1810 abgetragen, und übrig geblieben ist außer dem Namen noch eine byzantinische Säule, die in die

Von rechts nach links: Rio dei Tolentini mit dem Ponte della Croce 217), Haus an der Fondamenta dei Tolentini 218), Casa Minotti 219) und Casa Scattolin 220)

Mauer des Papadopoli-Gartens eingemauert ist. Sie stammt wahrscheinlich vom Grabdenkmal des Dogen Domenico Morosini, das sich in dieser Kirche befunden haben soll.

217) Rio dei Tolentini mit dem Ponte della Croce, die auch della Zirada genannt wurde. Die „Zirada“ war die Wendemarke bei der Gondelregatta, und der dazu dienende Pflock wurde vor dieser Brücke in den Grund des Canal Grande gerammt.

Palazzo Emo Diedo 222) und die Casa Emo 223) auf einem Stich um 1800

218) Haus an der Ecke der Fondamenta dei Tolentini und der Fondamenta di San Simeon Piccolo. Ein Gebäude aus dem 17. Jahrhundert mit seiner schlichteren Front zum Canal Grande.

219) Casa Minotti ist ein kleiner Palazzo aus dem frühen 16. Jahrhundert.

220) Casa Scattolin ist ein Gebäude, dessen hohes Erdgeschoß, das auf alten Bildern auch nur drei ganz kleine Fenster hatte, als Warenlager gedient haben dürfte. Es stammt aus dem frühen 17. Jahrhundert.

Von rechts nach links: Casa Scattolin 220), Haus auf der Fondamenta di San Simeon Piccolo 221), Palazzo Emo Diedo 222) und Casa Emo 223)

221) Haus auf der Fondamenta di San Simeon Piccolo stammt aus dem späten 16. Jahrhundert und dürfte als Miethaus oder Gasthaus gebaut worden sein.

222) Palazzo Emo Diedo. Den Namen Emo tragen vier Paläste, drei davon stehen am Canal Grande. Die heutige Fassade dieses Palazzo Emo, der auch den Namen der Familie Diedo führt, wird einem Baumeister zugeschrieben, der zu seiner Zeit ein „Baulöwe" war, Andrea Tirali (1657–1737). Er begann als einfacher Handwerker, als Steinmetz, und hat sich bis zu einem der bedeutenden Architekten seiner Zeit hinaufgearbeitet.

Neben vielen anderen ist eines seiner schönsten Werke das Mausoleum der Valier-Familie in der Kirche San Giovanni e Paolo, von dessen barocker Pracht der österreichische Baumeister Fischer von Erlach hellauf begeistert war. Auch die Fassade der in der unmittelbaren Umgebung des Palazzo Emo gelegenen Tolentinikirche geht auf ihn zurück. Tirali war ursprünglich durch den Handel mit Marmor sehr reich geworden. Bei seinen Künstlerkollegen und bei seinen Mitarbeitern war er unbeliebt, seine Auftraggeber schätzten ihn wegen seiner energischen Bauführung. Seine Feinde sagten, er sei ein primitiver Mensch, der kaum schreiben könne; aber immerhin hatte er eine bedeutende Stellung als Ingenieur des Wassermagistrats inne, hat die Ponte dei Tre Archi über den Rio di Cannaregio gebaut, die Kuppeln von San Marco restauriert und den Entwurf für die Pflasterung des Markusplatzes gemacht, alles Aufträge, die er vom Staat erhielt.

Grabmal der Familie Valier von A. Tirali in der Kirche San Giovanni e Paolo

Außerdem hat er für Privatleute eine ganze Reihe von Palästen gebaut. Um einen Bau rankt sich eine sehr merkwürdige Episode. Aus einem heute nicht mehr nachvollziehbaren Grund hatte Tirali Streit mit einem Patrizier, Francesco Grimani. Daraufhin erzählte er herum, er werde den Palast, den er gerade im Auftrag der Familie Diedo baue, so hoch machen, daß er dem gegenüberliegenden Palazzo Grimani die Sonne wegnehmen werde, was auch tatsächlich der Fall war. (Dieser Palazzo Diedo liegt in der Nähe des Ponte Santa Fosca.) Natürlich war der N. H. Giovanni Grimani wütend und beschloß sich zu rächen. Er lud Tirali unter dem Vorwand, sich einen Baugrund ansehen zu wollen, zu einer Bootsfahrt ein. Als die Gondel an einer einsamen Stelle weit draußen in der Lagune war, zwang er ihn dann mit vorgehaltener Pistole, ins Wasser zu springen, und ließ ihn auf einer Sandbank sitzen. Nach ein paar Stunden und bevor Tirali wegen der steigenden Flut wirklich in Gefahr kam, ließ er ihn mit einer Barke dann wieder abholen. Dieser Palazzo Diedo – heute eine Schule – ist tatsächlich ein zu hohes Gebäude.

Denkmal für Admiral Angelo Emo
von Antonio Canova im Museo Storico Navale

In diesem Palazzo Emo aber, von dem hier die Rede ist, wurde am 5. Jänner 1731 Angelo Emo geboren. Sein Vater war der Prokurator Giovanni Emo, seine Mutter Lucia Lombardo. Angelo Emo hatte sich bereits in jungen Jahren einen guten Namen als Kapitän gemacht. Er arbeitete Pläne für eine Reorganisation der venezianischen Flotte aus und wurde zum Dogenberater für Handelsangelegenheiten und zum Mitglied des Rates der Zehn gewählt. Schließlich wurde er Provveditore Generale da Mar (Flottenkommandant). Als solcher sollte er ein Seeunternehmen vorbereiten und durchführen mit dem Ziel, das westliche Mittelmeer von den nordafrikanischen Piraten zu befreien, die von Tunis aus unter dem Schutz des dortigen Herrschers operierten. Im Jahr 1784, also schon recht knapp vor dem Untergang der Republik, hob der bereits müde gewordene Markuslöwe zum letzten Mal seine Pranken und schlug kräftig und erfolgreich zu. Emos Flotte bombardierte die tunesischen Häfen Sfax, Susa, Goletta und Bizerta. Im Winter nahm er jeweils Quartier in Sizilien oder Malta, im Frühjahr setzte er, sobald die Witterung es zuließ, seine Unternehmungen wieder fort. Sie waren zeitweise so erfolgreich, daß sich die französische Regierung, die damals alles andere als gute Beziehungen zu Venedig hatte, bemüßigt fühlte, sich bei der Signoria dafür zu bedanken, daß ein venezianischer Admiral vor ihrer Haustür Ordnung gemacht hatte. Emo blieb in Malta und spielte die Rolle eines Seepolizisten im westlichen Mittelmeer weiter. Am 1. März 1792 ist er dort unerwartet auf seinem Flaggschiff „Fama“ gestorben. Sein Leichnam wurde nach Venedig gebracht und in der Chiesa dei Servi beigesetzt.

Grabmal des Admirals Angelo Emo von Giovanni Ferrari in der Kirche San Biagio

Seine Familie ließ ihm vom Bildhauer Giovanni Ferrari, genannt Toretti, in dieser Kirche ein wunderschönes Grabmal errichten. Als das Kloster aufgelöst und die Kirche 1862 außer Funktion gestellt wurde, wurde das Grab und das Denkmal in die Chiesa San Biagio gebracht. Ein Denkmal von Canova, das die Signoria in Auftrag gab und das zuerst im Arsenal aufgestellt war, findet sich heute im Museo Storico Navale. So hat Venedigs letzter bedeutender Admiral gleich zwei Denkmäler von den zu seiner Zeit berühmtesten Bildhauern bekommen. Nach seinem Tod hat man seinen Stellvertreter Tomaso Condulmer beschuldigt, ihn vergiftet zu haben, eine Anschuldigung, die sich aber nie beweisen ließ.

223) Casa Emo ist ein zugleich mit dem Palazzo Emo errichtetes Bauwerk. Die beiden Gebäude waren wahrscheinlich in einer Hand, und die Casa Emo dürfte schon von Anfang an als Miethaus gebaut worden sein.

224) Gebäude aus dem 19. Jahrhundert, das frühere Hotel Gare e Germania.

Von rechts nach links: Palazzo Emo Diedo 222), Casa Emo 223), Gebäude aus dem 19. Jahrhundert 224), Calle Bergamaschi 225), Hotel Carlton 226), Calle del Traghetto di Santa Lucia 227), Haus 228) und im Hintergrund die Kirche San Simeon Piccolo 229)

225) Calle dei Bergamaschi

226) Hotel Carlton. Ein Gebäude aus dem 19. Jahrhundert.

227) Calle del Traghetto di Santa Lucia

228) Haus an der Fondamenta di San Simeon Piccolo. Dieses besonders schöne Gebäude stammt aus dem 16. Jahrhundert und ist wahrscheinlich von Anfang an als Miethaus gebaut worden. Es wurde später zwar umgebaut, aber die bemerkenswert hübschen Fensterumkleidungen und Balkone aus dem 16. Jahrhundert blieben erhalten.

229) Calle a Fianco della Chiesa

Von rechts nach links: Hotel Carlton 226), Calle del Traghetto di Santa Lucia 227), Haus aus dem 16. Jahrhundert 228), Calle a Fianco della Chiesa 229), auf dem Bild durch das Haus 228) verdeckt. Scuola dei Tintori dei Panni di Lana 230) und Chiesa di San Simeon Piccolo 231)

230) Scuola dei Tintori dei Panni di Lana. Es ist ein sehr schönes Gebäude aus der Mitte des 16. Jahrhunderts, das sich an die Kirche San Simeon Piccolo anlehnt. Es diente der Berufsvereinigung der Wolltuchfärber als Versammlungsort.

231) CHIESA DI SAN SIMEON PICCOLO

Von rechts nach links: Chiesa di San Simeon Piccolo 231), Calle Nuova di San Simeon 232), Casa Adolo 233), der rechte Palazzetto Foscari-Contarini mit der Front auf den Canal Grande, dazwischen der Hof und ganz links die Hofseite des linken Palazzetto Foscari-Contarini 234)

232) CALLE NUOVA DI SAN SIMEON

233) CASA ADOLO ODER **ADOLFO** ist ein im Jahr 1520 umgebautes Renaissancegebäude mit zwei lateinischen Inschriften, die von Figuren getragen werden, allegorische Personen oder Staatsbeamten darstellend. Die zwei Eingangstore weisen darauf hin, daß das Haus für zwei Familien gebaut wurde.

234) PALAZZETTI FOSCARI-CONTARINI. Der linke der beiden Palazzetti ist ein Spätrenaissancebau aus dem Beginn des 16. Jahrhunderts, der an der Stelle eines viel älteren Palastes errichtet wurde, in dem 1375 angeblich der spätere Doge Francesco Foscari geboren wurde. Die Front des Gebäudes sieht nicht auf den Canal Grande, sondern auf einen Hof, dessen Wände mit drei berühmten Fresken von Latanzio Gambara aus Brescia bemalt waren, die Episoden aus der römischen Geschichte darstellten. Sie sind heute nicht mehr erhalten. Im Hof befindet sich ein offener Stiegenaufgang in den zweiten

Palast, dessen Hauptfront aber auf den Canal sieht. Er stammt ebenfalls aus dem frühen 16. Jahrhundert und wurde offenbar im Garten des ursprünglichen Palastes errichtet.

235) Ponte degli Scalzi. Die heutige steinerne Brücke stammt aus dem Jahr 1934. Vorher gab es hier eine eiserne Brücke, die während der österreichischen Herrschaft über Venedig im Jahr 1858 zugleich mit dem Bahnhof gebaut worden war.

236) Calle Longa Bergama

237) Casa Riolfi ist ein modernes Gebäude, das zugleich mit dem Bau der Brücke um 1934 aufgeführt wurde. Nur einzelne Teile des früheren Bauwerkes, des alten Foscaripalastes, wurden in die Fassade integriert.

Die Canalfront der Casa Riolfi 237) rechts und das Neue Haus 238) links

238) Neues Haus. Es wurde so wie die Casa Riolfi Mitte des 20. Jahrhunderts gebaut. An der Stelle hier am Rio Marin waren die Nebengebäude des alten gotischen Palazzo Foscari. Der alte Palazzo wurde damals vollkommen zerstört und nur in der Casa Riolfi sind die schon erwähnten Überreste in Form einiger gotischer Fensterumrahmungen und eines Balkons erhalten geblieben.

239) Rio Marin

Von rechts nach links: Neues Haus 238), Rio Manin 239), Palazzo Nigra mit Garten 240) und das neue Haus am Campo San Simeon Profeta 242)

240) Palazzo Nigra. Der Palazzo Nigra, oder Casa Nigra, wie er auch genannt wird, ist ein 1904 gebautes Haus. Es ist im neugotischen Stil errichtet und hat einen relativ großen Garten an der Canalfront. Früher standen an der Ecke ein Magazin und daneben ein hohes mehrstöckiges, aber recht schmuckloses Haus aus dem 17. Jahrhundert.

241) Neues Haus am Campo San Simeon Profeta, das an der Stelle eines alten Frauenasyls aus dem frühen 17. Jahrhundert errichtet wurde.

242) Campo e Chiesa di San Simeon Profeta

Rechts der Garten des Palazzo Nigra 240), daran anschließend das Neue Haus 241), der Campo di San Simeon Profeta 242) und die Casa Polacco 243)

243) Casa Polacco ist ein Gebäude aus dem 19. Jahrhundert.

244) Salizzada della Chiesa

Von rechts nach links: Casa Polacco 243), Salizzada della Chiesa 244), Neues Haus 245), Corte Pisani 246), Neues Haus 247)

245) Neues Haus. Es wurde Mitte des 20. Jahrhunderts gebaut.

246) Corte Pisani

247) Neues Haus. Mitte des 20. Jahrhunderts gebaut.

248) Calle Pistor

Von rechts nach links 247) bis 254)

249) Magazin und Werkstätten. Schon im 18. Jahrhundert standen hier Gebäude, die eine ähnliche Funktion gehabt haben dürften. Auf den alten Stichen sieht man an ihnen noch Torkonstruktionen, die wahrscheinlich Reste des alten venezianisch-byzaninischen Palastes Correr waren, der im 16. Jahrhundert abgerissen wurde. Die Familie scheint damals in den gegenüberliegenden Palazzo Correr übersiedelt zu sein. [s. 20]

Das alte Magazin, das wahrscheinlich auf den Überresten des abgerissenen Palazzo Correr errichtet worden war, auf einem Stich aus dem 19. Jahrhundert

250) Calle Correra

251) Palazzo Gritti (Riva di Biasio) aus dem Ende des 16. Jahrhunderts.

252) Palazzo Corner aus dem Ende des 16. Jahrhunderts mit einem modernisierten obersten Stockwerk.

253) Neues Haus an der Stelle eines alten Palastes aus dem 16. Jahrhundert, von dem nur die Bögen im Erdgeschoß erhalten sind.

Rechts Palazzo Gritti 251), links Palazzo Corner 252)

254) Palazzo Donà Balbi aus dem 17. Jahrhundert, der seine auffallend asymmetrische Form durch mehrere Umplanungen und Umbauten erhalten hat. Der Palazzo gehörte einem Zweig der Familie Donà, der im Gegensatz zu den Donà dalle Rose in ihrem Wappen nicht die Rose, sondern als Unterscheidungsmerkmal goldene und blaue Streifen hatte.

Ein Mitglied der Familie, der N.H. Piero Donà, hatte beim Zusammenbruch der Republik 1797 die undankbare Aufgabe, die Verhandlungen mit dem Usurpator Napoleon zu führen.

Von rechts nach links: ein Stück des Palazzo Gritti 251), Palazzo Corner 252), Neues Haus 253), Palazzo Donà Balbi 254), zwei Nebengebäude 255), Palazzo Zen 256)

Piero Donà war ebenso wie der Doge Manin ein Zeuge des schmerzlichen Endes der Republik. Er war Botschafter und Dogenberater gewesen und in den letzten Jahren der Serenissima ein wichtiges Mitglied des Pien Collegio, das damals einen Großteil der Regierungsaufgaben übernommen hatte. In den allerletzten Jahren hatte er sogar mehrfach als Savio gedient. Wie viele seiner damaligen Kollegen war er von einer tiefen Hoffnungslosigkeit erfüllt und von der festen Überzeugung durchdrungen, daß man für die Serenissima absolut nichts mehr tun könne. Man versuchte die Probleme des Tages zu meistern und hoffte auf ein Wunder oder ein gnädiges Schicksal.

Napoleon hatte mit der Adelsrepublik, die er als echter Emporkömmling haßte, ein niederträchtiges Spiel getrieben. Er hatte die Terra Ferma besetzt, den ganzen venezianischen Festlandbesitz überfallen und verwüstet und immer dann, wenn die Bevölkerung gegen die französische Soldateska aufbegehrte, sofort Venedig kriegerischer Handlungen bezichtigt. Dabei hatte die Serenissima nur versucht, sich aus dem Krieg zwischen Österreich und Napoleon herauszuhalten. Das ging aber praktisch nicht, da der Krieg auf venezianischem Territorium stattfand. Im übrigen hoffte man auf einen Sieg der österreichischen Waffen, der aber nicht errungen wurde, obwohl es mehrmals so ausgesehen hatte.

Als dann am 20. April 1797 ein französisches Kriegsschiff mit dem provokanten Namen „Liberteur d'Italie", das sich von Warnschüssen nicht abhalten ließ, bei dem Versuch, in den Lidohafen einzulaufen von der venezianischen Marine geentert wurde, hatte Napoleon seinen Kriegsgrund. Über den unglücklichen Ser Piero Donà, der am 25. April in Bonapartes Hauptquartier nach Graz zu Verhandlungen gekommen war, brach nach dem Eintreffen der Nachricht von diesem sogenannten „Lidovorfall" ein Wutausbruch des Diktators herein.

In Venedig selbst gab es die unterschiedlichsten Meinungen, was zu tun sei. Man schwankte zwischen Kapitulation und Widerstand, zwischen Bangen und Hoffen. Doch wie leider oft in solchen Fällen wurden die Hoffnungen enttäuscht. In den letzten quälenden Tagen, in denen sich Venedigs Schicksal entgültig entschied, war dem N.H. Piero Donà die überaus schwierige Aufgabe eines „Conferente" übertragen worden. Das hieß, er sollte als Verhandler zwischen der Republik Venedig und der Abordnung der Franzosen, der „Republik der Revolution", fungieren.

Von seinen Zeitgenossen wissen wir, daß der N.H. Piero Donà die leibhaftige Personifizierung der Aristokratie war, der er angehörte und die nur noch wenige Tage lang an der Macht bleiben sollte. Man kann sich den Abscheu und die Bitterkeit vorstellen, die er empfinden mußte, als er mit den Vertretern dieser sogenannten Französischen Republik der Sansculotten und der Königsmörder zu verhandeln hatte. Allen voran war das der französische Gesandte, der ehemalige Weinhändler Villetard, und seine Kollaborateure in Venedig, die Führer der jakobinischen und der revolutionären fünften Kolonne, ein Apotheker und ein Drogist.

Während in Venedig die Opportunisten immer mehr die Oberhand gewannen, mußte Ser Donà am 9. Mai 1797 dann das Ultimatum des Oberbefehlshabers der französischen Italienarmee entgegennehmen. Das Dokument verlangte lächerlicherweise vor allem die Freilassung der politischen Gefangenen aus den berühmten Bleikammern, wo es schon längst keinen einzigen Gefangenen mehr gab, was die „Demokraten" nicht wußten oder nicht wissen wollten. Ferner wurde die Entlassung der stets loyalen Slawonier, der Elitetruppen der Serenissima, gefordert. Auf der Piazza San Marco sollte ein „Baum der Freiheit" errichtet und zu dessen Füßen die Insignien des Dogen und das Goldene Buch der Patrizier verbrannt werden. Die Macht sollte einer aus 24 Mitgliedern bestehenden provisorischen Regierung übertragen werden.

Aber am schwerwiegendsten war die letzte Bedingung. Dreitausend französische Soldaten sollten in die Stadt kommen. Wenn man bedenkt, daß Venedig in den elf Jahrhunderten seiner Existenz auch nicht einen einzigen Tag der Besetzung durch ein fremdes Heer erlebt hatte, dann kann man sich leicht vorstellen, wie Ser Donà zumute war, als er dieses Diktat entgegennahm und es dem Kleinen Rat, dem Collegio unter Vorsitz des Dogen, überbrachte. Und obwohl sieben der tonangebenden Mitglieder dieser Versammlung vorgeschlagen hatten, das Dokument zurückzuweisen, schickte man schließlich – nach einem ebenso alarmierenden wie unbegründeten Bericht des für die öffentliche Ordnung zuständigen Nicolò Morosini, der überall nur Verschwörungen und Verrat witterte – Donà zu Villetard zurück, um einen Aufschub von einigen Tagen zu erbitten. Man wollte noch einmal den Großen Rat, die gesetzgebende Versammlung der Republik, darüber abstimmen lassen.

Piero Donà nahm an dieser letzten Sitzung des Großen Rates teil. Draußen hallten Schüsse, aber es waren nicht die Franzosen, auch nicht die fünfte Kolonne der Jakobiner, sondern es war die getreue Slawoniergarde, die sich mit Salven aus ihren Gewehren für immer von „La Nostra Bona Madre", von unserer guten Mutter Venedig, verabschiedete. In großer Eile stimmten die Ratsmitglieder für das Ende der aristokratischen Ära, ohne zu wissen oder ohne zu durchschauen, daß sie damit wohl auch für das Ende der Unabhängigkeit Venedigs votierten.

Als Donà kurz darauf diese Beschlüsse dem französischen Geschäftsträger überreichte, mußte er diesen auch noch persönlich beruhigen, damit er das Papier überhaupt halten konnte. Der große revolutionäre Held, der „Citoyen Villetard“, schlotterte nämlich derart vor Angst, die ihm die draußen herrschende kriegerische Stimmung des venezianischen Volkes eingejagt hatte.

Von rechts: Palazzo Donà Balbi 254), Nebengebäude 255), Palazzo Zen 256), Calle Zen 257), Ecke des Palazzetto Marcello 258), Vaporettostation „Riva di Biasio“

Auf dem Markusplatz war nämlich eine riesige Menschenmenge versammelt. Als die Nachricht von der Abdankung des Großen Rats durchgesickert war und irgendein alter General mit dümmlichen Ideen auf den Balkon trat und „Es lebe die Freiheit!“ rief, bekam er von der Menge, die dort stumm und traurig gewartet hatte, die tosende Antwort: „Es lebe San Marco!“ Dieser alte venezianische Kriegsruf hallte über den Platz, während das Löwenbanner auf den Fahnenstangen der Piazza hochging und überall die rostroten Standarten mit den sieben Schwänzen wehten. Leute aus dem Volk, Arsenalarbeiter, Gondolieri und dalmatinische Soldaten hatten stundenlang auf der Piazza demonstriert. Später machte sich die Menge auf die Jagd nach denjenigen, die man für Anhänger der Franzosen hielt, und plünderte ihre Häuser. Erst in der Nacht bereiteten zwei von der Ponte di Rialto abgegebene Kanonenschüsse dem Aufruhr ein Ende.

Ser Piero Donà verfaßte keine Verteidigungsschrift zur Rechtfertigung seiner Handlungen. Der Doge Manin hingegen und andere Verantwortliche und Zeugen dieser unglücklichen Stunden taten es. Manche von ihnen hatten dann später der provisorischen Stadtregierung in gutem Glauben gedient, daß es eine Zukunft geben könne, in der die Serenissima weiter existieren werde; vielleicht nicht mehr in ihrer alten aristokratischen Form, aber demokratisch, unabhängig und befreit von anachronistischen Strukturen und einer mittlerweile auch zu schwachen Führungsschicht.

Sie alle waren aber nur die Opfer jenes niederträchtigen Betruges, den der junge, skrupellose General inszeniert hatte, der sich von den gleichfalls düpierten italienischen Nationalisten so gerne als Befreier Italiens feiern

Von rechts nach links: Ecke des Palazzo Zen 256), Calle Zen 257), Palazzetto Marcello 258). Vor dem Palazzo Zen die Vaporettostation „Riva di Biasio“

ließ. Er schloß die in Leoben begonnenen Verhandlungen eiligst ab, mit denen die Abtretung Venedigs, Venetiens, Istriens und Dalmatiens an den österreichischen Kaiser besiegelt wurde.

In seinem stillen Palast am Canal Grande überlebte Ser Piero Donà das Ende seiner Welt nur kurze Zeit. Mit seinem Tod war auch seine Familie ausgestorben. Venedig war um die Jahrhundertwende und insbesondere in den ersten Jahren des 19. Jahrhunderts voll von solchen alten Männern, den letzten Vertretern ihrer Zeit und ihrer Familien, ohne direkte Erben, denen sie hinterlassen konnten, was von ihrem Reichtum und ihrer Größe übriggeblieben war. Sie waren umgeben von alten Hausangestellten, manchmal auch von bejahrten Freundinnen, die manch altmodisches Juwel als Vermächtnis erhielten, aus Dank und Zuneigung.

Es gab auch so manche, die sich weniger über den Untergang des alten Reiches grämten und vielleicht gerade deshalb länger lebten. Einer von diesen war Zaccaria Valaresso, ehemals Staatsinquisitor, Mitglied des Zehnerrates und Savio, einer der Hauptverfechter der unbewaffneten Neutralität und somit auch einer der eigentlichen Totengräber der Serenissima. Ein kluger, gebildeter Mann, ein Theaterautor und Musikkenner, der bis zu seinem Tod im Jahr 1828 stets die Aufführungen im Teatro La Fenice zu besuchen pflegte. Ein Mann, der wohl dort besser hinpaßte als auf einen Regierungsposten in einer so schwierigen Zeit.

255) Zwei Nebengebäude, die zu den Palazzi Balbi und Zen gehörten und heute Wohnhäuser sind.

256) Palazzo Zen. Der Palast war ursprünglich Eigentum der Familie Zen. Bei der Belagerung und Beschießung Venedigs durch die österreichischen Truppen im Jahr 1848 wurde er in Brand geschossen, brannte nieder und wurde 1849 wiederaufgebaut. Der alte Palast hat, wie man auf dem Stich aus dem 18. Jahrhundert sieht, ganz anders ausgesehen.

257) Calle Zen

258) Palazzetto Marcello Dolcetti Priuli Toderini. Das Gebäude stammt aus dem späten 16. Jahrhundert und hat einen von einer Mauer umgebenen Garten.

Der obere Teil des Hafenviertels an der Riva di Biasio auf einem Stich um 1800. Rechts ist der untere der Palazzetti Foscari Contarini zu sehen 234), links das auch noch heute bestehende Magazin in den Resten des alten Palazzo Correr 249)

259) Rio Terrà del Cazza und entlang des Canal Grande aufwärts die Riva di Biasio, die sich früher hier an allen Gebäuden den Canal Grande entlang hinauf hingezogen hat. Damals legten hier die Boote an, die vom Festland kamen oder dorthin zurückfuhren. Dadurch hatte sich ein ausgedehntes Hafenviertel entwickelt. Der Verkehr durch die Lagune war für Venedig vor dem Bau der Dammstraße unendlich wichtig. Die ganze Versorgung der Großstadt mit Obst, Gemüse, Holz, Baumaterial, Steinen, Marmor, (Holz)kohle und hunderterlei Bedarfsgütern erfolgte aus dem umgebenden Festland, der Terra Ferma.

Die Händler kamen mit ihren Booten meist zeitig in der Früh an, verbrachten den Tag auf den eigens für sie freigehaltenen Anlegeplätzen in der

Rialtogegend, um ihren Geschäften nachzugehen. Die Namen Riva di Carbon oder Riva di Olio erinnern noch daran. Abends fuhren sie aber oft nicht zurück, sondern übernachteten in der Stadt und legten hier an der Riva di Biasio an. Da sie die Taschen voll Geld hatten, wuchsen hier viele Schenken und Gasthäuser aus dem Boden und alles sonst was zu einem Hafenviertel gehörte. Es war keine sehr feine Gegend zu dieser Zeit, und die meisten Leute, die es sich leisten konnten, übersiedelten auf die andere Seite des Canal Grande oder weiter hinunter Richtung Rialto. Auf einem Stich um 1800, damals war die Bedeutung dieses Hafenviertels schon rückläufig, sieht man immer noch ein Winkelwerk eher kleiner Häuser und Magazine.

Ihren Namen hat die Riva di Biasio angeblich von einem gewissen Biasio oder Biagio, der auch den Spitznamen Cargnio trug, weil er vielleicht aus Carnia stammte, und der in diesem Hafenviertel im 16. Jahrhundert eine Kneipe und Wurstmacherei besaß. Er war berühmt für sein „Sguazzeto de la Bechera" (Ragout nach Metzgerinnenart), das beim einfachen Volk sehr beliebt war und zum Frühstück gegessen wurde. In dieser Speise wurde auch billiges Fleisch und sogenannte Zuwaage verwendet, ganz klein geschnittene Knorpelstücke von den Wirbeln der Rinder und Kälber.

Um diese Zeit begab es sich angeblich, daß in Venedig einige Kinder verschwunden waren. Als eines Morgens ein Schiffer seinen Löffel in den damp-

Die Gegend der Riva di Biasio auf einem Stich um 1800. Von rechts nach links: Palazzo Gritti 251), Palazzo Corner 252), ein Palazzo an der Stelle, wo heute das neue Haus 253) steht. Palazzo Donà Balbi 254), Nebengebäude 255), der alte abgebrannte Palazzo Zen 256), Palazzetto Marcello 258), Rio Terra del Cazza 259), Casa Bevilaqua 260), Casa Rizzoli 261) und die Reste des Palazzo Bembo in dem Garten 262)

fenden Sguazetto steckte, fiel ihm etwas Seltsames auf. Er schaute genauer hin und zu seinem Entsetzen war es ein kleines Fingerchen mit einem Fingernagel daran. Er lief zu Gericht und die sofort entsandten Schergen fanden im Keller des Gasthofs weitere Überreste von Kinderleichen. Der böse Wurstmacher Biasio wurde angeklagt, verurteilt und auf grausamste Weise hingerichtet. Er soll an einen Pferdeschwanz gebunden, vom Kerker im Dogenpalast bis vor sein Geschäft geschleppt worden sein. Dort hat man ihm die Hände abgehackt, ihn dann auf ein Floß gebracht, auf dem ein Henker war, der ihn mit glühenden Zangen während der Fahrt zur Piazetta folterte. Schließlich wurde er auf der Piazetta gevierteilt.

Eine echte Schauergeschichte, das einzig Erbauliche an dieser Moritat ist, daß sie sich offenbar niemals ereignet hat. Weder findet sich in den peinlich genauen Aufzeichnungen des venezianischen Kriminalgerichtes der „Quarantia Criminal" aus dem 16. Jahrhundert irgendein Hinweis auf einen derartigen Prozeß. Noch findet sich etwas in den Tagebüchern des Marino Sanudo, eines Zeitgenossen, der die venezianische Geschichte seiner Zeit akribisch genau berichtet hat. Er hätte sich eine solche Schauergeschichte wohl nicht entgehen lassen.

Das Verbrechen hat entweder viel früher stattgefunden, zu einer Zeit, aus der es noch keine Aufzeichnungen gibt, das heißt mindestens zweihundert Jahre früher. Oder die Riva di Biasio ist nach einer anderen, harmloseren Person benannt, von der wir keine Geschichte kennen. Oder die Riva di Biasio ist vielleicht gar nach einem Heiligen benannt, dem heiligen Biasio oder Biagio, dessen Namen einst auch zwei Kirchen in Venedig trugen. Eine von ihnen stand auf der Giudecca und eine zweite auf der Riva degli Schiavoni.

260) Casa Bevilaqua. Ein schlichtes Bauwerk aus dem 17. Jahrhundert, das sehr modernisiert wurde.

Von rechts nach links: Rio Terrà del Cazza 259), Casa Bevilaqua 260) und Teil der Casa Rizzoli 261)

261) Casa Rizzoli, ein Gebäude aus dem 18. Jahrhundert mit einem später aufgesetzten zweiten Stockwerk.

Von rechts nach links: direkt neben der Säule der Palazzetto Marcello 258), die Casa Bevilaqua 259), links davon die Casa Rizzoli 261), nebenan der Garten, wo einst der Palazzo Bembo stand 262), dann die Einfahrt in den Rio San Giovanni Decollato 263) und direkt gegenüber der Palazzo Foscarini Giovanelli 264)

262) Garten an der Ecke. Hier stand einst der gewaltige Palazzo der Familie Bembo. Spuren von ihm waren bis ins 19. Jahrhundert vorhanden und sind auf alten Stichen auch noch erkennbar. Es war offensichtlich ein venezianisch-byzantinischer Bau mit einer großen Säulenhalle an der Wasserfront. Wahrscheinlich wurde auch die Casa Rizzoli auf eben diesem Grund errichtet.

263) Rio di San Giovanni Decollato

264) Palazzo Foscarini Giovanelli Dorico (a Zan degolà). Das Gebäude stammt aus dem Anfang des 15. Jahrhunderts und weist schöne schlichte gotische Bauelemente auf.

265) Haus am Corte di San Martin ist ein altes Gebäude mit Spuren des früheren venezianisch-byzantinischen Bauwerks wie z. B. der Bogen des Eingangstors. Das Haus wurde im 18. Jahrhundert durch das Überhöhen der linken Fassadenhälfte verunstaltet.

Von rechts nach links: Teil des Palazzo Foscarini Giovanelli 264), Haus am Corte Martin 265), Haus an der Calle di Ca'Correr 266) und Teil der Casa Correr 267)

Von rechts nach links: im Hintergrund der Palazzo Foscarini Giovanelli 264), daneben die beiden Häuser 265) und 266), die Casa Correr 267), die Casa Saccardo, die etwas zurückgebaut ist 268), die Salizada del Fondaco dei Turchi 269) und die Ecke des Fondaco dei Turchi 270)

266) Haus an der Calle di Ca' Correr ist ein kleines Gebäude, das wie die folgende Casa Correr der Familie Correr gehörte.

267) Casa Correr. Die Casa Correr war das Wohnhaus des venezianischen Edelmanns Teodoro Correr (1750–1830), der einer der bedeutendsten Sammler venezianischer Kunstwerke war, die nach seinem Tod den Kern der Sammlung des „Museo Correr“ bildeten. Das einfache Haus heißt, im Gegensatz zu anderen viel prunkvolleren Bauwerken, die auch den Namen Correr tragen, allgemein Casa Correr. Teodoro Correr war der Sohn von Giacomo Correr und Anna Maria Pettagno aus dem neapolitanischen Fürstenhaus der Trebisano.

Teodoro Correr, Gemälde von Bernardino Castelli

Er wurde mit 25 Jahren Savio agli Ordine, und da er dann das Amt des Podestà von Treviso, das er anstrebte, nicht erhielt, gab er jegliche politische Karriere auf. Das war aber für das Mitglied einer patrizischen Familie nicht so einfach, denn die Patrizier waren ja verpflichtet, Ämter, in die sie gewählt wurden, anzunehmen, und das konnten im Verlauf eines Lebens eine ganze Reihe oft unangenehmer Posten sein. Eine der wenigen Möglichkeiten, diesem Ämterreigen zu entgehen war es, Geistlicher zu werden. Und genau diesen Weg schlug Teodoro Correr ein. Er empfing die niederen Weihen, durch die er in den geistlichen Stand aufgenommen und automatisch von den ungeliebten patrizischen Ämtern ausschlossen war.

Er hatte zwar nicht allzuviel Geld, aber jetzt um so mehr Zeit. Während des Zusammenbruches der Markusrepublik und der Ausplünderung durch die französische Besatzung und während des darauf folgenden wirtschaftlichen Niederganges war in der Person des Teodoro Correr ein kunstverständiger Mann vorhanden, der versuchte, während des Ausverkaufs von Venedig so viel wie möglich für Venedig selbst zu retten. Unzählige Kunstwerke gingen damals in alle Welt, und viele der schönsten venezianischen Museen und Sammlungen wurden ausgelöscht, wie das Museum Nani und das Museum der Tiepolo. Correr hat nicht wirklich systematisch gesammelt, er hatte wahrscheinlich dafür weder genug Geld, noch war bei diesen hektischen Kunstverkäufen genug Zeit, um den Spreu vom Weizen zu trennen. Heute jedenfalls verdankt Venedig seiner Sammelleidenschaft eine Unzahl historischer Schätze, die sich in dem nach seinem Gründer benannten Museo Correr befinden. Aber auch im Glasmuseum von Murano, in Ca' Rezzonico und in anderen Museen befinden sich Sammelstücke von Correr.

Persönlich soll er zwar nicht sehr sympathisch gewesen sein, aber ausschließlich dank seiner fanatischen Sammelleidenschaft haben wir heute ein genaueres, wenn auch immer noch bruchstückhaftes Bild jenes Venedig, das im Jahr 1797 untergegangen ist.

268) CASA SACCARDO. Das Haus ist ein Bauwerk aus dem 14. Jahrhundert und einige gotische Bauelemente sind mit den Spitzbogenfenstern im ersten Stock noch erhalten. Später wurde es umgebaut und noch mit einem dritten Stockwerk versehen.

269) SALIZADA DEL FONDACO DEI TURCHI

270) FONDACO DEI TURCHI. Das Gebäude wurde im 19. Jahrhundert nach alten Plänen und Modellen fast zur Gänze wiederaufgebaut, da der alte Palast in einem ganz schlechten Zustand war. Er war früher und ist jetzt wieder ein ganz typisches venezianisch-byzantinisches Bauwerk, wie es für die Bauweise in Venedig im 12. und 13. Jahrhundert charakteristisch war. Die Bauweise war von Ostrom übernommen worden und kam dem Bedarf der Venezianer ungemein entgegen. Sie waren ja Kaufleute und Seefahrer, und die Arkaden an der Wasserfront dienten der Be- und Entladung der angelegten Schiffe.

Fondaco dei Turchi 270)

Im frühen 13. Jahrhundert wurde der Palast für Giuseppe Palmieri errichtet, einen Zuwanderer aus Pesaro. 1381 kaufte die Republik den Palast und schenkte ihn aus Dankbarkeit für die Unterstützung im Krieg gegen Genua dem Herzog von Ferrara, Nicolò V. d' Este. Damals erhielt der Palast auch den Namen CASA DEL DUCA DI FERRARA, der auch heute noch gelegentlich verwendet wird. Da sich Ferrara in den folgenden Kriegen nicht immer, so wie man es sich gewünscht hatte, auf der Seite Venedigs befand, nahm die Signoria den d' Este den Palast einfach wieder weg und benützte das damals wunderbar eingerichtete und luxuriöse Gebäude als Gästehaus für ihre Staatsgäste. So wohnten hier die Kaiser von Byzanz Manuel II. und 1453 Johannes VIII.

Paleologos. Dann kam zweimal der römisch-deutsche Kaiser, der Habsburger Friedrich III. (geb. 1415, gest. 1493), dann einmal ein etwas skurriler König von Dakien, dem heutigen Siebenbürgen, der mehr ein Mönch als ein König war und der von der Signoria nur eine Galeere für die Wallfahrt ins Heilige Land wollte.

Einer der teuersten Besuche für die Republik, der auch hier untergebracht wurde, war der Besuch der ungarischen Königin Anna. Er begann am 31. Juli 1502, als der Doge Leonardo Loredan, begleitet von einem riesigen Gefolge, die Königin einholte. Sie war eine siebzehnjährige französische Prinzessin, angetraut dem ungarischen König Wladislaw II., den sie zwar noch nie gesehen hatte, zu dem sie aber jetzt reiste. Sie wurde dann die Mutter jener ungarischen Prinzessin Anna, die durch ihre Heirat mit dem späteren Kaiser Ferdinand I. (Enkel Kaiser Maximilians und Bruder Kaiser Karls V.) dem Hause Habsburg die ungarische Krone einbrachte.

Leonardo Loredan
Doge von 1501 bis 1521.
Gemälde von Giovanni Bellini
Privatbesitz Österreich

Die Beziehungen zu Ungarn waren in diesen wirren Zeiten, da in Italien alles drunter und drüber ging und im Osten die Türkengefahr drohte, für Venedig sehr wichtig, weshalb es sich die Republik einiges kosten ließ, der jungen Dame zu imponieren und sie bei guter Laune zu halten. Die Königin war mit einem Gefolge von 600 Leuten gekommen und allein in der ersten Woche kostete dieser Staatsbesuch 4500 Dukaten. (Um das Geld konnte man schon einen kleineren Palazzo am Canal Grande bauen.)

Ein Konzert jagte das andere, ein Ball den anderen, ein Empfang den anderen, eine Regatta die andere. Die Königin amüsierte sich ganz köstlich in Venedig und machte keine Anstalten, sofort wieder weiterzureisen. Sie wird als „eine sehr würdevolle und tugendhafte Frau“ geschildert, „schön klein und mit sanfter Stimme“. Als sie dann nach fast drei Wochen wieder weiterfuhr – mit einer Galeere an die kroatische Küste nach Senj – atmete die Signoria auf. Aber die Sache hatte sich offensichtlich ausgezahlt, denn die Königin sagte zum Dogen beim Abschied, hier in der Lagune hätte sie sich zum ersten Mal als wirkliche Königin gefühlt.

Noch viele gekrönte Häupter wohnten in diesem Palast, Könige und Königinnen von Polen, Sachsen, Ungarn und Dänemark und mindestens 20 andere Fürstlichkeiten.

Die Republik gab den Palast dann auch wieder einmal an die d' Este zurück, nahm ihn aber beim nächsten Streit wieder weg. Schließlich kam der Palast in den Besitz der florentinischen Adelsfamilie Aldobrandini, deren Sproß Ippolito Aldobrandini gerade als Clemens VIII. auf dem päpstlichen Thron in Rom saß.

Dann ging er an die Familie Priuli über und von diesen an die Pesaro, die ihn von 1621 an der Republik vermieteten, die dort für die türkischen Kaufleute ein Quartier und einen Stapelplatz für deren Waren einrichtete. Die Stadtverwaltung war daran interessiert, alle Türken, dazu gehörte alles, was aus dem Herrschaftsbereich des Sultans von Konstantinopel stammte – also auch Serben, Bosniaken, Ägypter usw. – , an einer Stelle in Venedig zu konzentrieren. Das lag erstens daran, daß man mit den Türken dauernd im Krieg lag, und außerdem wollte man auch verhindern, daß ausländische Kaufleute mit Venezianern in Kontakt treten konnten, ohne daß es die Behörden wenigstens wußten. Es ging dabei wie immer ums Geld, es gab ein kompliziertes System von Einfuhr- und Ausfuhrzöllen, und man wollte den Kaufleuten keine Gelegenheit geben, an der venezianischen Finanzkammer vorbei Geschäfte zu machen.

Fondaco dei Turchi
vor der Restaurierung um 1860

Erst 1838 ging diese Vermietung an die Signoria zu Ende und die Familie Manin, die den Palast von der Familie Pesaro geerbt hatte, wollten den Palast verkaufen. Der Palast war schon ganz verfallen, aber immer noch wohnte dort ein einzelner Türke namens Saddo Drist, der nicht daran dachte auszuziehen. Als man ihn schließlich delogierte, war er so wütend, daß er Venedig auf immer verließ.

1858 wurde der Palast von der Stadt gekauft und unter der damals österreichischen Herrschaft 1869 vom Architekten Frederico Berchet – vielleicht etwas zu energisch – restauriert. Von 1888 bis 1922 war das Museo Correr hier untergebracht, bevor es in die neuen Prokuratien übersiedelte. Heute beherbergt der Fondaco dei Turchi das Naturhistorische Museum.

271) Rio del Megio

Von rechts nach links: Ecke des Fondaco dei Turchi 270), Einfahrt in den Rio del Megio 271), Depositi del Megio 272), Palazzo Belloni Bataggia 274) und im Hintergrund Palazzo Tron 276)

272) Depositi del Megio. Dieses Gebäude war ein öffentlicher Mehlspeicher, stammt aus dem 15. Jahrhundert und lag bei der Anlegestelle der mit Korn oder Mehl beladenen Schiffe, die vom Festland kamen. Die schlichte Ziegelfassade mit den kleinen Fenstern hatte Gesimse aus Kalkstein, oben ist sie mit einem venezianischen Löwen verziert. Beim Fall der Republik wurde dieses Symbol heruntergeschlagen. Der heute sichtbare Löwe ist eine Rekonstruktion. Zur Zeit dient das Gebäude als Schule.

273) Calle del Megio

274) Palazzo Belloni Bataggia. Der Palast, der auch Palazzo Capovilla genannt wird, liegt frei zwischen der Calle del Megio und dem Rio Tron. Er wurde von Baltasare Longhena in den Jahren zwischen 1647 und 1663 für Girolamo Belloni errichtet und zeigt architektonisch den Übergang von Longhenas Baustil zum Hochbarock.

Girolamo Belloni, der Bauherr, stammte nicht aus der alten venezianischen Adelsfamilie gleichen Namens, die seit dem 9. Jahrhundert in Venedig lebte; diese war im 14. Jahrhundert ausgestorben. Girolamo Belloni erwarb seinen Eintritt in die venezianische Nobilität durch die Bezahlung von 150.000 Dukaten im Jahr 1648, gehörte also zu den „Nobili fatti per soldi". Zugleich baute er auch den Palast. Mit diesen beiden teueren Hobbys scheint er sich etwas übernommen zu haben, denn er vermietete den Palast gleich nach seiner Fertigstellung an den kaiserlichen Botschafter, den österreichischen

Grafen Czernin. Aus dem Besitz von Girolamo Belloni kam das Haus in die Familie des zweiten Mannes seiner Tochter, in die Familie Battagia. Auch ihr Adel war nicht ganz alt, stammte aber immerhin aus 1500. Über die Battagia-Familie gibt es eine Geschichte, die aus der Skandalchronik „Le macchie nelle stelle, o vero La Nobilità Ecclissata in alcuni personaggi delle Famiglie Patrizie di Venezia“ von Girolamo Capellari Vivaro aus dem 18. Jahrhundert stammt. Frei übersetzt heißt das „Schmutzflecken auf den Wappenschildern, oder in Wahrheit, der beschmutzte Adel an Hand einiger Personen aus venezianischen Adelsfamilien“.

Das Buch beschäftigt sich mit den Untaten und Skandalen der venezianischen patrizischen Familien. Über die Battagias schrieb er nun, daß die Familie durch einen Verrat den venezianischen Patriziertitel erhalten habe. Pier' Antonio Battagia war im Dienste des Herzogs von Mailand Burgvogt von Cremona und übergab diese Stadt angeblich an die venezianischen Belagerer, nur um in den Adel der Markusrepulik aufgenommen zu werden. Venedig hat Cremona oft eingenommen und wieder verloren, so daß das nur eine unter vielen Episoden der venezianischen Kriege am Festland gewesen sein kann. Ein anderer Battagia war später Provveditore (Kommandant) auf Kreta während der türkischen Belagerung 1666–1668. Er wurde während der Kämpfe durch eine Bombe schwer verwundet. Trotz des heroischen Widerstandes der Venezianer ging Kreta verloren. Nach seiner Rückkehr wurde Battagia so wie viele seiner Offizierskameraden vor Gericht gestellt, wurde aber schlußendlich von der Anklage, seine Pflichten vernachlässigt zu haben, freigesprochen. Ein weiterer Battagia, nämlich Francesco Battagia, war 1796 und 1797 Generalprovveditore in der Terra Ferma und war einer jener Appeasementpolitiker, die am Ende der Republik versuchten, durch unbewaffnete Neutralität sich aus dem Italienkrieg Napoleons mit Österreich herauszuhalten. Und gerade diese politische Haltung hat den Untergang der Markusrepublik eher beschleunigt als aufgehalten.

Im 18. Jahrhundert wurde der Palast von Giambattista Canal mit Fresken ausgeschmückt, die Szenen aus dem „Befreiten Jerusalem“ nach Vorlagen von Tiepolo, dessen Schüler er war, zeigen. 1804 ging der Palast in das Eigentum von A. Capovilla über, einem Industriellen, der ihn neuerlich restaurierte. Anschließend gelangte er in den Besitz der Familie Brazzi di Savognan. Später wechselte er noch mehrmals den Besitzer und beherbergt heute Apartments und Büros.

275) Rio Tron

276) Palazzo Tron. Nach der mächtigen und alten Familie der Tron sind zwei Palazzi am Canal Grande benannt. Dieser hier, unterhalb des Rio Tron und zwischen dem Palazzo Belloni Battagia und dem Palazzo Duodo gelegen, ist ein Renaissancebauwerk aus dem Ende des 16. Jahrhunderts. Im 18. Jahrhundert war der Palast prachtvoll eingerichtet mit herrlichen Möbeln und einer großartigen Bildersammlung.

Zu dieser Zeit war die Familie Tron am Höhepunkt ihrer politischen und finanziellen Macht. Für einen Ball, den der damalige Hausherr, Andrea Tron, Sohn des N. H. Nicolò Tron und der Chiara Grimani Calergi, im Jahr 1775 für den nach Venedig zu Besuch gekommen Kaiser Josef II. gab, ließ er eigens einen Ballsaal von Jacopo Guarana mit Fresken ausmalen.

Andrea Tron war ein bemerkenswerter Mann. Ein aufgeklärter Konservativer, ein energischer Politiker, Prokurator von San Marco. Seine ganze politische Tätigkeit zielte weitgehend darauf hin, die altehrwürdige Republik wiederzubeleben. Er versuchte dem niedergegangenen Handel, der in einer Depression befindlichen Industrie, dem Schulwesen und der Landwirtschaft auf der Terra Ferma wieder Schwung zu verleihen. Er war ein Realpolitiker im besten Sinne des Wortes, der für die vielen eitlen Dummheiten seiner Standesgenossen nicht das geringste Verständnis aufbrachte. Er war z. B. dagegen, einen diplomatischen Streit mit dem Papst zu beginnen, weil dieser das auf österreichischem Gebiet befindliche Bistum Görz aus der venezianischen Diözese Aquileia herausgelöst hatte. Dieses Politikum wurde damals hochgespielt, obwohl Venedig zu der Zeit wahrlich wichtigere Probleme hatte. Einmal hatte er auch Voltaire kennengelernt und hatte ihn – obwohl selbst ein Mann der Aufklärung – sehr unsympathisch gefunden.

Von rechts nach links: Teil des Palazzo Belloni Bataggia 274), Rio Tron 275), Palazzo Tron 276) und Teil des Palazzo Duodo Balbi Valier 277)

Er war Botschafter in Wien, Rom, Paris, Den Haag und Madrid gewesen, sprach Deutsch, Französisch, Englisch und Spanisch, war Dogenberater und Savio des Rates gewesen. Er wurde mit der Zeit so einflußreich, daß ein

Spottvers in Venedig umging, Andrea Tron wolle König von Venedig werden. Sein Spitzname war „Paron“, der Herr.

Als nicht mehr ganz junger Mann verliebte sich Andrea Tron in eine junge Frau, in Catarina Dolfin, Tochter aus einem verarmten Patrizierhaus. Nach der Annullierung ihrer ersten Ehe mit einem ebenfalls armen Tiepolo heiratete Andrea Tron sie gegen den Willen seiner Brüder. Sie hatte damit die Spitze der sozialen Leiter erklommen und war die Gastgeberin bei jenem denkwürdigen Ball, den ihr Mann, der Prokurator, für Kaiser Josef II. in seinem Palast gab. Der Kaiser, der gern nach Venedig kam [s. 67], war schon vorher mit Andrea Tron in Venedig zusammengetroffen und hatte dann 1775 mitteilen lassen, er „würde gerne mit seinen Brüdern an einem Ball in einem venezianischen Palast teilnehmen, falls es gerade einen geben sollte“. Natürlich gab es einen, und zwar im Palazzo Tron. Der Kaiser hat sich dabei sehr gut unterhalten, den ganzen Abend mit nur einer einzigen Person, mit Contarina Barbarigo Zorzi. Ihre geistreiche Unterhaltung hatte er schon bei einem früheren Aufenthalt in Venedig zu schätzen gelernt. Die übrigen Damen waren dementsprechend wütend. Aus den politischen Gesprächen mit dem Kaiser hat Andrea Tron den für ihn niederschmetternden Schluß ziehen müssen, daß das Haus Habsburg an der Erhaltung der Markusrepublik nicht interessiert sei, sondern sich viele Gebiete aus Venedigs Herrschaftsbereich aneignen wolle, und daß ihm das wahrscheinlich auch gelingen werde.

Apollo und die Musen
Fresko von Jacopo Guarana

Catarina Dolfin Tron war eine bemerkenswerte Frau. Viel jünger als ihr Mann, stand sie im Mittelpunkt eines Kreises jüngerer Menschen, von Literaten und Leuten, die man heute als Journalisten bezeichnen würde. Durch die einflußreiche Stellung ihres Mannes wurde sie zu einer mächtigen Gönnerin dieses Zirkels. Sie hat in dieser Eigenschaft viele gefördert und sich deren Dankbarkeit verdient, auf der anderen Seite auch manche verärgert, die ihr deswegen dann eine schlechte Nachrede verschafft haben. Berühmt wurde die Geschichte mit einem Theaterstück mit dem Titel „Le droghe d'amore“ (Die Liebesdrogen) von einem Autor namens Sacchi, das am 10. Jänner 1777 im

Teatro Vendramin bei San Luca Premiere hatte. Ein hoher, aber allgemein unbeliebter und intriganter Beamter namens Gratarol wurde in dem Stück lächerlich gemacht. Aus dieser Angelegenheit entstand ein riesiger Skandal, in den auch Catarinas Mann, der Prokurator Andrea Tron, hineingezogen wurde. Der Skandal nahm solche Ausmaße an, daß Gratarol aus Venedig floh, was ihm, da Auswanderung bei Todesstrafe verboten war, die Verbannung und die Beschlagnahmung seines Vermögens einbrachte. Der unglückliche Exilierte schrieb dann aus seinem Zufluchtsort Stockholm Schmähschriften gegen Catarina und Andrea Tron, stellte sich als Opfer des Absolutismus eines veralteten Regimes und als Verfolgter einer rachsüchtigen Kurtisane hin.

Eine besondere Gelegenheit, sein Gift aus der Ferne zu verspritzen, hat Gratarol sich schließlich nicht entgehen lassen: Nach dem Tode des Dogen Alvise IV. Mocenigo strebte Andrea Tron nach dem Dogat. Sein Rivale war Paolo Renier, der das Rennen dann schließlich machte und am 14. Jänner 1779 Doge wurde. Gratarol schrieb aus Stockholm, der Prokurator Tron möge sich trösten, daß er den Corno (das Horn = die Dogenmütze) nicht bekommen habe, seine Frau kümmere sich ohnehin darum, daß er Hörner aufgesetzt bekomme.

Andrea Tron ist 1784 gestorben, Catarina Dolfin Tron 1792. Die Skandalgeschichte um das Theaterstück und um Gratarol haben das Bild ihrer Persönlichkeit in der Geschichte etwas getrübt, und ihre enorme Großzügigkeit, ihr Charme und ihr Weitblick kommen in der Erinnerung an sie zu kurz. Ihr politisch so versierter Mann und auch sie haben die sich abzeichnende Katastrophe für Venedig vorausgesehen, und ein ihr zugeschriebenes Sonett legt dafür Zeugnis ab:

Ja, es wird fallen Pierazzos*) Bau,
Da zur Gans geworden Leon**),
Denn im Feuer verdampfte der Tau,
Ich aber, Dolfins Tochter, Frau des Tron,
Biete die Stirn, bei Gott, und weiche nie
Und wenn ich falle, dann nimmer aufs Knie.

Si, cascarà la mole de Pierazzo
Perché xe un‘ oca deventá Leon
Perché nel fogo se descola el giazzo.
Ma mi, fia de un Dolfin, muger de un Tron
Bato grinta, per Dio, mi no me mazzo
E se casco, no casco in zenocion.

*) Pierazzos Bau bezieht sich auf den Dogen Pietro Gradenigo, einen der Begründer der bis zum Ende der Republik weitgehend gültigen Verfassung Venedigs.
**) der Löwe von San Marco.

Wenn Catarina Dolfin Tron schon ein Feuerwerk an sprühendem Leben war, war ihre wesentlich jüngere Schwägerin, die Frau von Andrea Trons Bruder Francesco, eine wahre Bombe an Temperament. Francesco, der um 34 Jahre älter war als seine Frau, hatte die siebzehnjährige Cecilia Zen geheiratet, weil alle seine Brüder kinderlos geblieben waren und er das Geschlecht weiterführen wollte. Sie hatten auch eine Tochter, Chiara Maria, die später einen Donà dalle Rose heiratete.

Aber wegen ihrer Tochter ist Cecilia Zen Tron nicht berühmt geworden, sondern wegen ihrer unmöglichen Streiche und Eskapaden. Wo immer sie hinkam, war was los, und ihre Energie kannte keine Grenzen. Überall spielte sie sich in den Mittelpunkt. Sie tanzte wie eine Besessene, ritt wie ein Jockey und konnte fechten wie ein Bravo. Als ihr Mann Podestà von Brescia wurde, setzte sie ihre ganze Energie ein, um dort das Theater wieder aufzubauen und einen Literatenzirkel um sich zu versammeln.

Als sie wieder in Venedig war, kam sie in eine Art Konkurrenzsituation zu ihrer Schwägerin Catarina Tron und versuchte sie zu übertrumpfen und auszustechen. Mit den Skandalen, die sie hervorrief, gelang ihr das auch restlos. Zu Abendveranstaltungen ging sie mit entblößten Brüsten, sie ritt wie der Teufel, lief in Männerkleidung herum, inszenierte einige Theaterskandale. Als sie beim Staatsempfang für Kaiser Leopold II. für den König und die Königin von Neapel und die Großherzöge von Toskana, die offiziell von Treviso eingeholt wurden, in Männerkleidung dem Zug voranritt, obwohl sie dabei nichts zu suchen hatte, forderte die Staatsinquisition ihren Mann auf, „die Dame, seine Gattin, in die Grenzen einer dezenten Mäßigung zu weisen“. Ein Epigramm von ihr ist auch erhalten, ein Dichtwerk, das im Gegensatz zu den eher erhabenen Zeilen ihrer Schwägerin alles andere als dezent ist. Alvise Zorzi erzählt die Geschichte in seinem Buch so, daß Cecilia eine Loge im Theater San Beneto zum Verkauf anbot, und einer ihrer persönlichen Feinde, der sich vielleicht auch über den geforderten Preis ärgerte, drei Verse in Umlauf brachte: „Brava la Trona / La vende el palco / Più caro della mona.“ (Tüchtig die Tronin / Sie verkauft ihre Loge / Teurer als ihren Schoß.) Sie antwortet, auch nicht gerade diskret, aber witzig mit den Versen: „La Trona / La mona / La dona.“ (Die Tronin / Den Schoß / Den schenkt sie.)

Nach dem Tod von Francesco Tron kehrte Catarina aus Brescia nach Venedig zurück und da sie bzw. ihre Tochter Chiara Maria die Haupterbin des Vermögens war, zog sie auch in den Palazzo Tron ein und vertrieb ihre ungeliebte Schwägerin Catarina von dort.

Nach dem Fall der Republik 1797 war sie plötzlich eine Jakobinerin und sehr franzosenfreundlich, gab im September 1797 im Palazzo Tron ein „demokratisches Fest“. Als Napoleons Frau Josephine später nach Venedig zu Besuch kam, nahm sie sie in Mestre in Empfang, begleitete sie auf der Gondelfahrt und sang ihr dabei angeblich auch das Lied: „La Biondina in Gondoleta“ vor, das Josephine unbedingt hören wollte. Diese franzosenfreundliche

Haltung hat ihr unter der folgenden österreichischen Herrschaft mehrfachen Hausarrest eingebracht. Später heiratete sie den Grafen Giorgio Ricchi, nannte sich aber weiterhin Zen Tron und blieb der Mittelpunkt einer etwas überspannten und verrückten Gesellschaft.

277) Palazzo Duodo Balbi Valier, ein gotisches Gebäude aus dem Ende des 14. und Anfang des 15. Jahrhunderts mit einigen baulichen Veränderungen.

Von rechts nach links: Ecke des Palazzo Tron 276), Palazzo Duodo Balbi Valier 277) und der Garten an der Stelle des früheren Palazzo Contarini 278)

278) Garten. An dieser Stelle stand der Palazzo Contarini, der um die Mitte des 19. Jahrhunderts durch ein Feuer zerstört wurde.

Auf dem Stich um 1800 ist er noch zu sehen. Früher stand hier schon ein älterer Palast, den der Staat Venedig für den Condottiere Pandolfo Malatesta kaufte. Später wurde er dann an einen anderen Condottiere, Francesco Carmagnola, weitergegeben, der 1432 wegen Hochverrates hingerichtet wurde [s. 372]. 1433 erwarb die Familie Vitturi den Palast, den sie im 18. Jahrhundert umbaute. Er ging dann an die Familie Giustiniani, dann an die Contarini.

Auf einem Stich um 1800 sieht man rechts den später abgebrannten Palazzo Contarini, an dessen Stelle sich heute der Garten befindet 278). Daneben der Palazzo Priuli Bon Dandolo 279), Salizada, Campo und Chiesa di San Stae 280) und 281), die Scuola di Tiraoro e Battiloro 282) und den Rio di San Stae 283).

Von rechts nach links: Garten 278), Palazzo Priuli Bon Dandolo 279), Campo di San Stae 281) mit der davor liegenden Vaporettostation, dahinter die dem Campo zugewandte Front des Palazzo Coccina Giunti Foscarini Giovanelli 284).

Von rechts nach links: Palazzo Priuli Bon Dandolo 279) mit seiner Front zur Salizada di San Stae 280) und zum Campo di San Stae 281), Chiesa di San Stae 281) und ganz links ein Teil der Scuola dei Tiraoro e Battiloro 282)

279) Palazzo Priuli Bon später Dandolo.

Ursprünglich ein venezianisch-byzantinischer Bau, von dem noch einige wenige Überreste wie die teilweise zugemauerten Bögen an der Wasserfront zu sehen sind. Im 14. Jahrhundert wurde er umgebaut und hat heute noch den Charakter eines gotischen Palasts, obwohl im 17. Jahrhundert weitere Umbauten erfolgten und ein Stockwerk aufgesetzt wurde.

280) Salizada di San Stae

281) Campo e Chiesa di San Stae

282) Scuola dei Tiraoro e Battiloro. Das Vereinshaus der Goldzieher und Goldschläger. Diese Berufe waren im prunkliebenden Venedig sehr wichtig. Diese ehrenwerten Handwerker, die Golddraht und Goldfäden herstellten, sowie das Blattgold zum Vergolden hämmerten, hatten hier das Heim ihrer Zunft. Das Gebäude wird dem Architekten Domenico Rossi zugeschrieben und hat eine schöne barocke Fassade.

Scuola dei Tiraoro e Battiloro 282)

283) Rio di San Stae

284) Palazzo Coccina Giunti Foscarini Giovanelli. Anfangs hieß er Palazzo Coccina und war ursprünglich ein venezianisch-byzantinischer Bau. Von den Coccina wurde er an die Familie Giunti verkauft, bekannte Florentiner Verleger und Buchdrucker.

Von rechts nach links: Die Front des Palazzo Priuli Bon Dandolo zum Campo di San Stae 279), Campo di San Stae 281), Einfahrt zum Rio di San Stae 283) Palazzo Coccina Giunti Foscarini Giovanelli 284), Casa Rossi 285), Einfahrt zum Rio della Pergola 286) und Ecke des Palazzo Pesaro 287)

In der zweiten Hälfte des 16. Jahrhunderts liessen sie den Palazzo komplett renovieren und mit Fresken von Veronese an der Wasserfront bemalen. Der Innenhof wurde mit Fresken von Giambattista Zelotti ausgeschmückt. An die Familie Foscarini von St. Agnese kam der Palast durch eine Doppelhochzeit, als zwei Giuntitöchter gleichzeitig zwei Foscarinibrüder heirateten.

Hier wurde am 4. Februar 1696 der spätere Doge Marco Foscarini geboren, als Sohn des Nicolò Foscarini und der Eleonora Loredan. Dieser Zweig der Familie hieß Foscarini di San Stae. Marco Foscarini war ein hochgebildeter und sehr gelehrter Mann, er hat unter anderem eine Geschichte der venezianischen Literatur geschrieben.

Knapp bevor er Doge wurde, hat er noch als Prokurator, in einem Verfassungsstreit im Großen Rat einen beachtlichen politischen Erfolg errungen. Es gelang ihm damals, als Führer der konservativen Partei eine Verfassungsänderung zu verhindern. Der Verfassungsstreit hatte sich an den Befugnissen der drei Staatsinquisitoren entzündet, denen Übergriffe vorgeworfen worden waren. Die Neuerer wollten diese Befugnisse nur einem größeren Gremium, dem Rat der Zehn (der aus 17 Personen bestand) zugestehen. Marco Foscarini argumentierte, daß kein von einer aristokratischen Elite geführter Staat ohne Sicherung gegen deren „natürlichen Gebrechen, die mangelnde Beweglichkeit und die mangelnde Geheimhaltung“ bestehen kann.

Er hat seine Standesgenossen und vor allem deren Tratschsucht offensichtlich gut gekannt und die Gefährlichkeit dieser Unart für den Staat richtig eingeschätzt. Er hatte wohl verstanden, daß die drei Inquisitori, wenn Not am Mann war, rascher handeln konnten als der Rat der Zehn. Diese seine erfolgreiche Rede im Großen Rat hat drei Tage gedauert und danach blieb die Staatsinquisition, wie sie war.

Marco Foscarini
Doge von 1762 bis 1763

Marco Foscarini war ein angesehener Diplomat, Besitzer einer der großartigsten Bibliotheken Venedigs und ein Dichter von Rang. (Die Bibliothek ist übrigens 1799 nach Wien gekommen). Er hat aber auch seine Schrullen gehabt. Ein Freund, der mit ihm den Sommer in seiner Villa verbrachte, beklagte sich darüber, daß Marco Foscarini den ganzen Sommer 1756 hindurch ein Epos über die Korallen dichtete. „Man spricht nur über Korallen, man ißt nur Korallen, man trinkt nur Korallen und wenn ich wieder nach Hause komme, werde ich nichts im Mund haben als Korallen“, schrieb er. Außerdem war Marco Foscarini ein großer Verschwender. Für seine Bibliothek und für die Bestechungsgelder, die er den 41 Wahlmännern, die ihn zum Dogen machten, zuschob, hatte er sein immenses Vermögen nahezu aufgebraucht. Er hatte schließlich so hohe Schulden, daß seine Gläubiger ihm androhten, seinen Leichnam mit den Insignien der zahlungsunfähigen Schuldner brandmarken zu lassen. Auch beim Kartenspielen hat er angeblich viel Geld verloren.

Jedenfalls war er am 31. März 1762 zum Dogen gewählt worden; kurz darauf ist er schwer erkrankt und war das ganze folgende Jahr nahezu nie in der Lage, seine Amtsgeschäfte zu führen. Der Große Rat überlegte sogar am 22. März 1763, den Dogen „trotz seiner außerordentlichen und hervorragenden Verdienste um den Staat“ um seinen Rücktritt zu bitten. So weit ist es aber nicht mehr gekommen, Marco Foscarini starb am ersten Jahrestag seiner Wahl zum Dogen, am 31. März 1763. Er ist in der seinem Palast benachbarten Kirche von San Stae begraben. Er liegt in der Foscarinikapelle, wo eigenartigerweise nicht einmal eine Inschrift an ihn erinnert. Über seinem Grab ist eine Plastik von Torretti, das den Gekreuzigten auf einem grünen Kreuz vor einem schwarzen Grund zeigt.

Antonio Foscarini
(Büste in St. Stae)

Ein anderer Foscarini, Antonio Foscarini, hat in der gleichen Grabkapelle von San Stae eine Büste ebenfalls von Torretti; darauf steht: „Honor sepulchri et fama innocentiae“ (Ehre dem Verstorbenen und der Geschichte der Unschuld). Das klingt nach einer Abbitte und Entschuldigung. Es ist auch eine. Nur für Antonio Foscarini ist sie zu spät gekommen. Man hatte ihn neun Monate vor der Entschuldigung hingerichtet. Und diese wilde Geschichte hat sich folgendermaßen zugetragen.

Fast auf den Tag genau 140 Jahre bevor Marco Foscarini Doge wurde, bot sich den Venezianern, als sie sich am Morgen des 20. April 1622 den Schlaf aus den Augen rieben, ein schauerlicher Anblick. Der sehr bekannte Senator Antonio Foscarini, ehemaliger Botschafter in London und Paris, Savio di Terra Ferma, war tot an einem Fuß am Galgen zwischen den beiden Säulen auf der Piazetta aufgehängt. Was war passiert? In einem Geheimprozeß vor dem Zehnerrat (dem in Wirklichkeit 17 Personen einschließlich des Dogen angehörten) war Antonio Foscarini zum Tod durch Erdrosseln und zur schimpflichen Zurschaustellung verurteilt worden.

Foscarini war verhaftet worden, weil er angeblich Geheimnisverrat begangen hatte. – Wie und wo ? – Er verkehrte bei einer Ausländerin, Alatheia von Shrewsbury, Gattin des Thomas Howard, Earl of Arundel and Surrey, seines Zeichens damals Obersthofmarschall von England. Lady Alatheia war die Enkelin der unermeßlich reichen Elizabeth Hardwick, der Mutter von William Cavendish, Herzog von Devonshire. Die gesamte Familie stand dem englischen Thron nahe, Königin Elizabeth persönlich hatte sie aus der Taufe gehoben, und die Familie war in die blutigen Machtkämpfe nach dem Tode

Heinrichs VIII. hineingezogen gewesen, die dann schließlich mit der Hinrichtung Maria Stuarts, der Thronbesteigung Elizabeths und der Gründung der anglikanischen Kirche geendet hatten.

Diese sehr elegante etwa fünfunddreißig Jahre alte und angeblich auch sehr schöne englische Hocharistokratin hatte sich in Venedig niedergelassen, kurz nachdem Foscarini aus London zurückgekehrt war. Die Gründe dafür sind nicht ganz sicher. Sie war eine begeisterte Kunstsammlerin und auch unermeßlich reich. Das mag einer der Gründe gewesen sein. Außerdem war sie katholisch und konnte diesen Glauben zur Zeit bei der hohen Stellung ihres Mannes am englischen Hof nicht ausüben. Ein anderer Grund soll ihr Bestreben gewesen sein, ihren zwei Söhnen an der Universität von Padua eine humanistische Bildung zukommen zu lassen. Vielleicht war auch Antonio Foscarini ein weiterer Grund?

Jedenfalls führte die Lady ein großes Haus im Palazzo Mocenigo etwas weiter unterhalb am Canal Grande, und einer ihrer häufigen Gäste war eben Antonio Foscarini. Warum auch nicht, immerhin war er Botschafter in London gewesen und kannte die englischen Aristokraten aus dieser Zeit gut.

Gleichzeitig verkehrten dort auch zahlreiche Diplomaten: die Sekretäre des kaiserlichen Botschafters, der Botschafter der Medici und fatalerweise auch ein Sekretär aus der Botschaft des Königs von Spanien. Und mit den Spaniern, die zu dieser Zeit auch Sizilien regierten, war Venedig seit Jahren fast im Krieg. Die sogenannte Verschwörung der Spanier, die Venedig in einem Handstreich erobern wollten, lag erst einige Jahre zurück. [s. 153]

Dieser spanische Diplomat ließ nun dem spanischen Gouverneur von Mailand regelmäßig die geheimen Protokolle der Senatssitzungen zukommen. Diese Tatsache bekamen die Agenten des Zehnerrates ihrerseits heraus, und der Verdacht fiel auf den Senator Foscarini und führten dann in der Folge zu seiner Verurteilung in dem geheimen Prozeß.

Als diese Einzelheiten schließlich ruchbar wurden, dampfte es in der venezianischen Gerüchteküche ganz wild. Man habe Foscarini nur verdächtigt, er habe aber zu allem geschwiegen. Er hätte nur zugeben müssen, mit der Gräfin Alatheia eine Liebesaffaire gehabt zu haben, als er immer maskiert und in der Nacht in den Palast gekommen war. Er wäre sofort freigekommen. Er hätte seine Unschuld beweisen können, hätte aber dabei die Dame kompromittieren müssen. Er sei ein Märtyrer für die Ehre seiner Geliebten. Es war ein Stoff wie geschaffen für ein romantisches Theaterstück, das Giovanni Battista Niccolini 1827 dann auch geschrieben hat.

Im April 1622 aber war die Angelegenheit noch brandgefährlich. Der englische Botschafter, Sir Henry Wotton, der Lady Alatheia außerdem nicht ausstehen konnte, wurde ganz hysterisch und forderte die Gräfin auf, Venedig augenblicklich zu verlassen, da ihre Ausweisung unmittelbar bevorstehe und er sogar um ihr Leben fürchten müsse. Die venezianische Justiz verstand in dieser Hochverratssache ja auch offensichtlich keinen Spaß.

Die Lady ihrerseits kochte, war voller Zorn auf Sir Henry, hatte – jedenfalls was die Spionageaffaire anlangte – wohl auch ein reines Gewissen und verlangte vom Dogen und vom Zehnerrat empfangen zu werden. Mut muß man ihr wirklich zugestehen! Aber offenbar war sie als Enkelin von Elizabeth Hardwick und durch die große Erfahrung ihrer Familie mit blutigen Hofintrigen nicht so leicht zu erschrecken.

Sir Henry Wotton
Der englische Botschafter in Venedig

Der Zehnerrat hat sie zwar nicht empfangen, der Doge aber sehr wohl und sogar mit dem größten Respekt. Er bat sie, an seiner Seite Platz zu nehmen, und führte mit ihr ein langes Gespräch. Was dabei zwischen den beiden gesprochen wurde, ist nicht bekannt. Jedenfalls folgte kurz darauf eine öffentliche Entschuldigung, und auf den besonderen Wunsch der Gräfin gab es eine schriftliche Erklärung, daß sie in keiner Weise in die Affäre um den Botschafter Foscarini verwickelt gewesen sei. Diese Erklärung wurde sowohl in Venedig als auch in London veröffentlicht. Der Doge übersandte ihr zusätzlich ein Ehrengeschenk im Wert von hundert Dukaten und lud sie – eine ganz ungewöhnliche Ehre – ein, auf einer eigenen Staatsbarke und in Begleitung zweier Savi an der demnächst stattfindenden Zeremonie der Vermählung Venedigs mit dem Meer, der Sensa, teilzunehmen. Es war dies der höchste Staatsfeiertag der Republik, eine Zeremonie, bei der der Doge mit seinem goldenen Staatsschiff auf das offene Meer hinausfuhr und einen goldenen Ring in die Fluten der Adria warf. Lady Arundel war jedenfalls auf der ganzen Linie entlastet, und Venedig und sein Doge hatten sich tief vor ihr verneigt.

Gegen den armen Foscarini war die Beweislast offenbar erdrückend gewesen. Im Zehnerrat war das Votum eher einhellig. Für die härteste und schimpflichste Strafe, die der Doge Antonio Priuli, wütend über den Geheimnisverrat durch einen so hohen Würdenträger der Republik, verlangt hatte, stimmten zehn der siebzehn Ratsmitglieder. Nur sechs waren für eine weniger schimpfliche Strafe gewesen, und nur einer hatte für einen Freispruch gestimmt. Es müssen erdrückende Schuldbeweise gegen den Senator Foscarini vorgelegen haben, daß ein in den Intrigen der venezianischen Politik so erfahrenes Gremium zu einem so einhelligen Urteil fand.

Armer Cavaliere Antonio! Niemand hatte offenbar an seiner Schuld zu zweifeln gewagt, an der Schuld eines Mannes, der von Kollegen „als launisch, pedantisch und schrullenhaft" geschildert wurde. Auch seine engsten Freunde wandten sich von ihm ab. Der patriotische Fra Paolo Sarpi verzichtete auf das Legat von 200 Dukaten im Testament des zum Hochverräter gestempelten Freundes. Das scheint zu zeigen, daß auch den klügsten unter seinen persönlichen Freunden vorerst keine Zweifel kamen.

Foscarini hatte zudem als Botschafter in London schon einmal mit der Staatsinquisition zu tun gehabt. Auch damals ist es um den Verrat von geheimen Akten gegangen, und angezeigt hatte ihn einer seiner Mitarbeiter, mit dem er sich schlecht verstanden hatte, ein gewisser Giulio Muscorno. Damals, nach seiner Rückberufung aus London, ist aber Foscarini von dem eigens nach London gereisten Staatsinquisitor Lionello entlastet worden, der als den Übeltäter einen Kammerdiener entlarvte, der die Akten abgeschrieben und weitergegeben hatte. Muscorno bekam bei dieser Gelegenheit von der Staatsinquisition auch einen Rüffel und wurde außerdem zwei Jahre nach Palmanova in die Verbannung geschickt, weil er sich in London schlecht benommen habe. Es hieß, er habe Venedig geschadet, weil er den Botschafter Antonio Foscarini in der Öffentlichkeit lächerlich gemacht hatte, indem er ihn nachäffte.

Foscarini besaß anscheinend die Gabe, sich überall bei seinen Untergebenen Feinde zu machen. Vielleicht war er auch nur ein schwieriger Mensch. Für die Staatsinquisition aber hatte er sich eben schon einmal verdächtig gemacht und diesmal, wo ein Krieg gegen Spanien drohte und vor der Haustüre der Dreißigjährige Krieg anfing, waren alle besonders nervös, witterten überall Verrat und glaubten ein Exempel statuieren zu müssen.

Dann folgten merkwürdige Ereignisse. Foscarini war am 20. April 1622 hingerichtet worden. Kurz darauf war Lady Arundel beim Dogen gewesen. Am 10. Juni hat sich dann König Jakob I. von England beim Dogen dafür bedankt, daß durch die offizielle Erklärung, daß Lady Arundel mit der Affäre nichts zu tun hatte, Britanniens Ansehen wiederhergestellt sei. Am 22. August verfügte der Zehnerrat die Verhaftung eines gewissen Girolamo Vano, eines Spitzels der Staatsinquisition und Hauptbelastungszeugen gegen Foscarini sowie zweier weiterer Personen. Dann blieb wieder einige Zeit alles äußerlich ruhig. Am 16. Jänner 1623 gestand der Zehnerrat öffentlich ein, daß Antonio Foscarini zu Unrecht hingerichtet worden sei und verfügte alle nur erdenklichen Maßnahmen zur „feierlichen Wiederherstellung der Ehre von Antonio Foscarini und der seiner Familie". Am 18. Jänner 1623 wurden die drei der falschen Zeugenaussage überführten Spitzel im Kerker erdrosselt. Die Ehrenrettung für Antonio Foscarini ist in der Inschrift festgehalten, die unter seiner Marmorbüste in San Stae steht.

ANTONIO FOSCARINI EQUITI BINIS LEGATIONIBUS AD ANGLIAE,
GALLIAEQUE REGES FUNCTO FALSAQUE MAJESTATIS DAMNATO
CALUMNIA INDICCI DEJECTA HONOR SEPULCRI ET FAMA
INNOCENTIA X VIRUM DECRETO RESTITUTA MDCXXII

(Frei übersetzt: Der Zehnerrat hat 1622 durch ein Dekret die Ehre des Grabes und den Ruf der Unschuld wiederhergestellt von Ritter Antonio Foscarini, der als Botschafter bei den Königen von England und von Frankreich wirkte und der durch eine falsche und trügerische Anklage belastet und wegen schwerster Verbrechen verurteilt wurde.)

Marco Foscarini hat 140 Jahre später, knapp bevor er Doge wurde, in einer Rede vor dem Großen Rat seines unglücklichen Urgroßonkels gedacht und die „schöne Erinnerung an die wunderbare Anzahl der Patrizier" heraufbeschworen, die damals herbeigeeilt waren, um „sein armes Geschlecht" zu der Wiederherstellung seiner Ehre zu beglückwünschen.

Wer stand aber wirklich hinter dieser Intrige? Beim Gedanken an die vielen Streitigkeiten zwischen dem Botschafter Foscarini und seinen Sekretären wäre es wohl möglich gewesen, daß einer oder mehrere dieser hohen Beamten die Beweise so manipuliert hatten, daß die Spitzel wie Vano und Konsorten damit etwas anstellen konnten. Die Prozeßakten Foscarini, die beim Fall der Republik noch in den Archiven der Staatsinquisition lagen, wurden von der „demokratischen" Stadtregierung dummerweise vernichtet. Ein Historiker hatte sie aber zu Ende des 18. Jahrhunderts noch einsehen können und gemeint, daß die Beweise gegen Foscarini so erdrückend waren, daß der Zehnerrat nicht anders entscheiden konnte, wollte er sich nicht selbst dem Verdacht des Hochverrates aussetzen.

Aber nur um einen mißliebigen Vorgesetzten etwas anzutun, eine solche auch für die Urheber lebensgefährliche Intrige? Das erscheint doch eher unwahrscheinlich. Viel glaubwürdiger scheint es, daß die Kurie und die papstfreundliche Partei in Venedig die Intrige angezettelt hat. Foscarini, der eng mit Paolo Sarpi befreundet war, dürfte wie dieser eine führende Figur der antipäpstlichen Partei gewesen sein. Der bittere Streit mit Papst Paul und das Interdikt lagen erst wenige Jahre zurück, und Venedigs erfolgreiche, intransigente Haltung war wohl weder in Rom noch bei der papstfreundlichen Partei in Venedig vergessen oder verziehen. Die Spanier haben dann aus Feindschaft zu Venedig begeistert mitgespielt. Vielleicht versuchte man auch Sarpi selbst durch diese Intrige zu treffen. Dafür spricht auch, daß dieser sich so deutlich von Foscarini distanzierte.

Es wäre ja schließlich nicht das erste Mal passiert, daß eine Liebesgeschichte einem politisch exponierten Mann zum Verderben wurde. Die Leute, die die Intrige eingefädelt haben, konnte ja ziemlich sicher sein, daß der unglückliche Foscarini seine hochgestellte Geliebte nicht preisgeben werde. Außerdem war ein Verfahren vor dem Zehnerrat immer geheim, so daß man auch annehmen konnte, daß Lady Arundel zu spät von der Gerichtsverhandlung erfahren würde. Schließlich hat man wahrscheinlich gedacht, daß sie bei der hohen Stellung ihres Mannes am englischen Königshof eine Affäre mit Foscarini nicht zugeben werde und schon gar nicht, wenn es zu spät war.

Nach dem Gespräch von Lady Arundel mit dem Dogen hat sich der Wind allerdings sehr rasch gedreht. Was hat sie ihm denn bei diesem Gespräch erzählen können, was er nicht schon wußte? Das einzige, was sie wirklich zur Aufklärung beitragen konnte war, ein Liebesverhältnis mit Foscarini zuzugeben. Daß sie persönlich nicht in die Spionageaffäre verwickelt war, haben der Zehnerrat und der Doge sicher schon gewußt, und man hätte sich kaum gescheut, sie in diesem Fall zur Verantwortung zu ziehen, wobei die Ausweisung wohl noch die harmloseste Strafe gewesen wäre.

Einige Monate nach Foscarinis Tod ist Lady Arundel wieder aus Venedig nach England heimgereist, ohne die Ausbildung ihrer Söhne in Padua abzuwarten, wegen der sie angeblich scinerzeit nach Venedig gekommen war. Botschafter Sie Henry Wotton blieb länger in Venedig und wurde dann Rektor von Eton, wo noch ein großes Venediggemälde hängt, das er mitgebracht haben soll.

Jahrzehnte hindurch wurden unter Foscarinis Büste in der Kapelle in San Stae immer frische Blumen hingelegt. Wer sie hinlegte oder hinlegen ließ, blieb immer ein Geheimnis. War es doch eine Liebesgeschichte und kamen die Blumen aus England?

Ob der unglückliche Antonio Foscarini in dem Palast neben der Kirche San Stae, in der er begraben ist, zur Zeit seines tragischen Todes gewohnt hat, ist nicht sicher. Manche Quellen geben an, daß sein Palast am Rio Foscarini

Von rechts nach links: Palazzo Foscarini 284), Casa Rossi 285), Palazzo Pesaro 287) und die Einfahrt in den Rio delle due Torre 288)

gestanden sei; dieser Kanal ist heute zugeschüttet und heißt Rio Terrà Antonio Foscarini und geht von der Accademiabrücke Richtung Giudecca.

Giovanni Pesaro
Doge von 1658 bis 1659

285) Casa Rossi ist ein häufig umgebautes Bauwerk aus dem 15. Jahrhundert, in dem noch einige Elemente der ursprünglichen Bausubstanz erhalten sind.

286) Rio della Pergola

287) Palazzo Pesaro. Der Palazzo beherbergt heute das Museum für moderne Kunst und das Museum für orientalische Kunst. An der Einmündung des Rio delle due Torri gelegen ragt er sogar etwas in den Canal Grande vor und hat auch sonst durch seine enorme Baumasse eine beherrschende Stellung. Es ist eines der großartigsten Barockbauwerke von Baldassare Longhena. Der Bau hatte mit Unterbrechungen achtundfünfzig Jahre gedauert.

Grabmal des Dogen Giovanni Pesaro
von Baldassare Longhena in der Frarikirche

Der immens reiche Giovanni Pesaro – Doge von 1658 bis 1659 – hatte in seinem Testament aus dem Jahr 1652 seine Familie verpflichtet, den Palast fertig zu bauen, den er an der Stelle von drei Häusern der Familie Pesaro zu bauen begonnen hatte. An diese Häuser mit zwei Türmen erinnert noch der Name des Rio delle due Torri.

Der Lieblingsarchitekt des Dogen war Longhena, und da im Testament verfügt war, daß dieser auch das Grabmal des Dogen in der Frarikirche ausführen sollte, kam der Bau zunächst durch den Tod des Dogen 1659 zum Stillstand.

Longhena war angeblich zehn Jahre lang mit dem monumentalen Grabmal beschäftigt. Dann gelang es dem Erben und Enkel des Dogen, dem Prokurator Leonardo Pesaro Longhena wieder zur Arbeit an dem Palast zurückzubringen.

Immerhin hatte der Doge 12.000 Dukaten in seinem Testament für den Bau des Palastes vorgesehen. 1673 wurde die Fassade begonnen und 1676 der Piano Nobile, der erste Stock mit den Prunkräumen, errichtet. Die in der Fassade eingemeißelte Jahreszahl 1679 markiert wahrscheinlich deren Fertigstellung. Dann starb Longhena 1682. Von seinem Schüler, dem Architekten Antonio Gaspari, wurde die Arbeit zu Ende geführt. Der obere Stock und vor allem die geschwungene Fassade entlang des Rio delle due Torri wurden aber genau nach den Plänen Longhenas vollendet.

Die Familie Pesaro von San Stae kam um die Mitte des 13. Jahrhunderts nach Venedig. Sehr wohlmeinende und wahrscheinlich gut bezahlte Ahnenforscher führten die Familie über einige Könige und Kaiser bis auf

Zeus persönlich zurück. Die glaubwürdigere Version hingegen scheint, daß sie auf eine Familie Palmieri aus Pesaro zurückgehen. Diese siedelten von dort nach Venedig um und wurden zwischen dem 14. und dem 16. Jahrhundert immens reich. Sie trieben einen damals „weltweiten“ Handel, besonders mit England. Eines der besten Geschäfte aber, das der Familie auch den Namen „Pesaro del Carro“ eintrug, war die Bereitstellung großer Wagen, mit denen Frachtkähne, die die Brenta herunterkamen, auf dem Landweg nach Fusina und so an das Ufer der Lagune von Venedig und zurück transportiert werden konnten. Auch als später ein System von Schleusen gebaut wurde, hatten die Pesaros stets ihre Hand auf diesem Transportweg. Einer der berühmtesten aus diesem Familienzweig von San Stae war Giacomo Pesaro, Bischof von Paphos auf Zypern, dann päpstlicher Legat und als solcher General der päpstlichen Armee gegen die Türken. Auf dem Gemälde von Tizian in der Familienkapelle in der Frarikirche ist er als streitbarer Bischof dargestellt. Auf einem anderen Bild von Tizian, das in Antwerpen hängt, präsentiert ihn Papst Alexander VI. dem heiligen Petrus.

Giacomo Pesaro Bischof von Paphos
mit Papst Alexander VI. vor dem hl. Petrus
Tizian 1502–1503, Museum Antwerpen

Einen anderen Francesco Pesaro hat man gelegentlich, aber völlig zu Unrecht, dafür verantwortlich gemacht, daß Napoleon Venedig überhaupt erobert hat. Er war mehrfach als Botschafter zu Napoleon geschickt worden, hat aber immer ein angeblich von Napoleon vorgeschlagenes Bündnis mit Venedig abgelehnt und auf dessen strikter Neutralität bestanden. Napoleon hat später behauptet, dies habe seinen Entschluß, Venedig zu besetzen, ausgelöst. Als ob ein Bündnis den Korsen von irgend etwas abgehalten hätte! Francesco Pesaro war in Wirklichkeit einer der letzten im Senat, der sich vehement für eine militärische Verteidigung Venedigs eingesetzt hat, die, wenn man den Widerstand gegen Österreich im Jahr 1848 betrachtet, durchaus einen zeitlichen Erfolg hätte haben können. Ein Verteidigungskampf Venedigs in den Lagunen, in ihrem ureigensten Element, wäre sicher erfolgversprechend gewesen. Die Franzosen hätten mit ihrer einzig vom Festland einzusetzenden Armee gegen eine von den dalmatinischen Truppen und von den vorhandenen 200 Kriegsfahrzeugen verteidigten Stadt einen schweren Stand gehabt. Außerdem hätte in einem solchen Fall England von der See her wahrscheinlich eingegriffen und auch Österreich hätte sich in diesem Fall wohl anders verhalten. Bei der letzten Sitzung des Großen Rates jedenfalls, bei der dieser, Napoleon gehorchend, seine Auflösung beschloß, rief Francesco Pesaro, Tränen des Zorns und der Scham in den Augen, er sehe, daß es mit dem Vaterland zu Ende sei, ein Ehrenmann habe aber gottlob überall sein Vaterland und verließ den Saal. Nach der Besetzung versuchte Napoleon des Franzosenfeindes Pesaro habhaft zu werden. Diesem aber war die Flucht nach Wien gelungen, von wo aus er 1798 als erster österreichischer Zivilkommissär nach Venedig zurückkehrte.

Francesco Pesaro veranlaßte auch am 15. April 1784 den ersten erfolgreichen Flug mit einem Heißluftballon in Venedig. Francesco Guardi hat davon ein interessantes Bild gemalt.

Der letzte Pesaro von San Stae war Pietro Pesaro, der nach London ging, wo er über 200 Bilder aus der riesigen Familiensammlung verkaufte. Er starb 1830 in London. Von den Pesaros ging der Palast in den Besitz der Familie Gradenigo über und diese verkaufte ihn an den Herzog von La Masa, dessen Witwe ihn der Stadt Venedig hinterließ.

288) Rio delle due Torre

289) Palazzetto Donà Sangiantoffetti ist ein im 16. Jahrhundert stark umgebautes Gebäude ursprünglich venezianisch-byzantinischer Bauart, das auch später noch mehrmals baulich verändert wurde.

290) Palazzo Correggio Pugnalin. Das Gebäude stammt aus dem 18. Jahrhundert, gebaut von der Familie Correggio und im Eigentum der Familie bis 1728. Später hieß der Palast auch Palazzo Pugnalin.

Die Correggio waren eine neue Familie im Patriziat. Eine typische „Casa fatte per soldo", eine Familie, die sich während der Türkenkriege, als der Staat viel Geld brauchte, den Titel erkauft hatte. Mit der Adelsfamilie gleichen Namens aus der Emilia waren sie nicht verwandt.

Ursprünglich stammten diese Correggio aus Bergamo und waren Textilhändler. Sie handelten mit Posamentriewaren und machten dabei offensichtlich so viel Geld, daß sie sich schließlich die Aufnahme in das Patriziat kaufen konnten. In ihrem Wappen waren dann auch drei Riemen oder Gürtel zu sehen, und das boshafte „Adelsbuch" nannte die Tätigkeit der Familie Correggio „Corde e Bindéi", zu deutsch „Bandelkram".

Der Mann, der das Geld gemacht hatte, war Orazio Correggio senior gewesen, der seinen ersten Laden in der Gasse hinter dem Fondaco dei Tedeschi hatte, die von San Bartolomeo zu San Giovanni Crisostomo führt. Er hatte dann das Geschäft gewaltig vergrößert und zwei weitere Läden eröffnet. Über sein Zusammentreffen mit dem damaligen Dogen Francesco Molin, bei dem er in Audienz erschienen ist, um sich als neuer Adelskandidat vorzustellen, haben wir auch an einer anderen Stelle schon berichtet, und zwar beim Palazzo Molin. [s. 35]

Orazio Correggio, der eine wohlgesetzte Rede vorbereitet hatte, sprach von der übergroßen Ehre, die ihm jetzt zuteil werde, und ließ sich umständlich darüber aus, ob er oder seine Familie denn auch würdig seien, Mitglieder der venezianischen Aristokratie zu werden oder vielleicht auch nicht.

Im Hintergrund rechts der in den Canal Grande vorragende Palazzo Pesaro 287) mit seiner Fassade zum Rio delle due Torre 288), der kleine Palazzo Donà Sangiantoffetti 289), der Palazzo Correggio 290), die Calle della Regina 291) und die Ecke des Palazzo Corner della Regina 292)

Der Doge Francesco Molin, ein ehemaliger Soldat und ein als besonders grob bekannter Haudegen, ließ ihn nicht lang reden, sondern unterbrach ihn barsch mit den Worten: „Haben Sie jetzt die 100.000 Dukaten, oder haben Sie sie nicht?“ Nachdem Correggio ganz verschüchtert „Ja, natürlich!“ gemurmelt hatte, war die Zeremonie auch schon beendet.

Die geadelte Familie durfte das Geschäft nicht selbst weiterführen und war gezwungen, sich einen Verwalter zu nehmen, der den Laden in kürzester Zeit zu Grunde richtete. 1738 existierte er dann nicht mehr.

Über den angeblich letzten Erben des nicht mehr vorhandenen Vermögens, N.H. Zandonà Correggio, kursiert eine merkwürdige Geschichte. Er soll ein großer Spieler gewesen sein und verlor angeblich in der Nacht des 24. Juni jenes Jahres 1738 im Casino eintausendfünfhundert Dukaten, die er nicht besaß, an einen anderen Standesgenossen namens Bonlini.

Er ließ sich am nächsten Morgen aus dem Ghetto einen jüdischen Trödler namens Davide holen, verkaufte diesem die komplette Einrichtung von vier Sälen des Palastes und auch noch einige verbliebene Juwelen seiner Mutter.

Damit zahlte er seine Spielschulden an Bonlini ab, und da ihm noch achtzig Dukaten über geblieben waren, veranstaltete er mit einigen gleichgesinnten neureichen Freunden, die alle aus dem Geldadel stammten, und ein paar eingekauften Mädchen am Abend ein rauschendes Fest.

Nachdem die Gäste nach Hause gegangen waren, erschoß sich Ser Zandonà (Giandonato) Correggio in seinem leeren Palast.

Diese wilde Geschichte wird von einem Historiker namens Giuseppe Tassini erzählt, der auch viele andere Geschichten aus Venedigs Vergangenheit berichtet hat.

Das Eigenartige an dieser opernhaften Affäre ist nur, daß es um diese Zeit keinen Zandonà Correggio gab, sondern nur einen Agostino Correggio, der in San Geremia wohnte. Auf diesen Mann kann aber diese Geschichte nicht zutreffen. Er war ein gebildeter, ruhiger und unauffälliger Herr, mit dem dann schließlich die Familie ausgestorben ist. Die schöne Geschichte von dem Verschwender und dem Selbstmord läßt sich anscheinend nicht verifizieren.

Nicht jede der aufregenden Geschichten von Tassini scheint also unbedingt auf Wahrheit zu beruhen, vielleicht stimmt die ganze Geschichte nicht, vielleicht ist nur das Datum falsch?

291) Calle della Regina

292) Palazzo Corner della Regina. Der Palazzo heißt heute auch Palazzo Monte di Pieta. Es ist ein elegantes Gebäude aus dem 18. Jahrhundert im klassischen Stil, das nach Plänen von Domenico Rossi errichtet wurde. Der Palast wurde an Stelle des alten Palazzo Corner gebaut, der früher an dieser Stelle stand. Der Baubeginn war 1724, im Jahr 1727 war er fertig. Die Bauausführung war schwierig, weil die Eigentumsverhältnisse des Grundstückes selbst und die der Nachbargründe so kompliziert waren. So wurde der Bau mehr in die Höhe als in die Breite ausgeführt. Um dem Palast den üblichen und von den Bauherren natürlich gewünschten großen Festsaal im ersten Stock zu verschaffen, mußte der Baumeister alle möglichen architektonischen Tricks anwenden. Die Fresken im großen Saal aus dem späten 18. Jahrhundert zeigen mythologische Szenen zur Glorifizierung der Familie Corner. Jener Zweig der großen Familie Corner oder Cornaro, der diesen Bau aufführen ließ und deren alter Palast vorher an dieser Stelle stand, heißt „Corner della Regina". Aus ihm stammte nämlich jene Catarina Cornaro, die einst Königin von Zypern war und die in eben diesem alten Palast im Jahr 1454 geboren wurde. Ein Modell dieses alten Palastes steht im Museo Correr.

Palazzo Corner della Regina 292)

Die Corner oder Cornaro gehören mit den Bragadin, den Giustiniani und den Bembo zu den vier ältesten Familien Venedigs, den „case vecchie", die auch als die Evangelisten bezeichnet wurden. Die Corner haben Venedig vier Dogen und über zwanzig Prokuratoren gestellt. Der letzte dieses Familienzweiges, der Priester Caterino Corner, hinterließ den Palast im Jahr 1800 Papst Pius VII. Dieser übergab ihn an einen Orden, der dort eine Schule errichtete. Von diesem kaufte ihn die Stadt Venedig.

1365 bis 1368 war ein Marco Corner Doge, sein Sohn, ebenfalls ein Marco Corner, war der Vater von Catarina, der späteren Königin von Zypern, und ihres Bruders, Giorgio Corner, dem der Palast dann zu Beginn des 15. Jahrhunderts gehörte. Die Corner besaßen seit langer Zeit ausgedehnten Landbesitz auf der Insel Zypern, die zu dieser Zeit ein Königreich war. Die Könige stammten aus der Familie der Lusignan. Diese waren Kreuzfahrer gewesen und das letzte noch regierende Herrscherhaus aus der Zeit der Kreuzzüge. Das Königreich Zypern war auch ein historischer Rest jenes von Gottfried von Bouillon gegründeten und mittlerweile zu Grunde gegangenen christlichen Königreiches Jerusalem.

Im Jahr 1467 war Jakob II. von Lusignan König von Zypern. Er wurde auch Jakob der Bastard genannt, war ein unehelicher Sohn von König Johann II. und hatte die Königswürde der rechtmäßigen Thronerbin, seiner Halbschwester Carlotta, entrissen. Sie war mittlerweile die Frau Ludwigs von Savoyen geworden. Da das Haus Savoyen mit Genua politisch verbunden war, hatte Jakob dadurch die Genuesen gegen sich, die sich auch schon seit längerer Zeit in Famagusta festgesetzt hatten. Um ihre andauernde Einmischung in seinem Königreich los zu werden, warf er die Genuesen mit einem Handstreich aus Famagusta hinaus. Dann bekam er aber Angst vor seiner eigenen Courage, denn er konnte sich leicht ausrechnen, daß das mächtige Genua sich derartige Scherze von einem kleinen Inselkönig nicht gefallen lassen würde. Was lag also näher, als sich an den alten Feind Genuas, an Venedig anzulehnen? Venedig hatte nichts dagegen einzuwenden. Im Gegenteil, man war dort sogar hellauf begeistert, denn die Serenissima hatte schon lange Zeit ein Auge auf den Besitz von Zypern geworfen. Um das Nützliche noch mit dem Angenehmen zu verbinden, war Jakob auch noch auf die Idee gekommen, sich aus Venedig eine angesehene Braut zu holen. Sie fand sich rasch in der damals dreizehnjährigen Catarina aus dem Hause Cornaro, das ja in Zypern ausgedehnte Besitzungen hatte.

Der Onkel der Braut, Andrea Corner, war ein persönlicher Freund und Berater des Königs, lebte auf Zypern und betreute den dortigen Familienbesitz. Sein Bruder, der Vater Catarinas, kam auch häufig geschäftlich nach Zypern. Ein Bild des Mädchens wurde also dem König überreicht, und er hat sich, wie sich das im Märchen so gehört, sofort in das Bild von ihr verliebt. – Die beiden Herren Corner werden auch das ihrige dazu beigetragen haben. – Catarina selbst war zwar in Venedig geboren, ihre Mutter stammte aber aus Naxos und hatte Fiorina Crispos geheißen. Da die Corner selbst auch in Zypern angesiedelt waren, kann man wirklich sagen, daß die junge Dame einerseits ein echtes Kind der Levante und gleichzeitig eine waschechte Venezianerin war. Rundherum konnten alle zufrieden sein, der König mit der Braut aus altem venezianischen Adel, die Corner mit einem König als Schwiegersohn und am meisten Venedig, das seinem Ziel, vielleicht Zypern ganz zu bekommen, näher kam. Der Serenissima war diese „Der Würde und dem Vorteil des Staates“ dienende Angelegenheit nicht nur Mühe, sondern auch sehr viel

Geld wert. Sie erwies der jungen Dame eine bis dahin noch nie dagewesene Ehre und adoptierte sie als „Tochter des Staates“ und gab ihr eine Mitgift von hunderttausend Golddukaten. Die Trauung selbst wurde am 31. Juli 1468 in Venedig als Ferntrauung vollzogen, da der König Zypern nicht verlassen konnte. Erst 1472 holte der zypriotische Gesandte die jetzt schon Achtzehnjährige nach Zypern zu ihrem Gatten. Vier Galeeren geleiteten die junge Braut in ihre neue Heimat, und eine prächtige Hochzeit beendete den langen Brautstand. Anschließend wurde Catarina in der gotischen Kathedrale von Famagusta zur Königin von Jerusalem, Zypern und Armenien gekrönt.

Am Hof in Zypern hat Catarina dann etwas eigenartige, morgenländische Verhältnisse vorgefunden, unter anderem auch drei uneheliche Kinder ihres Mannes. Wie das Paar miteinander gelebt hat, darüber gibt es keine Berichte. Ob es ein eheliches Glück war, wissen wir nicht. Aber was immer es auch war, es dauerte nicht lange. Im Juli 1473 starb der König, angeblich weil er sich bei der Jagd überanstrengt hatte. Wenn man bedenkt, daß er bis dahin ein gesunder junger Mann war, bestanden an seinem natürlichen Tod zumindest Zweifel. Die Zeitgenossen haben diese auch lautstark zum Ausdruck gebracht. Man munkelte von Gift, und daß Venedig seine Hand im Spiel gehabt habe. Der König hinterließ seiner Frau ja immerhin ein Königreich. Im Testament stand, daß Catarina mit Unterstützung eines Regentschaftsrates – bestehend aus dem Onkel Andrea Corner und zwei Cousins – die Regentschaft übernehmen sollte. Catarina war zur Zeit von Jakobs Tod bereits schwanger, und im Testament war festgelegt, daß eines von Jakobs unehelichen Kindern den Thron zu besteigen habe, falls Catarinas Kind sterben oder ein Mädchen sein sollte.

Jakob starb im Juli. Im November drang eine Gruppe spanischer Adeliger und der Erzbischof von Nikosia in den Königspalast ein und ermordeten unter den Augen der Königin ihre venezianischen Ratgeber, ihren Onkel Andrea Corner und ihren Cousin Marco Bembo. Die Ursachen dieser Gewalttat waren folgende: Das spanische Haus Aragon Ferrante regierte damals in Neapel und hatte ebenfalls schon längere Zeit ein Auge auf Zypern geworfen. Ja man hatte sogar versucht, König Jakob mit einer Tochter des Hauses Ferrante zu verheiraten, während er schon mit der noch in Venedig weilenden Catarina verheiratet war. Und jetzt wo Jakob tot war, probierte man es mit einer Revolte. Venedig war aber wachsam gewesen und hatte den Generalkapitän Piero Mocenigo angewiesen, einige feste Plätze in Zypern zu besetzen. Er war also rechtzeitig da, um den Putsch niederzuwerfen und Catarina wieder fest auf ihren Thron zu setzen. Anschließend wurden ihr dann im

Sommer 1774 zwei Räte aus Venedig zur Seite gestellt. Kurz darauf starb auch ihr Kind. Weder Venedig noch Catarina dachten auch nur im Traum daran, eines der unehelichen Kinder König Jakobs auf den Thron zu setzen, sondern diese wurden sicherheitshalber umgehend nach Venedig bzw. nach Padua gebracht. Der Vater und die Mutter Catarinas wurden ihr zum Trost, vor allem aber zur Überwachung gesandt. Sie blieb natürlich immer noch die Königin von Zypern, praktisch nahmen ihr aber die venezianischen Ratgeber das Heft immer mehr aus der Hand.

Die Serenissima war besorgt, da, abgesehen von den Ferrantes, auch der türkische Sultan immer mehr Appetit auf Zypern zeigte. Zypern aber war für Venedig lebenswichtig als Tor nach Ägypten und von dort in den fernen Osten, seit die Türken die Routen über das Schwarze Meer blockierten. Es war also viel zu wichtig, um es auf die Dauer einer kapriziösen Zwanzigjährigen zu überlassen, die noch dazu Anstalten machte, sich wieder zu verlieben und das ausgerechnet in einen Ferrante aus Neapel. Das konnte man schon gar nicht brauchen! So beschloß der Senat am 21. Februar 1487 einfach das Königreich Zypern dem Herrschaftsgebiet Venedigs einzuverleiben. Im Rahmen dieses Beschlusses beauftragte der Zehnerrat im Oktober 1488 den Capitano General, Catarina nach Venedig zurückzubringen. Sie sollte mit „sanftesten, menschlichsten, beruhigendsten und respektvollsten“ Worten zur Abreise überredet werden. Sollte sie aber nicht folgen, werde sie als Aufrührerin behandelt. Die Königin wollte zwar anfangs gar nicht gehen, aber ihrem Bruder gelang es schließlich, sie zu überreden, und am 24. Februar 1489 wurde in Famagusta die Fahne der Lusignans zum letzten Mal eingeholt und das Löwenbanner von San Marco gehißt.

Catarina Corner
Tizian (Florenz, Uffizien)

So grob Venedig vorher mit Catarina verfahren war, so generös zeigte es sich nach ihrer Rückkehr. Der Doge Agostino Barbarigo bereitete ihr am 6. Juni 1489 einen glanzvollen Empfang, sie wurde mit Ehren überhäuft, bekam den Palast des Herzogs von Ferrara (den heutigen Fondaco dei Turchi) als Residenz zugewiesen, weiters eine schöne Apanage und die Herrschaft Asolo, wo sie noch zwanzig Jahre regierte. Sie lebte das Leben einer

Landedelfrau, wenn sie in Asolo, das einer Fürstin, wenn sie in Venedig war, empfing viele Gäste, immer wieder die Herzoginnen von Mailand und Mantua. Sie umgab sich mit Künstlern, von denen einer, und zwar der spätere Kardinal Pietro Bembo, das Epos „Die Asolani" schrieb. Am 10. Juli 1510 ist sie in Venedig gestorben und wurde zunächst in der Chiesa Santi Apostoli beigesetzt und ruht heute in der Chiesa San Salvatore.

293) Calle della Rosa

294) Casa Favretto, früher **Bragadin,** ist ein Gebäude mit Spitzbogen aus dem 14. Jahrhundert mit einem Gesims aus dem 11. Jahrhundert. Der Maler Giacomo Favretto (1849–1887) hatte hier sein Atelier. Favretto, der sehr jung mit erst 37 Jahren starb, hat den Übergang von der traditionellen Malerei zum Expressionismus wunderbar geschafft. Werke beider Arten sind von ihm erhalten, einige auch in dem benachbarten „Museum der Zeitgenössischen Kunst" im Ca' Pesaro, andere finden sich in der Galleria d' Arte Moderna in Rom, in Mailand und in Privatsammlungen. 1887 fand in Castello erstmalig eine Kunstausstellung statt, eine Vorläuferin der späteren Biennale. Der Star dieser Ausstellung hätte Favretto werden sollen, der aber ganz unerwartet gerade zu dieser Zeit starb. Gelernt hat er an der Akademie in Venedig, und einer seiner Lehrer war hier Pompeo Molmenti [s. 53], dem er mit einem Porträt auf dem Gemälde „Die Anatomievorlesung", das in der Galleria Civica d' Arte Moderna in Mailand hängt, ein Denkmal gesetzt hat. Manche seiner Bilder waren so naturgetreu und mit einer solchen Genauigkeit ausgeführt, daß einmal Boito ausrief: „Oh welch wunderbarer Photoapparat."

Von rechts nach links die Ecke des Palazzo Corner della Regina 292), die Calle della Rosa 293), die Casa Fravretto 294) und Rio di San Cassiano 295)

Selbstbildnis des Giacomo Favretto in der Galeria des Ca'Pesaro

295) Rio di San Cassiano

296) Palazzetto Jona ist eine Rekonstruktion im neugotischen Stil, ausgeführt von G. Sullam zu Beginn des 20. Jahrhunderts.

Porträt der Familie Giusti (Favretto Ca' Pesaro)

297) Palazzetto Fornoni. Ein Gebäude aus dem 15. Jahrhundert in typischer Renaissanceart mit Bogenfenstern.

298) Palazzo dei Brandolin, früher **Morosini di San Cassiano,** oder **del Giardino,** im 19. Jahrhundert auch Palazzo Lago oder Topan. Es ist ein gotisches Gebäude aus dem 15. Jahrhundert. Bei den Umbauten im 19. Jahrhundert wurde unter anderem der oberste Stock abgetragen.

299) Calle del Campaniel

300) Fondamenta dell' Olio. Sie zieht sich von hier bis zum Rio della Beccarie entlang und diente früher als Anlegeplatz der mit Olivenöl beladenen Schiffe.

In Erwartung des Hochzeitspaares, von Giacomo Favretto. Ausschnitt. (Rom: Galleria d'Arte Moderna)

An der Fondamenta dell' Olio stehen der Reihe nach die folgenden Gebäude:

301) Palazzo della Pretura (Gericht). Ist ein schlichtes Gebäude aus dem 18. Jahrhundert.

302) Haus auf der Calle dei Botteri. Ein aus dem 16. Jahrhundert stammendes Mietshaus mit einer Reihe von einzelnen Wohnungen.

Von rechts nach links: ein Teil des Palazzo Correggio 290), Palazzo Corner della Regina 291), Casa Favretto 294), Palazzetto Jona 296), Palazzetto Fornoni 297), Palazzetto dei Brandolin 298) und Calle del Campaniel 299)

Im Hintergrund die beiden mächtigen Palazzi Pesaro und Corner. Gegen den Marktbereich hin, der hier mit der Fondamenta dell' Olio beginnt, werden die Häuser mit 301) und 302) ganz links im Bild immer bescheidener

303) Drei kleine Häuser an der Fondamenta dell' Olio stammen aus dem 18. und 19. Jahrhundert.

304) Rio delle Beccarie

305) Pescheria Nuova ist ein modernes Gebäude, das 1907 gebaut wurde, dem Stil nach in Anlehnung an die venezianische Gotik aus dem 15. Jahrhundert. Der Maler C. Laurenti und der

Von rechts nach links Haus an der Calle dei Botteri 302), Calle dei Botteri und drei kleine Häuser an der Fondamenta dell' Olio 303)

Von rechts nach links drei kleine Häuser an der Fondamenta dell' Olio 303), Rio delle Beccarie 304) und Pescheria Nuova 305)

Architekt D. Rupolo haben diesen Bau gemeinsam ausgeführt. An seiner Rückseite, die sich dem Campo delle Beccarie (Schlachthof) zuwendet, ist heute der Fischmarkt untergebracht. Im ersten Stock sind Büroräume.

An der Stelle dieses Gebäudes stand früher der Palazzo Querini della Casa Mazor. Überreste von ihm sind noch in Form einzelner Bauteile (Säulen und Bogen) an Häusern um den Campo delle Beccarie zu sehen. Der Palast wurde im 14. Jahrhundert strafweise zerstört, weil die Familie Querini in den Aufstand des Bajamonte Tiepolo von 1310 verwickelt war. Venedig lag zu dieser Zeit in einem besonders heftigen Streit mit dem Papst, und zwar wegen der Erbschaft von Ferrara. Und das hatte folgende Ursachen:

Markgraf Azzo VIII. d' Este, Herzog von Ferrara, eng verwandt mit dem französischen Königshaus Anjou, hatte keinen legitimen Erben. Deswegen ging sofort nach seinem Tod der Streit um die Erbschaft los. Angeblich verfertigte der Herzog auf dem Totenbett ein Testament und übergab darin Herrschaft und Erbschaft seinem illegitimen Sohn Fosco. Die beiden Brüder des Herzogs waren damit alles andere als einverstanden, da sie selbst an die Macht kommen wollten. In der Stadt Ferrara bildeten sich sofort zwei Parteien, die einen, die Anhänger Foscos, waren Ghibellinen – papstfeindlich – und wandten sich an Venedig um Schutz, die anderen, die Anhänger der beiden Estebrüder, schickten Boten zum Papst nach Avignon und boten diesem die Oberherrschaft an, über das „Herzogtum, das stets kirchentreu war“. Venedig war nahe, Avignon weit.

Auf dem Dogenthron in Venedig saß damals Pierazzo (Pietro) Gradenigo, ein sehr selbstbewußter energischer Herr von raschen Entschlüssen, der sofort die venezianische Flotte mit Landungstruppen an die Pomündung schickte. Papst Clemens V. hingegen schickte zwei Legaten, die Fosco zur Abdankung veranlassen sollten. Da er es nicht tat, wurde er gebannt und warf sich daraufhin erst recht Venedig in die Arme. Die venezianischen Truppen besetzten die Stadt. Der Papst erschrak über den mächtigen Gegner, den er da unbeabsichtigt auf den Plan gerufen hatte, und drohte mit Kirchenstrafen. „Mit Worten schreckt man Knaben, Männer fürchten auch den Degen nicht“, sagte der Doge. Den Nuntien wurde angst und bang und sie begannen zu verhandeln. Sie schlugen vor, Venedig zwei Forts am Po zu überlassen; der Podestà von Ferrara sollte von Venedig eingesetzt werden, die Stadt gemeinsam von Venedig und der Kurie verwaltet und der Doge vom Papst für immer zu ihrem Verteidiger bestimmt werden. Venedig war das so ganz recht, und Giovanni Soranzo, später selbst Doge, ging nach Ferrara als Podestà. Die Rechnung schien aufzugehen, nur hatte man sie ohne den Wirt gemacht. Papst Clemens wehrte sich wütend gegen den Vertrag, den seine beiden Legaten da ausgehandelt hatten. Venedig schickte Gesandte nach Avignon, der Papst hörte sie nicht an und verhängte den Kirchenbann und das Interdikt und rief die ganzen norditalienischen Städte zu einem Kreuzzug gegen das verhaßte Venedig auf. Die Städte waren mit Freude dabei und plünderten vorerst einmal alle venezianischen Handelsniederlassungen in ihrem Bereich und beraubten venezianische Kaufleute. Der

Pierazzo Gradenigo
Doge von 1289 bis 1311

Papst hatte es ja immerhin erlaubt. Als sich die Venezianer außerdem bei einigen Scharmützeln in der Gegend von Ferrara blutige Nasen holten, kannte die Freude der verbündeten Städte Florenz, Lucca, Padua, Cervia, Ravenna, Ancona und Bologna keine Grenzen. Endlich hatte man den gefürchteten Feind ins Eck getrieben.

Wie sehr sich das Interdikt und die Kriegssituation auf die Lebensumstände in Venedig damals ausgewirkt haben, wissen wir nicht genau. Es hat wohl sicher Schwierigkeiten gegeben. Auch der Doge Gradenigo war nicht allgemein beliebt. Schon vor seiner Wahl war es zu starken Spannungen unter den Patriziern gekommen, weil eine Gruppe unbedingt Jacopo Tiepolo zum Dogen haben wollte. Dann hatte Gradenigo, kaum Doge geworden, die sogenannte Serrata (Sperre) des Großen Rates eingeleitet, in dem ursprünglich alle Patrizier saßen. Da dieses Collegium mit der Zeit auf über 2000 Mitglieder angewachsen war, wurde die Mitgliederzahl unter Gradenigos Dogat eingeschränkt, womit er sich bei jenen Patriziern, die sich plötzlich ausgeschlossen sahen, nicht gerade beliebt machte. Auch gegen seine Politik, für Venedig am Festland Besitzungen zu erwerben, wurde heftig opponiert. Einer der Führer dieser Opposition war Jacopo Querini, der – sehr papstfreundlich – eine „völlige Unterwerfung unter den Willen Gottes und den seines Stellvertreters auf Erden“ empfahl.

Jedenfalls kam es am 15. Juni 1310, am Festtag des heiligen Vitus, zu einem eher stümperhaft inszenierten Putsch, den einige Mitglieder der Familien Querini, Badoer und Tiepolo organisierten. An der Spitze der Erhebung stand Bajamonte Tiepolo, ein Nachkomme des gleichnamigen Dogen.

Ob der junge Mann außer dem Aufstand vorher irgend etwas Vernünftiges gemacht hat, ist unbekannt, aber eher unwahrscheinlich. Bekannt ist nur, daß er ein großer Frauenheld und ein großer Spieler war und zu eben dieser Zeit auch in einen Prozeß verwickelt war, in dem es um Erpressung ging. Zeitgenossen beschrieben ihn als „una simpatica canaglia“ (eine sympathische Kanaille).

Er hatte einen Haufen Gleichgesinnter um sich versammelt, und mit dem Schlachtruf „Tod für Gradenigo“ und „Freiheit“ marschierten die Aufrührer nun in der Morgendämmerung in zwei Kolonnen in Richtung Dogenpalast, die eine durch die Merceria und die andere über die Riva dei Schiavoni.

Zusätzlich zu ihrer eigenen Unfähigkeit hatten die Aufrührer auch noch Pech. Als sich die Marschkolonnen dem Markusplatz näherten, ging eines jener schrecklichen Unwetter mit Donner, Blitz, Hagel und Orkan über Venedig nieder, wie sie in der nördlichen Adria im Frühsommer vorkommen.

Das größte Pech hatte die von Bajamonte selbst geführte Kolonne, die bei der Kirche San Giuliano und in der Merceria das ärgste Unwetter abwartete und Schutz suchte. Vom Geländer eines Balkons, der einer Frau namens Giustina Rossi gehörte, fiel nämlich ein schwerer Blumentopf aus Marmor herunter und erschlug den Bannerträger der Revolutionäre.

„Die Verschwörung des Bajamonte Tiepolo“ (Gabriele Bella, Museo Querini Stampaglia, Venedig). Das Bild zeigt die entscheidende Szene in der Merceria beim Uhrturm; den erschlagenen Bannerträger, den Blumentopf und rechts oben auf ihrem Balkon Giustina Rossi

Der Balkon, darunter die Steintafel zur Erinnerung an Giustina Rossi

Da man aber ohne Banner anscheinend keine Revolution machen konnte, warf die ganze Kolonne ihre Spieße, Prügel und sonstigen Waffen weg und lief nach Hause. Die andere Kolonne der Aufrührer wurde von der eilends herbeigerufenen Arsenalwache am Markusplatz abgefangen, wo es zu einem Handgemenge kam, in dem Marco Querini und sein Sohn Benedetto starben. Auch der betagte Doge selbst griff zum Schwert und verteidigte den Zugang zum Dogenpalast. Eilends zusammengelaufene Handwerker und Arsenalarbeiter verprügelten die Aufrührer zusätzlich. Die gefangenen Aufständischen wurden zum Teil verbannt, zum Teil hingerichtet, darunter zwei Florentiner.

Giustina Rossi wurde mit ihrem Blumentopf – nach einer anderen Version soll es ein Steinmörser gewesen sein – sehr berühmt, und sie und ihre Nachkommen waren als Retter des Vaterlandes von der Lokalsteuer befreit, die immerhin 15 Dukaten im Jahr ausmachte. Vielleicht war der Steinmörser doch nicht so zufällig heruntergefallen? Das Privileg verblieb der Familie jedenfalls bis zum Ende der

Republik, immerhin fast fünfhundert Jahre lang. Dafür legte man am 15. Juni, der Staatsfeiertag geworden war, ein venezianisches Banner mit dem geflügelten Löwen über das ominöse Balkongeländer. Auch heute noch weist eine Marmortafel an der Hausfassade unter dem Balkon auf dieses geschichtliche Ereignis hin.

Campo della Pescaria 306)

Die Urteile über die Aufständischen sprach ein Gericht, das eigens aus diesem Anlaß eingesetzt wurde, der Gerichtshof der Zehn. Diese später „Rat der Zehn" genannte und gefürchtete Institution, die zur Verhinderung staatsgefährdender Umtriebe bis zum Fall der Republik 1797 bestehen blieb, sollte in der weiteren Geschichte Venedigs eine immer größere Rolle spielen. Der Zehnerrat ist eigentlich die einzige wirkliche Folge des Tiepolo-Aufstandes geblieben. Wie sehr der Rat der Zehn in das allgemeine Bewußtsein und in das tägliche Leben der Venezianer eingedrungen war, kann man daraus erkennen, daß man unfolgsamen kleinen Kindern, die etwa nicht ins Bett gehen wollten, sagte: „Wenn du nicht folgst, ruf' ich die Zehn".

Was hinter dem Tiepolo-Aufstand wirklich gesteckt hat, ist nicht mehr ganz zu eruieren. Bajamonte Tiepolo wollte sicherlich nicht Gleichheit, Freiheit und Brüderlichkeit, wie man es ihm bei dem Demokratengeheule nach dem Fall der Republik 1797 unterschoben hat. Er hätte über diese alberne Unterstellung wohl nur laut gelacht. Die nicht patrizischen Teile der Bevölkerung, vor allem die Popolani, haben sich eher an der Niederschlagung des Aufstandes beteiligt als ihn gefördert. Da der Aufstand innerhalb des Patriziats angezettelt worden war, hat man lange Zeit angenommen, daß die vom Großen Rat ausgesperrten patrizischen Familien dahinter stünden. Daß aber gerade die davon nicht Betroffenen, die Tiepolo, die Querini und die Badoer, den

Aufstand anführten, spricht schließlich auch gegen diese Version. Am ehesten war es wohl die Spaltung des Patriziats in eine papstfreundliche und eine papstfeindliche Gruppe, die sich, durch den Ferrarakrieg und das Interdikt angeheizt, in der Revolte entlud. Vielleicht sind auch die Streitigkeiten aus der Zeit von Gradenigos Dogenwahl daran schuld gewesen.

Die Republik wurde durch diese Revolte nicht wirklich erschüttert, und die Schwierigkeiten mit dem Papst hat die geschickte venezianische Diplomatie unter der Führung des Botschafters am päpstlichen Hof in Avignon und späteren Dogen Francesco Dandolo auch ausgeräumt.

306) Campo della Pescaria. An dieser Stelle war früher im Freien der Fischmarkt, den Pietro Aretino, der gegenüber am Canal Grande im Palazzo Bollani Erizzo wohnte, wortreich beschrieben hat. Im Hintergrund stehen einige Häuser aus dem 18. und 19. Jahrhundert.

Fabbriche Nuove di Rialto 307)

307) Fabbriche nuove di Rialto. Dieses Gebäude wurde 1555 vom Architekten Jacopo Sansovino gebaut und ist ein eher schweres, phantasieloses Bauwerk, das sich am Canal Grande hinzieht. Es diente ursprünglich als Amtsgebäude für die Marktbehörden und als Geschäfts- und Lagerhaus. Jetzt sind im oberen Stockwerk Gerichtsbehörden untergebracht.

308) Naranzeria e Erberia. Die Naranzeria war ehemals der Orangenmarkt, die Erberia der Kräutermarkt. Die Naranzeria wird von der Apsis der Chiesa San Giacomo di Rialto begrenzt, auf deren Ziegelwand in venezianischem Dialekt eine Inschrift steht, die die Kaufleute zu ehrlichem Handel aufruft. Die Vorderseite der Kirche geht auf den Campo di Rialto. Die Kirche San Giacomo di Rialto gilt als eine der ältesten, wenn nicht sogar als die älteste Kirche Venedigs.

Die andere Seite der Naranzeria wird von dem Palazzo dei Camerlenghi begrenzt und im Hintergrund von den Fabbriche vecchie di Rialto. Pietro Aretino, der wie schon gesagt gegenüber gewohnt hat, beschreibt, wie die Mauern des Palazzo dei Camerlenghi wie vergoldet erscheinen, wenn die ersten Strahlen der Morgensonne auf die Orangen fallen, die in der Naranzaria gestapelt sind.

Von rechts nach links: Fabbriche Nuove di Rialto 307), am Ufer die Naranzeria und die Erberia 308), dahinter die Fabbriche vecchie di Rialto 309) und links der Palazzo dei Camerlenghi 310)

309) Fabbriche vecchie di Rialto. Das Gebäude reicht vom Canal Grande bis zur Ruga di San Giovanni und begrenzt mit seinen Arkaden auf der dem Canal Grande abgewandten Seite den Campo di Rialto. Nach einem großen Brand 1514, dem das ganze Rialtoviertel zum Opfer fiel, waren der gesamte dort konzentrierte Handel und das Bankwesen zusammengebrochen, und die venezianischen Behörden beeilten sich, das Viertel wiederaufzubauen und es gleichzeitig zu sanieren. Sie ließen nach den Plänen von Scarpagnino dieses Mehrzweckgebäude errichten, das 1522 fertig war. Das Gebäude ist 113 Meter lang und hat einen Laubengang für den Tuchmarkt am Campo di Rialto und für den Gemüsemarkt am Canal Grande.

310) PALAZZO DEI CAMERLENGHI ist ein schöner Renaissacebau, typisch für die Arbeiten der lombardischen Baumeister im 16. Jahrhundert und wurde während des Dogats von Andrea Gritti von Giulielmo Bergamasco zwischen 1525 und 1529 ausgeführt. Das Gebäude war ursprünglich mit Porphyr und buntem Marmor verkleidet. Es war der Sitz der zehn Savi der Steuerbehörde. Auch die Cinque alle Pase (die fünf Friedensrichter) hatten dort ihren Sitz.

Im Jahr 1514, in der Nacht vom 9. zum 10. Jänner, war ja der ganze Rialtobezirk von einem verheerenden Feuer vernichtet worden. Alles was wir heute hier sehen, wurde mit Ausnahme der Chiesa San Giacomo di Rialto, die auch San Giacometto heißt, nach dem Brand planmäßig wiederaufgebaut.

Von der Signoria war ein Architektenwettbewerb ausgeschrieben worden, den Antonio delle Abbondi, genannt Lo Scarpagnino, gewann. Auch Palladio hatte einen Verbauungsplan für die Neuordnung der Rialtogegend vorgelegt, der aber, ebenso wie sein Plan für den Neubau der Brücke, nicht angenommen wurde.

In diesem Rialtobezirk hatte sich eine merkwürdige Geschäftswelt wie in einer orientalischen Khasba entwickelt. Der kleine Gemüsehändler hatte seinen Laden neben den größten Schiffsversicherern und die größten Privatbanken lagen neben den übelsten Kneipen. Der Stadtverwaltung war dieses Durcheinander schon längere Zeit ein Dorn im Auge gewesen, und so wurde nach dem großen Brand die ganze Gegend von Staats wegen neu geordnet und wiederaufgebaut. Die nüchternen Zweckbauten, wie die Fabbriche di Rialto, sind ein typisches Ergebnis dieser staatlichen zweckgerichteten Bauweise.

In diesem Bezirk, in dem sich, wie schon gesagt, die meisten Privatbanken befanden, gründete der Staat auch die erste öffentliche Staatsbank, den Banco di Rialto und später den Banco Giro, über den dann alle Wechselgeschäfte abgewickelt werden mußten. Die Privatbanken, die Banchi da scritta, mußten alle schließen.

Kapitel 3

85) Haus am Fuss des Ponte di Rialto

Ponte di Rialto von unterhalb.
Rechts die Gebäude von 85) bis 90), links die Gebäude von 312) bis 318)

86) Ramo dei Bombaseri (Gasse der Baumwollhändler)

Von links nach rechts: Haus am Fuß der Rialtobrücke 85), Ramo dei Bombaseri 86), Hotel Rialto 87) und Ramo della Cerva 88)

87) Hotel Rialto. Es besteht aus drei Häusern aus dem 16. und 17. Jahrhundert, deren ursprünglich verschieden hohe Stockwerke an der Fassade noch deutlich zu sehen sind.

88) Ramo della Cerva

89) Riva del Ferro zieht sich von hier etwa 80 m am Canal Grande entlang. An ihr stehen vier Häuser aus dem 16., 17. und 19. Jahrhundert, deren Erdgeschosse überall in Geschäftslokale umgebaut wurden und die auch sonst größeren Umbauten unterworfen wurden.

90) Calle larga Manzini. Diese kleine Gasse wurde im 19. Jahrhundert stark erweitert und ist heute eine für venezianische Verhältnisse eher breite Straße. Sie stößt hier an der Riva del Ferro auf den Canal Grande. Die Riva del Ferro heißt auch Riva della Moneta, und zwar weil an dieser Stelle vor sehr langer Zeit ein Gebäude stand, in dem das Münzamt, die sogenannte Zecca, untergebracht war. Viel später wurde diese dann in das heutige Gebäude in der Nähe von San Marco übersiedelt.

Über dieses Bauwerk ist aber nichts Genaueres bekannt. Es existiert lediglich ein Kaufvertrag, den der Doge Ordelafo Falier (Doge von 1102 bis 1118) abgeschlossen hat und in dem der Kauf und Verkauf dieses Gebäudes geregelt wird.

Links ein Teil des Hotel Rialto 84), die Riva del Ferro mit den dahinter liegenden Häusern 89) und ganz rechts die Seitenwand des Palazzo Dolfin Manin 91)

91) Palazzo Dolfin Manin ist ein gewaltiges Bauwerk aus dem 16. Jahrhundert von Jacopo Sansovino. Dieser erhielt den Bauauftrag 1538 von Giovanni Dolfin, der an dieser Stelle einige kleinere Gebäude besaß. Der Palast blieb bis ins 17. Jahrhundert im Besitz der Familie Dolfin und ging dann in die Hände verschiedener Erben über. 1789 wurde er von Lodovico Manin gekauft, der später der letzte Doge von Venedig werden sollte. Der Palast ist heute der Sitz der Banco d'Italia in Venedig.

Durch Lodovico Manin ist der Palazzo natürlich untrennbar mit der Geschichte Venedigs verbunden, wenn auch nur mit dem traurigen Ende und dem Untergang der Republik.

Von links nach rechts: Das unterste Haus an der Riva del Ferro, die Calle Larga Manzini 90), Palazzo Dolfin Manin 91), Rio e Ponte di San Salvador 92) und die Ecke des Palazzo Bembo 93)

Die Familie Manin war durch ihren immensen Reichtum zur Patrizierwürde gekommen, sie hatte sich 1651 in den Adel eingekauft, war also eine typische „Casa fatta per soldo". Sie stammte aus der Umgebung von Udine und soll sich im Interesse der Serenissima sehr um den Landerwerb Venedigs in dieser Gegend verdient gemacht haben. Jener Lodovico Manin, der im 17. Jahrhundert den Adelstitel erworben hatte, errichtete inmitten seiner ausgedehnten Ländereien in Passariano südwestlich von Udine eine prachtvolle Villa, deren Entwurf von Baldassare Longhena stammte. Die Villa wurde, zusammen mit allen Umbauten, die ein Jahrhundert dauerten, ein monumentaler Bau, der den immensen Reichtum der Manin zur Schau stellen sollte und es wahrhaftig auch tat. Napoleon, der diese Villa kennenlernte, als er dort einmal übernachtete, soll ganz neiderfüllt gesagt haben, „das ist ein viel zu nobles Bauwerk für einen Privatmann, auch wenn er Doge von Venedig ist".

Gartenseite der Villa Manin in Passariano bei Udine

Auch Lodovico Manin beeindruckte vor allem durch seinen Reichtum, dem er es zu verdanken hatte, daß er 1762 mit nur sechsunddreißig Jahren zum Prokurator von San Marco gewählt wurde, was er mit Festen und prunkvollen Bällen in eben diesem Palast am Canal Grande feierte. Weil er so reich war, machte man ihn zum Sonderbeauftragten für den Empfang von Papst Pius VI. Der Papst war nämlich als „apostolischer Pilger", wie er sich selbst nannte, auf dem Weg über Venedig nach Wien, wo er Kaiser Josef II. von seiner antiklerikalen, gegen den Vatikan gerichteten Politik abbringen wollte. Josef II. hatte in Österreich viele Klöster geschlossen und alle Orden abgeschafft, die nicht Schulen oder Krankenhäuser betrieben und auf diese Weise sehr viel Kirchengut eingezogen. In Begleitung von zwei Beauftragten (einer war Manin, der andere der Prokurator Contarini) hatte der Papst das Herrschaftsgebiet der Serenissima durchquert. Sein Rückweg nach Rom wurde dann noch viel feierlicher und für die beiden Sonderbeauftragten, die auch diesmal den Papst in Venedig begleiteten, noch viel kostspieliger. Der unfreundliche Empfang beim Kaiser hatte den Heiligen Vater gedemütigt, und in Venedig suchte er nun Erholung von dieser enttäuschenden Erfahrung. Hier wurde ihm ein triumphaler Empfang bereitet, wie unter anderem zwei Gemälde von Francesco Guardi bezeugen.

Manins Reichtum war auch der Hauptgrund für seine Wahl zum Dogen. Sein Vorgänger, Paolo Renier, hatte auf dem Sterbebett seinem Arzt zugemurmelt: „Die Staatskasse ist leer, wir brauchen einen Reichen, sie werden Lodovico Manin nehmen." Nach Manins Wahl hat sein geschlagener Mitbewerber, Alvise Sebastiano Mocenigo von San Samuele, der aus einer der ganz alten, sogenannten „apostolischen" Familien stammte und ebenfalls sehr reich war, Manins Wahl mit den bitteren Worten kommentiert: „Jetzt haben sie diesen Friulianer zum Dogen gewählt, die Republik wird bald untergehen." Die Niederlage des diplomatisch versierteren Mocenigo läßt vermuten, daß bei Manins Wahl auch die Absicht dahintersteckte, Unterstützung beim Adel des Festlandes zu finden. Das Dogenamt war außerdem zu einer so großen Belastung geworden, daß es eben nur noch ein steinreicher Mann übernehmen konnte. Lodovico Manin, ein sehr frommer und wohltätiger Mann, hatte das Dogenamt mehr gefürchtet als es herbeigewünscht und bekam nach der Wahl auch prompt einen Nervenzusammenbruch, da er sich der auf ihn zukommenden Probleme wohl bewußt war und sich ihnen nicht gewachsen fühlte.

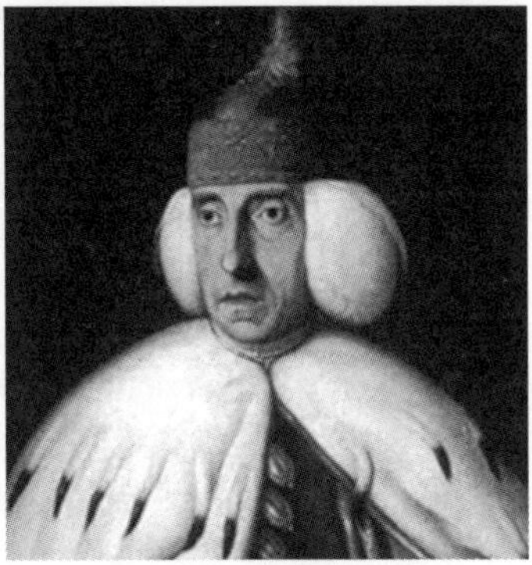
Lodovico Manin,
Doge von 1789 bis 1797
Gemälde von Bernardino Castelli

Wie alle anderen wußte auch er genau, daß er seine Wahl nur seinem Geld verdankte, und daß von ihm ein gewisser verschwenderischer Stil erwartet wurde, damit das Amt „seinen früheren Glanz wiedererlange". Als er, wie es das Ritual byzantinischen Ursprungs vorsah, in dem von Arsenalarbeitern getragenen Pozzeto (Tragstuhl) die Runde um die Piazza San Marco machte, warf er dem Volk Geldstücke zu, angeblich Münzen im Wert von insgesamt fünftausend Dukaten. Drei Tage dauerten die von ihm finanzierten Feuerwerke, Bälle und Bankette, während denen er auch an das Volk Brot und Geld verteilen ließ. Aber dem Pöbel war auch das alles noch nicht genug. Als er der Bruderschaft der Armen zehntausend Dukaten spendete, erntete er dafür nur Gehässigkeit in Form von Reimen wie diesem: „El dose Manin! da cuor picenin/ l'e' streto de man/ l'e nato furlan" (Der Doge Manin/ hat ein kleines Herz/ und eine schmale Hand./ Er ist eben ein geborener Friulianer).

In Manins erstem Amtsjahr fiel in Paris die Bastille. Drei Jahre später ermordeten die Revolutionäre König Ludwig XVI. und Königin Marie Antoinette. Dann breitete sich der Krieg in Italien aus. Mißtrauisch gegen Österreich, ablehnend gegen Frankreich, mit verfallenen Festungen, unmotivierten Truppen, unverantwortlich vernachlässigter Flotte, und vor allem eingesponnen in den Wahn überzeugter Pazifisten, hatte sich der Senat für die „unbewaffnete Neutralität" entschieden. Man konnte es einfach nicht glauben, daß fremde Mächte die Zerstörung eines Staates anstreben würden, der sorgsam bestrebt war, mit allen in guter Nachbarschaft zu leben. Diese Haltung hätte sich eine starke Militärmacht vielleicht leisten können. Aber einem mittelgroßen und militärisch schlecht gerüsteten Staat zwischen zwei hochgerüsteten Nachbarn konnte das nicht gelingen. Als dann 1796 die „Armee d'Italie" in Italien einmarschierte, war Venedig nicht in der Lage, seine Neutralität oder auch nur sein Territorium selbst zu verteidigen. Die französischen und die kaiserlichen Heere kämpften gegeneinander auf venezianischem Land, verwüsteten es und plünderten es aus. Die Maßnahmen der Regierung blieben völlig wirkungslos. Der Doge selbst zahlte enorme Summen – insgesamt dreihunderttausend Dukaten –, um die Löcher im Staatshaushalt zu stopfen. Die Armee der Französischen Revolution konnte Sieg um Sieg verbuchen, und ihr General Bonaparte „befreite" die lombardischen und venetischen Städte. Die Republik bedrohte er, demütigte sie und benutzte jeden Zwischenfall, um sie noch mehr zu provozieren. Unterdessen hatte er in Leoben in der Steiermark mit den Österreichern schon vereinbart, daß er Venedig an das Haus Habsburg abtreten werde. In Passariano, im Hause des Dogen Manin, sollte diese Vereinbarung unterzeichnet werden.

Für ganz kurze Zeit verlor das Dogenamt seinen rein dekorativen Charakter, auf den man es in den letzten siebenhundert Jahren allmählich reduziert hatte. Manin wurde ersucht, den Vorsitz eines „außerordentlichen

Rates" zu übernehmen, zu dem sich angesichts der drohenden Gefahr der Rest der Staatsregierung zusammengeschlossen hatte. In den hektischen Tagen zwischen April und Mai 1797, als es mit der über tausend Jahre alten Republik zu Ende ging, hielt der Doge auch öffentliche Ansprachen an das Volk. Aber er war leider kein guter Redner. Seine larmoyanten Reden haben sehr zu dem ungünstigen Bild beigetragen, das man sich später von ihm machte.

Nachdem der verhängnisvolle Weg des Appeasements einmal eingeschlagen war, gab die Republik immer wieder nach. Defätismus breitete sich immer weiter aus, und die wenigen mutigen Leute, die es gegeben hatte, waren entweder tot oder im Exil. Der Staatschef hatte in Wahrheit nur mehr den Zusammenbruch zu verwalten. Er mußte am 12. Mai 1797 jene Erklärung abgeben, die das Ende der elf Jahrhunderte währenden venezianischen Unabhängigkeit besiegelte. Diese Rede soll auch ohne besondere Würde oder Größe gewesen sein. Aber jegliche Größe fehlte vor allem jenen fünfhundertzwölf Patriziern, die überstürzt der Abdankung des Großen Rats zustimmten und unter dem Zwang der französischen Bajonette auch nur scheinbar dem Volk jene Macht übertrugen, die Jahrhunderte lang nur die Patrizier besessen hatten. Am allerwenigsten Würde aber bewiesen die über zweihundert Adeligen, die sich feige davor drückten, an dieser letzten Sitzung teilzunehmen.

Die Geschichte hat die letzten Worte des Dogen Manin, die er beim Verlassen des Dogenpalastes geäußert hatte, als Anekdote überliefert. „Nehmt sie, wir benutzen sie nicht mehr" soll er gesagt haben, als er seinem Kammerdiener die Rensa übergab, die er abgenommen hatte (das war eine Art Haube aus Reimser Leinwand, die der Doge unter der Dogenmütze, dem Corno, trug). Er mag wohl mit dieser scheinbar humoristischen Bemerkung seine Bitterkeit überspielt haben, die er sich vor der Dienerschaft nicht anmerken lassen wollte. Manin hat aber eine andere, sehr anständige und für ihn wahrscheinlich auch schwierige Entscheidung getroffen, indem er den Vorsitz der Provisorischen Verwaltung (Municipalità) ablehnte, die der Stadt von den Franzosen als angeblich „demokratische" Regierung aufgezwungen worden war.

Der Rest seines Lebens – nur noch fünf Jahre blieben ihm – war ihm eine Bürde, die er ohne Klagen würdevoll ertrug. Nach seinem Tode kam sein großer Reichtum Waisen, Findelkindern, Geisteskranken und Armen zugute. Sein Testament dürfte in seinem Leben das einzige wirklich erfreuliche und großartige Dokument gewesen sein, das er unterschrieben hat.

92) Rio e Ponte di San Salvador. Der Kanal ist nach der Kirche San Salvador benannt, die vom Canal Grande aus heute nicht mehr sichtbar ist, da sie der große Palazzo Dolfin Manin verdeckt. Die Brücke verbindet die Riva del Ferro mit der Riva del Carbon, ein Uferstück, an dem früher die Schiffe mit Holzkohle anlegten und wo die Holzkohlenhändler ihre Ware feilboten.

93) Palazzo Bembo ist ein Bauwerk aus dem 15. Jahrhundert in venezianisch-gotischem Stil. Er wurde an der Stelle eines älteren venezianisch-byzantinischen Bauwerks errichtet, von dem als Reste nur noch die gedrehten Ecksäulen übrig geblieben sind.

In diesem Palazzo wurde 1479 der spätere Kardinal Pietro Bembo geboren, ein Historiker und der Dichter der „Asolani", eines epischen Gedichtes, in dem er den Hof von Catarina Cornaro, der Königin von Zypern, in Asolo schilderte.

Von links nach rechts: Ecke des Palazzo Manin 91), Rio e Ponte di San Salvador 92), Palazzo Bembo 93), Calle Bembo 94) und anschließend die vier obersten Gebäude an der Riva del Carbon 95)

94) Calle Bembo

95) Riva del Carbon. An ihr stehen zuerst vier nicht sehr bedeutende, oft umgebaute Gebäude aus dem 16. und 17. Jahrhundert. Das erste ist ein im 18. Jahrhundert aus zwei älteren Gebäuden zusammengefügtes Haus. Die drei folgenden sind auch auf älteren Bildern in ihrer heutigen Form dargestellt. Unter dem letzten mündet der überbaute Ramo del Carbon auf die Riva del Carbon.

96) Ca' Dandolo ist ein kleiner gotischer Palast aus dem Ende des 14. Jahrhunderts. Hier wohnte Pietro Aretino von 1551 an, und hier ist er 1556 auch gestorben. Wir haben Aretino schon im Palazzo Bollani-Erizzo etwas weiter oben am Canal Grande getroffen, als ausgelassenen Lebemann und Dichter unanständiger Sonette und Briefpartner fast aller seiner bedeutenden Zeitgenossen. Hier im Ca' Dandolo war er schon ein alter Mann, nicht mehr umgeben von fröhlichen Kurtisanen, sondern von seinen geliebten und liebevollen Töchtern, von denen eine ihn bis zu seinem Tod hingebungsvoll pflegte. Er hat wohl auch von hier auf den Canal Grande hinausgeblickt und die Flöße der Köhler beobachtet, die an der Riva del Carbon festmachten, und mit denen sie die Brenta heruntergefahren waren.

Von links nach rechts: Ecke des Palazzo Bembo 93), Calle Bembo 94), die vier Häuser an der Riva del Carbon 95), die Ca' Dandolo 96), der Palazzo Dandolo 97), Haus an der Calle del Carbon 98), Calle del Carbon 99) und ein Teil des Palazzo Corner Piscopia Loredan 100)

Kaum war Aretino tot, hat sich eine gehässige Meute auf ihn gestürzt und ihn als die Ausgeburt der Verderbnis des Jahrhunderts hingestellt. Seine Freunde wie Kaiser Karl V., Papst Julius III., König Franz I. von Frankreich waren auch schon tot und die gerade in Schwung kommende Gegenreformation brauchte Feindbilder und war außerdem recht düster und humorlos.

97) Palazzo Dandolo. Es ist ein gotisches Gebäude aus dem 14. Jahrhundert, das im 18. Jahrhundert stark umgebaut wurde. Eine Zeitlang war hier das „Albergo dello Scudo di Francia". An der Fassade ist eine Tafel angebracht, die darauf hinweist, daß an dieser Stelle in einem wohl viel älteren

Gebäude Enrico Dandolo wohnte und vielleicht auch geboren ist. *(Damit Du Wanderer nicht an dem Haus vorübergehst / des Dogen Enrico Dandolo von unbeugsamem Tatendrang / weswegen er als Erster es vermochte / Venetischen Ruhm weithin zu verbreiten.)* Enrico Dandolos eigener Palast, der nicht erhalten ist, stand etwas weiter unten am Canal Grande und war wahrscheinlich etwas von dem heute ganz begradigten Ufer zurückgebaut.

98) Haus an der Calle del Carbon. Das ist ein aus dem 16. Jahrhundert stammendes Gebäude.

99) Calle del Carbon

100) Palazzo Corner Piscopia Loredan ist einer der am besten erhaltenen venezianisch-byzantinischen Paläste am Canal Grande, der auch noch die typische Anlage als Fondaco (Palast mit Warenlager und Bögen an der Wasserfront) zeigt. Er stammt aus dem 12. Jahrhundert, und im 15. Jahrhundert wurden die beiden obersten Stockwerke aufgesetzt. Die byzantinische Fassade ist durch die vielen Bögen und durch die Loggien sehr locker und leicht; jede freie Stelle der Fassadenmauer ist mit buntem Marmor dekoriert.

Von links nach rechts: Calle del Carbon 99), Palazzo Corner Piscopia Loredan 100), Calle Corner Piscopia 101) und Ecke des Palazzo Dandolo Farsetti 102)

Der Bau wird der Familie Boccasi aus Parma zugeschrieben, später ging das Gebäude in den Besitz der Familie Ziani über. Im 14. Jahrhundert kam er an die Familie Corner und schließlich innerhalb dieser Familie an einen Familienzweig, der sich nach einem Besitz in Zypern Corner Piscopia nannte. Im Jahr 1703 ging der Palazzo an die Familie Loredan über, und zwar durch die Hochzeit der Lucrezia Corner Piscopia mit Giovanni Battista Loredan. 1876 kam er in den Besitz der Stadtverwaltung von Venedig, der er seither gehört.

Der größte Sohn der Familie Ziani (oder Zane), der spätere Doge Sebastiano Ziani, ist wahrscheinlich in diesem Palazzo geboren worden. Wir haben ihn als Nachfolger des ermordeten Dogen Vitale II. Michiel weiter oben am Canal Grande im Zusammenhang mit der Geschichte der Dogen der „Casa Michiel“ kennengelernt [s. 63].

Sebastiano Ziani,
Doge von 1172 bis 1178

Sebastiano Ziani hat am Anfang seines Dogats zuerst in dem nach der Ermordung seines Vorgängers ausgebrochenen Chaos die Ordnung wiederhergestellt und dann die Politik seiner Vorgänger erfolgreich fortgesetzt. Es war eine zweifellos sehr schwierige Zeit, in der er zur Regierung gekommen war. Die Verhältnisse waren unruhig; da war der Kaiser in Byzanz, der Papst, die Normannen und das schwerste Kreuz, der deutsche Kaiser Friedrich, der Barbarossa, lauter lästige Zeitgenossen. Alle fuhren sich bei jeder Gelegenheit gegenseitig an die Gurgel und waren dann abwechselnd oder alle zugleich auf Venedig böse, das sich aus all dem eigentlich nur heraushalten wollte, um ungestört seinem Handel nachgehen zu können.

Behutsam verbesserte Ziani das gespannte Verhältnis zu Barbarossa und stellte ihm 1173 sogar die venezianische Flotte zur Verfügung, um das immer noch byzantinische Ancona zu belagern. An einen Bund der norditalienischen Städte gegen Barbarossa blieb er aber trotzdem angeschlossen, und mit den Normannen unterschrieb er 1175 einen Bündnisvertrag für die nächsten zwanzig Jahre. Was den Kaiser Manuel in Byzanz anlangte, hatte Ziani Glück. Kaiser Manuel war wieder einer seiner spontanen Ideen gefolgt und wollte mit den Seldschuken ein für alle Mal aufräumen und zog mit seiner gesamten Streitmacht gegen Ikonion, die Hauptstadt des Sultans der Rum-Seldschuken. Beim Anmarsch geriet er in Anatolien in einen Hinterhalt und von seinem ganzen strahlenden Heer blieb kaum etwas übrig. Der Befreiungsschlag war hoffnungslos gescheitert. In Venedig lächelte der Doge zufrieden und hatte bald wieder mit Manuel das beste Verhältnis. Die 1171 gefangengesetzten Venezianer wurden freigelassen, die Schäden wieder ersetzt, das gestohlene Eigentum zurückerstattet.

Aber das war erst der Anfang der so erfreulichen Entwicklung. Am 29. Mai 1176 erlitt Kaiser Barbarossa eine schwere Niederlage bei Legnano gegen die Mailänder, und da er auch daheim im deutschen Reich immer mehr in Schwierigkeiten kam, suchte er seinen Frieden mit dem Papst zu machen und den endlosen Streit zu beenden, der auch zu einer Kirchenspaltung und zum Kirchenbann gegen den Kaiser geführt hatte. Man plante einen Friedenskongress, und als Ort dafür wurde Venedig ausgewählt. Der Papst hatte sich sehr für Venedig eingesetzt, während die lombardischen Städte lieber einen anderen Verhandlungsort gehabt hätten, um die Niederlage des Kaisers noch deutlicher zu machen.

Papst Alexander III. und der Doge Ziani schicken den Verhandler Otto zu Kaiser Barbarossa. (Paolo Fiammingo, Dogenpalast, Sala del Maggior Consiglio)

Venedig hat seine eigene Rolle bei diesen Verhandlungen immer als sehr bedeutend angesehen. Wir können uns heute kaum mehr vorstellen, wie wichtig dieses Zusammentreffen von Papst, Kaiser und Doge in Venedig damals für das venezianische Selbstbewußtsein und Staatsverständnis war. Allein im Dogenpalast gibt es heute mindestens drei Bilder, auf denen die drei Protagonisten dieses Treffens bei verschiedenen Gelegenheiten abgebildet sind. Die Bilder sind erst in viel späterer Zeit entstanden und stammten ursprünglich von Tizian, Carpaccio, Bellini, Pordenone, Veronese und einigen anderen. Bei dem großen Brand im Dogenpalast 1577 sind viele Gemälde zerstört worden. Die Signoria hat sich aber sehr beeilt, sie zumindest ähnlich von zeitgenössischen Künstlern nachschaffen zu lassen, was bei den heutigen Bildern an den völlig unzeitgemäßen Kleidern der beteiligten Personen zu erkennen ist. Auch Bauwerke, wie z. B. die von Sansovino gebaute Bibliothek, sind auf einem Bild von Zuccari zu erkennen, ein Bauwerk, das es 1177 jedenfalls noch nicht gegeben hat.

Der Papst war am 24. März 1177, eskortiert von normannischen Galeeren, mit einem riesigen Gefolge von Kardinälen und Bischöfen in San Nicolò di Lido angekommen, und am Tag darauf, am Fest Mariae Verkündigung, zog er in die Basilika von San Marco ein. Der Kaiser blieb vorerst in Ravenna und unter der Vermittlung des Dogen Ziani begannen die Verhandlungen, die zum Teil vom Kaisersohn Otto und vom venezianischen Generalbevollmächtigten Orio Mastropieri (dem späteren Nachfolger Zianis im Dogenamt) geführt wurden. Die Verhandlungen zogen sich über vier Monate hin, aber die Ergebnisse konnten sich sehen lassen. Mit dem Papst sollte der Kaiser endgültig Frieden schließen, mit Sizilien einen Waffenstillstand auf fünfzehn, mit den lombardischen Städten einen auf zehn Jahre.

Nach einigem Zögern stimmte der Kaiser diesen Regelungen zu, kam am 12. Juli nach Chioggia und am 23. Juli auf den Lido, wo er samt seinen Fürsten vom Kirchenbann gelöst wurde. Und dann, tags darauf, hatte die Republik ihr großes Fest.

Papst Alexander III. nimmt die Unterwerfung von Kaiser Barbarossa entgegen. (Federico Zuccari, Dogenpalast)

Der Doge, die Patriarchen und alle die Reichsten und Mächtigsten der Lagune fuhren hinüber zum Lido und geleiteten den Kaiser mit den Großen seines Reiches in einem strahlenden Festzug nach San Marco. Und jene, die dabei waren, konnten nicht genug von Barken in Brokat und Seide schwärmen, von silbernen und goldenen Rüstungen, von purpurroten und strahlend weißen Mänteln, von schimmernden Baldachinen und von Blumen und duftenden Kränzen, die von den Schiffen ins Wasser geworfen wurden.

Vor San Marco wartete der Papst, im leuchtenden Goldornat und umgeben von zahllosen Bischöfen und Kirchenfürsten. Eine nie gesehene Menschen-

Sala del Consiglio dei Dieci im Dogenpalast. Die linke Wand schmückt ein Gemälde von Francesco Leonardo da Ponte. „Papst Alexander III., Kaiser Barbarossa und der Doge Ziani."

menge drängte sich auf dem Platz, in den Fenstern, selbst auf den Dächern und Gesimsen.

Dann legte das Boot mit dem Kaiser an. Langsam stieg er aus, ging auf den Papst zu, beugte das Knie, neigte sich und küßte dem Herrn der Christenheit den Fuß. Da hatte Papst Alexander Tränen in den Augen, und heftig bewegt beugte er sich nieder und hob den Knienden auf und hieß ihn zu seiner Rechten Platz nehmen! Kaiser und Papst waren versöhnt. Den Riß, der Jahrzehnte Europa gespalten hatte, gab es nicht mehr. Ein Tedeum wurde angestimmt, Posaunen ertönten, alle Glocken läuteten, und das Volk von Venedig wußte sich vor Jubel und Glück nicht zu fassen.

Und während nun die nächsten Tage Urkunden unterzeichnet und ausgetauscht und Friedensschwüre erneuert wurden, überschwemmte das Glück die Republik von San Marco. Der Kaiser öffnete dem venezianischen Handel jetzt sein ganzes Reich, abgabenfrei wie im Osten und unter kaiserlichem Schutz, und der Papst verteilte an die Kirchen und Klöster so viele Privilegien und Ablässe, daß die Lagunenstadt in ihrer religiösen Bedeutung nach Rom den zweiten Platz in der Christenheit einnahm.

Doch nicht nur das. Fast alle Fürsten des Abendlandes waren nach Venedig gekommen oder hatten ihre Gesandten geschickt. Über zehntausend Gäste waren von den Venezianern aufgenommen und offenbar bezaubert worden, denn noch Jahrzehnte später wurde der Ruhm der „Wunderstadt" besungen.

Natürlich hat sich später die offizielle Geschichtsschreibung der Serenissima dieser Ereignisse angenommen. Und da ihr offenbar die Rolle der Stadt etwas zu gering war, erfand man noch einen glorreichen Seesieg über Barbarossa, die Gefangennahme des Kaisersohnes Otto und anderes mehr. Eine solche Version dieser Geschichte findet sich bei der Beschreibung jenes Klosters, das angeblich der Schauplatz dieser Ereignisse war. [s. 393]

Ein berühmtes venezianisches Fest, die Sensa, geht auf diese Tage zurück, als der Papst dem Dogen Ziani einen goldenen Ring überreichte mit den

Worten: „Nehmt ihn an als Zeichen Eurer Herrschaft über das Meer. Ihr und Eure Nachfolger sollt jährlich diese Hochzeit erneuern, damit die kommenden Zeiten wissen, daß das Meer Euer ist und Ihr zueinander gehört, wie Mann und Frau!" Seit damals fuhr an jedem Himmelfahrtstag (Ascensione) der Doge auf die offene See und feierte die Vermählung mit dem Meer. Er warf einen goldenen Ring ins Wasser und sprach die Worte: „Desponsamus te, mare, in signum veri perpetuique Domine". (Wir vermählen uns Dir, Meer, im Namen des wahren und ewigen Gottes.)

Der Doge Ziani war aber nicht nur ein bedeutender Diplomat, sondern er hat auch das Stadtbild von Venedig ganz entscheidend verändert. Er begann den Umbau des Dogenpalastes, der bis dahin eher eine finstere Trutzburg war, er vergrößerte den Markusplatz, ließ die Piazetta aufschütten, und angeblich geht auf ihn auch der Bau der ersten hölzernen Rialtobrücke zurück.

Sebastiano Ziani, der so viel erreicht hatte, war müde geworden. Er dankte ab, nachdem er noch die Wahlordnung für seinen Nachfolger exakt geregelt hatte, und zog sich am 12. April 1178 in das Kloster San Giorgio Maggiore zurück, wo er am folgenden Tag starb.

Nach der Familie Ziani war der Palast in den Besitz der Familie Corner übergegangen, die zahlreiche Zweige hatte. Innerhalb dieser Familie wurde der Palast mehrmals verkauft. Viele Geschichten gibt es über ein Familienmitglied, den Prokurator Giovanni Battista Corner Piscopia zu erzählen. Er war der Erbe jenes Familienzweiges, der im 14. Jahrhundert den Palast dem reichsten Mann Venedigs, Federico Corner, abgekauft hatte.

Nach der Schätzung von 1379 belief sich Federico Corners Vermögen auf sechzigtausend Lire, zwanzigtausend mehr, als sein ebenfalls steinreicher Cousin Federico Corner von Sant' Aponal besaß. Gemeinsam mit seinen Geschwistern leitete Federico Corner große Handels- und Industrieunternehmen, und er hatte 1366 zusammen mit Messer Vido Lion von Santi Apostoli dem König von Zypern, Peter III. von Lusignan, ein enormes Darlehen verschafft. Der König wurde in dem Palast an der Riva del Carbon fürstlich empfangen. Als Gegenleistung gab er Federico Corner das Lehen von „Piscopi" oder Piscopia, eine der wenigen Ländereien von Zypern, die keine Probleme mit der Wasserversorgung hatten und auf dem auch eine Festung stand. Dort haben dann die Corner ihrerseits große Summen in Zuckerrohrpflanzungen und in die Anlagen zur Zuckererzeugung investiert. Zucker war damals weniger als Süßstoff, sondern vor allem als Medikament sehr begehrt.

Außerdem hatte König Peter III. Federico Corner zum Ritter des damals sehr begehrten Schwerter-Ordens gemacht, woraufhin sich Federico auf die

Fassade seines Palastes die heraldische und allegorische Dekoration hatte meißeln lassen, die dort noch heute zu sehen ist: die Justitia und die Stärke, David und Goliath, das viergeteilte Wappen der Lusignan von Zypern, Jerusalem und Armenien sowie sein eigenes Wappen mit dem aufrecht gestellten Ordens-Schwert und dem Spruchband „Pro tuenda integritate".

Einer seiner direkten Nachkommen, der genannte Giovanni Battista, wurde 1649 Prokurator von San Marco, weil er fünfundzwanzigtausend Dukaten an die Kriegskasse gezahlt hatte. Er gefährdete seine hohe Position, die er im Laufe der Zeit aufgebaut hatte, durch eine peinliche Heirat, die damals einen Riesenskandal hervorrief. Die Braut war anscheinend unmöglich. Abgesehen davon, daß sie aus Valsabbia kam, aus der Gegend von Bergamo, einem entlegenen und unwegsamen Landesteil der venezianischen Terra Ferma, hatte sie einen höchst zweifelhaften Lebenswandel hinter sich, der von einem Annalenschreiber, der die patrizischen Stammbäume kommentierte, mit folgenden Worten beschrieben wurde: „Zu ihrer Zeit wurde sie zwischen Bordellen und den infamsten Kurtisanen hin- und hergeschoben." Die junge Dame hieß Zanetta Boni und besaß offensichtlich „viel natürliche oder vielmehr übernatürliche Kunstfertigkeit", mit der sie den „im übrigen stolzen und entschlossenen" Herrn Prokurator so lange an der Nase herumführte, bis er sie schließlich heiratete. Der Prokurator selbst muß aber auch ein recht skurriler, aufbrausender und aufgeblasener Mann gewesen sein, da ihn die Wasserbehörde 1656 „wegen Unverschämtheit" ins Gefängnis steckte. Nach der Hochzeit ließ Zanetta Boni sich „Procuratessa" nennen und war ganz übertrieben auf ihren Rang bedacht, obwohl keine einzige Dame der guten patrizischen Gesellschaft mit ihr verkehrte.

Alle Arroganz und Macht des Prokurators hatten jedoch nicht gereicht, um die „Avogadori di Comun", die Wächter des Goldenen Buchs der Patrizier, zu veranlassen, diese Heirat darin einzutragen. Somit waren die beiden Söhne des Paares, Francesco und Girolamo, keine Patrizier und folglich auch vom Großen Rat ausgeschlossen.

Der Prokurator war erbost und versuchte dieses Problem durch Geld zu lösen, ein Weg, der seit 1646 möglich war. Um die Kosten für den Krieg gegen die Türken tragen zu können, hatte der Staat besonders reichen und verdienten Bürgern die Möglichkeit eröffnet, sich in das Patriziat, den Adel, einzukaufen, und viele „Case fatte per soldo" sind damals entstanden. Aber Senat und Großer Rat, die normalerweise bei der Annahme von Gesuchen, die mit viel Geld verbrämt waren, eher zu großzügig verfuhren, zeigten sich gegenüber den Söhnen der Zanetta Boni sehr abweisend. Erstmals wies der

Große Rat im August 1659 den Antrag des Prokurators nahezu einstimmig zurück, kurz darauf wurde der Antrag wiederholt und erneut abgelehnt, und auch noch fünf Jahre später fiel ein neues, mit pathetischen Worten aufgesetztes Gesuch mit Bomben und Granaten im Senat durch. Endlich, am 1. März 1664 wurden die beiden jungen Corner Piscopia gegen den Erlag von hundertfünfzigtausend Dukaten als Patrizier akzeptiert, aber mit einer nicht eben sehr schmeichelhaften Mehrheit. Der Prokurator scheint jedenfalls bei seinen Standesgenossen nicht sehr beliebt gewesen zu sein.

In diesen harten Zeiten war dem Prokurator seine Tochter Elena Lucrezia ein wahrer Trost. Er selbst war ein hochgebildeter Mann und hatte im Palast am Canal Grande eine der bedeutendsten Bibliotheken seiner Zeit eingerichtet. Ein Chronist beschreibt sie als „ansehnlich … was ihren Umfang, ihre Themen, insbesondere im Bereich Geschichte und Politik betrifft, worin dieser Herr äußerst gelehrt ist“. Als der Hauspfarrer Giambattista Fabris, ein Gräzist, Philosoph und Aristotelesforscher, ihn darauf aufmerksam machte, daß die kleine Lucrezia sehr begabt für klassische Studien zu sein scheine, ließ er sie in Latein und Griechisch unterrichten. Nach einiger Zeit vertraute er sie dem aus Kreta stammenden Alvise Ambrogio Gradenigo an, der Kustos bei der Markusbibliothek und ein hochberühmter Gelehrter war.

Zusätzlich zu den klassischen Sprachen studierte Elena auch Musik und Mathematik. Der Mathematiker Carlo Rinaldini, der in Pisa gelehrt hatte und nun Professor in Padua war, diskutierte mit ihr über das Werk des Archimedes und war äußerst verwundert über ihre perfekte Kenntnis nicht nur seiner Disziplin, sondern auch des Französischen und des Spanischen, der Dialektik, der Philosophie, der Theologie und sogar der Astronomie. Ihr Biograph Antonio Lupis kommentierte in dem so schwülstigem Stil seiner Zeit: „ihr Geist, ganz Licht, fand in diesen souveränen und leuchtenden Juwelen des Firmaments sein ganz eigenes Haus“. Sie diskutierte auch auf Hebräisch mit den Rabbinen aus dem Ghetto. Mit siebzehn Jahren war sie bereits eine Berühmtheit und galt als Wunderkind. Nicht nur aus Italien, sondern sogar aus Genf und Zürich kamen Lob und Anerkennung und Gelehrte schickten ihr Werke mit persönlichen Widmungen.

Mit einunddreißig hatte Elena im Palazzo Corner Piscopia eine feierliche philosophische Disputation auf Latein und Griechisch vor einem großen und ausgewählten Publikum gehalten. Es waren auch viele Damen da, die plötzlich auf die peinliche Anwesenheit der Zanetta Boni vergessen hatten. Nach der Disputation hatte Elena auf allgemeines Bitten hin gesungen, „tugendreich, liebreizend und bescheiden“, zur allgemeinen Bewunderung in sechs

Sprachen: altgriechisch, neugriechisch, französisch, spanisch, lateinisch und italienisch. Um diese Zeit hat sie auch schon in ihren schriftlichen Äußerungen und in ihrer Korrespondenz, die sie mit den verschiedenen Persönlichkeiten unterhielt, das Gelübde der Keuschheit erneuert, das sie in früher Kindheit abgelegt hatte. Sie wurde benediktinische Oblatin und erklärte, daß sie ihr klösterliches Leben aber zu Hause führen wolle, da es ihr nicht erlaubt worden sei, in einem Kloster zu leben.

Der Prokurator teilte scheinbar nicht die Voreingenommenheit seiner Zeit, die die Frauen von Studium und Wissenschaft ausschloß. Elena ihrerseits war offensichtlich auch wirklich hoch begabt und an Forschung und Gelehrsamkeit interessiert. Die spektakulären Auftritte, zu denen ihr stolzer Vater sie immer wieder zwang, waren ihr aber aus tiefster Seele zuwider. Von Natur aus war sie bescheiden, ja sogar schüchtern und errötete leicht in der Öffentlichkeit. Die vom Prokurator so sehr forcierten öffentlichen Vorführungen erregten ihren „äußersten Widerwillen", und sie sagte, daß sie ihr das Leben verkürzten.

Der stolze Vater gab aber keine Ruhe, und so erteilten nach einem langen Hin und Her im November 1677 die Magnifizenzen der Universität von Padua den venezianischen Rektoren der Stadt entsprechende Instruktionen, damit die von Elena Corner Piscopia „angestrebte Promotion zum Doktor in der heiligen Theologie in der öffentlichen Bibliothek oder in einem anderen geeignetem Raum" gefeiert werden könne, da wegen des Ereignisses mit einem außergewöhnlich starken Publikumsinteresse zu rechnen sei.

Daß Elena selbst das wirklich alles so gewollt hat, kann man anzweifeln. Wahrscheinlich war es nur der ehrgeizige Plan ihres überspannten Vaters. Der damalige Bischof von Padua und Kanzler der theologischen Fakultät, Kardinal Gregorio Barbarigo (Papst Johannes XXIII. hat ihn 1960 heilig gesprochen), war über den von Elenas Vater gestellten Antrag einfach verblüfft gewesen. Nichts gegen ein Examen in Philosophie, schrieb der Bischof, aber daß eine Frau den Titel eines Doktors und Magisters in der heiligen Theologie erwerben wollte, das sei etwas Unvorstellbares. Ein zweiter Vorschlag des Prokurators Corner, seine Tochter promovieren zu lassen, „sie Maestra zu nennen, und ihr nicht die Lehrbefugnis zu geben, ja sie ihr sogar ausdrücklich zu untersagen", der sei wirklich lächerlich.

Jedenfalls würde eine Universität, die Frauen in Theologie promovieren ließ, „alle Universitäten zum Lachen und sich um ihren Ruf bringen". „Heute vormittag", schrieb Barbarigo an ihren Vater, „habe ich einen französischen Bischof, einen Freund von mir, getroffen, und ich habe ihn darüber befragt, und er hat erbarmungslos zu lachen begonnen." Nicht daß Elena nicht jede Anerkennung verdiente, fuhr Barbarigo fort, sie sei „eines jeden Examens würdig, wenn nicht ihr Geschlecht dem entgegenstünde, das allein den Zugang zur Kathedra behindere". Der Bischof schlug einen Kompromiß vor: man solle Elena den Titel verleihen, den das Konzil von Trient „auch Männern gibt, damit sie Bischof werden können", den Titel des Lizenziaten, der die Möglichkeit einschloß, „die Doktorwürde zu erlangen".

Doch der Prokurator Corner bombardierte den Kardinal geradezu mit Briefen, und mit unverschämten obendrein: „Sie erhitzen und versteifen sich immer mehr", schreibt Barbarigo. Die Antwort des Kardinals lautete: nicht er, sondern der heilige Paulus sage, daß Frauen nicht Theologie unterrichten dürfen. Die Signora Elena solle ruhig eine schöne Disputation machen, „einen öffentlichen Auftritt, dem die Universität beiwohnen und ihr daraufhin die Bescheinigung ihrer großen Fähigkeiten geben möge, sie ausgiebig loben und ihr sagen möge, daß nichts anderes als ihr weibliches Geschlecht der Verleihung des Titels Maestra entgegenstehe". Der Prokurator tobte und wütete. Elena hätte es lieber gehabt, daß über das Theologieexamen nicht mehr gesprochen würde. Doch auch der Mathematiker Rinaldini war sehr rührig: er hatte ein positives Gutachten der Sorbonne besorgt und hatte von einem paduanischen Theologen eine gelehrte Denkschrift zugunsten der Promotion von Frauen verfassen lassen, in der auch das Argument vom heiligen Paulus auseinandergenommen wurde. Am Schluß riß der zuständigen venezianischen Oberbehörde für die Universität Padua die Geduld. Diese „Riformatori" entschieden: Elena würde in Philosophie promovieren, die Rektoren sollten für „Anstand und Würde" der Zeremonie Sorge tragen. Und damit basta!

So trug am 25. Juni 1678 in der bis zum Bersten gefüllten Kathedrale von Padua die erschreckte, verängstigte und verstörte damals immerhin schon zweiunddreißigjährige Elena Corner Piscopia ihre Dissertation über einen Passus bei Aristoteles vor. Und der Mathematiker Rinaldini übergab ihr nach einer ausführlichen Rede in lateinischer Sprache feierlich die Insignien der Doktorwürde: das Buch, den Ring, den mit Hermelin besetzten Umhang und den Lorbeerkranz. Von allen Seiten regnete es Glückwünsche, Gelegenheitsdichtungen und Drucke mit dem Bildnis der Doktorin, und die Akademien von Padua organisierten Tagungen und Zeremonien.

Aber es gab auch Leute, die darüber murrten, und es fand sich durch Zufall zwei Jahrhunderte später ein Zettel, auf dem ein Professor Gaspare Ottaviano Cantù notiert hatte, daß Elena „ihren Vortrag in der Kapelle der Madonna im Dom mit einer bei ihr zuvor nie gehörten Konfusion vorgebracht hat, sie verlor Faden und Schärfe, … kurzum, sie hat nach ihrem eigenen Belieben promoviert … sie wurde mit Blumen bekränzt und sie begab sich triumphierend in der Kutsche zu ihrem Palast, zum Heiligen“.

Auf alle Fälle hat damals eine Frau zum ersten Mal den Doktortitel erhalten beziehungsweise ihr Vater hatte ihn ihr ertrotzt. Man kann sicher nicht sagen, daß der etwas überspannte Prokurator Corner Piscopia ein Vorkämpfer für die Rechte der Frauen gewesen ist, sondern er hat das wahrscheinlich mehr aus persönlicher Geltungssucht gemacht, oder um bewußt seine Standesgenossen zu ärgern. Dafür spricht auch, daß der Prokurator Corner Piscopia wenige Monate später an Rinaldini einen sehr langen Brief schrieb, in dem er sich hochfahrend der Bewerbung einer anderen Frau widersetzte, einer jungen Französin, Carla Gabriella Patino, Tochter eines berühmten Dozenten für Medizin an der Universität von Padua, die ebenfalls in Philosophie promovieren wollte. Aus Eitelkeit wollte er eben, daß seine Elena ein Einzelfall blieb.

An jener Mauer des Palazzo Corner Piscopia, die zur Calle del Carbon sieht, ist eine Tafel zur Erinnerung an Elena angebracht, der angeblich ersten Frau, die promoviert hat.

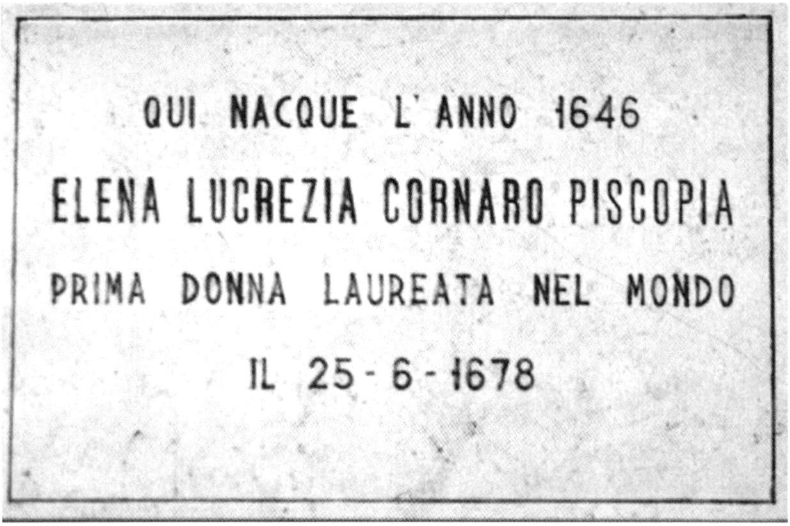

Erinnerungstafel an der Mauer des Palazzo Corner Piscopia

101) Calle Corner Piscopia

102) Palazzo Dandolo Farsetti. Dieser Palazzo ist wie der vorherige ein venezianisch-byzantinischer Bau aus dem 12. bis 13. Jahrhundert, ebenfalls als Fondaco angelegt. Auf den Palast wurden im 16. Jahrhundert zwei Stockwerke aufgesetzt. Immer noch im Besitz der Dandolo, wurde er 1524 durch einen Brand schwer beschädigt. 1669 wurde er von der Familie Dandolo an Anton Francesco Farsetti verkauft, der vier Jahre zuvor „per soldo" in den venezianischen Adel aufgenommen worden war. Im 18. Jahrhundert wurde er von den neuen Eigentümern weiter restauriert und umgebaut. Heute sind hier Behörden der Stadtverwaltung untergebracht.

Von links nach rechts: Die Ecke des Palazzo Corner Piscopia 100), Calle Corner Piscopia 101), Palazzo Dandolo Farsetti 102) und Calle Cavalli 103)

Dieser Palazzo war angeblich einmal der Palast eines der berühmtesten Dogen Venedigs, der Palast von Enrico Dandolo. Dieser Ansicht widerspricht aber ein Passus im Testament des Dogen Andrea Dandolo, eines anderen Dogen aus dieser alten Familie. Er vermachte nämlich diesen Palast, den er selbst gekauft hatte, seinem Sohn und definiert ihn mit den Worten, er stehe nicht weit entfernt vom Palast des Dogen Enrico.

Andrea Dandolo, 1306 geboren, war nach einer steilen politischen Kariere 1343 mit nur siebenunddreißig Jahren Doge geworden. Sein Zeitgenosse, der Dichter Petrarca, der als Abgesandter des Herzogs von Mailand mit ihm viel zu tun hatte, lobt ihn als einen überaus gebildeten und liebenswürdigen Humanisten, der allseits und besonders auch beim Volk von Venedig sehr beliebt war, das ihn „Contesin", den kleinen Grafen, nannte. Er verfaßte ein mehrbändiges Werk über die Geschichte von Venedig und unterhielt eine ausgedehnte Korrespondenz mit den Gelehrten und großen Juristen seiner Zeit. Er war offensichtlich ein brillanter und lebensfroher Mann, und Isabella Fieschi, die Frau des Lucchino Visconti, des Herzogs von Mailand, hat sich bei einem Venedigaufenthalt 1347 in ihn bis über beide Ohren verliebt. Die Sache wurde sogar ein regelrechter Skandal, der dazu führte, daß die Dogaressa Francesca Morosini in ihr Testament eine Bestimmung aufnahm, daß sie nicht im selben Grab mit ihrem Mann begraben werden wolle. Ein Jahrhundert später hat dann der giftige Prediger Savonarola diesem „ruchlosen Treiben“ des Dogen die Schuld an den Katastrophen während seines Dogats gegeben.

Andrea Dandolo
Doge von 1343 bis 1354

Es waren schwere Zeiten. Zara rebellierte zum siebenten Mal, ein Erdbeben verheerte die Stadt, eine Pestepidemie brach aus und drei Viertel der Bevölkerung starben. Ein Krieg mit Genua ließ sich schlecht an, und als der Doge sich weigerte, unter jeder Bedingung Frieden zu schließen, war er auf einmal sehr unbeliebt und man gab ihm die Schuld an allen Katastrophen, besonders an dem Krieg und nannte ihn einen Kriegstreiber. Andrea Dandolo starb, wie man sagt, an gebrochenem Herzen am 7. September 1354 und wurde als letzter Doge in San Marco beigesetzt; sein gotisches Grabmal im Baptisterium wirkt etwas mystisch für einen doch so lebensfrohen Menschen, als den ihn uns die Geschichte gezeigt hat.

Die alten Mauern und ein Stiegenaufgang an der nordwestlichen Seite des Corte del Teatro, beides vielleicht Reste vom Palazzo des Dogen Enrico Dandolo

Andrea Dandolo hatte zwei Söhne. Fantino, der Erstgeborene, der Erbe des Palastes, heiratete Beriola Falier, eine Nichte des Nachfolgers seines Vaters im Dogenamt und wurde ein Schriftsteller von hohem Kunstverständnis. Sein jüngerer Bruder Leonardo wurde Diplomat und hat später selbst mehrfach bei der Dogenwahl kandidiert.

Es ist wie gesagt unwahrscheinlich, daß dieser Palast früher einmal der Palast des Dogen Enrico Dandolo gewesen war. Andrea Dandolo, nur knapp hundert Jahre nach dem Tod des Dogen Enrico geboren, mußte es eigentlich noch genau wissen und hat ja in seinem Testament bestätigt, daß die beiden Dandolopaläste nahe beieinander standen. Nach heutiger Meinung befand sich der Palast von Enrico Dandolo etwas weiter oben am Canal Grande etwa in der Höhe, wo heute die Ca’ Dandolo 96) und der Palazzo Dandolo 97) an der Riva del Carbon stehen. Wenn man den Ramo Carbon unter dem einen der Häuser 95) hineingeht, kommt man auf den Corte del Teatro, an dessen Nordwestseite sich noch alte Mauern finden, die zum Palast des Dogen Enrico Dandolo gehört haben dürften. Wäre Enrico Dandolo nicht bei Byzanz dreiundneunzigjährig nach einem Gewaltritt gestorben, hätte er wahrscheinlich hierher jene Schätze und Kunstwerke gebracht, die ihm nach der Eroberung Konstantinopels zugefallen waren. So sind sie dem Schatz von San Marco einverleibt worden.

Enrico Dandolo ist eine von der Gloriole des historischen Erfolgs umstrahlte Figur, wie es nur wenige andere gibt. Er war es, der Venedig auf den Höhepunkt seiner politischen Macht und Größe geführt hat. Er wurde am 21. Juni 1192 zum Dogen gewählt und war zum Zeitpunkt seiner Wahl über achtzig Jahre alt. Er gehörte noch zu der gleichen Politikergeneration wie seine beiden Vorgänger Ziani und Mastropiero.

Sechs Jahre war Enrico Dandolo bereits Doge, eine Zeit, in der er durch kurze gezielte und sehr erfolgreiche Miltärschläge Verona, Treviso und Pisa bekämpft hatte, als in Rom 1198 Kardinal Graf Segni Agnani als Innocenz III. den päpstlichen Thron bestieg. Innocenz rief Europas Völker zum Kreuzzug auf, weil Jerusalem wieder einmal von den Muslimen erobert worden war. Es war der vierte Kreuzzug, und kein anderer ist so gut dokumentiert wie dieser und das aus mehreren Gründen.

Vor allem nahm an führender Stelle ein Ritter teil, der des Lesens und Schreibens überaus kundig war – damals überhaupt sehr selten und besonders in diesen Kreisen. Er hieß Gottfried von Villehardouin und war bei allen entscheidenden Verhandlungen und Schlachten dabei und hat darüber dann ein Buch geschrieben: „Conqueste de Constantinople“.

Zweitens fuhren sehr viele hohe Kleriker mit, darunter der Abt Martin von Pairis, einer der fleißigsten Propagandisten und Prediger für diesen Kreuzzug. Da auch damals schon gute Werbung offensichtlich mit viel Schreibarbeit verbunden war, nahm sich Abt Martin aus dem Kloster seine besten Leute, zuerst auf die Propagandareisen und später auch auf den Kreuzzug mit. Einem dieser fleißigen Klosterbrüder verdanken wir nicht nur die überlieferten Predigttexte des Abtes Martin, sondern ebenfalls eine Chronik.

Und drittens und vor allem hat Venedig diesen Kreuzzug organisiert. Die Venezianer waren ordentliche Kaufleute mit einer guten Buchhaltung. Die Regierung hatte einen großen Beamtenstab und viele Behörden, die dauernd nach Berichten verlangten und sie auch bekamen. So sind die entscheidenden Augenblicke, die politischen Wendungen und Ränke so plastisch auf uns gekommen, daß sie fast drehbuchreif sind.

Aber noch sind wir nicht soweit. Papst Innocenz hat erst zu seinem Kreuzzug aufgerufen: am Himmelfahrtststag, am 15. August 1198. Dieser, der vierte Zug, sollte sein Kreuzzug werden, ohne Kaiser und Könige, verpflichtet nur ihm, dem Papst und unter seiner obersten Leitung. Die streitenden deutschen Gegenkönige kamen ihm jetzt weiß Gott nicht in die Quere, und die übrigen hohen Herren ringsum hatten damit zu tun, sich aus dem zerbrochenen Reich ein Stück Beute herauszureißen.

In Deutschland aber war, wie sich zeigte, die Neigung zu einem erneuten Abenteuer im Heiligen Land nicht sehr groß, mochten sich die Prediger noch so anstrengen. Und sie bemühten sich sehr. Eine Kreuzpredigt des Abtes Martin von Pairis, die uns erhalten ist, würde einem Propagandaredner unserer Tage wohl anstehen. Trotz aller Mühe war das Ergebnis mager – und nicht nur in Deutschland. Im Gegenteil, böse Zungen, vorab die des Walther von der Vogelweide, hetzten, daß nur wieder „deutsches Silber in welsche Truhen fließen" solle. Frankreich zeigte sich etwas williger, desgleichen die Lombardei und dann natürlich auch die treuen Provençalen. Aber von einer Aufbruchstimmung der abendländischen Ritterschaft konnte keine Rede sein, und mit enttäuschtem Seufzen mußte Innocenz den ursprünglichen Abfahrtstermin, den er im ersten Schwung auf das Frühjahr 1199 festgelegt hatte, verschieben. Jedoch deshalb gab er noch lange nicht auf. Seine Prediger eilten weiter durch die Lande und hatten gegen Ende des Jahres 1200 dann doch ein ansehnliches Häuflein zusammenbekommen und noch dazu den jungen Grafen Theobald von der Champagne als Führer gewonnen.

Und dies war ein besonderer Glücksfall. Denn dieser bemerkenswerte junge Mann war nicht nur fromm, sondern auch klug, und hatte für diesen Kreuzzug einen grundgescheiten Plan. Diesmal sollte es keine kopflose Hurrageschichte werden. Kein Angriff vorerst auf das Heilige Land, sondern vielmehr auf Ägypten, das Machtzentrum der Muslime. Palästina würde ihnen nach dem Sieg dann sowieso zufallen. Da aber für einen Angriff auf Ägypten zur Beförderung der Truppen nur der Seeweg in Betracht kam, mußten ein paar Seestädte bei diesem Kreuzzug mitmachen.

Auch darin sah der Heilige Vater, begeistert von dem Plan, keine Schwierigkeit und ließ sogleich in Genua, Pisa und – wohl oder übel – auch in Venedig anklopfen. Jedoch er hatte sich getäuscht. Genuesen und Pisaner lehnten rundweg ab. Man war doch nicht von Sinnen! Wie wollten denn diese weltfremden Frömmler ohne eine wesentliche finanzielle und politische Macht hinter sich die ungeheuren Kosten aufbringen, von dem finanziellen Risiko für den Veranstalter des Seeunternehmens ganz zu schweigen. Denn was war, wenn alles schiefging? Wer kam dann für die zerstörte Flotte, für den jahrelangen Ausfall der gesamten Transportkapazität auf? Und im übrigen gingen die Geschäfte jetzt endlich wieder gut, warum sollte man durch den Unsinn alles wieder zunichte machen? Und außerdem, wie stellten sich die Herren Ritter das eigentlich vor: wie viele Schiffe glaubten sie denn zu benötigen? Niemand auf der Welt war imstande, eine solche Flotte in absehbarer Zeit zu bauen und auszurüsten! Auch wenn das auch alles nicht so offen gesagt wurde, die Absage war eindeutig und sie war für den Herrn auf Petris Thron eine herbe Enttäuschung. Denn nun blieb nur noch Venedig, dem er nicht über den Weg traute. Aber da die Verhältnisse einmal so lagen, mußte man eben doch diese ungeliebten Leute als künftige Partner ins Auge fassen und darauf hoffen, daß sich die Republik von San Marco wenigstens bei diesem Unternehmen nicht auch noch faule Ausreden einfallen ließ.

Also traf im Februar 1201 in der Lagunenstadt eine Gesandtschaft der vorgesehenen Kreuzzugsführung ein. Natürlich nicht die hohen Herren selbst, sondern schon aus Reputationsgründen nur ihre Beauftragten: Der Vertreter des Grafen Theobald von der Champagne in der Person seines Marschalls, Gottfried von Villehardouin (später jener getreuliche Chronist dieses Kreuzzugs), und der Vertreter des Grafen Balduin von Flandern, Kuno von Bethune. Fast ein Vierteljahr lang feilschten die hochgestellten Herrschaften mit den Venezianern um den Transportvertrag. Die Verhandlungen waren mühsam und den Herrn Rittern konnte schon manchmal die Geduld reißen bei diesen Pfeffersäcken. Gott sei Dank war da der Doge. Ein entzückender alter Herr. Immer wenn die Verhandlungen stecken blieben, mischte er sich ein und bekam den Karren wieder flott. Diese zutiefst gottesfürchtige Haltung war wohl eine Folge seines hohen Alters – er war über neunzig – und sah sich wahrscheinlich auch schon bald vor Gottes Richterstuhl. Und was konnte dort wohl mehr zählen als die Unterstützung eines Kreuzzuges. Es war jedenfalls ein wahres Gotteswunder, daß ein so gütiger und frommer und milder Mann gerade jetzt die Geschicke des wichtigsten Verbündeten leitete.

Mit dem Vertrag, der im April dann schließlich fertig vorlag, waren die Gesandten der Kreuzritter dann auch hoch zufrieden. Er erschien ihnen zumindest durch und durch korrekt, um nicht zu sagen entgegenkommend: Venedig verpflichtete sich, 4500 Ritter, 9000 Knappen, 9000 Pferde und 20000 Fußsoldaten ins Morgenland zu befördern und vom 29. Juni 1202, dem Tag der Abreise, an ein Jahr lang zu verpflegen. Dafür standen der Republik 85000 Mark Silber Kölner Gewichts zu. *(Das waren knapp 20 Tonnen Silber. Der Wert ist auf die heutige Zeit schwer umzurechnen. Wenn man vom heutigen Goldpreis und der damaligen Gold/Silber-Relation ausgeht, werden es zwischen 20 und 30 Millionen US-Dollar im Jahr 1999 gewesen sein.)* Diese Summe müsse allerdings auch dann entrichtet werden, stand weiters zu lesen, wenn die obige Teilnehmerzahl nicht erreicht werde. Ferner durften sich die Pilger, die sich ab April 1202 auf dem Lido vor Venedig versammeln sollten, während ihres Aufenthalts dort nur aus dem Herrschaftsgebiet der Republik Venedig mit Lebensmitteln versorgen.

Auf der anderen Seite werde Venedig selbst auf eigene Kosten 50 weitere Galeeren ausrüsten, wofür der Republik das Recht auf die Hälfte alles Eroberten zugesagt wurde. Die Absicht, den Zug gegen Ägypten zu lenken, legte man nur in einer Geheimklausel dem Vertrag bei, und in einem letzten Satz fand sich eine Absichtserklärung, daß unter anderem auch vom Papst eine wohlwollende Haltung gegenüber dem Kreuzzug anzustreben sei.

Froh, ihre Sache so gut erledigt zu haben, eilte die Delegation nach Frankreich, um dem Herrn Theobald zu berichten. Aber sie kam zu spät, der Graf war tot, gestorben in der ersten Maihälfte, plötzlich und wie man hörte auf ganz natürliche Weise.

Die Kreuzherren waren bestürzt. Aber nachdem sie einen Führer brauchten, wählten sie im Juli 1201 den Markgrafen Bonifaz von Montferrat, den Enkel von Kaiser Barbarossa und Bruder des letzten Königs von Jerusalem. Ihm fiel nun das ganze Erbe des unfertigen Kreuzzugs zu, insbesondere aber drückte der anfangs so gepriesene Vertrag mit Venedig immer ärger. Sicher wäre ihm, dem Vielgeplagten, leichter ums Herz gewesen, hätte er gewußt, daß auch Venedig diese Vereinbarung keineswegs für endgültig und unabänderlich hielt. Die Republik wollte dringend wegen Ägypten nachverhandeln, denn diese Klausel lag den Herren am Rialto genauso im Magen wie Herrn Bonifaz der finanzielle Teil. Denn die Geschäfte mit Alexandrien liefen an sich ausgezeichnet, der Markt schien nahezu unerschöpflich. In Syrien hingegen waren durch den Zusammenbruch der Lateinerherrschaft alle Niederlassungen und Stützpunkte verloren gegangen und die guten Geschäfte dort nur noch eine schöne Erinnerung. Deshalb dachte man am Rialto nicht daran, den Ägyptenplan wirklich in Erwägung zu ziehen. Wenn schon gegen den Orient, dann durfte der Angriff ausschließlich gegen Syrien und eben gegen Palästina mit Jerusalem erfolgen. Die Geheimklausel stand zwar lästigerweise im Vertrag, war aber wohl nicht so wichtig, da der Großteil der Pilger ohnehin nach Jerusalem wollte. Und wenn man diese Grundstimmung noch ein wenig anheizte mit Hinweisen auf die unzähligen Ablässe, die bei der Eroberung der Stadt des Heiles zu gewinnen waren, würden die Verfechter der Ägyptenidee bald immer weniger werden, zumal ihr Erfinder Graf Theobald ja schon tot war. Gegen den geballten Willen des gesamten Heeres war die kleine Führungsschicht wohl machtlos, und diesen Willen konnte man schon manipulieren. Venedig hatte seine Erfahrung in Massenpsychologie.

Der Markgraf Bonifaz aber hielt das Abkommen weiterhin für absolut verbindlich, und es rauchte ihm der Kopf wegen immer neuer Schwierigkeiten und wegen Fallen, die Tag für Tag aufs Neue aus dem Vertrag entstanden. Schließlich war man ja Ritter und nicht Notar oder gar ein Kaufmann. Und außerdem hatte ja wirklich nicht er den Vertrag ausgehandelt!

Wegen des Vertrages hatte sich über sein Haupt nämlich schon der ganze Groll der Kurie und des Papstes ergossen, der sich von „seinem" Kreuzzug auf einmal ausgebootet sah. Aber wenn auch der Herr Bonifaz das wenigstens mit unendlicher Mühe inzwischen wieder einigermaßen auszugleichen verstand, so brachte ihn eine andere Sache geradezu um seinen Schlaf.

Bis zum Jahreswechsel 1200 auf 1201 hatten etwa zehntausend Männer aller Stände das Kreuz genommen. Der selige Graf Theobald war hingegen in seinem Überschwang davon ausgegangen, daß bis zum Beginn des Zuges mindestens dreimal so viele zusammenkommen würden. Also hat er für 33.500 Teilnehmer den Vertrag abschließen lassen, und so mußte für diese Zahl bekanntlich der Preis an Venedig entrichtet werden, mochten sie nun kommen oder nicht. Aber genau das letztere war passiert, und zwar in verheerendem Ausmaß. Denn seit jener ersten Zählung, die zehntausend ergab, hatte sich eigentlich nicht mehr viel verändert. Von Zeit zu Zeit kamen einige hinzu, aber andere sprangen wieder ab und suchten ihren eigenen Weg nach Jerusalem, weil sie von dem Ägyptenplan gehört hatten. Man blieb summa summarum etwa auf dem einen Drittel sitzen. Herrn Bonifaz war da ein feines Amt zugeschoben worden. Da er nun einmal angenommen hatte, wurde auch durchgehalten, nach braver, alter Ritterart. Unverdrossen ließ er weiter werben, reiste selbst, verhandelte, setzte all seine Beziehungen ein, und endlich, endlich lief die Sache doch an. Zum Frühlingsende 1202 zuckelten die ersten Pilger nach Venedig und wurden dort vorwiegend auf den Lido verfrachtet, wo sie sich dann im Juni schon in Haufen drängten.

Frühsommer 1202: Die Venezianer waren völlig verzweifelt. Man konnte nicht mehr atmen, nicht mehr arbeiten, sich nicht mehr rühren, hatte kein Recht und keinen ruhigen Winkel mehr in seiner eigenen Stadt. Fremde, Fremde, nichts als Fremde, röhrende, brüllende, besoffene, ungehobelte Fremde. In unvorhersehbaren Massen haben sie auch die Stadt überschwemmt, Kriegsleute, Gauner, Gaukler, Huren, Abenteurer und Mönche. Tausende huschender, bettelnder Mönche, an jeder Ecke stehen sie, predigen, lamentieren inmitten des tobenden Gewühls, und ihr schrilles Geschrei jagt die Vögel davon.

Außerdem stinkt es. Es stinkt überall und ganz abscheulich. Brütende Sommerhitze flirrt mit dem erstickenden Dunst von Menschen, Tieren und fauligem Wasser zwischen den Häusern. Bei der leichtesten Brise, die sonst Erleichterung bringen könnte, kriechen nur weitere Schwaden Gestank vom Arsenal herüber, wo Pech und Teer gekocht wird. Oder es stinkt vom Lido her, wo die Fremden mit ihrem Troß und allen Pferden untergebracht sind. Eine Zumutung ist das Leben in dieser sonst so zarten und herrlichen Stadt geworden, und die Volksseele kocht.

Wie haben sich Rat und Doge nur auf so etwas einlassen können! Die Lästermäuler sind unablässig in Bewegung, und an allen Ecken wird geschimpft und gemault. Man könnte das Ganze ja vielleicht noch ertragen, wenn es wenigstens ein gutes Geschäft wäre. Schon der Vertrag mit den Kreuzfahrern war in seiner Einfalt dem kaufmännischen Talent Venedigs rundweg unwürdig. Und jetzt müssen auch noch enorme Verluste befürchtet werden, da diese miesen Ausländer offenbar nicht einmal zahlen können. Nur etwas mehr als die Hälfte des vereinbarten Preises hat die Republik, wie man aus sicherer Quelle erfährt, bisher bekommen! Aber das wundert eigentlich auch niemand, wenn man sieht, was für ein Gesindel da zusammengekommen ist. Nun gut, ein paar Herrschaften sind auch dabei, vor allem aus Frankreich, und dazu noch ein paar Bischöfe und Äbte. Aber der Großteil ist ein rüder Haufen von Abenteurern, die das große Glück machen wollen. Und wer in ihr Lager auf dem Lido kommt, muß sich als braver Mensch die Augen vor Scham zuhalten, so geht es dort zu. Fromme Pilger, die Blüte des abendländischen Rittertums? Da kann man ja nur lachen! Das Volk von Venedig ist empört und wütend und wünscht sehnlichst, daß dieses dumme Vorhaben endlich losgeht und die widerliche Bande nur bald wieder verschwindet.

Eine solche Presse ist für kein Unternehmen schmeichelhaft, schon gar nicht für einen Kreuzzug. Denn zu diesem Behuf hatte sich ja alle diese Menschenmasse aus Pilgern und Adabeis im Sommer 1202 in der Lagunenstadt versammelt. Dem Heiligen Vater Innocenz III. war sicher etwas Besseres vorgeschwebt, als er am 15. August 1198 die Kreuzprediger zum Trommeln durch das ganze Abendland geschickt hatte.

Markgraf Bonifaz bekam zwar seine Leute allmählich zusammen. Aber es waren noch lange nicht genug. Und so gab die Führung den 29. Juni 1202 als Abreisetag auf und schob diesen dann Woche um Woche hinaus. Der päpstliche Legat, Kardinal Petrus Capuano, plantschte erst am 22. Juli gemächlich von

Ravenna in einer Barke herüber, und Herr Bonifaz selbst war sogar Anfang August noch immer nicht da. Die Stimmung im Lager wurde wüster und wüster. Niemand wußte, was eigentlich los war. Richtige Banden fanden sich zusammen, die sich gegenseitig verprügelten. Die Venezianer schimpften täglich mehr über die Gewalttaten und ließen die frommen Pilger nicht mehr vom Lido in die Stadt. Kein Wunder, daß bei allen Beteiligten nur ein Wort noch Gewicht hatte, nämlich „Aufbruch". So war also die Freude allgemein und übergroß, als der Herr Bonifaz von Montferrat auch wirklich eintraf.

Wer zu spät kommt, soll nach Möglichkeit für einen glänzenden Auftritt sorgen, je größer die Verspätung, desto prächtiger der Auftritt! Der Markgraf war außerordentlich spät dran, und da kam es auf einen Tag mehr oder weniger auch nicht mehr an. So legte er seinen Einzug nach Venedig gleich auf den 15. August 1202: Das Fest der Himmelfahrt Mariens und auf den Tag genau vier Jahre nach dem ersten feierlichen Kreuzzugsaufruf des Papstes – ein hervorragender Einfall! Die Begeisterung der Massen war unbeschreiblich, und Herr Bonifaz wurde von den Jubelstürmen beinahe fortgeweht. Vergessen waren Zwist, Streit und Wut, Pilger und Bürger fielen sich mit Tränen in den Augen in die Arme und über das Volk von Venedig lief plötzlich ein ehrfürchtiger Schauer bei dem Gedanken an das große Werk, das nun von dieser kleinen Lagune seinen Ausgang nehmen sollte und vielleicht die Welt verändern würde. Ach Gott, man mußte einfach mitjubeln!

Enrico Dandolo
Doge von 1192 bis 1205

Aber während die Hochstimmung der Menge anhielt, verwandelte sich die des so sehr Gefeierten alsbald in einen Katzenjammer. Das große Zählen brachte niederschmetternde Ergebnisse. Nicht einmal ganz die bekannten Zehntausend hatten sich eingefunden, und obwohl fast alle, zumal die Vermögenden, nochmals kräftig in die Tasche gegriffen hatten, war fast die Hälfte der vereinbarten Summe einfach nicht aufzubringen. Man würde mit den Venezianern reden müssen. Zwar war der Doge schon ein wenig vorbereitet worden, aber ein klärendes Gespräch mußte nun einmal sein.

Schon für einen der nächsten Tage, es dürfte der 24. August gewesen sein, wurde dieses offizielle Treffen angesetzt. Bonifaz und seine Herren fühlten sich nicht recht wohl in ihrer Haut, aber da man in solchen Situationen nicht schon anfangs klein beigeben soll und da sie ja für eine fromme Sache kämpfen wollten, hielten sie sich aufrecht und stolz und dachten fest an ihre Ehre, an das erhabene Ziel und an ihren Stand, als sie sich vom Lido zum Dogenpalast rudern ließen.

Es muß in der Tat sehr eindrucksvoll gewesen sein, wie das Boot mit den hohen Gottesstreitern an der Piazetta anlegte. Aufrecht stehen sie darin, im schimmernden Harnisch und glänzender Wehr, umbraust von Hoch- und Segensrufen. Die weißen Mäntel mit dem Pilgerkreuz leuchten in der Sonne, darunter glitzern Schwerter und vergoldete Rüstungen, und als die hohen Herren an Land schreiten, klirren die Sporen und die Kettenhemden und die staunende Menge ist sich sicher: Diesen großartigen Rittern kann kein Ungläubiger widerstehen! Das Volk ist außer sich. Kaum daß die Diener und Knappen einen Weg durch die tobenden Massen bahnen können; der Herr Bonifaz ist ganz gerührt. Im Palasttor freilich wartet nur ein einzelner Würdenträger. Er lächelt, veneigt sich und bittet, einzutreten – allerdings nur die Herren von Stand, die Niedrigen bleiben draußen. Nun war der Dogenpalast damals noch nicht der Prachtbau von heute. Er war eine düstere Trutzburg, aber im Inneren hatte die Republik auch damals schon keine Kosten gescheut, ihr Selbstbewußtsein zur Schau zu stellen. Kostbare Teppiche, Gold, Silber, edelste Hölzer überall, und der Chronist Villehardouin, dem wir diese Berichte verdanken, meint später, daß es in ganz Europa wohl keinen Palast gebe, der an Pracht diesem gleichkomme.

Die Kreuzherren sind sehr beeindruckt – aber auch leicht irritiert. Sie werden über breite Treppen und durch weite Säle geleitet, doch liegt alles wie ausgestorben. Niemand begrüßt sie, keiner verneigt sich, der Doge hat sich offenbar das große Zeremoniell gespart. Schließlich geht es durch eine kleine enge Tür: Man steht im Arbeitszimmer des ersten Mannes von Venedig. Oh Gott, hier sieht's tatsächlich aus wie im Kontor eines Kaufmanns. Regale an den Wänden ringsum, übervoll mit Pergamentrollen und Aktenbündeln, in einer Ecke gestapelt kleine Päckchen, Warenproben vermutlich, daneben vier oder fünf Stoffballen. Es riecht nach Gewürzen und Jute. Enrico Dandolo hat sie erwartet – ein paar Komplimente, dann sitzt man sich gegenüber. Hier die aufgeputzten Militärs, jugendlich und mit den Fersen wippend vor lauter Kraft, dort, im simplen schwarzen Kleid ein neunzigjähriger blinder Greis, hager, bleich, gebeugt von den Jahren, umgeben von seinen schweigenden Beratern. Das Gesicht ist zur reglosen Maske erstarrt, und die erloschenen Augen sind irgendwohin ins Leere gerichtet.

Montferrat läuft ein Schauer über den Rücken. Wie konnten die Venezianer in diesen harten Zeiten die Führung ihres Staates einem Mann übertragen, der am

Rande des Grabes steht? Doch irgendwie wird man schon mit ihm zurechtkommen, er war ja bei den Verhandlungen über den Transportvertrag so hilfreich gewesen.

Es ist mäuschenstill, nur die Kettenhemden rasseln. Dann beginnt der Doge zu sprechen, leise, eintönig, mit einer hohen Greisenstimme. Er beklagt die Verzögerung des heiligen Zuges, die Schwierigkeiten und das Unverständnis, auf die die große Sache vielerorts stößt. Es sei daher um so nötiger, daß diejenigen, die sich durch dieses Vorhaben aneinander gebunden hätten, eng zusammenwirken. Was jedenfalls die Verpflichtungen betreffe, so habe Venedig den seinen voll entsprochen. Die Schiffe lägen seit Juni bereit, und alle Pilger hätten, so früh sie auch gekommen seien, ausreichend Unterkunft und Verpflegung erhalten. Welch andere Stadt im ganzen Erdkreis hätte das alles zustande bringen können? Nur gäbe es da – er zögert kurz – allerdings noch ein bedauernswertes Problem: daß nämlich die Kreuzfahrer ihrerseits den Vertrag noch nicht ganz erfüllt hätten. Freilich bestätige er gern, daß bereits ein Teil des vereinbarten Preises bezahlt worden sei. Aber da die Fahrt nun beginnen solle, müsse er doch fragen, wann die Republik mit den restlichen 35.000 Mark Silber denn nun rechnen könne. Er wäre schon dankbar, wenn die Herren vielleicht, wenigstens, in etwa ihm sagen könnten – Dandolo hält inne. Die Herren blicken zu Boden. Verdammt peinlich. Was soll man sagen? Der Alte schweigt beharrlich, ihnen fällt nichts ein, und die Kettenhemden klingeln nur ganz leise. Endlich, nach schier einer Ewigkeit, erbarmt sich der Doge. Er möchte, so fährt er leise fort, das hohe Werk natürlich nicht gefährden, schon gar nicht des Geldes wegen. Schwierigkeiten seien da, um behoben zu werden, und schon gar die Schwierigkeiten von Pilgern, die unterwegs seien zum Grabe des Herrn. Gerne sei die Republik bereit, die fällige Summe nochmals für einige Zeit zu stunden. Jedoch hoffe man auf eine kleine Unterstützung, die Bereinigung einiger Unannehmlichkeiten, die sich für Venedig in letzter Zeit ergeben haben. Oh, die Herren sind erleichtert, gerne, ja was könnten sie denn tun? Da beugt sich der alte Mann vor: „Zara – wir müssen Zara zurückerobern!"

Jetzt sind die Herren aufgeschreckt. Sie rutschen auf ihren Sitzen hin und her, die Kettenhemden rasseln ganz nervös. Dann beginnt einer zu reden: „Zara, was haben wir dort verloren? Nun gut, seit fast zweihundert Jahren ist die dalmatinische Küste venezianisch und die ganze Zeit wird darum hin und her gestritten. Und jetzt eben wieder einmal mit dem König von Ungarn. Das war doch auch nichts Neues. Vor einigen Jahren – ungefähr damals, als ihr hochverehrter Vertragspartner, der Serenissimus, das Licht dieser Welt erblickt haben muß – ist doch einer seiner Vorgänger, ein Doge, bei einem solchen Scharmützel vor Zara gefallen. (Gott sei Dank ist einem der Herren diese Geschichte eingefallen, Bildung macht sich immer gut!). Die Venezianer werden doch auch diesmal mit dieser Kleinigkeit selbst fertig werden. Zudem habe der ungarische König jetzt ebenfalls das Kreuz genommen. Man könne doch wirklich nicht gegen eine ordentliche Christenstadt ..." „Ordentliche Christenstadt!", fährt der Doge auf. Keine Woche vergehe, ohne daß eine neue Untat dieser Seeräuber und Mörder gemeldet werde. Verschleppte Schiffe, ermordete Besatzungen, unglaubliche Lösegeldforderungen für vornehme Gefangene, Erpressungen, Vergewaltigungen. Sei das Christenart? Was sei es denn, wenn ganze Gesandtschaften ausgeraubt und gefangengenommen würden? Wie solle man im Morgenland Ordnung schaffen, wenn man schon zu Hause derartiges dulde? Jetzt müsse ein Ende gemacht werden, und zwar mit Hilfe des Kreuzheeres. Die Lippen des Dogen werden schmal: entweder Kampf gegen Zara oder sofortige Zahlung der schuldigen Summe – oder Abzug der Pilger aus Venedig und Beendigung des Vorhabens.

Stille. Die Herren sind sprachlos. Also, – ja also eigentlich, – eigentlich müßten sie, wegen der Ehre, jetzt zornig aufspringen, und mit Donnerstimme das Ansinnen zurückweisen. Aber was wäre dann gewonnen? Zahlen können sie nicht, ergo bliebe nichts, als das ganze platzen zu lassen und schleunigst abzureisen, wenn man überhaupt von dem verdammten Lido wegkäme, der sich jetzt als Falle herausstellte. Außerdem wäre man bis auf die Knochen blamiert, könnte sich nirgendwo mehr sehen lassen, von der Ungnade der verschiedenen Herren Könige ganz zu schweigen.

Herr Bonifaz springt nicht auf und von den anderen auch keiner. Sie bleiben sitzen, mit hochroten Köpfen, und wissen vor Verlegenheit nicht, wo sie hinschauen sollen. Die Kettenhemden scheppern nur mehr ganz leise. Endlich fängt einer an zu stottern wegen einem Kompromiß, es kommen die wirrsten Vorschläge. Der Doge bleibt hart – Geld oder Zara. Die Herren winden sich ganz schrecklich, wissen weder ein noch aus.

Aber Dandolo fügt dem Gesagten weiter nichts hinzu, abgesehen vielleicht von dem Hinweis, daß die eine oder andere Schuld vielleicht auch bezahlt werden könne aus der Beute, die in Zara zu holen sei.

Verdammter Pfeffersack, jetzt wird die Entscheidung noch schwerer. Nun ja – eigentlich ganz könne und wolle man Venedig auch wieder nicht im Stich lassen, und daß die Zaresen gar so schlimme Übeltäter seien, davon habe man bislang ja nun wirklich keine Ahnung gehabt. Vielleicht wäre es doch ein gottgefälliges Werk, soviel Schlechtigkeit in die Schranken zu weisen. Wenn es denn unbedingt sein müsse – nur geheim solle es vorerst bleiben, wenigstens das! „Wohlan, meine Herren, ich darf das als Ihren Beschluß werten, meinem Vorschlag zuzustimmen und vor Beginn des Kreuzzugs gemeinsam mit der Republik Venedig die Causa Zara zu bereinigen." Die vordem so leise Greisenstimme des Dogen ist schneidend scharf wie eine Damaszenerklinge. „Besten Dank für Ihren Besuch, meine Herren!"

Man erhebt sich, die Kettenhemden rasseln, gegenseitige Verbeugungen, und schon stolpern die Ritter durch den Saal hinaus und die Treppe hinab. Draußen in der glühenden Sonne jubelt die Menge schon wieder. Alberne Plebs! Herr Bonifaz ist höchst ärgerlich. Er will weg hier, nichts als weg! Unsanft wird die brüllende Meute beiseite geschoben, die Herren klettern ins Boot, der Schweiß fließt in Strömen, sie setzen sich und schauen sich nicht an. So gleiten sie hinaus auf die Lagune, auf demselben Weg, den sie gekommen waren. Nur, wie große Helden sehen sie gar nicht mehr aus.

Oben aber in seinem kühlen schattigen Arbeitszimmer im Palast sitzt ein neunzigjähriger Greis in seinem Sessel. Die toten Augen blicken irgendwohin, seine Knochenhände umschließen die Lehnen mit eisernem Griff. Fast scheint es, als ob er lächelt.

Tags darauf, am 25. August, ist die Markuskirche zum Bersten voll. Alles drängt sich, schiebt sich, stellt sich auf die Zehen und wartet auf den Dogen, der eine Rede an die Venezianer angekündigt hat. Und als der alte Mann schließlich langsam auf die Kanzel klettert, wird es ganz ganz still. Ja, und dann hören sie, wie der Doge seine Stadt auffordert, das Kreuz zu nehmen, die ganze Stadt. Man ist erstaunt und kann diese unglaubliche Wandlung kaum fassen. Schließlich hatte man ja seine Informationen. Aber da hebt dieser seltsame alte Mann da oben auf einmal seine Stimme, nichts Greisenhaftes ist mehr an ihm, und er beschwört jeden einzelnen unter ihnen, er kündigt an, daß er selbst, alt, blind und krank, dennoch dieses Opfer bringen werde. Und er sagt das alles so eindringlich, daß es jeder gelernte Venezianer versteht: wenn dieser kalte Rechner so redet, dann wird das eine lohnende Sache. Begeisterung flammt auf, Tausende stürmen vor, alt und jung, hoch und nieder, und fordern das Pilgerkreuz. Das ganze Abendland ist fassungslos, und der Papst liest eine Messe um die andere für die Lagunenstadt und läßt nichts über seine Venezianer kommen. Es gibt eben auch noch Wunder. So kann man sich in Menschen täuschen.

Und ein zweites scheinbar wundersames Ereignis folgt gleich nach. Noch in derselben Woche rudert so ganz unerwartet, überraschend und rein zufällig eine Gesandtschaft des entthronten Griechenprinzen Alexios über die Lagune nach

Venedig herein und bittet die Kreuzfahrer schlicht, für ihren Herrn Alexios auch gleich das Byzantinerreich zu erobern. Nicht mehr und nicht weniger.

Es war eine merkwürdige Geschichte, die sich da im griechischen Kaiserreich in Byzanz abgespielt hatte. Vor acht Jahren noch war sein Vater Isaak II. Kaiser von Byzanz und er, Alexios, Kronprinz gewesen. Dann gab es plötzlich eine Palastrevolution, in Byzanz nichts so Außergewöhnliches. Der Anführer war der Onkel des Kronprinzen, der Bruder des Kaisers. Als Folge saß nun dieser Herr als Alexios III. auf dem Thron, der vorherige Kaiser, Isaak, lag geblendet im untersten Kerkerloch und der Kronprinz, der aus dem Gefängnis entkommen konnte, war auf der Flucht. Bis hierher wäre die Sache nicht so ungewöhnlich, denn in Konstantinopel wurde laufend jemand abgesetzt, und das Blenden gehörte dann eben dazu, wenn nicht noch Schlimmeres.

Nur hatte Kaiser Isaak kurz vor seinem Sturz noch seine Tochter Irene mit dem Staufer Philipp von Schwaben verheiratet, mit eben jenem, der im März 1198 seinem Bruder Heinrich auf den deutschen Königsthron gefolgt war. Nun war es also der Schwiegervater des deutschen Königs, der da blind, krank und mißhandelt in einem grauslichen Gefängnis von Byzanz lag, und das komplizierte die Sache doch erheblich.

Wann und wie der junge Alexios, der jetzt achtzehn Jahre alt war, aus den Kerkern seines Onkels entkommen konnte, weiß man nicht so genau. Aber im Frühjahr 1202 war der junge Mann in Rom aufgetaucht, mit respektablem Gefolge und durchaus nicht als bedürftiger Flüchtling. Der päpstliche Hof schien einigermaßen verwirrt und es dauerte geraume Zeit, bis Innocenz III. sich zu einer Audienz entschloß. Die freilich war für den griechischen Kaiserspröß auch nicht ergiebiger als die verlegenen Vorgespräche, die eine Handvoll halbbedeutender römischer Würdenträger bisher mit ihm geführt hatte. Eigentlich konnte sich das Angebot des jungen Mannes ja durchaus sehen lassen. Wenn die abendländische Christenheit ihm sein Reich zurückerobere, werde er die Vereinigung der beiden christlichen Teilkirchen herbeiführen und den Primat des Papstes anerkennen.

Zwar entsprach das durchaus genau dem, was sich Innocenz III. als Ziel für sein Pontifikat vorgenommen hatte. Aber statt daß der Herr der westlichen Christenheit nun dieses Gottesgeschenk demütig und dankbar angenommen hätte, verhielt er sich wie immer, wenn ihm eine Sache suspekt war. Er hörte sich alles an, war gütig, sprach Segensworte, sagte weder ja noch nein und ließ eben alles offen bis zum nächsten Treffen. Denn ganz so einfach, wie sich der junge Herr das dachte, war die Sache wohl wieder nicht. Wenn er vielleicht auch wirklich glaubte, er könne der aufsässigen griechischen Klerisei die

Union mit Rom einfach diktieren, Vater Innocenz glaubte das nicht. So mancher byzantinische Cäsar war bei diesem Versuch schon ganz jämmerlich vom Thron gerutscht. Man kannte ja die Kollegen von drüben (und außerdem hatte man selbst einige Übung in solchen Fällen). Auf der anderen Seite war der junge Mann bekanntlich mit den Staufern eng verwandt, was die Sache zusätzlich komplizierte. „Zunächst abwarten!" hieß die Devise.

Allerdings war die Angelegenheit auch wieder zu schade, um ungenutzt zu bleiben. Und so versuchte die Kurie in Rom vom Kaiser in Byzanz, dem die konspirative Tätigkeit seines Neffen im Westen doch einigermaßen Magenschmerzen verursachte, einige kirchenpolitische Vorteile herauszuverhandeln. Der Patriarch hat sie aber verhindert und Innocenz war enttäuscht. Schade! Es hätte sich alles vorzüglich und recht still entwickeln können, und jetzt gab der andere auf. Nun gut, aber der Herr Anwärter auf den Griechenthron war vorhanden und den konnte man ja auch weiter benützen.

Es gab zwei Optionen. Vielleicht sollte er sich zu seinem Schwager ins Elsaß bequemen. Mochten doch dann die deutschen Tölpel die Händel mit Byzanz anzetteln! Ging das schief, waren sie die Übeltäter, ging's gut, konnte der Papst über kurz oder lang segnend in Konstantinopel einziehen. Die zweite Möglichkeit war das Kreuzheer, das sich gerade in Venedig zur Abreise bereit machte. Aber hat man daran in Rom wirklich gedacht?

Man schickte jedenfalls den jungen Prinzen einmal in Richtung Norden und atmete auf, als er mit seinem Gefolge in einer Staubwolke hinter dem Horizont verschwand. Als der griechische Trupp bis Verona gekommen war und sich in der Scaligerfestung von den Gefahren der Reise ausruhte (was war schon sicher im damaligen Italien?), geschah eben das Merkwürdige. Wer nun dem kleinen Prinzen wirklich geraten hat, sich mit seiner Angelegenheit an das Kreuzfahrerheer in Venedig zu wenden, wird wohl niemals mehr zu erfahren sein.

War alles längst geplant? Von der Kurie oder vielleicht sogar vom Dogen? Immerhin gibt es zumindest zwei Indizien, die den Glauben an einen gottgefälligen Zufall nicht so recht aufkommen lassen. Zum einen sind die Griechen fast genau zur selben Zeit in Verona angekommen, da der Markgraf Bonifaz von Montferrat in Venedig eintraf. Sie saßen also schon abrufbereit an der Etsch, als der Doge den Kreuzzug nach Zara umlenkte. Zum anderen verging zwischen der Kreuznahme der Venezianer am 25. August und dem Auftritt der griechischen Delegation in Venedig exakt soviel Zeit, als erforderlich ist für den Ritt eines Boten von der Lagune nach Verona und die Reise einer Gesandtschaft von Verona nach Venedig.

Die Fäden waren meisterhaft gesponnen, und was der kleine Prinz den Kreuzherren vortragen ließ, paßte wiederum glänzend ins Regiekonzept des Dogen. Alexios bat, ihm sein Reich mit Waffengewalt zurückzuholen. Aber das gehe sicherlich ohne großen Aufwand und ohne viel Blutvergießen ab, da das Volk von Byzanz das korrupte Regiment seines Oheims lieber heute als morgen abschütteln wolle und ihn und seinen armen Vater Isaak glühend zurücksehne. Für diese offenbar nicht einmal so schwierige Hilfe bot der (wie er wohl annahm) baldige Kaiser von Ostrom alle Herrlichkeiten: die Kirchenunion, einen wahren Geldsegen für jeden, der ihm auf seinen Thron half und großzügigste Unterstützung des Zuges ins Heilige Land.

Das klang gut. Die hohen Herren, die mit den Griechen sprachen, waren zwar zunächst etwas verdutzt. (Die große Masse des Kreuzheeres hatte noch gar keine Ahnung von dem Glück, das sich über ihm zusammenbraute.) Aber bei dem Gedanken an den unermeßlichen Reichtum von Byzanz, an all die Edelsteine, das Silber und das Gold, das dort zu ganzen Bergen herumliegen sollte, errangen sie rasch wieder die Fassung und meinten, daß man einer so guten Sache nicht die Hilfe verweigern dürfe. Allerdings ginge es nicht ohne die Billigung und Weisung des deutschen Königs Philipp, und man müsse den jungen Herrn Alexios halt schon bitten, zuerst mit diesem Herrn, seinem Schwager, eine entsprechende Absprache zu treffen. Dann allerdings werde es wohl keine weiteren Probleme geben.

Wen wundert es, daß gerade zu dieser „Bedingung" der Doge geraten hatte? Eine bravouröse Diplomatie. Man hatte sich vor dem Haustraum der Staufer, dem universalen Kaisertum, verneigt und dabei die plumpen Deutschen zu den offiziellen Verursachern dieses Zuges gegen Byzanz gemacht. Auch der Papst konnte einmal gegen diese Wendung der Politik der Serenissima keine Einwände haben.

Der Doge durfte zufrieden sein. Sein Konzept lief ab wie ein Abenteuerfilm. Herr Bonifaz war in Sachen Byzanz noch auf einen Sprung nach Deutschland geritten, als Dandolo das Projekt Zara in Angriff nahm. Vorsichtig ließ er zusammen mit den anwesenden Kreuzzugsführern die besagte Übereinkunft durchsickern. Aber was dann folgte, hatte er, zumindest in diesem Ausmaß, nicht erwartet. Guter Gott, war das ein Zetern, Lamentieren und Kreischen! Die gottesfürchtige Heerschar flatterte in heller Aufregung durcheinander, denn außer den obersten Führern hatte niemand auch nur die geringste Ahnung von den Spielchen hinter den Kulissen. Die große Masse hatte noch immer in dem kindlichen Glauben gelebt, man werde nun gleich die Schiffe besteigen und geradewegs nach Palästina segeln. So war der Zara-Schock um so größer. Die

Ärmsten kamen sich schamlos hereingelegt vor (womit sie gar nicht so unrecht hatten), eine ganze Menge packte erschreckt das Bündel und zog unter Klagen und Verwünschungen eilig weiter nach Apulien, wo sich gerade Graf Walter von Brienne mit einigen Leuten zu einer ganz normalen Wallfahrt ins Heilige Land einschiffte. Das war wenigstens etwas Solides! Aber die meisten blieben dennoch. Zum einen hatten sie bezahlt und wollten ihr Geld nicht verlieren. Zum anderen: Was sollten sie sonst tun? Sie wollten nun einmal das Heilige Grab befreien und nicht nur besuchen. Ohne Schiffe jedoch blieb es beim guten Vorsatz und das Land des Herrn in den Händen der Ungläubigen. So leuchtete auch den Ärmsten im Geiste ein: Wer wollte die Sarazenen von den heiligen Stätten verjagen (und sich dabei vielleicht auch ein wenig sanieren)? – Sie! Wer hatte die Schiffe? Venedig! Gab es eine Konkurrenz für Venedig? – Nein! Eben! Freilich wehrten und empörten sie sich, sie rotteten sich zusammen, protestierten lautstark, schon weil sie wegen zu Hause ihr Gesicht wahren wollten. Die wütendsten Proteste hagelte es in den Dogenpalast. Eine Besprechung jagte die andere. Die Pilger wollten auf den Markusplatz, um zu demonstrieren, die Venezianer ließen sie vom Lido nicht weg. Dandolo dachte nicht daran, auch nur eine Handbreit zurückzuweichen. Im Gegenteil. Er behandelte die hilflos zappelnden Gottesstreiter mit einem Hochmut ohne Beispiel.

Besonders arg erging es dem Kardinallegaten Petrus Capuano, immerhin dem offiziellen Vertreter des Papstes. Er verlangte zu Recht, und wie er meinte energisch, vom Dogen Rechenschaft über die skandalöse Abmachung wegen Zara und das sofortige Auslaufen nach Alexandrien. Der aber fuhr ihn an, er solle den Mund halten, man brauche keine päpstlichen Ratschläge. Wenn sich der Herr Kardinal nicht sofort auf seine Pflichten als einfacher Kreuzprediger beschränke, habe er Venedig sofort zu verlassen. Ein tief beleidigter Kirchenmann befand sich am nächsten Tag auf dem Weg nach Rom.

Alles Geschrei hört einmal auf und schimpfen macht müde. Dandolo konnte warten, und es dauerte nicht lange. Nach ein paar Tagen verebbte schon das Geschrei. Zwar grollte und murrte man noch an jeder Ecke, aber wenn die heilige Sache nicht anders zu retten war, gab man halt dieser Erpressung nach. Nur unter Protest versteht sich. Und dann wurde noch ganz energisch die Forderung nachgereicht, daß nach dem Abschluß der Affäre Zara die Fahrt sofort ins Morgenland weitergehen müsse. Die Liebenswürdigkeit, mit der die Republik von San Marco diese Versicherung abgab, war schon mehr als nur blanker Hohn.

Endlich, am 8. Oktober 1202, lief die Kreuzfahrerflotte aus, ein offenbar außerordentlich imposantes Spektakel: 60 große Rundschiffe, 60 Galeeren, mehr als 100 Transportschiffe für Pferde, dazu eine Unmenge sonstiger Last- und Begleitboote. Und natürlich war das Schiff des Dogen der strahlende Mittelpunkt, überreich geschmückt und im Inneren mit Samt verkleidet. In den Augenzeugenberichten bebt die Begeisterung nach, und es fehlen den Chronisten fast die Worte, um den prächtigen Anblick zu schildern, die stolzen, reich verzierten Schiffe, über und über mit Wimpeln und Flaggen, darauf die Ritter in blitzender Rüstung fein säuberlich an der Reling aufgestellt, alles würdevoll hinausgleitend auf die schimmernde Lagune und das herbstlich glänzende Meer.

Schon am nächsten Tag machte man halt, gegenüber an der istrianischen Küste in Pirano. Dort warteten demütige Gesandte der Städte Muggia und Triest, die dem Dogen von Venedig ihre Ergebenheit versicherten. Dandolo nahm das zur Kenntnis und kündigte seine Ankunft in Triest an, wo er den Untertaneneid entgegennehmen werde. Die Kreuzritter waren natürlich dabei und machten sich gut als Staffage.

Nach Triest wiederholte sich das Ganze noch in einigen anderen Städten Istriens und Dalmatiens. Zwar hatten die Venezianer gegenüber den Pilgern zuvor nicht erwähnt, daß auf diese Weise noch die ganze Küste abgeklappert werden sollte, aber das war ein alter Brauch.

Die Erstürmung von Zara
(Sala dello Scrutinio, Dogenpalast)

Am 10. November landeten sie endlich vor Zara. Die Kreuzfahrer waren ungeduldig, aber der Doge hatte einen Grund für seine Verzögerungstaktik, er wollte die Zustimmung des deutschen Königs wegen Byzanz haben und das, bevor er allzu weit weg war. Da aber diese Nachricht frühestens im Dezember eintreffen konnte, hielt er den Zug so lange auf, bis der Winter einbrach und er mit Überzeugung behaupten konnte, daß eine Weiterfahrt erst im Frühjahr möglich sei. Und da diese Landratten von Seefahrt keinen Schimmer hatten, wer konnte ihm da widersprechen, wenn er ihnen mit nautischen Argumenten kam.

Doch nun war man eben einmal in Zara. Kaum hatten sie das feste Land unter den Füßen, fingen plötzlich diese oberfrommen Südfranzosen, der Graf Simon von Montfort und der Abt Guido von Vaux-Cernay, wieder an zu meckern, behaupteten, das Unternehmen sei verbrecherisch, sonderten sich ab und lagerten abseits von der Stadt. Und mit ihnen der größte Teil der Pilger! Trotzdem läßt der Doge am nächsten Tag die Hafenkette von Zara sprengen, seine Schiffe laufen in den Hafen ein und seine Truppen, vermischt mit den restlichen Kreuzfahrern, umringen die Mauern. Die Stadt will sich bereits ergeben, da zieht doch dieser Abt Guido aus seiner Kutte ein päpstliches Schreiben und liest vor, daß jeder dem Kirchenbann verfalle, der Zara angreife! Und dann ruft er den Zaresen auch noch zu, auf keinen Fall zu kapitulieren. Die Venezianer sind außer sich, gehen mit blanken Schwertern auf ihn los. Als die Barone nun auch anfangen zu zögern, wird Dandolo ernstlich böse. Er tobt, daß er auf den Bannfluch pfeife, er werde an Zara Rache nehmen! Es sei, weiß Gott, wichtiger, mit diesen Seeräubern und Mördern aufzuräumen, als nach Jerusalem zu schaukeln. Er habe mit dem Kreuzheer bezüglich Zara eine Abmachung getroffen, wenn die nicht eingehalten werde, schmeiße er das ganze Pilgergelichter hier an Land und segle heim nach Venedig. Punktum!

Die Kreuzherren gaben natürlich nach, Zara fiel am 24. November und mit der Beute haben sie sich getröstet. Deren Verteilung gab noch Anlaß zu einer saftigen Prügelei unter den Kreuzrittern, und bis sich der Rauch über den Trümmern der Stadt und der Staub über den sich prügelnden Pilgern verzogen hatte, zeigte der Kalender bereits Dezember. Jetzt noch auf große Fahrt zu gehen war natürlich ganz und gar unsinnig, und der Doge brauchte keine List anzuwenden, um das Heer zum Überwintern in Zara zu überreden. Er wies lediglich milde und mahnend auf den Einbruch der unwirtlichsten aller Jahreszeiten hin, beteuerte, daß er jetzt die ganzen Pilgermassen auf hoher See unmöglich verpflegen könne und meinte im übrigen, daß man hier in Zara doch eigentlich recht behaglich sitze. Kaum einer widersprach, wozu auch?

Diese ruhigen Wintertage nützten die Venezianer, um im Heer durch Gerüchte und Stimmungsmache das Interesse an Byzanz wachzurufen. Und auf einmal sprachen auch alle von Byzanz. Die Frommen zeterten über das Schisma und darüber, daß Ostrom die heiligen Kreuzzüge behindere, die Staufischen erzürnten sich über das Schicksal des Schwiegervaters ihres Königs und die stauferfeindliche Haltung des dritten Alexios, und die Restlichen, vorab Franzosen und Lombarden, waren erschüttert über die Zustände in diesem Land, das verantwortungslos nur mit seinen inneren Intrigen beschäftigt war, während es doch ein Bollwerk gegen den Islam sein sollte. Auf einmal waren sich alle einig, daß mit dem Rhomäerreich unbedingt und auf alle Fälle etwas geschehen müsse.

Ein Problem gab es da noch. Den Braven wurde ganz langsam bewußt, daß ihnen ja nun nach dieser häßlichen Attacke auf eine Christenstadt samt und sonders der Bann drohte; Abt Guido hatte die entsprechende Ankündigung ja schließlich laut genug verlesen. Zwar hofften sie noch eine Zeitlang, daß Vater Innocenz, gemäß häufig praktizierter Übung, die Sache vergessen würde, aber als dann, nach zweimonatiger Verspätung, der Heilige Stuhl seinen allerhöchsten Zorn mitteilen ließ, hastete noch im Januar 1203 eine Sühnedelegation der Kreuzritter über die Adria, um in Rom Vergebung, Verzeihung (und wenn möglich auch einige Privilegien) zu erflehen. Es war höchste Zeit, und auf die Übeltäter prasselte denn auch sogleich ein gewaltiges päpstliches Donnerwetter nieder, aber schließlich empfingen sie dann doch, schon im Interesse des heiligen Zuges, die Lossprechung von all ihren Sünden. Nur die Venezianer waren ausgenommen und ganz besonders deren Doge. Vater Innocenz ärgerte sich nämlich ungemein darüber, daß kein einziger aus dieser widerborstigen Krämerrepublik ihm wenigstens die Ehre gegeben und ebenfalls um Pardon gebeten hatte, und eigentlich hoffte er noch einige Zeit, daß dies nachgeholt würde. Da sich aber nichts dergleichen tat, schleuderte er endlich, um wenigstens ein bißchen das Gesicht zu wahren, doch noch im März 1203 den Bann gegen die Lagunenstadt und ihren unverschämten Dandolo. Jedoch die Waffe, die einst einen Kaiser Heinrich nach Canossa getrieben – ach waren das noch Zeiten gewesen – , sie schlug nicht mehr. Die Kreuzzugsführung befand, daß dieser Bannfluch nun, da die Ausfahrt ins Morgenland unmittelbar bevorstand, das ganze Unternehmen viel zu sehr erschüttern würde. Nun ja, und da hat man diesen Richterspruch des Herrn der Christenheit einfach nicht bekanntgegeben.

Dem eigentlichen Hauptbeteiligten jedoch, dem Dogen, war dieses Pfaffengezänk um Bann oder Nichtbann ohnehin reichlich gleichgültig. Er hatte anderes zu tun. Kurz nach Neujahr 1203 nämlich war der Markgraf Bonifaz nach Zara hereingestürmt mit der Nachricht, daß sein königlicher Herr Philipp ganz im Sinne des Vorhabens entschieden habe. Gesandtschaften des Königs und des jungen Alexios seien schon zum Kreuzheer unterwegs. Zwar wußte das Dandolo längst, aber dergleichen gute Nachrichten hört man immer wieder gern. Außerdem konnte er jetzt den Markgrafen ausgezeichnet vorschieben und ihm die Byzanzwerbung überlassen. Der Doge brauchte nur zuzuschauen. So war die Szenerie bereits vorzüglich aufgebaut, als wenige Wochen danach die Gesandtschaften des kleinen Prinzen und die Philipps mit mächtigem Getöse Einzug hielten. Gleich wurde eine Vollversammlung aller Barone und Herren weltlichen sowie geistlichen Standes einberufen, die vom Gesandtschaftssprecher beschworen wurden, dem jungen Herrn Alexios doch sein Byzantinerreich zurückzuerobern, es solle ihr Schaden nicht sein. Es ließ sich alles sehr gut an, nur diese Südfranzosen fingen wieder an zu schimpfen. Zunächst natürlich der Abt Guido, und dann gleich hinterher der Graf Simon von Montfort, der tränenreich die Kreuzzugsidee beschwor. Als da die Stimmung umzuschlagen drohte, ergriff der Doge wieder einmal das Wort und zählte ganz einfach die Reichtümer Ostroms auf. Das wirkte. Denn ein erheblicher Teil der Gottesstreiter sah durch die beständigen Verzögerungen des Unternehmens seine Barschaft zur Neige gehen und hatte eine zusätzliche Einnahmequelle dringend nötig. Man nickte und stimmte zu und war sich wieder einmal einig.

Prinz Alexios bittet vor Zara den Dogen, ihm seine Heimat wiederzuerobern (Dogenpalast)

Als dann gegen Ende April der kleine Prinz in Zara eintraf, unterschrieben der Doge und mehr als zwanzig der höchsten Barone einen Vertrag, der eigentlich schon von Anfang an nicht eingehalten werden konnte: Für die Hilfe beim Kampf um sein Reich verpflichtete sich Alexios, den Kreuzfahrern bei seiner Thronbesteigung 200.000 Mark Silber zu zahlen. Das Ungeheuerliche dieser Summe wird deutlich, wenn man vergleicht, daß ein Jahr später Markgraf Bonifaz die ganze Insel Kreta für 1000 Mark Silber an die Venezianer verkaufte! Doch das war noch nicht alles. Der Prinz sagte ferner verbindlich zu, für den Kreuzzug 10.000 Ritter zu stellen, auf Lebzeiten 500 Mann zur Sicherung der heiligen Stätten in Palästina zu halten und natürlich die Ostkirche mit der Westkirche zu vereinen und dem römischen

Bischof zu unterstellen. Ferner übernahm er die Verpflegung des gesamten Kreuzheeres für ein Jahr nach Ablauf des Vertrages mit Venedig, also vom 29. Juni 1203 bis zum 29. Juni 1204, sowie die volle Wiedergutmachung aller Schäden, die den Venezianern unter dem Kaiser Manuel entstanden waren.

Diese Vereinbarungen waren einfach absurd. Alexios hatte offenbar gar keine Ahnung, was er da unterschrieb, während die wackeren Kreuzritter in ihrer Gier nach Gold nicht über die finanziellen Möglichkeiten des Griechenreiches nachdachten. Nur der Doge wußte um die wahren Dimensionen, aber er wußte, wie er zu seinem Geld kommen würde, so oder so. Ein guter Kaufmann muß Risiken richtig einschätzen können und er war ein guter.

Endlich, in den letzten Tagen des April 1203 lief die Kreuzfahrerflotte aus dem Hafen von Zara aus, segelte die dalmatinische Küste entlang, machte hier und da halt, und der kleine Prinz ließ sich übungshalber gleich auch als Kaiser begrüßen und feiern.

Dann war man in Korfu. Auf Korfu nämlich mußte das byzantinische Vorhaben vor der Weiterfahrt endgültig durch das ganze Heer gebilligt werden. Aber so sehr die beredte Führungsspitze, vorab die Herren Dandolo und Montferrat, sich auch bemüht hatten, der Widerstand der wirklich Frommen war überraschend groß, und eine entschlossene Mehrheit stellte sich gegen das Projekt. Der kleine Prinz wurde klein und kleiner, und Markgraf Bonifaz dachte an Rücktritt. Da klärte der Doge die Lage wiederum auf seine Art.

Seelenruhig zog er den Vertrag aus der Tasche, den das Kreuzheer mit der Republik geschlossen hatte, und wies darauf hin, daß eben dieser Vertrag am 29. Juni auslaufe. Wenn man, wie es doch Christenpflicht sei, dem vertriebenen Prinzen Alexios nicht helfen wolle, werde Venedig die Flotte an diesem Tag auflösen, und die tapferen Ritter müßten dann eben schauen, wie sie weiter beziehungsweise nach Hause kämen.

Die Wirkung dieses schon zur Routine gewordenen Verfahrens war wie immer: Das ganze Heer gab klein bei. Als schamhafter Kompromiß wurde vereinbart, daß spätestens in der ersten Hälfte des Oktobers denjenigen, die dann noch unbedingt ins Heilige Land fahren wollten, Schiffe zur Verfügung stehen müßten. Ansonsten stimmten sie alle samt und sonders dem Vertrag mit dem Prinzen Alexios zu. Und dann, wie es sich für ein so frommes Unternehmen geziemt, lief die Flotte genau zu Pfingsten, dem Fest der göttlichen Erleuchtung, mit Kurs Byzanz aus. Der Kalender zeigte den 24. Mai 1203.

Mit geblähten Segeln und bei vorzüglichstem Wetter (also bestimmt ein Himmelszeichen!) rauschte die Flotte um Griechenland herum, zwang im Vorbeifahren die eine oder andere Insel dem Herrn Alexios, dem oströmischen Kaiser in spe, zu huldigen und legte genau auf den Tag vier Wochen nach Korfu, am 23. Juni 1203, in San Stefano an, drei Meilen vor Konstantinopel, auf der europäischen Seite des Marmarameeres. Jetzt waren sie also bei ihrem Ziel angelangt, die Herren Kreuzritter. Und wenn sie bisher über alles Byzantinische gelästert hatten, so rutschte ihnen nun beim Anblick dieser Stadt das bisher so mutige Herz sehr rasch in die Hose.

Denn diese Stadt, die da vor ihnen emporwuchs, war freilich ganz anders als diese kleinen Städtchen irgendwo in Schwaben, in der Champagne, in Burgund, oder wo sie sonst bisher gelebt hatten. Dies war eine Weltstadt, auch nach heutigen Begriffen. Riesige Palastbauten, riesige Kathedralen erhoben sich in den Himmel, goldene Kuppeln glänzten im Sonnenschein, gewaltige Mauern wuchteten empor und Befestigungstürme ragten in den Himmel, so gewaltig, wie sie es sich nie auch nur im Traum vorgestellt hatten. Wer konnte auch nur daran denken, diese gewaltigste Befestigungsmauer der Welt zu

Stadtplan von Byzanz um 1200

erstürmen, die Kaiser Theodosius einst dreifach um diese Stadt gebaut hatte. Die hochgemute Stimmung brach zusammen. Als der engste Kriegsrat noch am nämlichen Tag, dem 23. Juni, zu einer ersten Besprechung zusammentrat, wurde der Vorschlag des Dogen Dandolo angenommen, das Heer vorläufig auf den Schiffen zu belassen, da es sich sonst wenn möglich zerstreue.

Den so verschreckten Belagerern war es aber nicht bekannt, daß drinnen in der Stadt die Stimmung auch nicht ganz so rosig war. Kaiser Alexios III. fühlte sich in seiner Haut überhaupt nicht wohl. Die verfahrene Westpolitik gipfelte nun in einer Belagerung durch das Heer der Kreuzritter, und die ehemaligen Freunde, der deutsche Kaiser und Venedig, standen als Feinde vor den Toren. Seine Umgebung nahm ihm das jetzt übel. Aber bei all den Hofintrigen, pikanten Affären und theologischen Streitereien war doch für eine sinnvolle Diplomatie wirklich keine Zeit gewesen! Außerdem hatte die Regierung bei dem herrschenden Schlendrian und der Intrigenwirtschaft die Flotte und das Landheer verkommen lassen, und so saß man jetzt wirklich tief in der Patsche. Aber da man nichts anderes tun konnte, schloß man die festen Tore und vertraute auf die alte Prophezeiung, daß die Stadt des großen Konstantin nur durch einen Engel des Himmels erobert werden konnte. Und danach sahen diese ungewaschenen Lateinerhorden da draußen wirklich nicht aus. Na also, was sollte da schon passieren!

Die Kreuzfahrerflotte legte sich inzwischen auf der kleinasiatischen Seite gegenüber von Byzanz vor Skutarion auf Rede. Bei Galata ließ dafür der Kaiser Alexios sein Heer, oder was es da halt so an Pisanischen und Genuesischen Söldnern gab, aufmarschieren. Ein paar Griechen sollen auch dabei gewesen sein. Am 2. Juli kam dann eine Gesandtschaft in das Lager der Kreuzritter, mit der Beschwerde des Kaisers Alexios III. über das feindselige Benehmen des Kreuzheeres und mit der Aufforderung, schleunigst weiterzuziehen. „Sehr gern“, war die Antwort, „wenn der Kaiser sein Reich an den rechtmäßigen Erben, den Prinzen Alexios, zurückgibt“.

Nächsten Tag machte Dandolo im Kriegsrat einen neuen Vorschlag. Der kleine Prinz sagte doch dauernd, daß das Volk von Byzanz ihn zurückersehne und nur darauf warte, die Herrschaft seines Onkels abzuschütteln. Bevor man sich zu einem Angriff entschlösse, könnte man doch noch in dieser Richtung einen Versuch machen.

Tags darauf wurde also der kleine Prinz, angetan mit allen vorhandenen Insignien eines oströmischen Monarchen auf eine prachtvoll geschmückte Galeere gesetzt, und begleitet von etlichen venezianischen Kriegsschiffen fuhr man unter die Mauern von Konstantinopel, wo ein Herold dem staunend auf den Mauern stehenden Volk verkündete, daß hier der wahre, richtige, von Gottes Gnaden Kaiser von Byzanz Einlaß begehre. Wer da vielleicht erwartet hatte, daß Jubelrufe von den Mauern herab tönen würden, sah sich arg getäuscht. Ein Hohngelächter und ein Steinhagel waren die Antwort, und der kleine Prinz soll sehr enttäuscht gewesen sein.

Jedenfalls wußte der Doge nun, woran er war, und schlug vor, Byzanz anzugreifen. Und das ist so faszinierend an diesem Mann. Nicht nur, daß er den diplomatischen und politischen Weg bis hierher vorgegeben hatte, so daß das Kreuzheer jetzt vor Byzanz stand. Jetzt entwarf er auch noch den perfekten Schlachtplan und riß seine Mitbefehlshaber aus ihrer Verzagtheit.

Die Byzantiner freilich sahen nur das für ein solches Vorhaben eher kleine Häuflein lateinischer Abenteurer. Eher amüsiert setzten sie im befestigten Hafen ein paar der vergammelten Schiffe instand und schmierten etwas Mörtel in die ärgsten Schadstellen der großen Mauerwerke. Vor allem aber gingen sie wieder einmal auf die noch in der Stadt weilenden Lateiner los, verfolgten sie und raubten sie aus, ohne im geringsten daran zu denken, daß dieses ja vorwiegend Genuesen und Pisaner waren, die erbittertsten Feinde der Belagerer da draußen vor den Toren. Aber in Byzanz gab es eben eine andere Logik.

Am 5. Juli herrschte dann auf den Mauern von Byzanz dichtes Gedränge. Niemand wollte sich das Schauspiel einer Seeschlacht mit Landungsversuch entgehen lassen. Die Kreuzfahrerflotte kam nämlich vom kleinasiatischen Ufer herüber. Unter unaufhörlichem Schmettern der Kriegsfanfaren ruderte eine Galeere nach der anderen herüber, jede ein Transportschiff deckend, und legten am europäischen Ufer an. Im Handumdrehen hatten die herausströmenden Truppen das griechische Heer in Galata überwältigt und das Heerlager erobert. Die Zuschauer auf den Mauern gingen enttäuscht nach Hause, wer schaut sich denn schon gerne eine Niederlage der eigenen Mannschaft an?

Am nächsten Tag ließ der Doge die gewaltige Kette sprengen, die von Galata herüber gespannt war und die Einfahrt ins Goldene Horn und den Hafen von Byzanz sperrte. Die Flotte drang ohne Widerstand in den Hafen ein und zerstörte die griechischen Schiffe, deren Besatzung verschreckt, aber rechtzeitig das Weite gesucht hatte, so daß wenigstens kaum Menschenleben zu beklagen waren.

In den nächsten Tagen richteten die Kreuzfahrer ihr Lager in Galata ein, hielten Kriegsrat und beschlossen, die Stadt an ihrer nördlichsten Ecke anzugreifen, dort wo die Landmauer mit der Seemauer zusammenstieß. Dort lag zwar der Blachernen-Palast, die kaiserliche Residenz, die auch noch zusätzlich gesichert war, aber trotzdem war dies der schwächste Punkt, vorausgesetzt, man konnte sich im Goldenen Horn mit den Schiffen frei bewegen. Und das hatte der Doge mit der Zerstörung der griechischen Flotte schon sichergestellt.

Die Franzosen und die Deutschen sollten unter Markgraf Bonifaz vom Land her, die Venezianer unter ihrem Dogen von See her angreifen. Am 11. Juli marschierte das Landheer ab, am 12. Juli war es im rechten Winkel zur venezianischen Flotte vor der Landmauer aufgestellt.

Jetzt begannen die Griechen doch Widerstand zu leisten; die Landtruppen kamen nicht voran, im Gegenteil, sie kamen in Schwierigkeiten. Bei einem Sturmangriff am 17. Juli wurden sie zurückgeworfen. Dandolo auf der Seeseite war da viel erfolgreicher. Mit dem üblichen Vorgehen, Belagerungstürme um die Schiffsmasten, lederüberdachten Verbindungsbrücken, Rammböcken und Schleudern gelang es ihm an diesem Tag, fünfundzwanzig Türme der Seemauer zu erobern.

Das zurückgeschlagene Landheer unter Bonifaz geriet immer mehr in Schwierigkeiten. Kaiser Alexios III. hatte sich, verärgert über den Spott seiner Umgebung und der ganzen Stadt entschlossen, selbst sein Heer zum Gegenangriff zu führen. Ebenso verärgert stand er nun, vorsichtshalber eine Stunde vom Lateinerheer entfernt, in seiner unbequemen goldenen Rüstung vor dem Rhegiontor, durch das er sein den Lateinern vierfach überlegenes Heer herausgeführt hatte. Aber statt sofort anzugreifen, ließ er abwarten; ein sofortiger Angriff, wie ihn sein Schwiegersohn Laskaris wollte, hätte die Niederlage des Kreuzheeres bedeutet. Daß er nicht erfolgte, kann man nur der persönlichen Feigheit des Kaisers zuschreiben.

Niemand erkannte die Gefährlichkeit der Situation so rasch wie der Doge. Mit kühner Entschlossenheit und Weitsicht gab er die eben gewonnenen Positionen an der Seemauer wieder auf, nachdem er noch rasch Brandfackeln in das benachbarte Stadtviertel Petrion hatte werfen lassen. Und alsbald raste ein Feuersturm durch die Stadt und legte ein Gebiet in Schutt und Asche, das „so groß wie ganz Arras war", schrieb Clari, ein schriftstellernder Ritter aus Frankreich. Seine frei gewordenen Männer aber sandte Dandolo als Verstärkung zu Bonifaz und rettete so den Tag. Gottfried von Villehardouin zollt in seiner Chronik dem Dogen für diesen seinen Entschluß das höchste Lob.

Auf der griechischen Seite war der schon vorher verängstigte Kaiser durch das Feuer und die Umgruppierung der Truppen vollends verwirrt und zog sich mitsamt seiner so überlegenen Armee durch das goldene Tor wieder in die

Stadt zurück. An seinem Hof wurde er wegen dieser blamablen Vorstellung ausgelacht, und die Partei des abgesetzten Isaak hatte plötzlich Oberwasser. Alexios III. wurde die Situation zu brenzlig, er raffte tausend Pfund Gold zusammen, nahm seine Geliebte (oder Tochter – so genau weiß man das nicht –) Irene am Arm und entfloh in der nämlichen Nacht nach Adrianopel (dem heutigen Edirne).

Als sich am nächsten Morgen die Kreuzritter in ihrem schlammigen Lager vor der Stadt und die Byzantiner hinter ihren dicken Mauern im Bett den Schlaf aus den Augen rieben, hatte sich der Lauf der Welt um hundertachtzig Grad gedreht. Gleich als die Flucht von Alexios III. ruchbar wurde, war man Hunderte glitschige Stufen in das tiefe Verließ hinunter geklettert, hatte den blinden verängstigten Isaak II. heraufgeholt und ihn eilends auf den Thron gesetzt.

Das hatte sich in der Nacht ereignet. Am nächsten Morgen kam eine Gesandtschaft aus Byzanz zu den Kreuzfahrern ins Lager, um den kleinen Prinzen, der jetzt in der Tat Kronprinz geworden war, abzuholen. Man empfand diese Wendung als eine Himmelsfügung. Nichtsdestoweniger war der Doge aber doch sogleich darauf bedacht, sich den Vertrag von Zara auch vom neuen, alten Kaiser Isaak bestätigen zu lassen. Der alte Kaiser hat nicht ohne Bedenken den Vertrag unterschrieben, wie Villehardouin, der bei der Gesandtschaft dabei war, berichtet. Als auch noch feststand, daß der kleine Prinz als Alexios IV. zum Mitregenten ernannt worden war, wurde er unter dem lauten Jubel der Kreuzfahrer nach Konstantinopel geleitet.

Die Byzantiner haben weniger laut gejubelt. Nicht so sehr weil sie mit Isaak oder Alexios so unzufrieden gewesen wären, sondern weil sie jetzt die Lateiner in der Stadt hatten und sie sich ausrechnen konnten, daß das teuer werden würde. Am Abend dieses denkwürdigen 18. Juli 1203 wurden bei einem prächtigen Bankett die Verträge gleich noch einmal beschworen. Man müßte meinen, daß derart oft beschworene Verträge besonders haltbar wären. Sie waren es natürlich nicht.

Zwar ließ sich in den nächsten Wochen die Sache nicht so schlecht an. Das Kreuzheer zog sich wieder nach Galata zurück und wurde bestens verpflegt. Sicherheitshalber verlangte aber der Doge, daß eine Bresche in die Stadtmauer geschlagen werde, damit man nicht eines Morgens vor geschlossenen Toren stehe. Auch dieser Forderung kam man nach. Alexios IV., wie der kleine Prinz jetzt als Mitkaiser hieß, unterstellte wie versprochen die Ostkirche dem Primat des Papstes und versuchte das Geld zusammenzukratzen, das er den Kreuzfahrern versprochen hatte. Die erste Hälfte zahlte er ihnen aus, aber schon diese Summe von einhunderttausend Mark Silber brachte dem Kaiser viel Verdruß. Die Steuern wurden stark erhöht und was noch fehlte, wurde einfach aus dem Kirchenbesitz beschlagnahmt.

Dazu kamen die Kreuzfahrer in der Stadt, die in den Augen der Bevölkerung ganz zu Recht als die Ursache all dieser Unbill angesehen wurden. Aufgeführt haben sie sich auch noch schrecklich und haben „gerafft, gefressen und gesoffen und kannten nirgend ein Maß", wie der griechische Geschichtsschreiber Niketas klagt.

Die beiden Kaiser auf dem byzantinischen Thron rangen die Hände, wußten nicht ein und aus, und anstatt die Gemüter zu beruhigen, begannen sie untereinander zu streiten. Inzwischen kam es zu immer schwereren Zwischenfällen und Zusammenstößen, die sich zu echten Unruhen auswuchsen. Alle prügelten aufeinander ein, und die Griechen gingen auf alle Lateiner los und zündeten ihnen die Häuser an, auch wenn es die der mit ihnen verbündeten Pisaner und Genuesen waren. Ein kräftiger Sturm fuhr in so einen Feuerzauber hinein, und am 22. und 23. August kam es zu einem Großbrand. Als sich der Rauch wieder verzogen hatte, war der Südostteil von Konstantinopel niedergebrannt und die Beziehungen zwischen Lateinern und Griechen unwiderruflich zerstört.

Dann begleiteten zwar noch die Kreuzritter Alexios IV. auf einer Reise durch sein Land, wo er sich, gestützt auf diese lateinischen Schwerter huldigen ließ und einige widerborstige Städte unterwarf. Nach seiner triumphalen Rückkehr im November brach aber der Konflikt zwischen ihm und seinem Vater noch heftiger hervor.

Dieser hatte sich nämlich in der Zwischenzeit geweigert, dem aufdringlichen und lästigen Lateinergesindel, wegen dem seine halbe Hauptstadt niedergebrannt war, noch mehr Geld auszuhändigen, ein verständliches Verhalten. Da dies Kaiser Isaak in der Volksgunst viel Sympathiepunkte eingebracht hatte, glaubte der junge Alexios es ihm hierin nachmachen zu müssen. Es muß ihn der Teufel geritten haben, als er den Kreuzrittern in dürren Worten mitteilen ließ, sie hätten schon genug bekommen und sollten augenblicklich sein Land räumen.

Ende November standen sich der junge Kaiser und der greise Doge noch einmal gegenüber. In schroffen Worten wiederholte Alexios wieder sein Forderung nach Abzug. Der Kaiser möge sich hüten, warnte Dandolo. Seine Seite habe ihren Vertrag eingehalten und man werde den elenden Buben in den Kot der Straße zurückstoßen, aus dem man ihn herausgezogen und auf den Thron gesetzt habe. Am nächsten Tag überbrachte eine von Gottfried von Villehardouin geführte Gesandtschaft den beiden Kaisern die offizielle Kriegserklärung.

Im Blachernen-Palast war die Verwirrung groß. Natürlich konnte der Vertrag mit den Lateinern nicht erfüllt werden. Kaiser Isaak wurde vor Aufregungen krank, und Alexios flatterte aufgeregt herum und wußte nicht, was tun. Als Soldat war er viel zu feig und als Diplomat zu dumm. Von der ganzen Prinzenschar, die da herumwimmelte, war Prinz Alexios Dukas, man nannte ihn seiner zusammengewachsenen Brauen wegen Muzophlos, der einzige mutige Soldat. Das wurde allen im Palast rasch klar. In Byzanz war man zwar noch nie in einer derart verzweifelten Lage gewesen, aber intrigieren konnte man immer noch perfekt. Ein paar Gerüchte, bedeutungsvolle Blicke der Kleriker, spöttische Bemerkungen der Militärs und ein tobender Volkshaufen draußen: auf einmal saß Muzophlos als Alexios V. auf dem Thron und Alexios IV. im Kerker. Kaiser Isaak starb vor Schreck.

Markgraf Bonifaz hatte bis zuletzt zu vermitteln versucht und war jetzt in einer peinlichen Lage. Was sollte er denn nur seinem Herrn und König sagen, da dessen allerdurchlauchtigste byzantinische Verwandtschaft vom Thron in den Kerker und ins Grab gerutscht war. Außerdem war der militärische Konflikt nicht mehr zu vermeiden, und sein Kreuzheer befand sich in einer absolut nicht guten Ausgangslage. Der neue streitbare Herr von Byzanz war mit seinen Truppen mindestens vierzigmal überlegen, und das Kreuzfahrerheer war kaum zu verproviantieren, seit das neue harte Regime in Byzanz bei Todesstrafe Lebensmittellieferungen an die Lateiner verboten hatte. Am liebsten wäre er gleich nach Palästina abgereist, aber ohne die venezianischen Flotte war das unmöglich, und die Venezianer, vor allem aber ihr Doge, wollten nicht.

Nach einer letzten harten Aussprache beim Kosmaskloster am 8. Februar 1204 zwischen Dandolo und Alexios V. Muzophlos waren alle Hoffnungen auf eine Verhandlungslösung geschwunden. Der Doge hatte fünftausend Pfund Gold, die Kirchenunion, Abdankung des neuen Kaisers und Wiedereinsetzung von Alexios IV. verlangt. Der Kaiser lehnte ab, und um zumindest in bezug auf die letzte Forderung ein für alle Mal reinen Tisch zu machen, ließ er Alexios IV. im Kerker erwürgen.

Die Kreuzfahrer waren über diese Situation alles andere als glücklich. Vielen schien eine neuerliche Eroberung von Byzanz unmöglich und nur die Abreise nach Palästina die einzige Möglichkeit zu überleben. Ohne Zweifel war es der alte Doge, der den Ausschlag für das Verbleiben gab. Er war Herr der Situation, auf sein Wort hörten alle und seine Entscheidungen waren

Gesetz. Nirgends wird die Achtung vor seiner großartigen Stellung deutlicher als in einem Schreiben, das Papst Innocenz III. am 24. Februar 1204 an ihn, den Gebannten, gerichtet hat. Der Ton ist zurückhaltend und respektvoll.

Bevor man weiterkämpfte, schlossen die Barone und Venedig einen Vertrag über die Kriegsziele ab, der folgende Punkte enthielt:

1) Das griechische Kaisertum wird abgeschafft, ein lateinischer Kaiser wird gewählt und eingesetzt.
2) Der Kaiser erhält die Hauptstadt und ein Viertel des Reiches, über den Rest ist er nur Oberlehnsherr, wobei aber der Doge von Venedig nicht lehenspflichtig ist.
3) Von den restlichen drei Vierteln erhält Venedig die Hälfte, den Rest teilen sich die Barone.
4) Die Vertragspartei, die nicht den Kaiserthron besetzt, stellt mit einem ihrer Kleriker den Patriarchen und erhält den gesamten Kirchenbesitz der Hagia Sophia. Es verbleibt nur so viel im Besitz der Kirche, wie für den Lebensunterhalt der Kleriker erforderlich ist.
5) Sämtliche Handelsprivilegien Venedigs bleiben aufrecht.
6) Die Barone und Venedig bleiben bis 15. März 1205 und unterstützen den neuen Kaiser bei der Befestigung seiner Macht.

Mit diesem Vertrag hatte Dandolo dreierlei erreicht. Daß Venedig zu seinem Geld kam, daß das neue Kaisertum zu schwach war, um in Zukunft Venedigs Handelsinteressen zu gefährden, und daß der Kreuzzug um ein weiteres Jahr aufgeschoben war.

Die Venezianer und das Kreuzheer lagen nun in und vor Galata und reparierten ihre Belagerungsmaschinen und bauten neue. Kaiser Alexios V. Muzophlos ließ die Befestigungsmauern verstärken und schickte immer wieder Brander (mit brennendem Öl beladene Schiffe) bei geeignetem Wind gegen die venezianische Flotte.

Am 9. April erfolgte ein Sturmangriff, der am entschlossenem Widerstand der Byzantiner scheiterte. Alexios war voll Zuversicht, als sich die Angreifer nach Galata zurückzogen. Am 12. April wurde der Sturmangriff wiederholt, nur band man jetzt immer zwei Schiffe zusammen, um mehr Krieger gegen das jeweils angegriffene Objekt werfen zu können. Der Kampf war bis Mittag unentschieden und die Warängerleibgarde unter der persönlichen Führung des Kaisers war eher im Vorteil. Dann kam ein starker Nordwind auf, der die Schiffe eng an die Mauer preßte. Dabei gelang es von zwei Schiffen aus, von der „Paradisus“ und der „Peregrina“, genug Leute auf einen Mauerturm zu bringen, daß dieser erobert werden konnte. Die Banner der beiden Bischöfe, die auf diesen Schiffen waren, flatterten auf einmal auf der Mauer von Byzanz. Gleich darauf fiel noch ein Turm und ein Stadttor wurde aufgebrochen und die Lateiner überfluteten das Petrionviertel. Neuerlich wurden Brandfackeln geworfen, und ein neuer Feuersturm fraß von dieser schönsten Metropole ihrer Zeit mehr auf „als die drei größten Städte Frankreichs". Der Kaiser versuchte eine neue Verteidigungslinie aufzubauen, aber in dem Chaos und dem Flüchlingsstrom gelang nichts mehr. Der Kaiser selbst schloß sich den Flüchtlingen an, zusammen mit seiner Braut Eudoxia und deren Mutter Euphrosyne, der Gemahlin des Kaisers Alexios III., die dieser bei seiner Flucht ein Jahr zuvor bewußt vergessen hatte. Ein paar ganz Unentwegte wählten noch einen gewissen Prinzen Theodor Laskaris zum Kaiser. Dieser aber sah, daß er auch nichts tun konnte und schloß sich dem Flüchtlingsstrom ebenfalls an.

Die Lateiner hatten die Stadt! Eine furchtbare Plünderung folgte, bei der unermeßliche Kunstwerke, Bibliotheken und Schätze verloren gingen. Einzig die Venezianer waren imstande, wenn sie schon raubten, auch den Wert von Kunstwerken zu erkennen und wenigstens einige von ihnen zu retten. Die berühmten Pferde des Lysippos, die heute an der Fassade der Markuskirche stehen, waren eines davon. Die wilde Soldateska hielt nichts von solchen Spielsachen und schlug alles, was nicht aus Gold oder Silber war und sich einschmelzen ließ, kurz und klein. Bei der Teilung der Beute an Bargeld und Edelmetall soll den Deutschen und Franzosen vierhunderttausend und den Venezianern fünfhunderttausend Mark Silber zugefallen sein.

Bei der folgenden Kaiserwahl ging nicht der intelligente und mutige Führer Markgraf Bonifaz als Sieger hervor, sondern, wahrscheinlich auf den Druck Dandolos hin, der farblose und viel schwächere Flame Graf Balduin von Flandern. Bonifaz wurde mit Nordgriechenland und Kreta entschädigt, das er kurz später um tausend Mark Silber an die Venezianer verkaufte.

Die Venezianer wählten einen jungen Mann, einen Flottenführer, der gerade in Venedig weilte, zum Patriarchen von Konstantinopel, Tomaso Morosini. Als dieser von seinem Glück erfuhr, begab er sich zuerst nach Rom, er hatte einiges nachzuholen. Er machte dort eine Blitzkarriere. Zuerst wurde er Diakon, dann zwanzig Tage später Priester, dann einen Tag später Bischof und vier Tage später Patriarch – so schnell kann das gehen. Dann fuhr er nach Venedig zurück, holte sich ein paar ordentliche Kriegsschiffe und fuhr die Adria hinunter nach Konstantinopel, nicht ohne unterwegs noch die Städte Ragusa und Durazzo zu erobern. Doch gut, wenn ein tüchtiger Admiral

Patriarch wird! Der Papst war natürlich über die Einverleibung der Ostkirche in seinen Herrschaftsbereich sehr begeistert. Nur bekam diese Begeisterung einen sehr schweren Dämpfer, als er erfuhr, daß der gesamte Kirchenbesitz laut Vertrag von Venedig säkularisiert worden war. Der päpstliche Zorn ergoß sich über den unglücklichen Kaiser Balduin. Der hatte wahrlich kein lustiges Amt angetreten. Er machte es aber ganz geschickt. In einem ausführlichen Brief an den Papst erläuterte er die ganze Entwicklung und empfahl dann noch mit warmen Worten die „treuen und eifrigen Freunde und Genossen aus Venedig" der päpstlichen Gnade. Auf die Venezianer war er ja auch wirklich angewiesen. Erstmals hat damals der Doge ebenfalls an den Papst geschrieben, alles andere als unterwürfig. Er meinte selbstbewußt, er habe nicht annehmen können, daß die Rebellenstadt Zara unter päpstlichem Schutz gestanden sei, da der Papst wohl kaum willentlich diese Seeräuber habe schützen wollen. Jedenfalls sei dieser Kreuzzug mit der Wiedervereinigung der beiden Kirchen zum Wohle der Kirche ausgeschlagen, und vom Bann habe der Legat Petrus sie übrigens bereits gelöst. Des weiteren bitte er auch um die Lösung vom Kreuzzugsgelübde, denn er sei müde vom Alter und erschöpft von der Plage.

Etwa zur gleichen Zeit wie dieser Brief Dandolos muß damals auch Tomaso Morosini in Rom eingetroffen sein, und aus der raschen Ernennung zum Patriarchen von Konstantinopel kann man ersehen, wie eifrig der Papst den Wünschen des Dogen nachkam. In einem Antwortschreiben an Dandolo wendet der Papst viele Schmeichelworte an, um den Dogen beim Kreuzheer zu halten.

Papst Innocenz III. hatte zwar die Kirchenvereinigung geschafft, aber nur gemeinsam mit Venedig, auf das er auch weiter angewiesen war. Es wird nicht die Ideallösung gewesen sein, die ihm vorgeschwebt war.

Im Oktober 1204 wurden die vereinbarten Lehen vergeben und sechshundert Kreuzfahrer zu Rittern geschlagen. Venedig bekam drei Achtel des oströmischen Reiches, diese Landfülle erstreckte sich von Byzanz nach Osten durch das Schwarze Meer bis Trapezunt und nach Westen um Griechenland herum bis hinauf in die Adria, geeignet für eine unendliche Kette von Handelsniederlassungen. Mit Recht konnte sich Dandolo „Herr von drei Achteln des oströmischen Reiches" nennen, ein stolzer Titel, den die Dogen nach Dandolo bis zur Mitte des 14. Jahrhunderts trugen. Enrico Dandolo trug auch den Titel „Despot" als Mitregent Ostroms.

Die aufbrechenden Streitigkeiten zwischen Bonifaz – in seinem griechischen Königreich um Thessaloniki – und Balduin in Byzanz waren den Venezianern nur recht, und sie zogen daraus nicht nur taktische Vorteile, sondern bekamen auf diese Weise Kreta. Das lateinische Kaisertum in Byzanz wurde durch diese Querelen naturgemäß geschwächt, und während man sich damit beschäftigte, ob und wie man den inzwischen gefangengenommenen Alexios V. Muzophlos, den letzten Kaiser von Byzanz, am scheußlichsten hinrichten könne, brach über die Nordgrenze des Staates das Unglück herein in der Gestalt des bulgarischen Zaren Johannes Asén. Dieser hatte versucht, mit seinen neuen lateinischen Nachbarn ins Gespräch und wahrscheinlich auch ins Geschäft zu kommen. Kaiser Balduins Kanzlei hatte aber anscheinend

Die Erstürmung von Byzanz (Ausschnitt)
Jacopo und Domenico Tintoretto (Dogenpalast)

keine Zeit, und vielleicht waren ihnen diese Wilden etwas zu ungebärdig, jedenfalls benahmen sie sich schnippisch und Zar Johannes war gekränkt. Als noch die vertriebenen Griechen ein wenig stichelten, hieß Johannes seine Horden Keule und Bogen einpacken und zog sengend und brennend gegen die Lateiner los. Vor Adrianopel stellte er sich auf. Die Stadt war schlecht auf einen solchen Besuch vorbereitet und schrie um Hilfe. Balduin kratzte zusammen, was er an Bewaffneten finden konnte, schickte als Vorhut seinen Marschall Villehardouin, nahm selbst die Hauptmacht und als Nachhut kam Dandolo. Am 15. April, genau ein Jahr nach der Eroberung Byzanz', kam es vor Adrianopel zur Schlacht. Die Lateiner wurden völlig aufgerieben, hunderte Ritter fielen, der Kaiser geriet in Gefangenschaft, in der er ein schreckliches Ende fand.

In einer wilden nächtlichen Flucht brachten der Doge und der Marschall das Heer die 130 Kilometer zurück an die Küste bei Rodosto (dem heutigen Tekirdag). Die Landbevölkerung, aufgestachelt durch ihre Priesterschaft, war auf der Seite der Bulgaren und bedrängte die fliehenden Lateiner, wo sie nur konnte mit Steinen, die sie von allen Anhöhen hinunterwarf. Ein solcher soll den Dogen getroffen haben, oder vielleicht hat er sich auch nur bei dem Gewaltritt überanstrengt? Jedenfalls brach er zusammen und wurde nach Konstantinopel gebracht. Das von ihm mitgeschaffene Reich war in größten Schwierigkeiten, aber er konnte nicht mehr eingreifen. Er dämmerte dahin und starb am 1. Juni 1205. Sein Leichnam wurde in der Hagia Sophia in einer Gruft beigesetzt, in der er zweihundertfünfzig Jahre lang liegen sollte. Als dann am 1. Juni 1453 der zweite Eroberer von Byzanz, der Türkensultan Mechmed, in Konstantinopel einzog, ließ er die Asche Dandolos, den er den Zerstörer nannte, in den Bosporus streuen.

Enrico Dandolo hat mit einer kleinen Streitmacht eines der damals mächtigsten Reiche der Erde erobert und zerstört, für seine Heimat unendliche Schätze erbeutet und Venedig zur Weltmacht geführt. Der von ihm errichtete Nachfolgestaat für das griechische Byzanz, das lateinische Kaiserreich von Konstantinopel, war aber zu schwach, um bestehen zu können. Der Grund für diese Schwäche lag im Konzept, das auch von Dandolo stammte. Er wollte die Macht Venedigs über dieses neue Reich sichergestellt sehen. So wurde dieses Reich ein zu schwacher Staat, und in diesem Wetterwinkel der Geschichte, wo er eben einmal lag, mußte er zu Grunde gehen.

103) Calle Cavalli

104) Palazzo Corner-Martinengo, später **Cavalli,** später **Rava.** Das Bauwerk stammt aus dem 15. bis 16. Jahrhundert und ist wahrscheinlich aus dem Umbau eines früheren gotischen Palastes hervorgegangen. Eine Zeitlang wohnte hier eine Familie Cavalli, nach der der Palast, die Fondamenta Cavalli, an der der Palast steht, und die anschließende Gasse benannt sind. 1838 wohnte hier der amerikanische Schriftsteller Fenimore Cooper, der Autor von „Lederstrumpf". Später war der Palazzo auch das Hotel „Al Lion Bianco".

Von links nach rechts: Die Ecke des Palazzo Dandolo Farsetti 102), Calle Cavalli 103), Palazzo Corner-Martinengo Cavalli 104), Casa Corner Valmarana 105), Calle Grimani 106), Palazzo Grimani 107), Einfahrt in den Rio di San Luca 108) und Ecke des Palazzo Corner Contarini 109)

105) Casa Corner Valmarana. Das Gebäude ist ein Neubau, der um 1800 aufgeführt wurde. Das ursprüngliche Gebäude war niedriger und stammte wahrscheinlich aus dem 16. Jahrhundert.

106) Calle Grimani

107) Palazzo Grimani. (In diesem Gebäude ist heute der Appellationsgerichtshof untergebracht.) Dieser Kolossalbau ist ein Werk des Architekten Michele Sanmichele aus Verona. Es wurde in der ersten Hälfte des 16. Jahrhunderts für den steinreichen Prokurator von San Marco, Girolamo Grimani gebaut. Der oberste Stock wurde nach dem Tod des Architekten von seinem Schüler Gian Giacomo dei Grigi fertiggebaut. Die Fassade des Palastes ist aus einem ursprünglich weißen Stein gefertigt, der mit zunehmendem Alter einen eigenartigen braungrünen Ton angenommen hat. Der Palazzo war bis 1808 im Besitz der Familie Grimani. Dann wurde er von der Regierung (damals Österreich) gekauft und in die Hauptpost umgewandelt. Das Innere des Gebäudes war ursprünglich wunderschön eingerichtet und der Palast war der Mittelpunkt zahlreicher in die Geschichte eingegangener Feste. 1597 fand hier die Krönung der Frau des Dogen Marino Grimani, der Dogaressa Morosina Morosini, statt und auch die Überreichung der goldenen Rose von Papst Clemens VIII. an die Dogaressa, ein Ereignis, das die Geschichtsschreiber und Maler dieser Zeit sehr angeregt hat.

Girolamo Grimani, der Erbauer des Palastes, war mit Donata Pisani verheiratet. Ihr gemeinsamer Sohn Marino machte eine lange politische Karriere. Er war Podestà von Padua und Breschia, Dogenberater, Savio, Botschafter beim Papst und schließlich, wie sein Vater, Prokurator von San Marco. Am 26. April 1595 wurde er nach einem Konklave von vierundzwanzig Tagen, einundsiebzig Abstimmungen und zwei feierlichen Ermahnungen von seiten der Signoria an die Wahlmänner zum Dogen gewählt.

Antonio Grimani
Doge von 1521 bis 1523

Es war das zweite Mal in dem Jahrhundert, daß ein Grimani den Dogenthron bestieg. Der erste war der steinreiche Kaufmann Antonio Grimani gewesen, von dem gesagt wurde, daß alles, was er berührte, zu Gold würde. Deswegen hatte man ihn auch, obwohl er schon alt war und keineswegs wollte, zum Capitano Generale da Mar im Krieg gegen die Türken gewählt. Nur er war in der Lage, die enormen, zur Bezahlung der Rudermannschaften notwendigen Summen vorzustrecken. Er hat dann auch prompt einige Seeschlachten gegen die Türken verloren. Nach seiner Rückkehr wurde er verhaftet und das Volk forderte seinen Kopf. Das Urteil der Signoria fiel milder aus. Er wurde nach Cherso (Cres) verbannt, von wo aus er, dank seines Sohnes, der als Kurienkardinal in Rom weilte, schließlich nach Rom gehen durfte. Als er dann endlich auch nach Venedig zurückkehren konnte, wählte man ihn trotz seiner damals schon siebenundachtzig Jahren zum Dogen, obwohl er beim Volk nach wie vor sehr unbeliebt war. Er hatte das Amt nur zwei Jahre inne, bevor er starb. Interessant ist noch, daß während des Dogats dieses Kaufmanns mit den goldenen Händen das Lotto in Venedig eingeführt wurde.

Antonio Grimani hat nicht in diesem Palazzo am Canal Grande gewohnt, auch nicht sein Sohn, Kardinal Domenico. Der bewohnte zusammen mit einem Neffen, Giovanni Grimani, einen anderen Palazzo Grimani bei Santa Maria Formosa. Der Eingang dieses Palastes befindet sich in einer Seitengasse der Ruga Giuffa in Castello, im Ramo Grimani. Der Palazzo dort zeigte noch viel mehr als der Grimanipalast am Canal Grande die mit Intelligenz und Geschmack betriebene Sammelleidenschaft seiner herrschaftlichen Bewohner und ihre mit dem enormen Reichtum gepaarte Phantasie. Kardinal Domenico Grimani wurde auch der Begründer des archäologischen Museums von San Marco.

Marino Grimani
Doge von 1595 bis 1605

Im Gegensatz zu der Ablehnung aus dem Volk, die Antonio Grimani entgegenschlug, wurde Marino Grimani, noch bevor er von den eher widerwilligen Wahlmännern zum Dogen gewählt wurde, vom Volk bereits lauthals begrüßt. Schon während des Konklaves zog es Fahnen schwenkend durch die Straßen und rief „Viva Grimani". Kaum wurde seine Wahl bekannt, begann eine verrückt gewordene Menge die eben erst für die traditionelle Himmelfahrts-Messe auf dem Markusplatz errichteten Buden in Stücke zu schlagen. Während sie noch: „Es lebe Grimani, der die Brote dicker machen wird!" brüllten, hatten sie schon alles in Brand gesteckt.

Während der gesamten Renaissancezeit wetteiferten die Grimani mit den Corner darum, wer reicher sei. Nur wenige Familien konnten ihnen auch nur im entferntesten als Mäzene und Kunstkenner Konkurrenz machen. Deswegen ist es eher zweifelhaft, ob wirklich „die ganze Stadt" – wie der Kanonikus Stringa, der die Venetia von Sansovino fortgesetzt hat, behauptet – darauf drängte, daß der Doge Marino „sich nunmehr entschlösse", zwei Jahre nach seiner Wahl „seine Frau krönen zu lassen"? Oder war es die Dogaressa Morosini, selbst Angehörige einer uralten Dogenfamilie, die darauf drängte? Was es auch war, dem Dogen, der am Tag seiner Wahl einen Sack Mehl und einen Bottich Wein an jeden Armen Venedigs verteilen ließ und der am Markusplatz drei Schüsseln voller Silbermünzen unters Volk geworfen hatte, schien es eine gute Gelegenheit gewesen zu sein, seine eigene Freigebigkeit und die Größe seiner Familie zu präsentieren. Und die Feste zu Ehren der Morosina Grimani Morosini waren ein so großer Erfolg, daß weder vorher noch nachher jemals wieder Ähnliches gesehen wurde: „paroxystisch" schrieb ein Historiker. Es war im Mai 1597, ganz genau zwei Jahrhunderte vor dem Fall der Republik und dem Ende des alten Venedig.

Am 4. Mai um 6 Uhr abends trat die gesamte Signoria sowie sechzig Senatoren aus der Porta della Carta des Dogenpalastes heraus. Geleitet wurden sie von den Comandadori mit scharlachroter Mütze, den Sekretären mit dem Großkanzler an der Spitze und den Schildknappen des Dogen. Sie schritten unter den Säulengängen der alten Bibliothek hindurch, um sich auf dem Bucintoro einzuschiffen. Der Bucintoro setzte sich in Bewegung begleitet von zwei Ducali Peatoni, den großen und reich geschmückten Staatsschiffen. Unter dem Donner der Artilleriesalven und begleitet von einem ohrenbetäubenden Lärm der Trommeln und Trompeten fuhr der ganze Zug den Canal Grande hinauf zum Palazzo Grimani.

Dort ging der offizielle Zug an Land, stieg die Freitreppe empor und trat in den Portego des Piano Nobile, des ersten Stocks ein, wo die Dogaressa wartete. „Sie war in Begleitung der Frau des kaiserlichen Botschafters", so die zeitgenössische Chronik, „der Gemahlinnen der Prokuratoren von San Marco, Soranzo, Da Lezze, Paruta und Nani und der Gattin des Großkanzlers. Auch Morosinas Schwester Angela war da, die Almoro Grimani, den jüngeren Bruder des Dogen, Cavaliere und Prokurator von San Marco, geheiratet hatte, außerdem die Töchter Laura, verheiratet mit Nicolao Corner de la Ca' Grande, Beatrice, die Nonne, Maria, Witwe von Alvise Grimani und von Nicolao Mohn und in dritter Ehe verheiratet mit Onfré Giustinian, sowie Donata Tiepolo. Auch die Enkel waren anwesend. Und alle bewegten sich auf den Cavalier del Dose zu, den obersten Dogenkämmerer, der beauftragt war, mit seinem Gefolge von Schildknappen die Dogaressa

Einschiffung der Dogaressa Morosina
(Venezianische Schule des 17. Jahrhunderts)

abzuholen. Vor der Gruppe der Damen schritten sechs Jungfern und lo Nano e la Nana, ein Zwergenpaar, das an allen Festen in vorderster Reihe teilnahm und von der Dogaressa in ihrem Testament gut bedacht wurden. In schönster Ordnung nahm der Zug, dem sich jetzt die Dogaressa mit ihrem Gefolge angeschlossen hatte, im Bucintoro Platz, mit Ausnahme der Senatoren und der Schildknappen, die sich in die Ducali Peatoni bemühten."

So setzte sich der Bucintoro wieder in Bewegung, begleitet von den Booten der Korporationen und von einem „Schiff, wie niemals ein wunderbareres gesehen wurde", gebaut von einer Gruppe von vierzig Adligen, die jetzt darin Platz genommen hatten. Zwei Galeeren fuhren voran, unzählige Gondeln und andere Boote folgten, und eine Menge „Männer, Frauen, Jungen und Mädchen drängten sich auf den Balkonen an den Fenstern, in den Dachkammern und auf den Terrassen den gesamten Canal Grande entlang. In der Nähe der Säule mit dem geflügelten Löwen an der Mole der Piazzetta ging die Dogaressa mit dem Zug über eine Brücke aus Flößen an Land. Die Zunft der Metzger hatte einen prächtig geschmückten Triumphbogen errichten lassen."

Die Beschreibung der Festlichkeiten für Morosina Grimani hat den pedantischen Kanonikus Stringa vierundzwanzig engbeschriebene Seiten gekostet. Neben der Krönungszeremonie gab es auch die feierliche Übergabe der Goldenen Rose, eine Auszeichnung von großer Bedeutung, mit der Papst Clemens VIII. die Dogaressa ehrte. Nach dem anschließenden Bankett fand „ein feierliches Fest mit dem Schiffskrieg der Engländer" im Becken vor San Marco statt sowie einige Regatten, die vor allem der Bevölkerung viel Freude machten.

Wer diese Dekorationen und die verschiedenen Phasen des mehrtägigen Festes bewundern will, dem können die Bilder von Andrea Vicentino und der anderen Maler eine Vorstellung davon geben. Sie sind unter anderem in den Sammlungen des Städtischen Museums Correr ausgestellt. Sowohl Marino als auch Morosina Grimani sind immer wieder von Malern und Bildhauern porträtiert worden. Im Dogenpalast gibt es unter anderem ein Gemälde von Gabriele Caliari, das den Dogen beim Empfang der Gesandtschaft des Schahs von Persien, Abbas des Großen zeigt, die im Jahr der Krönung der Morosina nach Venedig gekommen war.

Morosinas Marmorfigur liegt auf dem Grabmal in der Kirche San Giuseppe di Castello, das sie mit ihrem Gatten teilt. Das genaueste Porträt von ihr ist zweifellos das Jacopo Palma dem Jüngeren zugeschriebene Gemälde im Museum Correr: eine Frau mittleren Alters, mit unter der Dogenmütze gerafftem Haar und dem etwas dicklichen Gesicht einer biederen Hausfrau.

Auch auf einem Bronzerelief von Cesare Groppo aus dem Jahr 1603, das an ihrem Grabmonument in der Kirche San Giuseppe di Castello zu sehen ist und das die Krönung der Dogaressa zeigt, blickt uns die gleiche biedere Hausfrau an. Es fällt wirklich schwer, sie sich als Mittelpunkt dieses außergewöhnlichen Festes vorzustellen, das damals in Venedig zu Ehren dieser Frau und Fürstin veranstaltet wurde.

„Die Krönung der Dogaressa Morosina Morosini Grimani". Bronzerelief von Cesare Groppo. Am Grabmonument des Dogen Marino Grimani in der Kirche San Giuseppe di Castello

Man weiß viel von ihr, aber wenig oder nichts von ihrer Privatsphäre, ihren Gefühlen und ihrem Leben. Es gibt nur das Testament und die Grabrede, die im Januar 1613 von Giovanni de Conti gehalten wurde.

Von dem Dogen weiß man etwas mehr, zum Beispiel, daß er für Morosina eine aufrichtige und tiefe Liebe empfunden haben muß: „Heißgeliebte und herzlichste Schwester, die uns in all unserer Mühsal immer höchster Trost, Erquickung und Hilfe gewesen ist", nennt er sie in seinem Testament. Er hatte für sich selbst und für Morosina eine besondere Osella, eine Silbermünze, mit ihrem Abbild prägen lassen, die an alle Patrizier des Großen Rats verteilt wurde.

Der Doge hat bei den prunkvollen Banketten und für sein Mäzenatentum gegenüber Bildhauern und Malern, für das er berühmt war, insbesondere für Leandro da Ponte, genannt Bassano, riesige Summen ausgegeben. So schrumpfte mit der Zeit auch sein großes Vermögen. Er besaß unter anderem die alte Osteria dello Sturione am Rialto sowie eine schöne Villa an der Brenta in der Nähe von Padua. Ausnahmsweise hatte die Signoria ihm sogar die Erlaubnis erteilt, auch während seines Dogats Venedig zwei oder dreimal im Jahr zu verlassen und sich für einige Tage in seiner Villa aufzuhalten.

Von Morosina hatte er keine Söhne und sein Familienzweig, der noch heute existiert und aus dem Filippo Grimani, der verdiente Bürgermeister Venedigs während des Ersten Weltkriegs stammte, wurde durch seinen Neffen Piero weitergeführt, dem Sohn seines Bruders Almoro Grimani. Im großen und ganzen wissen wir aber von den beiden so sehr gefeierten und zu ihrer Zeit so hochberühmten Persönlichkeiten doch recht wenig.

Von links nach rechts: Palazzo Grimani 107), Einfahrt in den Rio San Luca 108), Palazzo Corner Contarini dai Cavalli 109), Palazzetto Tron Memmo 110), Palazzo Tron 111), Palazzo D'Anna - Viaro – Martinengo – Volpi di Misurata 112), Calle del Traghetto di San Benedetto 113) und Casa Marinoni 114)

108) Rio di San Luca

109) Palazzo Corner Contarini dai Cavalli. Der Name rührt von den zwei wappenartigen Verzierungen mit den Pferden an der Vorderfront her. Das Bauwerk stammt aus der Mitte des 15. Jahrhunderts. Schön sind die gotischen Spitzbogenfenster des Piano Nobile. Im 17. und 18. Jahrhundert wurden bauliche Veränderungen vorgenommen und der Eingang an der Wasserfront verändert.

Das Wappen mit dem Pferd auf der Fassade des Palazzo Corner Contarini dai Cavalli und Teile der gotischen Spitzbogenfenster

110) Palazzetto Tron Memmo. An dieser Stelle stand ein bescheidener gotischer Palazzo aus dem 15. Jahrhundert. Im 19. Jahrhundert wurde dann dieses neugotische Bauwerk errichtet und gleichzeitig der daneben liegende Palazzo Tron Memmo vergrößert.

111) Palazzo Tron. Das Gebäude stammt aus dem 15. Jahrhundert wobei aber das Erdgeschoß und der dritte Stock im 18. Jahrhundert stark verändert wurden, auch der linke Teil des Gebäudes wurde später angebaut.

112) Palazzo D'Anna-Viaro-Martinengo, heute **Volpi di Misurata.** Der ältere rechte Teil stammt aus dem 16. Jahrhundert und war früher mit Fresken von Pordenone geschmückt; heute sind an der Fassade in Höhe des zweiten Stocks nur mehr zwei große Wappen zu sehen. Da die Fassade im Hinblick auf die Freskomalerei konzipiert war, wirkt sie heute so nüchtern und schmucklos. Eine späte Abbildung der Fresken existiert noch im Britischen Museum in London. Der linke Teil des Gebäudes ist ein späterer Zubau. Im Jahr 1889 kam der Palazzo für einige Zeit in den Besitz der Familie Fortuny.

In diesem Palazzo hat dann im 20. Jahrhundert ein Mann gewohnt, der nicht nur in der venezianischen, sondern auch in der italienischen Geschichte seiner Zeit eine nicht unbedeutende Rolle gespielt hat, Graf Giuseppe Volpi di Misurata. Er wurde im Jahr 1877 in Venedig geboren und hat eine unglaubliche berufliche Karriere gemacht. Gleich nach dem Abschluß der Mittelschule wurde er Direktor einer Versicherungsgesellschaft. Mit zweiundzwanzig Jahren war er Außenhandelsberater der ungarischen Regierung, mit achtundzwanzig war er der Gründer der Adriatischen Elektrizitätsgesellschaft.

Später gelang es ihm durch geschickte Verhandlungen nach dem Ersten Weltkrieg für Italien Libyen und den Dodekanes aus der Konkursmasse des Osmanischen Reiches zu bekommen. So wurde er auch Gouverneur von Libyen und erhielt vom italienischen König den Titel Graf von Misurata. Er wurde dann Finanzminister, behielt diesen Posten auch noch einige Zeit unter der faschistischen Ära. Dann wurde er Präsident des italienischen Industriellenverbandes (Confederazione dell' Industria) und war an der Gründung vieler Industrieunternehmen maßgeblich beteiligt, so auch an dem Bau des Hafens von Maghera und an der Gründung der dortigen petrochemischen Werke, denen heute die Zerstörung der venezianischen Umwelt zugeschrieben wird.

Auf ihn paßt Schillers Spruch „Von der Parteien Gunst und Haß verwirrt, schwankt sein Charakterbild in der Geschichte". Er hatte sich nach Italiens Kriegseintritt von den Faschisten abgewandt, und gegen Kriegsende hätten sie ihn hingerichtet, wäre er nicht in die Schweiz geflohen. Nach dem Krieg haben ihn sowohl die Faschisten als auch die Antifaschisten als Verräter beschimpft, und die Gründung Magheras macht man ihm bis heute zum

Vorwurf, obwohl die großen petrochemischen Werke erst 1973 errichtet wurden und Volpi schon 1947 starb.

In der Erinnerung jener, die ihn persönlich gekannt haben, war er eine charismatische Persönlichkeit von großem Charme und der Fähigkeit, andere Menschen zu überzeugen, ja sogar zu seinen Auffassungen zu verführen. In seinem Palazzo am Canal Grande gab er große Feste, und es war ihm immer daran gelegen, seine eigenen Auftritte zu inszenieren, mit großartigen Uniformen oder exotischen Trachten. Sein Palazzo, in dessen Ballsaal er von Ettore Tito ein Deckengemälde im Stile Tiepolos ausführen ließ, war sein liebster Aufenthaltsort. Er besaß auch zwei Villen am Festland, darunter die Villa Barbaro in Maser, die Palladio gebaut und Paolo Veronese mit einem Freskenzyklus ausgeschmückt hatte. Volpi hat diese Fresken restaurieren lassen und damit ein großartiges Kulturgut gerettet. Diese Palladiovilla in Maser ist durch ihre liebliche Bauweise für Palladios Architektur eher untypisch. Einer der beiden Bauherren der Villa war Marcantonio Barbaro gewesen, ein persönlicher Freund Palladios, mit dem er zusammen „Die vier Bücher zur Architektur“ herausgegeben hatte.

Villa Barbaro in Maser (nördlich von Treviso)

113) Calle del Traghetto di San Benedetto

114) Casa Marinoni ist ein Gebäude aus dem 19. Jahrhundert.

115) Casa de Spirit. An dieser Stelle wurde ein altes kleines Gebäude aus dem 16. Jahrhundert durch ein etwa gleich großes Wohnhaus in der Mitte des 20. Jahrhunderts ersetzt.

116) Calle Benzon

Von links nach rechts: Ein Teil des Palazzo D'Anna-Viaro-Martinengo-Volpi di Misurata 112), die Calle del Traghetto di San Benedetto 113), Casa Marinoni 114), Casa de Spirit 115), die Calle Benzon 116) und ein Teil des Palazzo Querini Benzon Vianello Valuta 117)

117) Palazzo Querini Benzon später **Vianello Valuta.** Der Palast wurde von einem Mitglied der Familie Querini zu Beginn des 18. Jahrhunderts auf den Fundamenten eines älteren Gebäudes errichtet. Auffallend an dem Palazzo ist die Marmorverkleidung, die bis in die halbe Höhe des Erdgeschosses reicht.

Berühmt geworden ist der Palast durch seine Besitzerin, die Gräfin Marina Querini Benzon, die hier in der zweiten Hälfte des 18. Jahrhunderts wohnte. Auf sie wurde das berühmte venezianische Volkslied „La biondina in gondoleta" gedichtet, und in ihrem Haus verkehrten alle bekannten und weniger bekannten Künstler und Schriftsteller ihrer Zeit, die nach Venedig kamen. Canova ging hier ein und aus und Lord Byron hat sich hier in die junge Teresa Guiccoli verliebt. Andere berühmte Gäste waren Piedimonte, Foscolo und Moore.

Marina war offensichtlich auch eine begeisterte Revoluzzerin, da sie, wie berichtet wird, anläßlich des Falles der Republik mit Foscolo am Markusplatz halbnackt um den sogenannten „Baum der Freiheit" tanzte, obwohl sie damals auch nicht mehr ganz taufrisch war.

118) Rio Michiel

119) Casa Tornielli ist ein im Renaissancestil errichtetes Gebäude aus dem 19. Jahrhundert.

120) Palazzo Curti Valmarana. Das Gebäude stammt aus der Wende des 17. zum 18. Jahrhundert und wurde später auch noch mehrfach umgebaut. Das Auffallende an diesem Gebäude ist der im zweiten Stock gelegene Piano Nobile.

Von links nach rechts: Palazzo Querini Benzon Vianello Valuta 117), Rio Michiel 118), Casa Tornielli 119), Palazzo Curti Valmarana 120), Rio di Ca' Corner 121) und Palazzo Corner Spinelli Salom 122)

121) Rio di Ca' Corner

122) Palazzo Corner Spinelli, später **Salom.** Der venezianisch-byzantinische Palast, der früher hier stand, wurde abgerissen und an seiner Stelle um das Jahr 1500 das heutige Gebäude errichtet. Die Fassade hat eine fast genau quadratische Form. Sie besteht vorwiegend aus istrianischem Kalkstein und ist mit Marmor verkleidet, der seinerseits wieder mit runden

Von links nach rechts: Ecke des Palazzo Curti Valmarana 120), Rio di Ca' Corner 121), Palazzo Corner Spinelli 122), Campiello del Teatro 123) mit der Casa Salom 124)

und rechteckigen Feldern aus buntem Marmor verziert ist. Sie wird Mauro Coducci zugeschrieben, der ähnlich, aber viel monumentaler den Palazzo Vendramin Calergi gebaut hat. Die Fassade gilt als eine der schönsten und leichtesten Renaissancefassaden, die es an Venedigs Palästen gibt. Die einzelnen Elemente und vor allem die Pergole (Balkone) sind so zusammengefügt, daß sie einen nahezu luftigen Eindruck erwecken. Der Innenraum des Palastes wurde mehrfach verändert, besonders um 1552 vom Architekten M. Sanmicheli, der mit dem damaligen Besitzer Giovanni Corner gut befreundet war. Dieser stammte aus der gleichen Linie der Familie Cornaro (oder Corner) wie die Königin von Zypern, Catarina Cornaro, und war ihr Großneffe.

Eine spätere Besitzerin des Palastes war um die Mitte des 19. Jahrhunderts die Tänzerin Maria Taglioni, die eine ganze Reihe von Palästen am Canal Grande „gesammelt" hatte.

123) Campiello del Teatro. Ist ein kleiner Platz, vor dem heute die Vaporettostation San Angelo liegt. Im Hintergrund des Platzes liegen zwei Gebäude. Das rechte davon heißt Casa Salom.

124) Casa Salom ist ein niedriges Gebäude, das im zweiten Stock eine durchgehende überdeckte Terrasse hat, die dem ursprünglich alten Gebäude im 19. Jahrhundert aufgesetzt wurde.

125) Ramo del Teatro

Von links nach rechts: Campiello del Teatro 123), die beiden Gebäude an der Stelle des alten Teatro Sant'Angelo, die Casa Barocci 126) und der Palazzo Tito 127), der Rio di Ca' Garzoni und der Palazzo Garzoni

126) Casa Barocci ist ein neues Gebäude aus dem 19. Jahrhundert, das an der Stelle des alten Teatro Sant'Angelo steht, das auf einem Stich aus dem frühen 19. Jahrhundert hier noch zu sehen ist.

Das Teatro Sant'Angelo wurde im 17. Jahrhundert von der Familie Marcello, gemeinsam mit dem Bühnenbildner Francesco Santurini gegründet, der auch die Direktion übernahm. Im Karneval des Jahres 1677 wurde es mit „Helenas Raub durch Paris", einem musikalisch untermalten Melodrama, eröffnet. Das Theater hatte fünf Ränge zu je neunundzwanzig Logen, die mit vergoldetem Stuck reich verziert waren. Vivaldi, von seinen Zeitgenossen bei weitem nicht so geschätzt wie in der heutigen Zeit, war in diesem Theater für fast fünfundzwanzig Jahre eine beherrschende Gestalt, als Direktor, als Kodirektor und als Musikdirektor. Zusätzlich wurden dort von ihm 18 Opern aufgeführt, die er für das Sant'Angelo komponiert hatte. Außerdem trat er dort als Geigenvirtuose auf. Er scheint sich bei seinen Künstlerkollegen sehr verhaßt gemacht zu haben. Carlo Goldoni nennt ihn einen „Priester mit roten Haaren" und einen „excellenten Geiger und mittelmäßigen Komponisten, von dem die Kenner sagen, daß es ihm am Kontrapunkt mangle, und daß er die Bässe nicht richtig setze". Ausländische Besucher waren aber von Vivaldi viel mehr begeistert, und Charles de Brosses schreibt 1739: „Es gibt da einen Alten, der mit einer erstaunlichen Raserei komponiert", und wundert sich, daß ihn die Venezianer so wenig schätzen, fügt dann aber hinzu, wahrscheinlich, weil sie ihn schon zu lange hören.

1748 wurde Carlo Goldoni offizieller Theaterautor des Sant'Angelo, nachdem ab dem Jahr 1742 die Opern aus dem Spielplan verschwanden. Goldoni hat einmal in einer Saison sechzehn neue Komödien geschrieben. Er war aber unter den Literaturbeflissenen seiner Zeit umstritten, die ihm übelnahmen, daß er Menschen aus dem Volk in seinen Komödien auftreten ließ. „Den gemeinen Pöbel" nannte sie der Abate Chiari, ein ehemaliger Professor am Jesuitenkollegium, der selbst auch Stücke schrieb und 1753 die Nachfolge Goldonis als „Hausdichter" des Sant'Angelo angetreten hatte. Da er es sich nicht nur mit Goldoni, sondern auch mit anderen Autoren verdarb, darunter besonders mit einem Patrizier dem N.H. Marc Antonio Zorzi, organisierte letzterer eine Claque, die wieder alle Stücke von Chiari auspfiff. Das Theater gehörte damals dem N. H. Condulmer, der über diese Störung seines Theaterbetriebes alles andere als erbaut war. Da er nun 1755 Dogenberater wurde und als solcher zufällig zum Staatsinquisitor ausgelost wurde, ließ er den Rädelsführer dieser Claque, Giacomo Casanova, verhaften. [s. 148] In seinen Memoiren hat Casanova jedenfalls später behauptet, daß dies einer der Hauptgründe war, warum er in die Bleikammern kam. Casanova hat sich übrigens selbst auch als Theaterimpresario am Sant'Angelo versucht und dort eine französische Theatergruppe auftreten lassen. Dieser Aktion war aber kein Erfolg beschieden, da die meisten Venezianer zu schlecht Französisch sprachen, um sich französisch gespielte Stücke anzusehen.

127) Palazzo Tito. Ein modernes Gebäude aus der Mitte des 20. Jahrhunderts.

128) Rio di Ca' Garzoni

Von links nach rechts die Gegend der Objekte 121) bis 130) auf einem Stich um 1800. Man sieht zwischen dem Campiello del Teatro und dem Rio di Ca' Garzoni die Rückseite des alten Teatro Sant'Angelo. Links im Bild der Palazzo Corner Spinelli und rechts im Bild der Palazzo Garzoni

129) Palazzo Garzoni ist ein gotischer Bau aus dem 15. Jahrhundert, der im 17. Jahrhundert verändert wurde. Der reichen Bankiersfamilie Garzoni (Patrizier seit 1380), aus der auch der Geschichtsschreiber Piero Garzoni stammte, gehörte das ganze umliegende Areal und der Palast selbst bis ins 17. Jahrhundert.

130) Calle Garzoni

Von links nach rechts: Rio di Ca' Garzoni 128), Palazzo Garzoni 129), Magazin 131), Traghetto San Tomà 131), Haus an der Calle del Magazin 133) und Palazzo Corner Gheltof Avera 134)

131) Lagerhaus und davor das Traghetto San Tomà – San Samuele

132) Calle del Magazin

Von links nach rechts: Im Hintergrund die Seitenwand des Palazzo Garzoni 129), das Lagerhaus und die Anlegestelle des Traghetto 131), Haus an der Calle del Magazin 133), Palazzo Corner Gheltof Avera 134) und Palazzo Mocenigo Casa Nuova 135)

133) Haus an der Calle del Magazin ist ein Neubau aus dem 19. Jahrhundert und wurde auf dem Grund eines abgerissenen Nebengebäudes des anschließenden Palazzo Corner Gheltof errichtet.

134) Palazzo Corner Gheltof Averà. Die Fassade stammt aus der Zeit des 16. und 17. Jahrhunderts. Der ursprüngliche venezianisch-byzantinische Palast aus dem 11. Jahrhundert ist noch in geringen Resten im rückwärtigen Teil des Gebäudes erhalten. Die Familie Corner besaß wahrscheinlich eine Weinschenke in der Calle del Magazin.

135) Palazzo Mocenigo Casa Nuova. Der Name stammt daher, daß dieses Gebäude einem Zweig der großen Familie Mocenigo gehörte, der zum Unterschied von der anderen Linie „Casa Nuova“ genannt wurde. Das Gebäude selbst war ursprünglich ein gotischer Palazzo aus der Mitte des 15.

Jahrhunderts und wurde um 1579 wahrscheinlich vom Architekten Alessandro Vittoria umgebaut. Damals erhielt er diese reich gegliederte Fassade aus istrianischem Kalkstein.

136) Palazzo Mocenigo. Dieser eigentlich aus zwei nahezu symmetrischen Gebäuden bestehende Palast verbindet den Palazzo Mocenigo Casa Nuova mit dem Palazzo Mocenigo Casa Vecchia. Im Jahr 1579 hat dieser Bau schon bestanden und ist durch das Testament von Giovanni Mocenigo belegt. In ihm wohnte, so wie in dem anschließenden Palazzo Mocenigo Casa Vecchia, der Hauptzweig der Familie Mocenigo, der auch der älteste war. Die Palazzi beherbergten viele Gäste, wobei es nicht immer ganz klar ist, in welchem Teil welcher Gast wirklich gewohnt hat.

Von links nach rechts: Der Palazzo Mocenigo Casa Nuova 135), Palazzo Mocenigo, ein Doppelbau mit der Erinnerungstafel an Lord Byron 136)

Ab dem Jahr 1621 wohnte hier Anne of Shrewsbury, die Frau des Herzogs von Arundel und Surrey. Hier hat sie auch der Botschafter Antonio Foscarini besucht. Ihm haben diese Besuche und die unglückselige Spionageaffäre, in die er dadurch angeblich verwickelt war, schließlich das Leben gekostet. [s. 284]

1818 gehörte der Palazzo dem sehr jungen Alvise Francesco Mocenigo, der zu jener Mocenigo-Linie gehörte, die vom Dogen Giovanni (1478–1485) abstammten. In diesem Jahr mietete der damals dreißigjährige Lord Byron, zu der Zeit schon ein hochberühmter Dichter und von Skandalen umwittert, den Palast und blieb hier zwei Jahre. Im September zog er mit vierzehn Hausangestellten, zwei Affen, fünf Katzen, acht Hunden, einem Fuchs und diversen Vögeln ein. Für die nächsten zwei Jahre herrschte dann hier ein sehr aufregendes Leben, das von den wilden Eskapaden Byrons geprägt war. Seine Affären waren stadtbekannt und man witzelte darüber, daß der Palazzo Mocenigo zwei Eingänge bekommen müsse, einen für die Mädchen aus Castello und einen für die Mädchen aus Cannaregio. Außer durch seine amourösen Abenteuer machte Byron noch durch andere Eskapaden von sich reden. Zum Beispiel durch einen Schwimmwettbewerb vom Lido herein und durch den ganzen Canal Grande. Der österreichische Gouverneur Graf Peter Goëß hatte Byron gestattet, am Lido, der damals eine einsame Sanddünenlandschaft war, seine Pferde unterzubringen, und einer von Byrons Lieblingssprüchen war, in Venedig befänden sich außer den Pferden an der Markusbasilika nur die seinen.

Lord Byron

Lord Byron hat, wahrscheinlich um seinen Ruf als Enfant terrible zu dokumentieren, alle seine Eskapaden in vielen Briefen an die verschiedensten Freunde berichtet. Abgesehen von seinen Husarenstücken hat Byron während seines Aufenthaltes in Venedig viel geschrieben und sich von der Geschichte der Stadt und von dem Lokalkolorit inspirieren lassen. Das Theaterstück „Die zwei Foscari", das später auch als Libretto für die gleichnamige Oper von Verdi diente, sei nur ein Beispiel. Der irische Dichter Thomas Moore, Byrons späterer Biograph, hat ihn hier auch besucht. An den Aufenthalt des berühmten Dichters im Palazzo Mocenigo erinnert heute noch eine Hinweistafel an der Fassade.

Tafel zur Erinnerung an Lord Byron an der Fassade des Palazzo Mocenigo

137) Palazzo Mocenigo Casa Vecchia. Dieses Gebäude hat in der Fassade des Hofes noch einige Spuren des alten gotischen Gebäudes aus dem 15. Jahrhundert. Die Fassade am Canal Grande wurde im 17. Jahrhundert nach Plänen von Francesco Contin umgebaut. In diesem Palazzo beherbergte 1592 Giovanni Mocenigo den Dominikanermönch Giordano Bruno aus Nola, einen der ersten Humanisten und naturwissenschaftlich gebildeten Philosophen der Neuzeit. Bruno, der wegen seiner revolutionären philosophischen Schriften aus dem Dominikanerorden austreten mußte, hatte ein unstetes Wanderleben geführt, das ihn nach England, Frankreich, die Schweiz und Deutschland geführt hatte.

Auf die Einladung Mocenigos hin kehrte er schließlich wieder nach Italien zurück, wahrscheinlich weil er hoffte, in Padua an der Universität unterzukommen.

Warum ihn Giovanni Mocenigo schließlich bei der Inquisition angezeigt hat, nachdem er ihn zuerst eingeladen hatte, ist unklar. Vielleicht hatte ihn, einen eher ängstlichen und gottesfürchtigen Menschen, der fanatische Bruno erschreckt, vielleicht war er ihm auch nur besonders unsympathisch geworden. Bruno wurde jedenfalls verhaftet und nach einem langen Disput zwischen der Signoria und der Kurie schließlich an Rom ausgeliefert. Auch warum die eher laizistische Regierung Venedigs, ganz gegen ihre sonstige Gewohnheit, gerade in diesem Fall so entschieden hat, läßt sich nicht mehr nachvollziehen. Bruno wurde jedenfalls in Rom nach einem siebenjährigen Prozeß im Jahr 1600 verbrannt.

Von links nach rechts: Ein Stück des Palazzo Mocenigo, 136), Palazzo Mocenigo Casa Vecchia 137), Calle Mocenigo 138) und Palazzo Contarini delle Figure 139)

138) Calle Mocenigo

139) Palazzo Contarini delle Figure, heute **de Sangro.** Den Namen delle Figure trägt der Palast wegen der Halbreliefs über dem Eingangstor, die wie Karyatiden aussehen und den Balkon tragen.

Der Bau stammt aus dem Beginn des 16. Jahrhunderts und ist ein für die lombardischen Meister typischer Renaissancebau, der, von Antonio Abbondi auch „Lo Scarpagnino“ genannt, ausgeführt wurde. Die Verkleidung mit Marmor und istrianischem Kalkstein zeigt reichliche Verzierungen und ist zusätzlich durch die Verwendung von Säulen recht aufgelockert.

Jacopo Contarini, der im 16. Jahrhundert in diesem Haus wohnte, war des Besitzer einer hochberühmten Bibliothek und einer ganz hervorragenden Gemäldesammlung. Er hinterließ beides dem Staat. Die Bibliothek ging an die Biblioteca Marciana, die Kunstwerke wurden in den Dogenpalast gebracht. Er war ein großer Förderer Palladios gewesen, der auch viel in diesem Palast verkehrte.

140) Palazzo Erizzo Nani Mocenigo. Dieser Palast ist ein besonders gut erhaltener gotischer Ziegelbau aus dem 15. Jahrhundert mit einer schönen typischen Fassade. Lediglich der Dachausbau stammt aus dem 20. Jahrhundert.

Von links nach rechts: Calle Mocenigo 138), Palazzo Contarini delle Figure 139) und Palazzo Erizzo Nani Mocenigo 140). Im Hintergrund sieht man am anderen Ufer den riesigen Palazzo Rezzonico

141) Palazzo da Lezze. Der Palazzo ist ein gotischer Bau aus dem 15. Jahrhundert.

142) Haus am ramo Lezze

Von links nach rechts: Ecke des Palazzo Erizzo Nani Mocenigo 140), Palazzo da Lezze 141), Haus am Ramo Lezze 142) und ein Teil des anschließenden Palazzo Moro Lin 143)

143) Palazzo Moro Lin, auch Palazzo delle Tredici Finestre (mit den 13 Fenstern). Dieser Palast entstand durch den Umbau von zwei aneinanderstoßenden alten gotischen Palästen, die von einer kleinen Calle getrennt waren. Diese kleine Gasse war an der Stelle, an der heute das große Mittelfenster in der Fassade zu sehen ist. Der Maler Pietro Liberi ließ den Palast umbauen, und zwar, wie er sagte, nach eigenen Plänen. Dies hatte einen heftigen Streit mit dem florentinischen Maler und Architekten Sebastiano Mazzoni zur Folge, der behauptete, er hätte die Pläne gemacht. Jedenfalls wohnte Liberi hier und starb in diesem Haus 1686. Dann ging der Palast in den Besitz der Familie Lin über und 1788 durch die Heirat von Isabella Lin mit Gasparo Moro an die Familie Moro. Um diese Zeit wurde auch noch das oberste Stockwerk aufgesetzt. Im 19. Jahrhundert hatten die Maler Ludovico Lipparini und Francesco Hayez ihre Ateliers in diesem Gebäude. Die ursprüngliche Ausschmückung des Gebäudes mit Stuck und Freskoarbeiten, die von einer Reihe von Malern aus dem 17. und 18. Jahrhundert stammte, ist heute völlig verschwunden.

144) Ramo Moro Lin

Von links nach rechts: Palazzo Moro Lin 143), Ramo Moro Lin 144), Haus am Ramo Grassi 145), Ramo Grassi 146) und Palazzo Grassi 147)

145) Haus am Ramo Grassi. Das Gebäude stammt aus dem Beginn des 16. Jahrhunderts. Im 18. Jahrhundert war es eine luxuriöse Herberge, die an wohlhabende Interessenten auch exklusiv vermietet wurde.

Einmal war das Haus an einen Grafen von Nassau vermietet, was beinahe zu einer riesigen Skandalgeschichte führte. Kaiserlicher Botschafter in Venedig war zu dieser Zeit der genuesische Graf Giacomo Durazzo, und ausgerechnet der Frau dieses Diplomaten machte der Graf von Nassau sehr intensiv den Hof, so intensiv, daß er deswegen eigens nach Venedig gekommen war. Er hatte die Gräfin Durazzo schon in Wien kennengelernt und ihr dort bereits sehr auffallend den Hof gemacht.

Wie er nun so in Venedig aufkreuzte und „in Bauta" (im schwarzen Umhang und Maske) in der Umgebung herumschlich und seine Ausflüge immer wieder an der gegenüber am Canal Grande liegenden kaiserlichen Botschaft endeten, fiel er zuerst einigen Anwohnern auf, die das verdächtige Subjekt der Staatsinquisition meldeten. Diese brauchte nicht lange, um herauszufinden, daß es sich um einen Grafen Nassau handelte, obwohl er selbstverständlich inkognito in Venedig war. Das war eine vertrackte Situation, die der Staatsinquisition nicht paßte. Auf der einen Seite die Frau des kaiserlichen Botschafters, die drauf und dran war, einen gesellschaftlichen Skandal heraufzubeschwören, auf der anderen Seite ein Mann aus einem souveränen deutschen Fürstenhaus, der offensichtlich ihr Liebhaber war. Diesen Skandal wollte die Serenissima nicht haben. Gott sei Dank war der Herr inkognito. Man mußte ja nicht wissen, wer er wirklich war, und wies ihn kurzerhand aus. Ein Befehl, dem der Graf, wohl wissend, daß ihm sonst Übles widerfahren könnte, schweigend gehorchte.

Zwar kam der Graf von Nassau im folgenden Sommer wieder auf venezianisches Staatsgebiet zurück, diesmal aber offiziell, und machte der Botschafterin in ihrer Villa an der Brenta in Mira einen Besuch. Gegen ein offiziell eingereistes Mitglied eines ausländischen Fürstenhauses konnte die Staatsinquisition schwer etwas unternehmen. Aber eigentlich war das jetzt den venezianischen Behörden egal, da die Angelegenheit offiziell war. Der Botschafter sollte selbst auf seine Angetraute aufpassen.

146) Ramo Grassi

147) Palazzo Grassi. Das Gebäude ist das letzte bedeutende Bauwerk des 18. Jahrhunderts und wurde nach Plänen von Giorgio Massari in klassizistischem Stil errichtet. Der Bauherr war Angelo Grassi. Die Familie Grassi waren Bologneser Kaufleute, die seit 1718 venezianische Patrizier waren und sich mit 60.000 Dukaten in den venezianischen Adel eingekauft hatten. Der Bau begann um die Mitte des 18. Jahrhunderts. Das Bauwerk hat einen prachtvollen Innenhof mit Arkaden und einem Stiegenaufgang, der heute von einem Glasdach überwölbt ist. Die Wände sind mit Fresken bemalt, die Figuren mit Masken und Umhang zeigen. Die Malereien werden Alessandro Longhi zugeschrieben, sind aber eher von einem seiner künstlerischen Nachfahren, von Michelangelo Morleiter.

Der Palazzo Grassi hatte nach dem Fall der Republik das Schicksal vieler Paläste am Canal Grande erlitten. Er wurde verkauft, aus Spekulationsgründen wieder gekauft und verkauft und ging von einer Hand in die andere. Schließlich wurde er in ein Hotel mit einer angeschlossenen Badeanstalt umgewandelt. In der Gazetta di Venezia vom 4. August 1842 findet sich ein Lob dieser

Palazzo Grassi als „Grand Hôtel de la Ville“ um 1855

Badeanstalt: „An der reinsten und fließendsten Stelle des Canal Grande wird das Wasser entnommen …", außerdem gab es Aufenthaltsräume und Cafés, alles im pompejanischen Stil. Gehört hat diese ganze Pracht einem Signor d'Antoni.

Heute ist der Palazzo Grassi im Besitz einer Aktiengesellschaft, die ihn wunderschön restauriert hat, von sehr potenten Geldgebern gesponsert wird und die dort prachtvolle Ausstellungen organisiert.

Campo di San Samuele 148) mit der Chiesa San Samuele Profeta 149), der zurückgebauten Casa Franceschini 150) und rechts im Bild die auf den Campo San Samuele blickende Front des Palazzo Malipiero 151)

148) Campo di San Samuele. Dieser kleine Campo mit der Kirche, die heute durch ein neues Gebäude verdeckt ist, ist jene Gegend Venedigs, in der einer ihrer bekanntesten, wenn auch nicht bedeutendsten Söhne aufgewachsen ist, Giacomo Casanova. So schillernde Figuren wie ihn hat es damals in Venedig immer wieder gegeben, aber durch seine Memoiren, die er im Alter geschrieben hat, ist er der berühmteste von ihnen geworden.

Am 5. April 1725 wurde er in San Samuele getauft und in der Calle della Commedia hinter dem Palazzo Malipiero war er am 2. April zur Welt gekommen. Der Palazzo Grassi stand damals noch nicht und die Gegend hatte keinen guten Ruf. „San Samuel – Contrada piccola – Grande Bordel" (San Samuel – kleiner Stadtteil – großes Bordell) rief man ihren Bewohnern nach, wenn man sie ärgern wollte.

Giacomos Vater, der Schauspieler Gaetano Casanova, war aus Parma gekommen, im Gefolge einer Schauspielerin namens Giovanna Calderoni, die wegen eines Muttermals auf der Brust, das die Form einer Erdbeere hatte, „La Fragoletta“ genannt wurde. Gaetano Casanova arbeitete als Tänzer und Schauspieler am Teatro San Samuele, das der Familie Grimani gehörte. Gegenüber von dem Haus, in dem Casanova wohnte, lebte ein Schuster, Girolamo Farusi, mit seiner Frau Marzia und einer sechzehnjährigen Tochter, Zanetta. Gaetano Casanova, damals sechsundzwanzig, verliebte sich in die Sechzehnjährige und sie sich in ihn. Da für ein ehrbares Handwerkerehepaar ein Schauspieler ungefähr das ärgste war, was man als Schwiegersohn bekommen konnte, verbot der Vater die Heirat. Für das verliebte Paar kein Hindernis. Zanetta ließ sich von ihrem Angebeteten entführen, und die beiden fanden einen Weg, sich kirchlich trauen zu lassen.

Zanettas Vater starb aus Kummer, wie Casanova in seiner Biographie berichtete. Die Mutter hat Zanetta gegen das Versprechen, selbst nie zur Bühne zu gehen, verziehen. Sie ging aber trotzdem zur Bühne und machte unter dem Künstlernamen „La Buranella“ sogar eine internationale Karriere, die sie nach London, Dresden und St. Petersburg führte. Sie bekam noch mehrere Kinder, Geschwister und auch Halbgeschwister von Casanova, unter denen einer, Giovanni Battista Casanova (geb. 1730 in Venedig, gest. 1795 in Dresden), als Maler berühmt wurde.

Giacomo Casanova ist bei seiner Großmutter, der guten Marcia, aufgewachsen, die er zärtlich liebte. Sein Vater Gaetano hatte, bevor er 1733 starb, seinen Sohn den Besitzern des Teatro San Samuele, den Brüdern Grimani, zur Obsorge anvertraut, und der Abate Alvise Grimani wurde auch sein Vormund.

Es war damals üblich, daß sich die adeligen Theaterbesitzer um die Probleme ihrer Schauspieler kümmerten. Auch sonst hatten viele Venezianer einen sogenannten „Santolo“ (Paten) aus dem Kreise der Patrizier, der ihnen einen gewissen Zugang zur besseren Gesellschaft ermöglichte, und Casanova hat von dieser Einrichtung immer ausgiebig Gebrauch gemacht.

Casanovas Santolo war zuerst der Dichter Giorgio Baffo. Dieser wohnte mit seiner Frau in einem Palast am Campo San Maurizio. Baffo war für seine besonders unanständigen Gedichte berühmt. Ja sogar die Staatsinquisition hat ihn deswegen beobachtet, und ein Konfident hat festgehalten, daß Baffo im Café Grigione am Campo San Stefano einem Freundeskreis seine frivolen Dichtungen vorzulesen pflegte. Aber auch der Doge Marco Foscarini soll sich an diesen Dichtungen delektiert haben, berichtet derselbe Konfident.

Giacomo Casanova schlug zuerst einmal eine geistliche Laufbahn ein, empfing die niederen Weihen und ging als Student nach Padua. Von dort kam er wieder nach Venedig zurück, verkehrte eine Zeitlang im Palazzo Malipiero bei seinem neuen Santolo, dem alten Senator Alvise Gasparo Malipiero. Dann wurde er dort hinausgeworfen, weil er sich mit einer gewissen Teresa Imer, der Tochter eines Schauspielers, ein Verhältnis anfing.

Diese Schöne war nämlich die Geliebte des alten Senators und der hatte wohl mit der jugendlichen Konkurrenz keine Freude. Casanova führte ein unstetes Leben, versuchte sich als Schriftsteller und als Okkultist, seine wahren oder erfundenen erotischen Abenteuer sind in seinen Memoiren niedergeschrieben. Ein wirkliches Bild des Venedig seiner Zeit liefern sie aber nur sehr bedingt. Casanova hat viele Reisen unternommen, die ihn nach Frankreich, Deutschland und Wien führten.

Giacomo Casanova
(Kupferstich 1788)

In gewisser Weise blieb Casanova dem Theater, das der Lebensinhalt seiner Eltern gewesen war, treu. Wir haben beim Teatro Sant'Angelo von dem Theaterdichter Chiari gehört, dessen Stücke von einer feindlichen Claque prinzipiell ausgepfiffen wurden. [s.126] An diesem Unternehmen war auch Casanova beteiligt. Ein Konfident der Staatsinquisition, der Goldschmied Manuzzi, hat diese Begebenheiten um Casanova genau geschildert: „Der genannte Casanova verkehrt zur Zeit in Menegazzos Ausschank in der Merceria, und Filippo, der Besitzer dieses Lokals, sagt mir, daß eben dieser Casanova oft Gespräche mit dem N. H. Ser Bernardo Memmo und Antonio Braida führt, und daß er sogar glaubt, daß sie Satiren gegen den Abate Chiari schreiben."

Den ganzen Herbst und Winter 1754 und im Frühjahr 1775 beobachtete Manuzzi Casanova und hat sich wohl auch dessen Vertrauen erworben, da dieser ihm anvertraute, er hoffe, vom Herzog von Grillo Geld zu bekommen; er werde ihm nämlich ein Wunderpulver verkaufen, das ihn unsterblich mache. Casanova brüstete sich auch damit „.... stark im Geiste zu sein, weil er in der Religion an nichts glaube". Casanova trug dem Konfidenten auch hochtrabend aus seiner Versdichtung über Religion vor. Im Juli 1755 wünschte die Staatsinquisition, daß Manuzzi die Versdichtung beschaffe; und als dieser auch noch berichtete, daß Casanova sich als Freimaurer bekenne und ihm einen Freimaurerkittel gezeigt habe, wurde es der Staatsinquisition zu bunt. Casanova wurde verhaftet und in die Bleikammern gesperrt.

Als einem der wenigen gelang ihm von dort 1756 die Flucht, und nach neunzehn Jahren Auslandsaufenthalt und Reisen, die ihn durch ganz Europa führten, kehrte er nach Venedig zurück und verdingte sich erstaunlicherweise selbst als Spitzel der Staatsinquisition. Er wurde also selbst einer derjenigen, die er in seinen Memoiren als „… schmutzigste Helfershelfer der Staatsinquisition, als Spitzel und Verräter" bezeichnete.

Außerdem wandte er sich nach mehreren anderen literarischen Versuchen wieder dem Theater zu. Er ließ eine französische Schauspielertruppe im Teatro Sant'Angelo auftreten, die mit „Zaire" von Voltaire am 7. Oktober 1780 debütierte. Das Unternehmen glückte aber nicht wirklich, der finanzielle Erfolg blieb aus, und Casanova begann in der von ihm herausgegebenen französischsprachigen Zeitung „Le Messager de Thalie" gegen das Publikum und gegen andere Theaterdirektoren zu polemisieren.

Der Staatsinquisition paßte diese Entwicklung nicht. Die Tatsache, daß ein von ihr angestellter Spitzel sich derart exponierte und sich dabei möglicherweise auf den Schutz seiner Person durch die Staatsinquisition verließ, war für diese Behörde völlig unerträglich. Der „Messager de Thalie" wurde kurzerhand verboten.

Casanova war der Aufenthalt in Venedig bald darauf verleidet und er ging wieder ins Ausland. Schließlich ist er als Bibliothekar des Grafen Waldstein auf Schloß Dux in Böhmen 1798 gestorben.

149) Chiesa di San Samuele Profeta. Die ursprüngliche Kirche war sehr alt und war etwa um das Jahr 1000 errichtet worden. Im zwölften Jahrhundert wurde sie in venezianisch-byzantinischem Stil umgebaut; aus dieser Zeit stammt nahezu unverändert der Campanile. Ende des 17. Jahrhunderts wurde die Kirche wieder umgebaut, und auch 1952 wurde die Fassade neuerlich durch das Öffnen einer Loggia verändert.

150) Casa Franceschini ist ein kleines Haus, das 1915 nach Plänen von August Cezanne gebaut wurde, der es auch mit Fresken versehen hat. Dieses kleine Gebäude lehnt sich unmittelbar an den aus dem 12. Jahrhundert stammenden Campanile der Kirche San Samuele an und verdeckt ihn teilweise.

151) Palazzo Malipiero, früher **Capelli,** heute **Barabaro** (mit dazugehörigem Garten). Der Palazzo ist ein ursprünglich gotisches Gebäude, wie man an den Spitzbogenfenstern der Fassade zum Campo San Samuele sehen kann. Die Fassade zum Canal Grande stammt aus einem Umbau 1622 und enthält Renaissance- und Barockelemente. Hier wohnte der Senator Alvise Gasparo Malipiero, der den jungen Casanova unter seinen Schutz genommen hatte. [s. 148]

Palazzo Malipiero mit anschließendem Garten 151)

In diesem Palazzo hat seinerzeit wahrscheinlich auch der spätere Doge Pasquale Malipiero gewohnt, der 1457 Nachfolger des zurückgetretenen Dogen Francesco Foscari geworden ist. Jedenfalls ist das Wappen der Dogenfamilie Malipiero an der Hausfassade angebracht.

152) Palazzo Tecchio Mamoli. Das Gebäude wurde im frühen 18. Jahrhundert errichtet und wie man auf älteren Stichen erkennen kann, wurde auch seine Fassade mehrfach verändert.

153) Ca' del Duca. Dieses in seiner ursprünglichen Konzeption nie zu Ende geführte Bauwerk hat eine komplizierte Bau- oder besser gesagt Nicht-Baugeschichte. Zwei Brüder Cornaro (oder Corner), Marco und Andrea, der eine der Vater, der andere der Onkel von Catarina Cornaro, der späteren Königin von Zypern, begannen an dieser Stelle um 1450 zu bauen. Es sollte ein monumentales Bauwerk werden, und den Auftrag dafür bekam der

Steinmetz und Baumeister Bartolomeo Bon. Reste des begonnenen Baues sind noch an der Ecke zum Rio del Duca zu sehen. 1461 tauschten aber die Cornaro den angefangenen Palast gegen einen Palast am Campo San Polo ein, den die Republik 1441 Francesco Sforza geschenkt hatte. Dieser war seinerzeit Condottiere (Heerführer) der Republik in den Kriegen mit Mailand gewesen, obwohl er mit einer Visconti, einer Herzogstochter aus Mailand, verheiratet war und bevor er selbst 1454 Herzog von Mailand geworden war. Francesco Sforza erteilte auch sofort einen Bauauftrag an den florentinischen Baumeister Antonio Averulino, genannt Filarete. Kaum begonnen, kam der Bau wieder zum Stillstand. Venedig hatte den Baugrund beschlagnahmt, weil man sich mit Mailand und seinem Herzog Francesco Sforza wieder zerstritten hatte. Nur der Name Ca' del Duca erinnert heute noch an das herzogliche Intermezzo. 1525 wurde die Ca' del Duca an das Haus d'Este verkauft, diese verkauften es weiter an den Prokurator Vettor Grimani, der mit Sansovino Pläne für einen Weiterbau machte, der aber auch nicht zur Ausführung kam.

Von links nach rechts: Garten des Palazzo Malipiero 151), Palazzo Tecchio Mamoli 152) und Ca' del Duca 153)

Francesco Sforza (Gian Cristoforo Romano)

Dieses ganze Areal hieß dann Corte del Duca, und ebenso hießen die dort errichteten Gebäude. Einmal stand dort auch ein großer Schuppen, in dem Tizian eine Art Atelier hatte, um die übergroßen Gemälde fertigzustellen, die er im Auftrag der Republik für den Dogenpalast ausführte und die dann bei den Bränden von 1574 und 1577 zerstört wurden.

Das heute auf dem Areal stehende Gebäude ist ein Bauwerk aus dem 19. Jahrhundert und nur in seine Außenmauern sind an der Ecke des Rio del Duca noch die marmornen Reste des von den Corner geplanten Palastes integriert.

Unter anderem wohnte in einem dieser Gebäude der Komiker Imer, dessen Tochter den alten Senator Malipiero aus dem übernächsten Palazzo umgarnt hatte, und die die Ursache war, daß Casanova, der sie seinerseits verführte, von dem Senator aus seinem Palast hinausgeworfen wurde. [s. 148 u. 151]

Aber auch bedeutendere Dinge haben sich im Ca' del Duca abgespielt. Im 17. Jahrhundert war hier die spanische Botschaft untergebracht. Und gerade zu dieser Zeit waren die Beziehungen zwischen Venedig und Spanien aufs Äußerste gespannt. Als spanischer Botschafter in Venedig agierte damals Don Alonso de la Cueva y Benavides Marques de Bedmar. Um seine Person und um den spanischen Gouverneur und Vizekönig von Sizilien, den Herzog von Ossuna, rankt sich eine wilde Affäre, die als „Verschwörung der Spanier" in die Geschichte eingegangen ist. Zu Ende des 16. Jahrhunderts hat Venedig sich oft ausländischer Söldner bedient, um seine zahlreichen Kriege zu führen. Diese Abenteurer, auch „Venturieri" genannt, hielten sich natürlich auch zeitweise in der Stadt selbst auf, waren sehr unbeliebt, aber immerhin Soldaten der Republik.

1617 kam nun eine neue Gruppe solcher Leute aus Sizilien nach Venedig, die sich angeblich aus irgendwelchen Gründen dort mit dem spanischen Gouverneur zerstritten hatten. Der venezianische Gesandte in Sizilien, Gasparo Spinelli, hatte sie der Serenissima empfohlen, obwohl es auch warnende Stimmen gegeben haben soll. Es waren hauptsächlich französische Seeleute, die da ankamen, unter anderem ein Kapitän Jacques Pierre mit dem vielsagenden Spitznamen „Lehrer aller Seeräuber". Sie wurden anschließend auf alle mögliche Schiffe und Festungen Venedigs verteilt.

Im Jahr 1618 kam dann der Verdacht auf, die Leute seien von den Spaniern eingeschleust worden, um eine Eroberung Venedigs vom Meer und vom Land her vor Ort zu unterstützen. Der venezianische Gesandte in Sizilien hatte im Jänner 1618 geschrieben: „Man wird meine Nachricht für Fabeln halten, aber der Vizekönig will wirklich Venedig erobern." Im Mai glaubte man dann Gewißheit zu haben, zumal auch einige der angeblichen Verschwörer sich gegenseitig bei der Serenissima und beim Zehnerrat anzeigten. Obwohl man sich vor dem vielleicht drohenden militärischen Husarenstück doch einigermaßen geschützt glaubte und es nicht ganz ernst nahm, wollte man mit den Gerüchten ein Ende machen. Im Mai beschlossen die Zehn die Hinrichtung einer ganzen Anzahl der angeblichen oder tatsächlichen Verschwörer, der Rest der fremden Kriegsleute entfloh in alle Richtungen. Die Aufregung in der Stadt war unbeschreiblich. Die Legende überliefert, daß die Fliehenden alle ertränkt worden seien. Es gab auch reichlich diplomatische Nachbeben, der spanische Botschafter Bedmar wurde abberufen, der französische Botschafter protestierte gegen die „grausame Barbarei“ der venezianischen Regierung. Aber irgendetwas muß an der Geschichte schon drangewesen sein, denn auch der spanische Gouverneur und Vizekönig in Neapel-Sizilien Don Pedro Girón Herzog von Ossuna und der spanische Gouverneur in Mailand, Don Pedro de Toledo Marques de Villafranca, wurden von der spanischen Regierung abberufen.

Die Tatsache, daß es eine „Verschwörung der Spanier“ gegeben hat, ist nicht zu bestreiten. Ob es tatsächlich ein Versuch war, Venedig militärisch anzugreifen, oder ob das Ganze vielleicht nur eine Intrige Venedigs war, um die unbeliebten spanischen Nachbarn in Verlegenheit zu bringen, läßt sich bis heute nicht genau sagen. Es gibt ein Theaterstück des englischen Dramatikers Thomas Otway „Venice Preserved“ (Venedig ist gerettet) aus dem Jahr 1682, das sich mit diesem Thema beschäftigt und das auch heute noch gelegentlich gespielt wird. Das heute hier stehende Gebäude stammt aus dem späten 17. Jahrhundert, und in seiner Außenmauer sind noch Reste des von den Corner geplanten Palastes integriert.

154) Rio del Duca

Von links nach rechts: Ca‘ del Duca 153), Einfahrt in den Rio del Duca 154), Palazzetto Falier Canossa 155), Calle Vitturi 156) und Ecke des Palazzo Giustiniani Lolin Levi 157)

155) Palazzetto Falier Canossa. Dieses Bauwerk ist in seiner jetzigen Bausubstanz ein weitgehend aus dem 15. Jahrhundert stammender gotischer Palast, der in späterer Zeit viel umgebaut wurde. Er dürfte an der Stelle eines noch älteren Gebäudes aus dem 10. bis 11. Jahrhundert errichtet worden sein. Auch die beiden der Vorderfront angefügten offenen Seitenloggien (venezianisch Liagò genannt) wurden später hinzugefügt. Die Familie Falier, ursprünglich Faletro, war eine der ältesten venezianischen Familien und seit jeher in diesem Stadtteil, San Vitale, ansässig. Der Doge Vitale Falier soll auch die Kirche San Vitale, die nicht weit von diesem Palast liegt, zu Ehren seines Namenspatrons gebaut haben. Er hat wohl selbst in diesem Palast gewohnt, bevor er im Dezember 1084 zum Dogen gewählt wurde. Unter seinem Dogat hat die Bedeutung Venedigs in der europäischen Geschichte gewaltig zugenommen; trotzdem wird er selbst eigentlich nie so richtig als großer Doge gewürdigt.

Domenico Selvo
Doge von 1071 bis 1084

Seit etwa 1070 war Venedig auf der Seite von Byzanz in Kämpfe mit den von Süditalien aus operierenden Normannen unter Robert Guiskard verwickelt. Guiskard und seine Normannen waren ihrerseits mit dem Papst verbündet, der durchaus damit einverstanden war, daß die Normannen die griechisch-byzantinischen Kolonien in Sizilien, Unteritalien und am Ostufer der Adria erobern wollten. Die Kämpfe verliefen wechselhaft und Venedig hatte manch schweren Verlust zu ertragen. Besonders die Kämpfe um Durazzo, das heutige albanische Durres, verliefen sehr verlustreich. Schließlich kam es aber 1082 in dem von den Normannen beherrschten Süditalien zu Aufständen, und die Normannen mußten ihre Besitzungen in Unteritalien verteidigen und den Papst unterstützen. Dieser war jetzt wegen des gleichzeitigen Streites mit dem deutschen Kaiser Heinrich IV. zwischen zwei Fronten geraten. Für die Unterstützung versprach Papst Gregor VII. dem Normannenfürsten Guiskard sogar die deutsche Kaiserkrone.

Auf der anderen Seite hatte Venedig brav weiter mit Byzanz zusammen gegen die Normannen gekämpft und wurde von Kaiser Alexios Komnenos für seine Hilfe großzügig belohnt. In einem Chrysobullon (einer goldenen Bulle, einem kaiserlichen Erlaß) vom Mai 1082 bekamen die Venezianer im ganzen byzantinischen Kaiserreich einschließlich der Hauptstadt ein zoll-

und abgabenfreies Handelsgebiet zugesichert, in dem alle Venezianer nur der Gerichtsbarkeit des Dogen unterstellt waren.

Die Venezianer erschienen auch im Sommer 1083 sofort wieder mit einer Flotte in der südlichen Adria, entsetzten Durazzo und nahmen den Normannen Korfu weg. Im Oktober 1084 kam aber Robert Guiskard von Otranto aus wieder auf das Schlachtfeld in die Adria zurück, und es begann eine Reihe von größeren und kleineren Seegefechten, die anfangs für die vereinigten Venezianer und Byzantiner erfolgreich verliefen. Schließlich wandte sich aber, als alles schon gewonnen schien, das Kriegsglück und die venezianische Flotte unter dem Kommando des Dogensohnes Domenico Selvo wurde vor Korfu vernichtet. Sein Vater, der Doge Domenico Selvo, hat diese Niederlage seines Sohnes politisch nicht überlebt, obwohl er bis dahin den Krieg eigentlich erfolgreich geführt und die daraus entwickelten handelspolitischen Vorteile sogar exzellent ausgenützt hatte. Ob schwerwiegendere Gründe, Fehlbesetzungen der Kommandanten oder nur hausgemachte Intrigen dahinterstanden, kann man heute nicht mehr eruieren, jedenfalls wurde der Doge Selvo vorwiegend auf das Betreiben des Dogenberaters Vitale Falier abgesetzt und in ein Kloster gesteckt, und Vitale Falier wurde zum nächsten Dogen gewählt.

Vitale Falier
Doge von 1084 bis 1095

Auch dieser mußte anfangs zur See noch eine Schlappe gegen die Normannen bei der Insel Sasan vor Valona einstecken, hatte aber dann das Glück, daß im Sommer 1085 Robert Guiskard vor Kephalonia an einer Seuche starb, die vorher schon sein Heer geschwächt hatte. Damit war der ganze Wirbel, den die Normannen in der Region verursacht hatten, für die nächsten 25 Jahre vorbei und die venezianische Herrschaft gesichert.

1089 starb König Zwonimir von Kroatien, der schon Jahre zuvor die byzantinische Oberhoheit abgeschüttelt hatte. Die benachbarten Ungarn erhoben aus familiären Gründen Anspruch auf das Land und marschierten ein. Byzanz erneuerte daraufhin ebenfalls seine alten territorialen Ansprüche, wohl wissend, daß erstens Venedig die Kastanien aus dem Feuer werde holen müssen, wenn sie es wollte, und daß zweitens Byzanz durch ein gestärktes Venedig seinen Einfluß im Westen ebenfalls stärken könne. Venedig hatte ja auch schon in der Vergangenheit in wechselnder Folge die Küstenstädte besessen und wieder verloren und neuerlich erobert. Venedig und der Doge wollten die heißen Kastanien, und der energische Falier holte sie aus dem Feuer. Vitale Falier nahm 1094 den Titel eines Herzogs von Dalmatien und Kroatien an. Das Königreich der Arpaden in Ungarn im Landesinneren und die Republik Venedig an der Adriaküste waren jetzt Nachbarn, und ihr Streit um diese Einflußsphäre wird die nächsten Jahrhunderte überschatten; aber bis heute blickt der Markuslöwe vielhundertfach von den Mauern und Toren der Küsten- und Inselstädte herab, wie in Zara (Zadar), Traù (Trogir), Spalato (Split), Arbe (Rab), Curzola (Korcula) und unzähligen anderen.

Noch einen anderen großen weltgeschichtlichen Moment hat der Doge Vitale Falier erlebt und beeinflußt und zu Venedigs Gunsten ausgenützt. Zwischen Kaiser und Papst tobte der sogenannte Investiturstreit, bei dem es darum ging, ob der Kaiser oder der Papst im römisch-deutschen Reich Äbte und Bischöfe einsetzt. Da die Bischöfe auch fast immer weltliche Landesherren waren und oft kaiserliche Lehen hatten, war das ein echtes Problem. Kaiser Heinrich IV. focht nun diesen Streit mit Papst Gregor VII. aus. Zweimal war er deswegen schon vom Papst gebannt worden. Den ersten Kirchenbann hatte der Kaiser 1077 durch seinen Pilgergang nach Canossa aufheben können, was damals eine weltgeschichtliche Sensation war. Beim zweiten Kirchenbann war er etwas unwirscher. Er marschierte nach Rom, eroberte es, warf Papst Gregor hinaus und setzte einen Gegenpapst ein; das war 1084 gewesen. Jetzt, 1091, war der streitbare Herr wieder in Italien und mit dem Nachfolger Papst Gregors im Clinch. Diesem Papst, Urban II., gelang es, den Sohn des Kaisers, Konrad, auf seine Seite zu ziehen und Heinrich IV. stand plötzlich seinen Feinden, Papst Urban II. und der Markgräfin Mathilde von Tuscien nahezu ohne Truppen in Oberitalien gegenüber.

Der Doge, der diese Situation erfaßte, schickte eine Gesandtschaft zu dem bedrängten Kaiser nach Treviso und lud ihn nach Venedig ein, eine unverhoffte Einladung, die Heinrich IV. dankbar annahm, da sie ihm eine dringend benötigte Atempause gewährte, um die Machtverhältnisse im Reich wieder in Ordnung zu bringen. Wie dankbar er dem Dogen für sein Eingreifen war, kann man daraus ermessen, daß er der Taufpate einer Tochter des Dogen wurde, die auch ihm zu Ehren Henrica genannt wurde. Außerdem wurde ein Vertrag abgeschlossen, eigentlich ein Zusatz zu einem alten Pakt zwischen Venedig und dem deutschen Reich aus der Zeit Ottos II. (980). In diesem Dokument dankt der Kaiser in ungewöhnlich herzlichen Worten für die Treue der Venezianer zum Reich und zu ihm persönlich. Aber noch einen Zusatz zum Vertrag hat der brillante Politiker Falier dem Kaiser anläßlich seines

Aufenthalts in der Lagunenstadt entlockt, und dieser Zusatz hatte es in sich. In einer eigentlich nur leichten stilistischen Veränderung des alten Textes ist festgehalten, daß Reichsuntertanen der Handel über Venedig hinaus verboten sei. Das heißt, daß die Venezianer ein Stapelrecht für alle Waren von und nach dem Reich erhielten, ein unglaublich wertvolles Privileg. Ob bei diesem Vertrag die Kanzlei des Kaisers düpiert wurde oder gute Miene zum bösen Spiel machen mußte oder schlicht und einfach zu dumm war, steht dahin.

Dieser Besuch des Kaisers in Venedig hatte sich dank ihres klugen Dogen für die Lagunenstadt mehr als bezahlt gemacht. Der Kaiser hat während seines Aufenthalts wahrscheinlich sogar in diesem Palast am Canal Grande gewohnt, worauf der Name „Falier Canossa“ hindeutet, obwohl Canossa damals schon fast 20 Jahre zurücklag. Daß der Doge Vitale Falier nicht die geschichtliche Anerkennung erhalten hat, die er eigentlich verdient hätte, ist erstaunlich. Er hat die Normannnenkriege erfolgreich beendet, hat Dalmatien endgültig an Venedig gebunden und hat unermeßlich wertvolle Handelsprivilegien vom deutschen Reich herausverhandelt; außerdem hat er 1094 die Basilika von San Marco neu eingeweiht. Wahrscheinlich hängt diese mangelnde Anerkennung, abgesehen von heute nicht mehr nachvollziehbaren innervenezianischen Querelen und Intrigen, damit zusammen, daß im letzten Jahr des zwölfjährigen Dogats von Vitale Falier ein schweres Erdbeben Venedig verheerte, ein besonders schweres Unwetter zusätzliche Schäden anrichtete und es in der Folge zu Not, Teuerung und Hungerrevolten kam. Während dieser Wirren ist der Doge gestorben und wurde am Weihnachtsfeiertag 1096 in der Vorhalle der Basilika von San Marco beigesetzt. Sein Grab, das heute noch an dieser Stelle steht, ist das älteste erhaltene Dogengrab. Angeblich hat das Volk, nachdem die Teuerung zu Ende war, die Grabesruhe des Toten gestört und Brot in den Sarg geworfen mit dem höhnischen Ruf, er solle sich weiter daran ergötzen, da er es doch vordem seinem Volk nicht gegönnt habe.

Nach Vitale Falier wurde vorerst Vitale I. Michiel zum Dogen gewählt. Er setzte die Politik seines Vorgängers fort und hatte während seiner siebenjährigen Amtszeit auch ständig Probleme mit den Ungarn entlang der dalmatinischen Grenze, mit den Normannen in Unteritalien, denen er Monopoli und Brindisi wegnahm. Die Kreuzritter in Jerusalem baten dauernd um Flottenunterstützung. Durch einen militärisch eher lax geführten, diplomatisch aber sehr geschickt ausgenützten Kreuzzug erreichte er enorme Handelsvorteile. Als er 1102 starb, wurde der Sohn von Vitale Falier zum Dogen gewählt.

Dieser neue Doge hieß Ordelaf Falier (Ordelaf ist das Anagramm für den lateinischen Namen der Falier „Faledro“). Er ist wohl auch in diesem

Ordelafo Falier
Doge von 1102 bis 1118

Palazzo am Canal Grande aufgewachsen, hat hier vor Kaiser Heinrich IV. vielleicht seinen Kratzfuß gemacht und mit seiner Schwester, des Kaisers Taufkind, gespielt. Über sein sonstiges Leben, bevor ihn sein politisches Amt in den Dogenpalast katapultiert hat, wissen wir wenig. Er war verheiratet mit Mathilda, Herzogin von Apulien, der Schwester Balduins, des Königs von Jerusalem, mit der er vier Kinder hatte. Er war ein energischer Förderer der maritimen Aufrüstung Venedigs, da er die zunehmende Bedeutung der venezianischen Seemacht, bedingt durch den ständigen Abbau der byzantinischen Flotte, klar voraussah.

Er erneuerte die Verträge mit dem deutschen Kaiser, jetzt Heinrich V. Er hatte ebenso wie seine Vorgänger einige Probleme mit den Normannen, die er im Auftrag des byzantinischen Kaisers bekämpfte, da sie wieder einmal Appetit auf das noch byzantinische Durazzo bekommen hatten. Er kämpfte gegen die Araber in Syrien und kam seinem Schwager Balduin, dem König von Jerusalem, mit der Flotte und wahrscheinlich auch persönlich zu Hilfe. Bei einem dieser Züge ins Heilige Land brachte er aus dem Pankreatorkloster von Byzanz die Altarteile mit, die später zur berühmten Pala d' Oro zusammengefügt wurden. Angeblich soll die Figur des byzantinischen Kaisers Johann Komnenos, der mit seiner Gattin Irene zur Seite der Madonna steht, die Züge des Dogen Ordelaf Falier zeigen. Jedenfalls trägt die Tafel mit der Figur eine auf ihn bezügliche Aufschrift:

Teilansicht der Pala d'Oro mit der Aufschrift

ORI FALETRUS
links von der Gestalt

DI GRA VENECIE DUX
rechts von der Gestalt

Ob die Aufschrift sich auf die dargestellte Person bezieht oder nur ganz allgemein auf den Dogen, der die Pala d'Oro nach Venedig gebracht hat, weiß man nicht so genau.

Mit den Ungarn hatte er auch seine Mühe, da sie Venedig Zara und Sebenico wegnahmen. Er ist auch selbst in den Krieg dorthin gezogen, um diese Städte wieder zurückzuerobern. 1118 ist er bei den Kämpfen in Dalmatien vor Zara gefallen.

Ein dritter Doge aus dem Haus Falier, Marino Falier, hat nicht in diesem Palazzo gewohnt, sondern im Palazzo Falier bei Santi Apostoli und entstammte einem anderen Zweig der Familie. Er war der einzige Doge, der nicht nur seines Amtes enthoben, sondern auch noch gleich enthauptet wurde, weil er durch einen Putsch die venezianische Verfassung aus den Angeln heben wollte und für sich selbst vielleicht das Königtum anstrebte. Dieser verhinderte Putsch von 1355 hat dazu geführt, daß von diesem Dogen kein einziges Bild existiert. Im Dogenpalast ist an der Stelle, die für ein Porträt von Marino Falier vorgesehen war, nur eine schwarze Draperie gemalt mit der Aufschrift: Hic Locus Est Marini Faletri Decapitati Pro Criminibus (Hier ist der Platz von Marin Falier geköpft wegen Verbrechen). Dieses zweifellos ungewöhnliche Dogenschicksal hat Byron zu einem Theaterstück und Donizetti zu einer Oper inspiriert, bei der Marino Falier als Freiheitsheld dargestellt wird, was er zweifellos nicht war.

Eine weitere „Verschwörung" hat aber ein anderer Falier angezündet, der sehr wohl in diesem Palast wohnte. Es tobte gerade der zweite große Türkenkrieg in den letzten Jahren des 15. Jahrhunderts, Venedig stöhnte schwer unter den Kriegslasten, und eine Schlacht nach der anderen wurde verloren, ein Hafen nach dem anderen ging im östlichen Mittelmeer an die Türken verloren. Die Staatszuschüsse wurden gekürzt oder gestrichen, und ausgerechnet zu diesem Zeitpunkt brachte dieser Francesco Falier und Gabriele Bon, beide als Vorstand des Rates der Vierzig, den Antrag ein, verarmten Patriziern über Sechzig eine jährliche Zuwendung von 100 Dukaten, und denen zwischen Fünfundzwanzig und Sechzig eine solche von 50 Dukaten zu gewähren. Der Rat der Zehn griff zum Rechenstift und fand heraus, daß das den Staat jährlich gut siebzigtausend Dukaten kosten würde. „Das kann sich der Staat nicht leisten“, hieß es und, da Falier und Genossen keine Ruhe gaben und zu allem Überfluß noch vorschlugen, das Geld von den reichen Patriziern zu nehmen, erklärte man das ganze zu einer staatsgefährdenden Verschwörung und verbannte den Unruhestifter lebenslänglich nach Zypern. Er kam aber bald wieder zurück und wurde dann sogar selbst Vorstand des Rates der Zehn, desselben Gremiums, das ihn vorher verbannt hatte.

Einem anderen Bewohner des Palazzo, dem Senator Giovanni Falier gebührt der Verdienst, Canova entdeckt zu haben. Canova war als ganz junger Knabe in der Villa der Falieri bei Pradazzi di Asolo als Küchenjunge beschäftigt. Eines Morgens brachte der Diener dem Senator sein Frühstück zur Tafel und die Butter war wunderschön in der Form eines Löwen modelliert. Der Senator ließ sich den Küchenjungen kommen, fand Gefallen an ihm und ließ ihn zur weiteren Ausbildung nach Venedig schicken. Canova blieb sein Leben lang Giovanni Falier dankbar und schuf möglicherweise für ihn 1779 die Gruppe Dädalus und Ikarus, die heute im Museo Correr steht. Nach anderen Quellen war ein Paolo Pisani der Auftraggeber für diese Gruppe, so genau weiß man das aber heute nicht mehr.

Dädalus und Ikarus von Canova

1861 mietete sich ein amerikanischer Konsul, William Dean Howell, der auch Schriftsteller und Journalist war, im Palazzetto Falier Canossa ein. Er schloß dort Freundschaft mit dem Enkel des oben genannten Senators, mit Monsignore Onorio Falier, einem sehr gelehrten und gebildeten Mann, der Howell viel über Venedig erzählte und das frühere und gegenwärtige Leben der Stadt kommentierte. Das alles hat sich in einem Buch von Howell, „Venetian Life“, niedergeschlagen, das 1866 erschien und sehr lebensnah das Leben und Treiben in Venedig dieser Tage beschreibt, zur Zeit, als Venedig noch österreichisch war. Besonders genossen hat er das erfrischende Bad vor seiner Haustür im Canal Grande, das damals bei den Venezianern allgemein üblich war. Mit liebenswürdiger Ironie beschreibt er auch die eher kindischen Demonstrationen der österreichfreundlichen und österreichfeindlichen Teile der Bürgerschaft, die sich hauptsächlich darin äußerten, wer in welchem Kaffeehaus am Markusplatz saß. Proösterreicher saßen im Quadri, die Italianissimi im Floriani. Im Quadri wurde der Radetzkymarsch gespielt im Floriani der Gefangenenchor aus Nabucco. Das ist im Prinzip bis heute so geblieben.

156) Calle Vitturi

157) Palazzo Giustiniani Lolin Levi. Die heutige Fassade ist ein Jugendwerk von Baldassare Longhena. Das Gebäude war vorher ein gotischer Palast und noch früher ein venezianisch-byzantinisches Bauwerk. 1639 vermachte Lolin seinem Schwiegersohn Giovanni Giustinian den Palazzo, der ihn dann dem Zeitgeschmack entsprechend umbauen ließ. Im 18. Jahrhundert wohnte hier eine Zeitlang die Herzogin von Parma. Sie war eine Tochter der Herzogin von Berry [s. 30], eine Schwester des Grafen von Chambord [s. 164], und wie alle Mitglieder der Familie zog es auch sie immer wieder nach Venedig. Sie hatte Karl III. Herzog von Parma, Piacenza und Guastalla geheiratet, den sie lange überlebte. Nach ihrem Tode erwarb die Familie Levi den Palast, reiche jüdische Bankiers, große Sammler, die

Von links nach rechts: Calle Vitturi 156), Palazzo Giustiniani Lolin Levi 157), Calle Giustiniani 158) und Casa Civran Badoer Barozzi 159)

eine berühmte Bibliothek von Originalpartituren besaßen. Später kam hierher auch eine Kunstsammlung von Doktor Francesco Aglietti, der 1836 in Venedig starb. Später, an der Wende zum 20. Jahrhundert, wohnte eine Zeitlang auch Gabriele D' Annunzio in diesem Palast.

158) Calle Giustiniani

159) Casa Civran Badoer Barozzi ist ein Gebäude aus dem 16. Jahrhundert mit späteren Umbauten.

160) Haus und Gärten am Rio San Vitale

Von links nach rechts: Ecke des Palazzo Giustiniani Lolin Levi 157), Calle Giustiniani 158), Casa Civran Badoer Barozzi 159) und Haus und Gärten am Rio San Vitale 160)

Von links nach rechts: Casa Civran Badoer Barozzi 159), Haus und Garten am Rio San Vitale 161) und im Hintergrund rechts die Kirche San Vitale 162)

161) Rio San Vitale

162) Campo e Chiesa San Vitale

163) Ponte del Accademia

164) Palazzo Gussoni Cavalli Franchetti. Er ist eines der schönsten Beispiele venezianischer Gotik aus dem 15. Jahrhundert. Viele Bauelemente sind dem Dogenpalast nachempfunden, besonders auch die harmonische Anordnung der Spitzbogenfassade. Der Palazzo war zur Zeit Goldonis das Heim des N.H. Alexandro Pepoli, eines adeligen Theaterimpresarios und Amateurschauspielers. Er war ein so begeisterter Schauspieler, daß er nie warten konnte, bis er nach Ende seiner Amtsstunden sich zu Hause seiner

Patriziertoga entledigen konnte und sich deswegen schon in seiner Gondel das bunte Harlekinsgewand anzog. Nach dem Fall der Republik war zuerst der österreichische Erzherzog Friedrich Eigentümer des Palastes, nach ihm der Herzog von Chambord, der französische Kronprätendent, der eine daneben gelegene kleine Schiffswerft aufkaufte, sie abriß und den noch heute bestehenden Park anlegen ließ. Dann kaufte Baron Franchetti den Palast und ließ ihn 1896 vom Architekten Camillo Boito umbauen, der den rückwärtigen Trakt des Gebäudes und den Stiegenaufgang neugotisch ausführte. Heute sind hier Büros der Cassa di Risparmio.

Palazzo Gussoni Cavalli Franchetti 164)

Die Tatsache, daß der österreichische Erzherzog Friedrich den Palazzo besaß, führt uns ein wenig in die Frühgeschichte der späteren österreichisch-ungarischen Marine. Nach dem Fall der Republik Venedig 1797 war alles, was die Franzosen von der venezianischen Flotte übergelassen hatten, an Österreich gekommen. Sie wurde mit jener Flotte vereinigt, die Österreich in Triest aufgebaut hatte, die aber eigentlich nur aus einigen Schaluppen bestand. Diese Gruppe von Schiffen führte dann den offiziellen Namen „Österreichisch-Venezianische Marine". In Österreich selbst war das Verständnis für den Bedarf einer Marine eher mäßig, und auch die Tatsache, daß Österreich im Frieden von Campoformio einen Großteil des früheren venezianischen Küstenlandes an der Adria erhielt, änderte nichts an diesem Unverständnis. Als 1799 der von den Franzosen besetzte Hafen von Ancona zur Übergabe gezwungen worden war, wurden die dabei erbeuteten zwei französischen Linienschiffe nicht etwa in österreichische Dienste gestellt, sondern abgewrackt und das Holz verkauft. 1809 verlor Österreich Venedig wieder nach dem Frieden von Schönbrunn. 1814 bekam es Venedig im Rahmen des Wiener Kongresses wieder zurück. Eine neuerliche Übernahme der Reste der Marine in Venedig erfolgte durch ein neues „kaiserliches Marineoberkommando" in Venedig. Die Offiziere waren vorwiegend Venezianer, die Mannschaft rekrutierte sich aus dem ehemaligen venezianischen Küstenland der Adria und sprach italienisch. Für den Marinenachwuchs wurde ein eigenes k. k. Marine Kadetten Collegium in Venedig errichtet, das Zöglingen aus allen Teilen der Monarchie offenstand. Mit der Zeit trugen diese

Bemühungen insofern Früchte, als die sogenannte „lingua di bordo" allmählich der deutschen Kommandosprache wich. Die jüngeren Seeoffiziere mußten alle Deutsch lernen.

Wie wichtig eine halbwegs schlagkräftige Marine war, wurde Österreich vor Augen geführt, als 1829 Korvettenkapitän Bandiera ein österreichisches Handelsschiff aus den Händen marokkanischer Seeräuber befreite.

1837 ging der damals erst sechzehnjährige Sohn von Erzherzog Karl, dem Sieger von Aspern, zur Marine. Dies war für viele Österreicher ein Anlaß, seinem Beispiel zu folgen. Von dieser Zeit an betrachteten sowohl binnenländische als auch besonders die in den Küstengebieten wohnenden Untertanen des österreichischen Kaisers die Kriegsmarine als eine erstrebenswerte militärische Laufbahn. Erzherzog Friedrich, obwohl noch blutjung, erwies sich als würdiger Sohn seines berühmten Vaters. Im Jahr 1839 erhob sich Mechmed Ali, der Vizekönig von Ägypten, gegen seinen türkischen Oberherrn, den Sultan in Konstantinopel. Da er den Libanon und Syrien eroberte, war das Osmanische Reich vom Untergang bedroht. Ein solch drohendes Machtvakuum am Bosporus rief aber Rußland und England auf den Plan, die sich gegenseitig den Besitz dieser Meerenge nicht gönnten. Schließlich kam es, um das Osmanische Reich zu retten, zu einer Koalition der interessierten Großmächte, der auch Preußen und Österreich angehörte. Eine verbündete Flotte von österreichischen, britischen und türkischen Kriegsschiffen unter einem englischen Admiral sollte 1840 Syrien für den Sultan zurückgewinnen. Erzherzog Friedrich war Kommandant der Fregatte „Guerriera" und zeichnete sich bei der Erstürmung der Hafenstadt Saida (im heutigen Libanon) und der Festung Akkon an der Spitze seiner Matrosen und Marineinfantristen durch besonderen Mut aus. Dem kaiserlichen Prinzen trug dies den Maria-Theresien-Orden ein und eine Blitzkarriere in der Marine. Er wurde rasch Vizeadmiral, und 1844 wurde er zum Marineoberkommandanten ernannt und begann sofort sehr energisch eine wirklich schlagkräftige Marine aufzubauen. Leider blieb ihm dafür nicht viel Zeit, denn am 6. Oktober 1847 starb er in Venedig in seinem Palazzo wahrscheinlich an einer Tropenkrankheit, die er sich beim Levantefeldzug geholt hatte. Sein Grab befindet sich in der Malteserkirche.

Erzherzog Friedrich 1839

Später kaufte der französische Kronprätendent Henri de Bourbon Artois Herzog von Bordeaux den Palazzo Cavalli. Er kaufte auch die benachbarte Schiffswerft und ließ an ihrer Stelle den großen Garten anlegen, der auch heute noch besteht. Wir haben Henri, der sich nach einem Besitz, den ihm seine Anhänger schenkten, am liebsten Graf von Chambord nennen ließ, schon im Zusammenhang mit seiner Mutter, der Herzogin von Berry, kennengelernt, die ja zu dieser Zeit den Palazzo Vendramin Calergi bewohnte. [s. 30] Im Palazzo Cavalli hat dann auch das letzte Kapitel jener Geschichte begonnen, das zum unwiederbringlichen Verlust des französischen Thrones für das Haus Bourbon geführt hat.

Henri V. (Graf von Chambord)

Henri war damals ein junger Mann von vierundzwanzig Jahren (geb. 1820), blond mit blauen Augen und einer Neigung zur Dickleibigkeit, die er durch seine Vorliebe für Gansleberpastete noch förderte. Nach einem Sturz vom Pferd hatte er sich eine schwere Beinverletzung zugezogen, wegen der er humpelte. Nach dem Bericht jener, die ihn persönlich zu dieser Zeit kennengelernt haben, war er aber ein eleganter Mann, sowohl was seine Kleidung als auch was sein Benehmen betraf und ein vollendeter Meister geistvoller und temperamentvoller Konversation. Seine Ambitionen auf den französischen Thron aber, die er zweifellos hatte, scheiterten mehrmals unter nahezu skurrilen Bedingungen.

1830 hatte sein Großvater Karl X. zu seinen Gunsten die Krone zurückgelegt, während zugleich des Königs ältester Sohn, der kinderlose Herzog von Angoulême, auf den Thron verzichtete. Die Errichtung des Bürgerkönigtums unter Luis Philippe d'Orleans hatte aber die Vertreibung der älteren Bourbonenlinie zur Folge, und Henri wurde am damaligen Exilort seines Großvaters in Prag unter dem Einfluß der Gattin des Herzogs von Angoulême erzogen. Diese Marie Thérèse von Frankreich war die Tochter Ludwigs XVI. und der Königin Marie Antoinette und war als einziges Mitglied der Königsfamilie der Ermordung durch die Revolutionäre entgangen. Als „Waise des Temple" war sie nach drei Jahren Gefangenschaft freigekommen. Diese schreckliche Zeit, die sie nur wie durch ein Wunder überlebte, die wilde Jagd der tobenden Menge in Versailles und in den Tuilerien, die

Mißhandlungen und Kränkungen durch die Folterknechte der Revolution hatten sie sehr hart gemacht. Sie war es auch, die dem jungen Henri extrem traditionalistische Ideen eingab, die sich dann als sehr unglückselig erweisen sollten

Nach dem Tod Karls X. (1836), der seinen Thronverzicht wieder zurückgenommen hatte, war die Bourbonenfamilie völlig zerstritten, da ein Teil der Legitimisten den Herzog von Angoulême als Ludwig XIX., ein anderer den Grafen von Chambord als Henri V. zum König wollte. Dem österreichischen Kanzler Fürst Metternich gelang es dann mit Mühe, eine Aussöhnung innerhalb der Bourbonenfamilie zustande zu bringen, die mittlerweile auch von Prag nach Görz übersiedelt war.

Henri erbte zu dieser Zeit vom Herzog von Blacas ein gewaltiges Vermögen, das es ihm gestattete, eine eigene Hofhaltung aufzuziehen und sich eben den Palazzo Cavalli zu kaufen und nach Venedig zu übersiedeln, wo ja auch schon seine Mutter, die Herzogin von Berry, lebte. Henri ging jetzt auf Brautschau und verliebte sich in Marie Beatrice, die schöne und temperamentvolle Tochter des Herzogs von Modena. Die Angelegenheit war aber einseitig, da sich Marie Beatrice ihrerseits in den spanischen Infanten Juan verliebt hatte und Henri eine Abfuhr erteilte. Nach diesem Mißgeschick suchte seine ganze Verwandtschaft, unter anderem gleich zwei Kaiserinnen, die Witwe von Franz I. und die Frau von Ferdinand I., nach einer anderen geeigneten Braut. Sie fanden sie dann in Maria Teresa von Modena, der Schwester von Marie Beatrice, die Henri hatte abblitzen lassen. Henri, noch betroffen von der Ablehnung, akzeptierte, ohne die Braut zu kennen, wie manche meinten, um wenigstens einen Abglanz von jener Marie Beatrice zu bekommen, in die er noch immer verliebt war. Wie auch immer, am 16. November 1846 war Hochzeit in Modena. Aber die Wahl erwies sich als Unglück für alle Beteiligten und auch für die monarchistische Sache. Die Prinzessin war zwar groß, hatte eine gute Figur und war eine fröhliche Person, aber ihr Gesicht zeigte eine durch die Geburtszange hervorgerufene Asymmetrie, sie hatte krauses Haar, war schwerhörig und sprach schlecht französisch. Das Schlimmste erfuhr man zu spät: sie konnte keine Kinder bekommen. Das war das Ende der „branche aînée", das Ende der alten königlichen Linie der Bourbonen in Frankreich.

Diese Umstände machten das Leben in den Sälen des Palazzo Cavalli nicht gerade fröhlich. Henri ertrug die Schwerhörigkeit seiner Frau nur mit Widerwillen und sprach sie schreiend an oder ganz leise, um sie zu verwirren. Die Prinzessin empfand ihre Unfruchtbarkeit wie eine Schuld und in

Gesprächen mit ihren Hofdamen sagte sie mehrmals, sie wünsche zu sterben, damit Henri, für den sie eine grenzenlose Bewunderung hegte, sich eine neue, fruchtbare Frau suchen könne. Aber sonst führte man ein ruhiges von der Hofetikette diktiertes Leben. Der Palast am Canal Grande wurde umgebaut und der große Hauptsaal im Piano Nobile unterteilt. Mit besonderer Liebe widmete sich Henri der Gestaltung seines Gartens und die meisten großen Bäume, die heute dort stehen, hat er noch selbst pflanzen lassen.

Das ruhige Leben wurde 1848 durch den Aufruhr in Venedig unterbrochen, der zur kurzzeitigen Vertreibung der Österreicher führte. Die Beziehungen zwischen dem Thronprätendenten und dem Anführer des aufständischen Venedig, Daniele Manin, waren von gegenseitigem Respekt geprägt. In den stürmischen Märztagen, die der Vertreibung der Österreicher vorausgingen, wurde die Bourbonenfamilie bei einem Spaziergang am Markusplatz in einen Tumult verwickelt, bei dem es auch zu einem Schußwechsel zwischen den Aufständischen und den österreichischen Soldaten kam. Es gab Tote und Verletzte, und beinahe hätte auch die Herzogin von Berry einen Schuß abbekommen. Daraufhin beschloß man, die Stadt zu verlassen. Manin, der Führer des Aufstandes, hat bei dieser Gelegenheit dem Abgesandten der Bourbonen sein tiefes Bedauern über die Abreise ausgedrückt, die eine Geste des Mißtrauens zu sein schien. Die fürstliche Familie, zu der die Bevölkerung größte Zuneigung gefaßt hat, sagte er, habe nichts zu befürchten und für ihre Ruhe und Sicherheit verbürge er sich persönlich. Daraufhin hatte Henris Abgesandter, der Prinz Faucigny-Lucigne erklärt, daß ihre Hoheiten die „Ordnung und Ruhe“ bewundern, mit der die Venezianer ihre Revolution durchführten, daß sie Venedig und die Venezianer aufrichtig liebten, daß sie sich aber doch, wie auch sonst jedes Jahr, diesmal nur etwas früher, auf ihre Sommergüter begeben wollten.

Nach der Niederschlagung der Revolution durch die österreichischen Truppen kehrte Henri wieder nach Venedig zurück. In den Jahren 1850 und 1851 war bei ihm auch seine Tante und frühere Erzieherin, Marie Thérèse von Frankreich, die „Madame Royale“, zu Besuch. Im Palazzo am Canal Grande saß sie im „Salon des oiseaux“ und stickte unermüdlich. Häufig leistete ihr Maria Caroline Herzogin von Berry Gesellschaft; die Zeit hatte auch die alte Aversion zwischen den beiden zum Erliegen gebracht. Maria Caroline war auch nicht mehr die kühne Abenteurerin der Vendeé, sie war so dick geworden, wie Marie Thérèse mager und dürr war. „Madame Royale“ hat während dieser Zeit sicher viel mit ihrem Neffen gesprochen, und viele Historiker meinen, daß seine Haltung bei den Ereignissen in der Folgezeit auf ihren Einfluß zurückgeht. Gemeinsam erwarb 1851 die Bourbonenfamilie auch die Herrschaft Frohsdorf bei Wiener Neustadt.

Nach dem Sturz des zweiten Kaiserreiches bezog Henri sein Schloß Chambord in Frankreich, da das Ergebnis der Wahlen zur Nationalversammlung vom 8. Februar 1871 eine legitimistische Restauration sehr wahrscheinlich gemacht hatte. Die Anhänger der beiden Linien des königlichen Hauses in Frankreich traten wegen einer Verschmelzung in Unterhandlungen. Sowohl diese als auch die Wiederherstellung der Monarchie scheiterten an einem Manifest Henris, worin er die französische Trikolore zurückwies und auf der weißen Fahne der Bourbonen bestand. Ähnliche Manifeste, die sich 1873, 1874 und 1877 in schöner Regelmäßigkeit wiederholten, als es die Chance zu einer Restauration gab, haben schließlich die legitimistische Partei in Frankreich so geschwächt, daß sie immer mehr Anhänger verlor und bedeutungslos wurde. Man nimmt an, daß diese Haltung Henris in der Fahnenfrage von einem Versprechen herrührt, daß seine Tante, die „Madame Royale", ihm abgenommen hatte. Das Versprechen nämlich, niemals jene blutbefleckte, dreifarbige Fahne zu akzeptieren, die über dem Massaker am Gardecorps in Versailles und an den Schweizergarden in den Tuilerien geweht hatte, über dem Zug der betrunkenen Plebs, die die königliche Familie von Versailles nach Paris geschleppt und ihre Mutter und ihren Vater zum Schafott begleitet hatte und dann über den Barrikaden, die die legitime Monarchie schließlich im Juli 1830 zu Fall brachte.

Jedenfalls hat der Graf von Chambord mit dieser seiner intransingenten Haltung in der Fahnenfrage die Chancen auf eine Restauration unmöglich gemacht. Am 24. August 1883 starb er in Frohsdorf, wohin er 1866 nach dem endgültigen Abzug der Österreicher aus Venedig übersiedelt war.

165) Rio del Torso

166) Palazzo Barbaro. Es sind zwei Palazzi nebeneinander, die der Familie Barbaro gehörten. Der erste hat einen Portikus entlang des Rio del Orso und ist ein gotisches Gebäude aus dem 15. Jahrhundert. Das oberste Stockwerk wurde im 18. Jahrhundert aufgesetzt. Der Palast beherbergte von 1499 an die französische Botschaft. Von 1514 an war einige Jahre die Botschaft des Königs von Ungarn hier untergebracht. Im Jahre 1524 wohnte hier die Witwe des venezianischen Generalkapitäns Francesco Gonzaga, Isabella d' Este.

167) Palazzo Barbaro. Das zweite Gebäude wurde an der Stelle eines viel älteren Palazzo Barbaro am Ende des 17. Jahrhunderts nach Plänen von Antonio Gaspari errichtet, der auch die Innendekoration ausführte. Die Decke war mit einem Fresko von Tiepolo verziert, das sich heute im Museum des Palazzo Rezzonico befindet.

Die Geschichte der beiden Paläste ist eng miteinander verbunden, da sie fast immer in der gleichen Hand waren. Mitte des 15. Jahrhunderts waren sie an die Familie Barbaro gekommen, als sie der Prokurator von San Marco, Zaccaria Barbaro, kaufte. Die Familie Barbaro hat auch die Fassade der nahe gelegenen Kirche Santa Maria Zobenigo bauen lassen. Zwischen 1678 und 1683 hat der Architekt Joseph Sardi in ihrem Auftrag diese Fassade in einem typisch venezianischen sehr überladenen Barock ausgeführt. Die Familie wollte mit dieser Fassade mehrere Kapitel der Familiengeschichte dokumentieren, und so stehen in den Nischen prominente Familienmitglieder zwischen Reliefs von Wappen, Galeeren, Plänen von Festungen und Städten, die an ihre Waffentaten und Siege erinnern. Einen besonderen Platz nimmt die Statue von Antonio Barbaro ein (gest. 1679), die später dazugekommen ist. Antonio Barbaro war Generalprovveditore in Kreta gewesen und einer seiner langjährigen, wenn auch erfolglosen Verteidiger.

Von links nach rechts:
Ecke des Palazzo Gussoni Cavalli Franchetti 164), Rio del Torso 165) und die Palazzi Barbaro 166), 167)

Es ist wie eine Fügung des Schicksals, daß im Palazzo Barbaro immer große Förderer und Liebhaber der Kunst und der Literatur gewohnt haben, egal ob der Palazzo den Barbaro oder später anderen Besitzern gehörte.

Zu Beginn des 16. Jahrhunderts wohnte hier Ermolano (Almorò) Barbaro, ein bedeutender Humanist und Philologe und berühmter Lehrer an der Universität von Padua. Er versammelte in diesem Palazzo seine philosophische Gesellschaft. Der Verpflichtung als Patrizier folgend, mußte er dann das

Amt des venezianischen Botschafters in Rom annehmen, setzte auch dort seine Forschungen über Plinius und Aristoteles fort und wurde vom Papst zum Patriarchen von Aquileia ernannt. Die Serenissima war empört darüber, daß Barbaro das akzeptiert hatte, da es jedem Botschafter in Rom strengstens verboten war, Vergünstigungen vom Papst anzunehmen. Venedig weigerte sich, diese Ernennung zu ratifizieren und sprach über Almorò Barbaro sogar die Verbannung aus. Er ist dann auch im römischen Exil als Kurienkardinal gestorben.

Zwei Brüder Barbaro wohnten ebenfalls in diesem Palast Ende des 16. Jahrhunderts, Daniele und Marcantonio Barbaro. Sie waren Großneffen des exilierten Kardinals. Daniele war ein bekannter Geschichtsschreiber, der an einer Chronik Venedigs mitarbeitete und war auch ein enger Freund Palladios, mit dem zusammen er die vier Bücher über die Architektur herausgegeben hat. Die beiden Brüder zusammen ließen sich von Palladio ein Landgut bei Maser nördlich von Treviso bauen, das von Paolo Veronese mit einem prächtigen Gemäldezyklus über das Landleben der damaligen Zeit ausgeschmückt wurde. Diese Bilder sind dank einer Restaurierung durch Graf Volpi di Misurata, der die Villa Barbaro bei Maser im zwanzigsten Jahrhundert besaß, heute sehr gut erhalten. [s. 112]

Daniele Barbaro.
Gemälde von Paolo Veronese

Nach einem noch glanzvollen 18. Jahrhundert begann der Niedergang der Familie Barbaro und auch der Niedergang des Palazzo Barbaro. Die Familie verarmte, mußte den Palast verkaufen und von den neuen Eigentümern hat ihn dann am 3. Dezember 1885 um 2 Uhr 30, wie die Käufer im Tagebuch vermerkten, das amerikanische Ehepaar Curtis gekauft. Diesem Verkauf ist es zu verdanken, daß nach der Entfernung des Deckengemäldes von Tiepolo nicht auch noch der ganze Ballsaal entfernt wurde. Ein berüchtigter Antiquitätenhändler namens Favenza hatte den Verkauf an das Museum in South Kensington schon in die Wege geleitet; die Demontage selbst hatte sich aber wegen der Schwierigkeiten des Transports so lange verzögert, daß die Curtis rechtzeitig dazwischenkamen.

Daniel Sargent Curtis und seine Frau Ariana stammten aus Boston, waren kultiviert, sehr gebildet und kunstbeflissen. Mit vielen Künstlern ihrer Zeit waren sie befreundet und führten ein offenes Haus, in das viele bedeutende Literaten und Maler eingeladen waren. Von Zeit zu Zeit vermieteten oder verliehen die Curtis den Palast an Freunde aus den USA, auch meist sehr kunstsinnige Millionäre, die ihrerseits wieder Künstler nach Venedig einluden. Eine dieser Mieterinnen war Isabella Steward Gardner aus Boston, die dort gerade Fenway Court baute, einen venezianischen Palast, für den sie Bauteile in Venedig suchte. Sie war mit Henry James befreundet, den sie 1892 nach Venedig einlud und in dessen Roman aus dem Jahr 1902, „The wings of the Dove“ (Die Flügel der Taube), auch der Palazzo Barbaro vorkommt.

Zeitgenössische Figuren lehnen an einer gemalten Brüstung. Die linke stellt die Hausfrau dar, die ihre Gäste empfängt. (Fresko von Paolo Veronese in der Villa Barbaro bei Maser)

Eine andere Mieterin des Palastes war Mary Young Hunter, auch sie eine leidenschaftliche Kunstsammlerin und mit Claude Monet bekannt. Sie lud diesen 1908 nach Venedig ein, wo er Anfang Oktober zusammen mit seiner zweiten Frau Alice eintraf. Ursprünglich hatte Monet sich nicht recht entscheiden können, ob er die Einladung annehmen sollte, da er sich von Giverny, seinem Garten und den Seerosen nicht trennen wollte. Aber gleich nach seiner Ankunft war er begeistert, stand um sechs Uhr morgens auf, und sofort nach dem Frühstück fuhr er mit der Gondel bis halb zwölf herum; er studierte die Farben und ihre Veränderungen, „beschränkte sich darauf, all dies zu bewundern und zu sagen, daß es unmöglich sei, es wiederzugeben“, wie seine Frau in ihren begeisterten Briefen aus Venedig schrieb. Er nahm aber den Pinsel nicht zur Hand, hauptsächlich deswegen, weil die neuen Leinwände, die er sich hatte schicken lassen, noch nicht angekommen waren. Alice befürchtete schon, daß die ersten Eindrücke, bei denen er ganz „Feuer und Flamme“ war, abkühlen könnten, bis endlich nach zehn langen Tagen die Leinwände eintrafen.

Dann wurde der Maler in Monet lebendig, und um acht Uhr war er schon bei San Giorgio, um zehn am Markusplatz auf der Jagd nach dem zweiten Motiv, und anschließend saß er auf dem Anlegesteg des Palazzo Barbaro am Canal Grande und malte die gegenüberliegenden Palazzi, auch wenn ihn da die Vaporetti etwas störten. Als seine Gastgeberin, die Signora Hunter, abreisen mußte, wollte Monet unbedingt noch weiter in Venedig bleiben. Er zog in das Grand Hotel Britannia um, das heutige Hotel Europa, ebenfalls am Canal Grande. Dort blieb er vierzig Tage lang und arbeitete voll Begeisterung. Ehe er im Dezember nach Paris zurückkehrte, schrieb er an einen Freund, daß es ihn sehr traurig mache, dieses „einzigartige Licht" verlassen zu müssen, und daß seine Begeisterung für Venedig von Tag zu Tag gewachsen sei. Monet malte viel „Wasser", er ließ seine Palazzi aus einem Wasser herauswachsen, in dem sie sich spiegelten.

Claude Monet
und seine Frau Alice

Leider folgte auf diesen mit so viel Freude und kreativer Leidenschaft gelebten Aufenthalt eine traurige Zeit. Der Frühling 1909 brachte zwar den Triumph der Seerosen, ein außergewöhnlicher Erfolg bei Kritik und Publikum. Aber Alice fühlte sich nach der Rückkehr von dem langen und so fröhlichen Aufenthalt in Venedig nicht wohl. Die furchtbare Diagnose war Leukämie. Zu allem Unglück zerstörte 1910 ein Hochwasser den Garten von Giverny und den Seerosenteich. Alice ging es immer schlechter, und im Mai 1911 ist sie gestorben. Eine zweite Venedigreise sollte es nicht mehr geben, ja Monet verlor sogar die Lust zu malen.

Palazzo Contarini dal Zaffo
(Claude Monet 1908)

Erst 1912 erzählte er dann seinem Händler, daß er begonnen habe, an den venezianischen Bildern weiter zu malen. Als schließlich nach viel Arbeit, Zweifel und Ungeduld die

Ausstellung der Werke in einer berühmten Galerie geplant wurde, war der Meister so unglücklich, daß er nicht einmal die Aufhängung der Bilder in der Galerie überwachen wollte. Sie waren ihm nicht so gelungen, wie er es sich erhofft hatte, und außerdem waren sie mit der Erinnerung an die letzten unbeschwerten Tage mit Alice befrachtet. Die Ausstellung hingegen wurde ein rauschender Triumph, und die Zeitungen überschlugen sich vor Lob. Kunsthistoriker sehen in dem Zusammentreffen des Malers, der immer das Licht gesucht hat, und der Stadt, in der sich das Licht von Minute zu Minute ändert, eine glückhafte Vereinigung, und Monets Bilder von Venedig, die heute über die ganze Welt verstreut in Museen oder Privatsammlungen hängen, gelten bei manchen als seine besten Werke.

168) Palazzo Benzon Foscolo Serego-Aleghieri. Das Gebäude stammt aus dem 17. Jahrhundert und wurde an der Stelle eines alten venezianisch-byzantinischen Palastes von der Familie Benzon errichtet.

Später war es im Besitz der Familie Foscolo, die auch den benachbarten Palazzo besaß. Lionardo Foscolo war ein erfolgreicher Generalkapitän, der

Von links nach rechts: Ein Teil des zweiten Palazzo Barbaro 167), Palazzo Benzon Foscolo Serego-Aleghieri 168), Ramo Pisani 169) Palazzetto Foscolo Poleni de Lazara Pisani 170), Rio Santo Stefano 171) und Ecke der Casa Succi 172)

in den Jahren 1647 und 1648 die Türken aus den meisten Küstenorten Dalmatiens und Istriens vertrieb. So gelang ihm die Eroberung der alten Templerfestung Citta Nova (Novigrad), die Eroberung der Stadt Scardona bei Sibenik, ja sogar die Festung Knin konnte er erobern.

Der Palazzo kam später an die Familie Dante di Serego Alighieri (Abkömmlinge des großen Dichters über die mütterliche Linie). Ein Graf Dante di Serego Alighieri war Vorsitzender jener Stadtregierung, die in den letzten Jahren des 19. Jahrhunderts Venedig durch einen Kahlschlag und das Abreißen einer Unzahl von Gebäuden „modernisieren" wollte, ein Vorhaben, das an der vehementen Kritik einiger engagierter Historiker glücklicherweise scheiterte.

169) Ramo Pisani

170) Palazzetto Foscolo Poleni de Lazara Pisani. Das Gebäude wurde im 17. Jahrhundert von der Familie Foscolo gebaut und 1728 vergrößert.

Bis 1751 lebte hier ein berühmter Wissenschaftler, einer der großen Mathematiker seiner Zeit, Marchese Giovanni Poleni. Seine wissenschaftliche Karriere war ihm eigentlich nicht in die Wiege gelegt worden. Sein Vater war Offizier in den Diensten des französischen Königs und des österreichischen Kaisers Leopold I., der Poleni auch in den Grafenstand erhoben hatte.

Als sich mit der Zeit herausstellte, daß Giovanni, der 1683 geboren wurde, eine besondere Begabung für Mathematik und Physik zeigte, ließ sein weiser Vater ihn in diesen Wissenschaften unterrichten, obwohl er eigentlich eine juristische Karriere für seinen Sohn vorgesehen hatte. Diese Großzügigkeit trug reichlich Früchte. Mit sechsundzwanzig Jahren wurde Giovanni Poleni als Professor für Astronomie an die Universität Padua berufen, lehrte dort dann auch Mathematik, und 1739 wurde für ihn eigens der Lehrstuhl für Experimentalphysik gegründet.

Die Signoria, die seine Fachkenntnis besonders auf dem Gebiet der Hydraulik zu schätzen wußte, machte ihn zum Vorstand der staatlichen Wasserbehörde. Auch sein internationales Ansehen war sehr groß. Auf Vorschlag von Leibniz wurde er Mitglied der deutschen Akademie und auf Vorschlag Newtons Mitglied der Akademie in London. Papst Benedikt XIV. erteilte ihm den Auftrag, die Statik der Kuppel der Peterskirche nachzurechnen. 1751 hat Giovanni Poleni den Palazzo an die Familie Pisani von San Stefano verkauft, weil ihn seine Aufgaben an der Universität in Padua so sehr in Anspruch nahmen, daß er ihn nicht mehr ausnützte.

Dieser Zweig der Pisanifamilie erwarb damit erstmalig einen Palazzo am Canal Grande, ganz in der Nähe ihres Stammhauses, des prachtvollen und gewaltigen Palastes am Campo San Stefano, an dem sie seit dem 16. Jahrhundert gebaut hatten und der jetzt im 18. Jahrhundert endlich fertig geworden war. (Heute ist in ihm das Conservatorio Benedetto Marcello untergebracht.)

Alvise Pisani
Doge von 1735 bis 1741

Die Familie Pisani galt als eine der reichsten Familien Venedigs. Sie besaßen die berühmte Villa in Stra, wundervolle Gemäldesammlungen, Münzsammlungen und die größte Bibliothek, die es in einem patrizischen Haus gegeben hatte.

Dennoch begann um diese Zeit das Finanzimperium der Pisani von San Stefano bereits zu wanken. Schuld daran waren die prunkvollen Feste und die Verschwendungssucht der ganzen Familie. Begonnen hatte es mit Alvise Pisani, der 1735 auch Doge wurde. Er war vorher mehrmals Botschafter gewesen, und alle Botschaften, in denen er residierte, hatte er so prachtvoll ausstatten lassen, daß der Spruch umging: „Mit ihm reist die ganze Majestät des venezianischen Staates.“

Bei seiner Wahl zum Dogen dauerten die Feste drei Tage, mit Bällen, Banketten und Konzerten für den Adel. An das Volk wurde Geld, Brot und Wein verteilt. Die Piazza San Marco war taghell erleuchtet, und jeden Abend wurde ein Feuerwerk abgebrannt, das stundenlang dauerte.

Nach seinem Tod im Jahr 1741 machten seine Söhne und Enkel im gleichen Stil weiter. Die Wahl von Almorò IV. Zan Francesco Pisani zum Prokurator von San Marco war wieder Anlaß, ein gewaltiges Fest zu feiern, das tagelang dauerte. Ende des Jahrhunderts kam es dann zum finanziellen Zusammenbruch dieser patrizischen Familie, zu einem der wenigen Finanzdebakel, an denen einmal nicht ausschließlich der Untergang der Republik schuld war.

Die Sammlungen, die Bibliothek, die Einrichtungen und alle Kunstwerke, die die Pisanis zusammengetragen hatten, wurden in alle Winde zerstreut. Ja sogar das Deckengemälde von Guarana aus dem Palazzo von San Stefano wurde demontiert und geriet an einen berüchtigten Pariser Antiquitätenhändler namens Heilbronner.

Das einzige, was der Familie blieb, war ein Landbesitz bei Vescovana in der Nähe von Padua, ungefähr sechshundert Hektar Land, auf das die Gläubiger aus irgendwelchen rechtlichen Gründen nicht ihre Hand legen konnten.

Henry James, der bei seinen Freunden, der Familie Curtis, im oben beschriebenen Palazzo Barbaro wohnte, erzählt, daß er dort die letzte Gräfin Pisani kennengelernt hatte, die auch gelegentlich im Palazzo Barbaro wohnte. Sie war als Teresa Evelina Berengaria van Milligen in Konstantinopel 1831 als Tochter eines Arztes geboren worden. Mit ihrer Familie war sie nach Venedig gekommen und hatte den letzten Nachkommen der Familie Pisani von San Stefano geheiratet, Almorò III. Giovanni Giuseppe Pisani, venezianischer Patrizier und Graf des österreichischen Kaiserreiches.

Da das Paar keine Kinder bekam, ist die Familie mit seinem Tod 1880 ausgestorben. Seine Frau, die Contessa Pisani, die Henry James übrigens sehr bewundert hat und die er auch auf ihrem Landgut in Vescovana besuchte, hat ihren Mann noch um zwanzig Jahre überlebt und verstarb 1900.

171) Rio Santo Stefano oder Rio del Santissimo

Von links nach rechts: Ecke des Palazzetto Foscolo Poleni de Lazara Pisani 170), Rio Santo Stefano 171), Casa Succi 172), Case Stecchini 173), Calle del Dose da Ponte 174), Haus an der Calle del Dose 175)

172) Casa Succi. Ein Gebäude aus dem 17. Jahrhundert.

173) Case Stecchini. Zwei Häuser aus dem 17. Jahrhundert an der Fondamenta del Traghetto San Mauritio, die man über die folgende Calle del Dose da Ponte erreicht.

174) Calle del Dose da Ponte

175) Haus an der Calle del Dose. Dies ist ein aus dem 17. Jahrhundert stammendes Haus, das mehrfach umgebaut wurde.

176) Casina delle Rose oder Casetta Rossa. Es ist ein in einen Garten zurückgebautes Haus, das sich der österreichische Fürst Federico Hohenlohe in der zweiten Hälfte des 19. Jahrhunderts vom Architekten Rupolo bauen ließ. Früher stand hier die Bildhauerwerkstatt von Antonio Canova.

Von links nach rechts: Haus an der Calle del Dose 175), Casetta Rossa 176), Calle del Tagliapietra 177) und die Seitenwand des Palazzo Corner della Ca‘ Grande 178)

Fürst Hohenlohe war in Venedig geboren, seine Mutter eine Friulanerin aus der Familie Torriani. Er war ein großer Kunstsammler, ein Weltmann mit besten Beziehungen zur Politik. In seinem Haus verkehrte die Prominenz seiner Zeit: Dichter wie Rainer Maria Rilke, Hugo von Hofmannsthal und Gabriele D'Annunzio, die damals weltberühmte Schauspielerin Eleonora Duse und der Maler, Bühnenbildner, Photograph und Designer Mario

Fortuny y Madrazo, aber auch Politiker und Militärs wie der Engländer Lord Horatio Kitchener.

Feldmarschall
Lord Kitchener

Kitchener war englischer Feldmarschall, hatte für England den Sudan zurückerobert, als er die Moslemfanatiker unter dem Madhi 1898 bei Omdurman vernichtend schlug. 1899 beendete er den Aufstand der südafrikanischen Buren in einem rücksichtslos geführten Krieg, bei dem er die gegnerische Zivilbevölkerung in Konzentrationslager sperren ließ, die er damals eigentlich erfunden hat. 1914 wurde er Kriegsminister, setzte 1916 in England die allgemeine Wehrpflicht durch und ist im gleichen Jahr mit einem englischen Kreuzer, der ihn nach Rußland bringen sollte, untergegangen, nachdem das Schiff entweder auf eine Mine gelaufen oder von einem deutschen U-Boot versenkt worden war.

Fürst Hohenlohe mußte als Österreicher 1915, nach dem Kriegseintritt Italiens gegen Österreich, Venedig verlassen und vermietete noch sein Haus an Gabriele D'Annunzio. Dieser hatte das Haus schon gekannt und geliebt, seit ihn die Duse erstmals dorthin mitgenommen hatte. In seinem Roman über Venedig, „Das Feuer", kommen unter Pseudonymen sowohl seine frühere Geliebte, die Duse, als auch Fürst Hohenlohe und dessen Lebensgefährtin, eine Mailänder Schauspielerin, wie auch die Casetta Rossa vor. D'Annunzio übernahm auch die Dienerschaft und den Gondoliere des Fürsten. Er selbst war auf Grund seines hohen Bekanntheitsgrades in Italien vom Militärkommando als eine Art Kriegsberichterstatter und Kriegspropagandist eingesetzt, der jeden Kriegsschauplatz besuchen, bei Marineunternehmen teilnehmen durfte und einmal sogar mit einem Flugzeug

Eleonora Duse, ca.1912

bis über Wien fliegen konnte, wo er Flugblätter abwarf. Bei dem österreichisch-ungarischen Armeekommando hat er sich damit naturgemäß nicht sehr beliebt gemacht und man hatte sogar einen Preis für seine Gefangennahme ausgesetzt. Bei einer seiner draufgängerischen Eskapaden hat sich D'Annunzio dann schwer verletzt, als sein Flugzeug abgeschossen wurde und er ein Auge verlor.

Gabriele D'Annunzio, ca.1912

Angeblich wurde wegen D' Annunzio die Casetta Rossa von der österreichischen Luftwaffe besonders aufs Korn genommen, zumindest hat er das geschrieben und vielleicht auch geglaubt. Als er einmal mit einem Freund beim Abendessen saß, schlug im Garten eine österreichische Bombe ein und alle Fensterscheiben zerbrachen, worauf beide sagten: „Wenn der arme Fritz (Fürst Hohenlohe) das sehen würde." In der Tat haben österreichische Flugzeuge während des Ersten Weltkriegs Venedig öfters bombardiert, aber nicht wegen Gabriele D'Annunzio, sondern weil das italienische Militär in Venedig viele Stabseinrichtungen untergebracht hatte und Venedig Flottenbasis war. Die Zivilbevölkerung war größtenteils evakuiert, die Kunstwerke durch Sandsäcke geschützt oder so weit es ging verlagert. Trotzdem wurden einige Bauwerke erheblich beschädigt, darunter die alte Bischofskirche San Pietro di Castello, die nahe dem Marinearsenal liegt, das von der österreichisch-ungarischen Luftwaffe angegriffen worden war, sowie die Kirche Santa Maria degli Scalzi, die bei einem Luftangriff, der dem Bahnhof galt, schwer beschädigt wurde.

177) Calle del Tagliapietra (Gasse des Steinmetz)

178) Palazzo Corner della Ca' Grande. Früher stand an dieser Stelle der berühmte Palazzo Malombra. Sein ursprünglicher Besitzer Bartolomeo Malombra hatte das schmückende Beiwort „della bella Casa", weil er einen der schönsten venezianisch-byzantinischen Paläste besaß.

Giorgio Corner, der Bruder der Königin von Zypern, hat diesen dann um zwanzigtausend Dukaten gekauft und weitere zehntausend hineingesteckt, um ihn zu restaurieren. Am 16. August 1532 brannte der Palazzo Malombra bis auf die Grundmauern nieder. Das Ereignis ist durch den Historiographen Sanudo gut dokumentiert, der das Feuer wahrscheinlich selbst sah. Aus Zypern war ein Schiff mit Zuckerrohr angekommen, und dieses war bei der Überfahrt aus irgendwelchen Gründen naß geworden. Um es nicht verderben zu lassen, wurde es am Dachboden zum Trocknen aufgelegt. Vielleicht schien die Sonne an diesen Tagen nicht warm genug, oder es ging irgendwem nicht schnell genug, jedenfalls kam man auf die hirnrissige Idee, Bekken mit glühender Kohle am Dachboden beim Zuckerrohr aufzustellen. Man hatte genug davon im Haus, da der Hausherr, Ser Giovanni Corner, der Sohn des mittlerweile verstorbenen Giorgio, an Gicht litt und Sommer wie Winter mit einer Hitzekur behandelt wurde, bei der um ihn herum Becken mit glühender Kohle aufgestellt waren. Was ihm vielleicht gut tat, schadete seinem Palast. Die trockenen Balken am Dachboden fingen Feuer und der Palazzo brannte total ab. Sanudo schrieb: „Man könnte es den Brand von Troja nennen, nur noch größer! Nichts blieb stehen, nur das Ufer mit den Säulen.“ Wertvollste Kunstschätze wurden ein Raub der Flammen, lediglich die Truhen mit dem Silber waren im Erdgeschoß so gut und feuersicher verwahrt, daß ihnen nichts passierte. Die Corner waren reich genug, diesen Schlag wegzustecken. Von Giovannis Sohn Giorgio erging an Jacopo Sansovino der Auftrag, den Palast auf das prächtigste wieder aufzubauen. Giovanni, dessen Kohlenbecken am Brand schuld waren, hat den Wiederaufbau nicht erlebt, auch nicht sein Bruder Giacomo, der nach ihm das Oberhaupt der Familie wurde und Prokurator von San Marco war. Er wohnte im Palazzo Corner bei San Polo. Der Neubau des Palastes, so wie wir ihn heute sehen, erfolgte in einer Rekordzeit von fünf Jahren zwischen 1555 und 1560.

Von links nach rechts: Calle del Tagliapietra 177), Palazzo Corner della Ca' Grande 178)

Die Corner galten als eine der reichsten Familien Venedigs, und wie reich sie waren, geht aus dem Testament von Giovanni Corner hervor, das glücklicherweise, vielleicht gerade wegen der nicht lang vor seinem Tode stattgefundenen Feuerkatastrophe erhalten geblieben ist. Er besaß vier Paläste am Canal Grande, Villen und dazugehörige Landwirtschaften in Altivole, in Asolo, in Piobino Dese, in Capella di Martelago, zwei in Poisole di Castelfranco, in Treviso und in Murano. Ferner besaß er die Thermen von Abano, Schiffe auf den Routen nach Zypern, Flandern und Ägypten; weiters noch unfertige Schiffe in diversen Werften, dazu Waren: Baumwolle, Stoffe, Holz, Getreide, Zucker, Mais, Gewürze und Wein. Beim venezianischen Münzamt lagen Kapitalien in ungenannter Höhe zu 14 % Zinsen, ferner auch bei den Banken Priuli und Pisani sowie beim Monte dei Medici in Rom. Bei einer neugegründeten Bank lagen fünfzehntausend Dukaten, daneben zwanzigtausend Dukaten Staatsobligationen und dreißigtausend bei der königlichen Finanzkammer von Zypern. Er hatte Textilbetriebe in den Dörfern seiner beiden Brüder, der Kardinäle Marco und Francesco Corner. Mit seinem Schwager Ser Antonio Malipiero hatte er Landwirtschaften bei Vidor gepachtet und betrieb auch dort eine Textilindustrie. Zusammen mit seinem Bruder Giacomo besaß er eine neu gegründete Handelsgesellschaft für Rohgetreide aus der Türkei, bei der eine riesige Menge von Getreide unterwegs war. Mit seinem Schwiegersohn Giovanni Capello hatte er eine Handelsgesellschaft für Salz, Tuch, Baumwolle und Devisen in der Levante aufgebaut. Mit seinem Bruder Giacomo und seinem Schwager Ser Giacomo Contarini hatte er eine Gesellschaft für den Baumwollhandel für die eigenen Spinnereien gegründet. In den Bilanzen sind auch Wetten verzeichnet, die offenbar beim Tod des Erblassers noch nicht ausgespielt waren, und zwar eine um achthundert Dukaten über den Ausgang der Schlacht bei Pavia und eine in unbekannter Höhe um den Ausgang der Papstwahl. Bei einem solch immensen Vermögen kann man sich ein derartiges Feuer schon gelegentlich einmal leisten.

Die Corner „della Ca' Grande" bewohnten den Palast bis nach dem Fall der Republik. Nicolò Corner „della Ca' Grande" wurde von Napoleon zum ersten Präsidenten der provisorischen Stadtregierung gemacht, da er Freimaurer war und daher den neuen Herrschern, obwohl Patrizier, weniger suspekt.

Anfang des 19. Jahrhunderts wurde der Palast an die damals österreichische Regierung verkauft und wurde Sitz der „Provinzialdelegation" der damaligen Provinzverwaltung. Nach einem Feuerschaden 1817 wurde er wieder restauriert. Auch heute noch ist der Palazzo der Amtssitz des Präfekten der Provinz.

179) Rio di San Maurizio

Von links nach rechts: Die Ecke des Palazzo Corner della Ca' Grande 178), Rio di San Maurizio 179), Palazzo Minotto Luccheschi 180), Palazzo Barbarigo 181), Rio di Santa Maria Zobenigo 182), Palazzo Manin Contarini 183), Calle del Campiel 184), Palazzo Venier Contarini 185) und die Front des Palazzo Pisani Gritti 187) zum Campo Santa Maria Zobenigo

180) Palazzo Minotto Luccheschi. Es war ein ursprünglich venezianisch-byzantinisches Bauwerk aus dem 12. Jahrhundert, von dem noch einige geringe Reste wie z. B. die Akanthusblattverzierung über den Spitzbögen in der Fassade zu sehen sind. Im 15. Jahrhundert wurde der Palast gotisch umgebaut, im 18. Jahrhundert das Erdgeschoß und der zweite Stock nochmals verändert.

181) Palazzo Barbarigo, später **Giustiniani.** Das Gebäude stammt aus dem 17. Jahrhundert. In diesem Haus wurde 1625 Gregorio Barbarigo geboren. Er war später Bischof von Padua, Kardinal, Kanzler der Theologischen Fakultät und ein berühmter Theologe. Wir haben ihn bereits im Zusammenhang mit dem Streit um die Promotion und Verleihung der theologische Doktorwürde an Elena Corner Piscopia kennengelernt, die in Padua studierte [s. 100].

Gregorio Zan Francesco Barbarigo war die kirchliche Karriere nicht vorbestimmt gewesen. Im Rahmen der obligaten Ämterlaufbahn eines venezianischen Patriziers hatte er die Diplomatenkarriere gewählt. Dabei hatte er das Glück, Mitglied einer Gesandtschaft zu werden, die seit 1644 der Altmeister der venezianischen Diplomatie Alvise Contarini führte. Venedig hat damals bei jenen Friedensverhandlungen vermittelt, die den Dreißigjährigen Krieg beenden sollten und die schließlich zum Westfälischen Frieden von 1648 führten. Venedig selbst war am Dreißigjährigen Krieg nicht beteiligt, hatte also nichts zu gewinnen und nichts zu verlieren. So konnte der hochgebildete Contarini, dessen scharfer Verstand allseits gerühmt wurde, seinen Auftrag als Vermittler erfolgreich ausführen. Nicht nur seine Zeitgenossen haben Contarinis Arbeit während der jahrelangen und mühsamen Verhandlungen anerkannt, sondern auch spätere Historiker billigen ihm einen großen Anteil am Zustandekommen des Westfälischen Friedens zu. Gemeinsam mit Contarini weilte damals also auch Gregorio Barbarigo längere Zeit in Münster und Osnabrück.

Von links nach rechts: Palazzo Barbarigo Giustiniani 181) mit der Erinnerungstafel an Gregorio Barbarigo, Rio di Santa Maria Zobenigo 182), Palazzo Manin Contarini 183), Calle del Campiel 182) und Palazzo Venier Contarini 183)

Dort lernte er den päpstlichen Gesandten, den Nuntius Kardinal Fabio Chigi kennen, den späteren Papst Alexander VII. Die beiden Männer wurden Freunde, und als Chigi ihm das Gebetbuch des heiligen Franz von Sales schenkte, spürte Barbarigo seine Berufung zum Priesteramt. Er setzte zwar noch eine Zeitlang seine Patrizierkarriere fort, wurde Savio agli Ordine und studierte in Padua Jus. Doch im Jahr 1655 – mit dreißig Jahren – folgte er seiner wahren Berufung, wurde zum Priester geweiht, und sein Mentor Fabio Chigi, mittlerweile Papst Alexander VII., holte ihn an die Kurie nach Rom.

Der venezianische Senat, dem die Ernennung der Bischöfe im Bereich des Staates Venedig zustand, bestimmte ihn kurze Zeit später zum Bischof von

Bergamo. Dort beschäftigte er sich als Nachfolger des heiligen Carl Borromäus, dem geistigen Führer der Bischöfe der Gegenreformation, mit Reformen innerhalb des Klerus. Fünf Jahre später wurde er Mitglied des Kardinalskollegiums und 1664 Bischof von Padua. Als solcher reformierte er das bischöfliche Priesterseminar von Padua, gliederte es der Universität an und machte die Priesterausbildung zu einem Universitätsstudium. Er führte obligatorisch das Studium von Griechisch und Hebräisch ein und empfahl seinen Klerikern auch das Studium neuer orientalischer Sprachen, wie Persisch, Arabisch und Türkisch. In seinen Augen war es die Aufgabe speziell des venezianischen Klerus, als Bindeglied zwischen dem Orient und dem Okzident zu wirken und das Verständnis für andere Religionen zu fördern. Mit dieser Offenheit für die damals noch völlig unbekannte Ökumene war er seiner Zeit um mindestens dreihundert Jahre voraus. Schon vierundsechzig Jahre nach seinem Tod im Jahr 1761 wurde er selig und am 26. Mai 1960 von Papst Johannes XXIII. heiliggesprochen.

1801 starb in diesem Palazzo Piero Barbarigo, dessen Porträt im Ca' Rezzonico hängt und durch einen besonders schön geschnitzten Rahmen auffällt. Piero Barbarigo hat den Zusammenbruch der Republik überlebt, in der er zeitweise eine gewisse politische Rolle gespielt hatte. Barbarigo war mehrfach Mitglied des Zehnerrates und Staatsinquisitor gewesen. Als es 1774 in Venedig infolge der komplizierten Verfassungslage wieder einmal zu Kompetenzstreitigkeiten kam, wurden wie auch schon früher fünf sogenannte Correttori di Legge eingesetzt, deren einer eben Piero Barbarigo war. Viel ist damals bei diesen Verhandlungen nicht herausgekommen, außer daß man das Ridotto zusperrte, das Spielkasino bei San Moisè. Zu irgendwelchen politischen Reformen, die das drohende Unheil vielleicht hätten abwenden können, konnte sich niemand durchringen, am allerwenigsten Piero Barbarigo, der dem reaktionären Flügel der Patrizierschaft angehörte.

Nach Piero Barbarigos Tod erbte eine Nichte Contarini das Barbarigovermögen. Sie starb dann 1804, und die Hinterlassenschaft der Barbarigo von Santa Maria Zobenigo ging an Marcantonio Michiel über. Es war eine große Erbschaft, die unter anderem auch eine Villa in den Euganäischen Hügeln bei Abano umfaßte, die Villa von Valsanzibio, die einen Bilderzyklus von Pietro Longhi, „Jagd im Tal", enthält. An das Haus Michiel gingen auch die umfangreiche Bibliothek und das Familienarchiv, das unter anderem auch den gesamten Briefwechsel von Kardinal Gregorio Barbarigo enthielt.

182) Rio di Santa Maria Zobenigo

183) Palazzo Manin Contarini. Der Palast wurde im 15. Jahrhundert in gotischem Stil errichtet und ging später an die Familie Contarini über.

184)
Calle del Campiel

185) Palazzo Venier Contarini. Das Gebäude wurde im 16. Jahrhundert errichtet und hat zwei Fassaden, eine zum Canal Grande und eine zweite auf den Campo Santa Maria del Giglio. Die Fassade gegen den Canal Grande hin war einmal mit Fresken bemalt.

186) Campo Santa Maria del Giglio oder Santa Maria Zobenigo. Im Hintergrund steht die Kirche Santa Maria del Giglio, eine sehr alte Kirche aus dem 11. Jahrhundert, die im 17. Jahrhundert eine Barockfassade erhielt, die Giuseppe Sardi im Auftrag von Antonio Barbarigo ausgeführt hat. Auf diesem Platz stand wahrscheinlich einmal ein Turm, der zu einer Befestigungsanlage gehörte, die der Doge Tribuno im 10. Jahrhundert gebaut hatte, um die Zufahrt zum Canal Grande zu schützen. Hier war damals eine Kette über den Canal gespannt.

Von links nach rechts: Palazzo Venier Contarini 185), Campo Santa Maria del Giglio 186) und Palazzo Pisani Gritti, das heutige Hotel Gritti 187)

Von links nach rechts: Palazzo Venier Contarini mit beiden Fassaden 185), Campo Santa Maria del Giglio 186) und Ecke des Palazzo Pisani Gritti 187)

Von links nach rechts: Palazzo Venier Contarini 185), Palazzo Pisani Gritti, das heutige Hotel Gritti 187), Rio del Ostreghe 188) und Teil des Palazzo Contarini Flangini Fini 189)

187) Palazzo Pisani Gritti. Das Gebäude stammt aus dem 15. Jahrhundert, einige Bauelemente gehen auch auf das 13. Jahrhundert zurück. Die Fassade gegen den Canal Grande war früher mit Fresken von Giorgione bunt geschmückt, die Fassade zum Campo wurde im 16. Jahrhundert renoviert. Der Palast war mindestens dreihundertfünfzig Jahre im Besitz jenes sehr reichen Zweiges der Familie Pisani, die auch Pisani dal Banco genannt wurden und die vom immens reichen Alvise Pisani abstammten. Der letzte Nachkomme Alvises hat dann den Palast und das Vermögen einem Vicenzo Pisani vermacht. Die letzte Erbin dieser „dei Vicenzi" genannten Linie des Hauses Pisani hat dann ihren Cousin Alvise Pisani von Santo Stefano geheiratet.

1814 kaufte Graf Camillo Gritti den Palast und ließ das Innere von Borsato und Santi neu gestalten. Der Palazzo ging dann in den Besitz einer Baronin Wetzlar über, die dort 1851 John Ruskin und seine Frau Effie beherbergte, während er an seinem Buch „Die Steine von Venedig" schrieb. Ruskin war zu seiner Zeit ein in England bekannter Kunstkritiker, und seiner Frau, Effie Ruskin, verdanken wir gute und humorvolle Schilderungen des zeitgenössischen Lebens inVenedig.

Die Baronin Wetzlar, die seit Jahrzehnten im damals österreichischen Venedig lebte gab in ihrem Palazzo Bälle, an denen nicht nur zahlreiche österreichische Aristokraten sondern auch Adel internationaler Provenienz teilnahm. Effie Ruskin, glücklich über eine im damaligen England unvorstellbare Freizügigkeit, beschreibt sehr witzig dieses Szenario. Die Baronin, damals schon eine alte Dame, trug ein wollenes Barett auf dem Kopf, das sie mit goldenen Nadeln an ihrem Haar befestigt hatte. Über ihrem Morgenmantel, in dem sie anscheinend immer auftrat, trug sie einen seidenen Umhang, an den Händen unzählige Ringe und ihr zu Füßen lagen immer zwei Windhunde. Effie, deren Ehe mit Ruskin damals schon gescheitert war, hat mit ihren dreiundzwanzig Jahren Venedig fröhlich genossen. Sie flirtete mit den eleganten österreichischen Offizieren der Garnison, bewunderte mit ihrem Mann gotische Kirchen und Paläste, besichtigte Gemälde und Museen und nahm dank der Baronin Wetzlar an allen Ereignissen teil, die Venedig damals bot. Sie beschreibt auch die Ankunft und die Abreise von Kaiser Franz Joseph I., von dem sie sehr fasziniert war und berichtet auch vom Besuch des russischen Großfürsten Konstantin. Sie erzählt auch begeistert von einem Empfang beim damaligen Generalgouverneur, Feldmarschall Graf Radetzky, der sie tief beeindruckt hat. Besonders vom Charme und der persönlichen Liebenswürdigkeit des alten Generals, der selbst in die Küche ging und sich persönlich um die Speisen für seine Gäste kümmerte, war sie hingerissen.

Effie Ruskin um 1850

John Ruskin um 1850

Ruskin selbst schrieb fleißig an seinem später so berühmten Buch, „Die Steine von Venedig“. Er lief den ganzen Tag in der Stadt herum, machte sich Notizen, fertigt Skizzen an, ärgerte sich unter vielem anderen auch über die Kanonenschüsse des österreichisch-ungarischen Militärs, die anläßlich von Festen und Paraden abgefeuert wurden, weil er sich einbildete, daß dadurch die Bauwerke Schäden erlitten. In einem seiner Briefe schrieb er auch, daß er die Animosität der Venezianer gegen die Österreicher nicht verstehen könne, die ja in Venedig nach den Napoleonischen Kriegen eine sehr ordentliche Verwaltung eingerichtet hätten.

Der Palazzo Gritti wurde dann in ein Hotel umgewandelt und heißt heute „Gritti Palace Hotel“. Eine Suite des Hotels ist nach Ernest Hemingway benannt, der hier gewohnt hat und der während seines Aufenthalts in Venedig meistens zwischen der Harry’s Bar, mit deren Besitzer Cipriani er befreundet war, und der Bar des Hotels Gritti hin- und herpendelte.

188) Rio del Ostreghe

Von links nach rechts: Ecke des Palazzo Pisani Gritti 187), Rio del Ostreghe 188), Palazzo Contarini Flangini Fini 189) und Teil des Palazzo Manolesso Ferro Armano 190)

189) Palazzo Contarini Flangini Fini. Das alte gotische Gebäude war im Eigentum von Giambattista Contarini, als es 1638 vom reichen Advokaten Tomaso Flangini gekauft wurde, der sich schon seit 1620 hier eingemietet hatte. Er ließ den Palazzo 1688 von Alessandro Tremignon in klassischem Stil umbauen und vererbte ihn seiner Tochter Marietina. Der Mann von Marietina, Benedetto Soranzo, vermietete ihn der Familie Fini, die ihn schließlich auch kaufte. Zusammen mit dem daneben liegenden Palazzo Manolesso wurde er zum Grand Hôtel umgebaut. In ihm hat John Ruskin bei einem späteren Venedigaufenthalt auch einmal gewohnt.

Heute ist in diesem Gebäude und in dem benachbarten Palazzo Manolesso Ferro Armano das Consiglio Regionale del Veneto (die Verwaltung der Region Veneto) untergebracht.

Von links nach rechts: Teil des Palazzo Contarini Flangini Fini 189), Palazzo Manolesso Ferro Armano190) und Teil des Palazzo Contarini Fasan oder Casa di Desdemona 191)

190) Palazzo Manolesso Ferro Armano. Es ist ein Gebäude, das während der Renaissancezeit umgebaut wurde, wobei man aber sehr geschickt alte gotische Teile erhalten hat. Die Dachterrasse ist ein Anbau aus dem 19. Jahrhundert. Nachdem der Palazzo zusammen mit dem benachbarten Palazzo Contarini Flangini Fini zuerst als Grandhotel gedient hatte, ist er heute, wie schon oben erwähnt, Sitz der Regionalregierung der Region Veneto.

191) Palazzetto Contarini Fasan Bennati, auch Casa di Desdemona. Seine verschiedenen Namen leitet das Gebäude erstens von einem Besitzer aus der Contarini-Familie her, der ein begeisterter Jäger war und besonders Fasane gejagt haben soll. Außerdem soll dort Desdemona, die Frau des eifersüchtigen Othello gewohnt haben. Das Gebäude selbst ist eine verspielte, zierliche späte Gotik aus dem Ende des 15. Jahrhunderts mit einigen schon der Renaissance zuzurechnenden Stilelementen.

Von links nach rechts: Ecke des Palazzo Manolesso Ferro 190), Palazzo Contarini Fasan (Haus der Desdemona) 191) und Palazzo Contarini 192)

Ob Desdemona wirklich hier gewohnt hat ist ebenso zweifelhaft wie die Behauptung, daß der vor einem Jahrhundert niedergerissene Palazzo Guoro bei Santa Maria dei Carmini Othello gehört habe. Giraldi Cintio – Shakespeares Quelle für den Othello-Stoff – hat angeblich eine Reihe historischer Ereignisse phantasievoll zu dieser blutigen Fabel zusammengefügt. Dieser Ansicht ist zumindest Rawdon Lubbock Brown, der in Venedig sein Leben verbrachte und dort durchaus ernst zu nehmende historische Studien machte [s. 411]. Als gebildeter Engländer war er auch an dem historischen Hintergrund der Othello-Sage interessiert.

Shakespeare hat diese Eifersuchtstragödie an einem Rassenproblem aufgebaut, und es wurde viel darüber diskutiert, ob der Mohr, der Schwarze, ein Schwarzafrikaner oder ein Mauro, ein Maure, ein dunkelhäutiger Mann aus Mauretanien, dem Berberland, gewesen sein könnte. Die Berber waren gute Seeleute, wilde Piraten und in Venedig wie im ganzen Mittelmeer wohl bekannt. Auf der anderen Seite ist es mit nahezu hundertprozentiger Sicherheit auszuschließen, daß in der Adelsrepublik Venedig der Posten eines Admirals nicht mit einem Patrizier besetzt worden wäre, sondern mit einem Mauren.

Nach Browns Studien soll sich folgendes abgespielt haben. 1505 wurde ein Cristoforo Moro, Sohn von Lorenzo Moro, Statthalter in Candia auf Zypern. (Aus der gleichen Familie war im vorhergehenden Jahrhundert ein Cristoforo Moro 1462–1471 Doge gewesen.) Nach Ablauf seiner Amtszeit fuhr nun dieser Cristoforo Moro 1508 mit einer kleinen Flotte von vierzehn Galeeren zurück nach Venedig, und während dieser Überfahrt starb seine Frau, wobei die Umstände irgendwie ungeklärt blieben. Aus einer nach der Heimkehr der Flotte angestellten Untersuchung ergaben sich aber keinerlei Konsequenzen. Viele Jahre später heiratete der Witwer die Tochter eines Ser Donato da Lezze, von der man den richtigen Taufnamen zwar nicht mehr kennt, sondern nur weiß, daß sie allgemein „Demonio Bianco", der weiße Dämon genannt wurde. Ob dann am Ende der Geschichte unser Cristoforo Moro – der eifersüchtige schwarze Mohr der Fabel – oder die vielleicht nicht gar so sanfte weiße Desdemona mehr zu bedauern waren, darüber schweigt die Geschichte, und auch Rawdon Brown weiß darüber nichts zu berichten.

192) Palazzo Contarini. Das Gebäude ist ein gotisches Bauwerk aus der Mitte des 15. Jahrhunderts. Im gleichnamigen Hof, an der dem Canal Grande abgewandten Rückseite, findet sich noch ein Familienwappen.

Von links nach rechts: Ecke des Palazzo Contarini 192), Palazzo Giustinian Micheli Alvisi 193), Palazzo Alvisi Gaggia 194) Calle del Traghetto 195), Ecke des Hotel Regina 196)

193) Palazzo Giustinian Micheli Alvisi. Der Palazzo ist ein aus dem 17. Jahrhundert stammender Bau. Vorher standen einige kleinere unbedeutende Bauwerke an dieser Stelle.

194) Palazzo Alvisi Gaggia. Im 18. Jahrhundert wurde der linke Teil mit den Loggien und der Terrasse an der Stelle eines alten Magazins errichtet, während der rechte Teil aus dem Umbau eines älteren Gebäudes von etwa den gleichen Dimensionen hervorging. Ende des 19. Jahrhunderts wohnte hier Signora Bronson, mit Künstlernamen Katherine de Kay, Witwe von Arthur Bronson. Sie war eine gute Freundin von Robert Browning, der auch in ihrem Haus verkehrte, wie auch in ihrer Villa in Asolo. Sie war völlig venezianisiert und schrieb auf italienisch Komödien, wie z. B. „Un Inglese a Venezia".

195) Calle del Traghetto

196) Hotel Regina. Das Hotel wurde um 1830 an der Stelle von kleinen Schuppen und Magazinen errichtet, und später mehrfach umgebaut.

197) Palazzo Badoer Tiepolo Zucchelli. Auf einem alten Bild steht hier ein von der Wasserfront des Canal Grande zurückgebauter Palast, der der Familie Badoer gehörte. Um 1600 haben die Tiepolo das jetzige Bauwerk errichtet, dessen linker Flügel aber nie fertig gebaut wurde. Starke Umbauten stammen aus dem 18. Jahrhundert. Im 19. Jahrhundert wurde der Palazzo zu-

Hotel Europa e Regina. Von links nach rechts 196) und 197)

erst zum Hotel Britannia, dann zum Hotel Europa. In dem Hotel hat viel Prominenz gewohnt, darunter auch Claude Monet und John Ruskin. Heute ist der Palazzo mit dem benachbarten Hotel Regina zusammengebaut und bildet das zum Ciga Konzern gehörende Hotel „Europa e Regina".

Von links nach rechts: Ecke des Hotel Europa 197), Palazzo Barozzi Emo Treves dei Bonfili Monzino198) und Einfahrt in den Rio di San Moisè 199)

198) Palazzo Barozzi Corner Emo Treves dei Bonfili Monzino. Der rechte Renaissancetrakt wurde im 17. Jahrhundert an der Stelle eines alten venezianisch-byzantinischen Bauwerks errichtet. Die Bauausführung wird Bartolomeo Monopola zugeschrieben. Der Palast hat eine zweite Fassade auf den Rio San Moisè, in den er tief hineinreicht. Der linke Teil des Palazzo, der geplant war, wurde nicht gebaut, so daß die Fassade asymmetrisch blieb.

Zu Beginn des 19. Jahrhunderts wurde das Gebäude renoviert und mit Fresken von Santi und Demin dekoriert. Der Palast enthielt und enthält noch immer eine großartige Kunstsammlung von Baron Treves, mit Gemälden des 19. Jahrhunderts. Das Prachtstück der Sammlung sind die zwei großen Statuen „Hektor und Ajax“ von Canova. Kaiser Franz Joseph I. hat zusammen mit seiner Frau, der Kaiserin Elisabeth (Sisi), diese Statuen hier besichtigt. Auch Fürst Clemens Metternich hatte früher schon die Figuren in diesem Palast gesehen und in Briefen darüber berichtet.

199) Rio di San Moisè

200) Hotel Bauer Grünwald. An dieser Stelle standen zwei nicht sehr bedeutende gotische Häuser aus dem 15. Jahrhundert.

Im 19. Jahrhundert wurde der heutige am Canal Grande stehende neugotische Bau nach Plänen des venezianischen Architekten Giovanni Sardi errichtet. Der Bau reicht um die Ecke in den Rio San Moisè hinein. 1950 wurde der rückwärtige Trakt am Campo di San Moisè dazugebaut und ein weiteres Stockwerk aufgesetzt.

Das „Bauer Grünwald“ war immer schon ein prominentes Hotel, das besonders häufig von deutschsprachigen Gästen besucht wurde.

Auch das Restaurant war ebenso berühmt. Wie man aus verschiedenen Briefen weiß, haben Richard Wagner und sein Schwiegervater Franz Liszt hier zusammen gespeist und dieses Restaurant sehr geschätzt.

Von links nach rechts: Einfahrt in den Rio di San Moisè 199) mit der Fassade des Palazzo Barozzi, die zum Rio di San Moisè sieht 198), Hotel Bauer Grünwald 200), Calle dei Tredici Martiri 201) und Ecke des Palazzo Giustiniani Morosini 202)

201) Calle dei Tredici Martiri

202) Ca' Giustiniani Morosini. Das Bauwerk stammt aus der Mitte des 15. Jahrhunderts. Gegen Ende des gleichen Jahrhunderts wurde das Nachbargebäude auf der linken Seite, das ursprünglich durch eine kleine Calle getrennt war, mit dem Palazzo vereinigt. Da die Familie Gustiniani (auch Giustinian oder Zustinian) seit dem frühen 14. Jahrhundert in dieser Gegend ansässig

Von links nach rechts: Ecke des Hotel Bauer Grünwald 200), Calle dei Tredici Martiri 201), Ca' Giustiniani Morosini 202), Calle del Ridotto 203) und Ecke der Casa Valaresso Erizzo, des heutigen Hotel Monaco & Canal Grande 204)

war, kann man annehmen, daß der Palazzo an der Stelle eines noch wesentlich älteren Bauwerks errichtet wurde, in dem die Familie früher wohnte. Die Giustiniani leiteten sich vom oströmischen Kaiser Justinian I. ab, dem Mann der Kaiserin Theodora, die durch den Film „Theodora Kaiserin von Byzanz" in heutiger Zeit viel berühmter ist als ihr Mann.

1432 wohnte hier auch der damalige Bischof von Castello, der erste Patriarch von Venedig, der später heilig gesprochene Lorenzo Giustiniani. [s. 333] Das Patriarchat von Venedig entstand 1451 durch die Vereinigung der Bistümer Grado und Castello. Vorher lebte in diesem Palast auch der Dichter Leonardo Giustinian, der trotz seiner Funktion als Capo dei Dieci und als Prokurator von San Marco Liebesgedichte schrieb. Er wurde so einer der ersten Lyriker der italienischen Sprache.

Im 16. Jahrhundert ging der Palazzo in den Besitz der Familie Morosini über und wurde gleichzeitig im Inneren völlig restauriert.

Im 19. Jahrhundert war das Gebäude ein Hotel, das „Hôtel de l'Europe", das besonders bei den französischen Besuchern Venedigs sehr beliebt war. Die Dichter Châteaubriand und Stendhal wohnten unter anderem hier. Letzterer, mit bürgerlichem Namen Henri Beyle, war von den österreichischen Behörden schon 1821 aus Mailand ausgewiesen worden, und der Generaldirektor der lombardischen Polizei hatte ihn in seinen Berichten nach Wien als ein „ziemlich gefährliches Subjekt und Verfasser von verschiedenen sehr verderblichen Schriften" bezeichnet. Als er nach seiner Ernennung zum französischen Konsul in Triest seinen Amtssitz im Winter 1830/31 gleich dreimal heimlich verließ und sich nach Venedig begab, löste dies bei den Polizeibehörden der damaligen österreichisch-ungarischen Verwaltung große Beunruhigung aus. Der Polizeichef von Venedig Hofrat von Amberg ließ den skandalumwitterten Henri Beyle streng überwachen, aber aufregendere Dinge als Opern-und Theaterbesuche waren nicht zu vermelden. Auch in Konzerten und in Kaffeehäusern soll er gewesen sein. Stendhal hatte wahrscheinlich auch nichts anderes vorgehabt, und es war ihm offenbar Venedig lustiger, als das im Winter kalte und windige Triest.

Stendhal alias Henri Beyle

Heute ist der Palazzo Giustinian kein Hotel mehr, sondern er beherbergt Behörden der Stadt Venedig und das Büro der Biennale di Venezia.

203) Calle del Ridotto

204) Casa Valaresso Erizzo, heute **Hotel Monaco & Canal Grande.** Das heutige Bauwerk stammt aus der zweiten Hälfte des 18. Jahrhunderts und wurde an der Stelle von drei älteren Gebäuden errichtet, bzw. es wurden diese in den Neubau integriert. Eines war der Palazzo Erizzo, ein anderes der Palazzo Marco Dandolo da San Moisè. Im Jahr 1638 eröffnete im letzteren die Republik ein Spielkasino (Ridotto), das das bekannteste der vielen Casinos in Venedig wurde und damals weltberühmt war, so wie heute Monte Carlo.

Il Nuovo Ridotto (Gabriele Bella)

Die Regierung hatte selbst die Regeln für den Casinobetrieb aufgestellt. Es wurden nur Kartenspiele erlaubt. Der Bankhalter mußte immer ein Patrizier sein, der ohne Maske, dafür aber in Toga, Stola und Lockenperücke erscheinen mußte, während die Spieler Masken zu tragen hatten. Während des Spiels hatte absolute Ruhe zu herrschen. Die Venezianer waren fanatische Spieler, das beliebteste Kartenspiel war „Faraone". Unter den bankhaltenden

Adeligen fanden sich berühmte Namen, wie z. B. der N.H. Gregorio Barbarigo, aus der Familie des Heiligen, an den die Herzogin von Modena im Karneval 1743 tausend Zechinen verlor.

1768 hat der Architekt Bernardino Maccaruzzi den Spielsaal renoviert, und auf einem Gemälde Gabriele Bellas, das heute in der Galeria Querini Stampaglia hängt, ist der neue Saal während eines Spielabends zu sehen.

Dieser neue Saal war nicht sehr lange in Betrieb, denn 1774 schloß der Große Rat das Spielkasino zur Freude der Moralisten, die immer daran Anstoß genommen hatten. Fünf Korrektoren, die eigentlich zur Behandlung eines Verfassungsstreites eingesetzt waren, hatten diesen Beschluß gefaßt und wurden dafür von den einen sehr gelobt, und mußten sich von anderen den Tadel gefallen lassen, der Beschluß sei nur gefallen, weil sie bei ihrer eigentlichen Aufgabe versagt hätten. [s. 181]

Von links nach rechts: Ecke des Ca' Giustiniani Morosini 202), Calle del Ridotto 203), die frühere Casa Valaresso Erizzo, das heutige Hotel Monaco & Canal Grande 204), Calle Valaresso 205), Harry's Bar 206) und Teil der Capitaneria del Porto 207

205) Calle Valaresso

206) Harry's Bar. Das Gebäude, in dem sich die bekannte Harry's Bar befindet, stammt aus dem 19. Jahrhundert und hat ein noch später aufgesetztes drittes Stockwerk. Die Harry's Bar wurde von Giuseppe Cipriani gegründet, der diese sogenannte Bar, die eigentlich ein Restaurant ist, Mitte des 20. Jahrhunderts zu einem Treffpunkt der modernen Welt gemacht hat.

Giuseppe Cipriani machte eine unglaubliche Karriere, die ausschließlich auf seiner eigenen Tüchtigkeit beruhte. Er war in Schwaben aufgewachsen, wohin sein Vater aus Norditalien gekommen war, um als Maurer zu arbeiten. 1915 mußte die Familie nach Verona zurückkehren, da Italien gegen Deutschland und Österreich in den Ersten Weltkrieg eintrat.

Giuseppe wurde vorerst Konditor, dann Kellner. Er arbeitete in ganz Europa, aber schließlich vorwiegend in Venedig und hier in allen großen Hotels, im Danieli, im Bauer Grünwald und im Europa. Da die Bars in den großen Hotels so ungemütlich waren, kam ihm die Idee, eine eigene Bar zu eröffnen. Weil aber seine eigenen finanziellen Mittel dazu nicht reichten, benötigte er einen Geldgeber, der sich schließlich in der Person eines amerikanischen Studenten, Harry Pickering, fand, der mit einer reichen Tante als Dauergast im Hotel Europa wohnte. Zuerst ist Pickering aber 1930 mit der gemeinsamen Kasse nach Amerika zurückgereist, was bei Giuseppe eine Panik auslöste. Dann aber ist er Gott sei Dank wiedergekommen, und die beiden haben die nach dem Hauptgeldgeber benannte „Harry's Bar" gegründet. Diese Bar wurde zum Treffpunkt des mondänen Venedigs in den dreißiger Jahren des zwanzigsten Jahrhunderts und ist bis heute ein berühmtes Restaurant geblieben.

Cipriani hat mit dem ihm eigenen Unternehmungsgeist noch anderes getan. Auf Torcello hat er die Locanda Cipriani gegründet, ein vorzügliches Restaurant. 1953 kaufte er auf der Giudecca ein Stück ödes Land und errichtete dort mit Hilfe englischer Geldgeber das Hotel Cipriani, das heute zu den besten Hotels von Venedig zählt.

Cipriani ist aber auch durch seine Kochkunst berühmt geworden. 1955 bereitete er für die Gräfin Amalia Nani Mocenigo, der die Ärzte gekochtes und gebratenes Fleisch verboten hatten, eine neue Speise. Er nahm feines angefrorenes Rindfleisch, schnitt es in hauchdünne Scheiben und servierte es mit einer feinen Sauce. Dem Gericht selbst, das eine schöne rote Farbe hatte, gab er den Namen Carpaccio, und zwar deswegen, weil es in Venedig in diesem Jahr eine große Carpaccioausstellung gab und bei diesem Maler des 15. Jahrhunderts die Hosen der gemalten Figuren in einem so eigenartigen, saftigen Rot gehalten sind. Carpaccios Bilder finden sich in allen Museen Venedigs und die bunten Hosen erinnern, wenn man es weiß, an Ciprianis Schöpfung, den herrlichen „Carpaccio alla Cipriani". Giuseppe Cipriani ist 1980 gestorben.

Von links nach rechts: Capitaneria del Porto 207), Rio dei Giardinetti mit Ponte del Fonteghetto 208) und Kaffeepavillon 209)

207) Capitaneria del Porto (Hafenamt). Ein Gebäude aus dem 15. Jahrhundert, in dem sich früher einmal der Magistrato della Farina befand, die Verwaltung des Mehlspeichers. An der Stelle, wo heute die Königlichen Gärten (Giardinetti Reali) liegen, stand nämlich früher ein Mehlmagazin. (Fonteghetto della Farina) Hier war so viel Mehl gelagert, daß der Jahresbedarf der Stadt damit gedeckt werden konnte. Auf einem Gemälde von Canaletto, das heute im Kimbell Art Museum in Fort Worth in Texas hängt und „Il Molo verso ovest" heißt, sieht man noch den alten Mehlspeicher, dahinter das dazugehörige Verwaltungsgebäude, eben das heutige Hafenamt, dahinter das alte Ridotto, und im Vordergrund die Zecca, das Münzamt, und die Bibliotheca Sansovina an der Ecke der Piazetta.

Dieses Verwaltungsgebäude des Fonteghetto della Farina erinnert auch an die Kunstschule, die einst hier ihren Sitz hatte. (In der großen Halle gibt es noch ein Fresko von Guarana aus 1763.) Im Jahr 1750 stellte nämlich der Senat den Reformatori del Studio di Padova – einer Art Unterrichtsministerium, dem die Kunstschule und auch die Universität Padua unterstand – zusätzlich einige Räume in dem benachbarten Mehlspeicher, dem Fonteghetto, zur Verfügung. Schon fünfundzwanzig Jahre vorher hatte man eine Akademie gegründet, die „Veneta Accademia", mit dem ausdrücklichen Auftrag, „ausländische Studenten, die auf der Durchreise durch Venedig waren, an diese Institution zu binden". Die Räume dieser Accademia lagen im ersten Stock, während im Erdgeschoß die Mehlhändler weiter ihren Geschäften nachgingen.

Die Gründung der Accademia folgte dem Trend der Zeit. Früher zur Zeit der Hochblüte der venezianischen Malerei, zur Zeit Tizians, Bellinis, Tinto-

Il Molo verso ovest (Canaletto)

rettos und Veroneses und wie sie alle hießen, waren die Maler in den Werkstätten ihrer Lehrer ausgebildet worden. Die Maler erlernten als Lehrlinge, wie alle anderen Handwerker auch, ihren Beruf und waren auch in Zünften – Scuole oder Arte – zusammengefaßt. Solche Scuole hatten auch die anderen Kunsthandwerker, wie die Vergolder, die Spielkartenmaler und viele andere mehr. Im 17. Jahrhundert gründete dann Pietro Liberi, der als Maler am Hof des Kaisers in den Ritterstand erhoben worden war, das Collegio dei Pittori, womit sich die Maler von den anderen Zünften unterscheiden wollten. Die Praxis, Lehrlinge zu halten, blieb aber nach wie vor, und die Accademia wurde ja eigens dazu gegründet, junge und besonders ausländische Maler als Studenten an das Land zu binden. Venedig hatte immer an einer Abwanderung seiner Künstler zu leiden, die sich dann in anderen Ländern und bei anderen Herren verdingten wie z. B. El Greco, der als Domenikos Theotokopulos 1541 in Kreta auf venezianischen Staatsgebiet geboren und in Venedig ausgebildet, in Spanien berühmt wurde.

Der erste Direktor der Accademia wurde Giambattista Piazzetta, der selbst eine große Werkstatt betrieb und viele Lehrlinge ausgebildet hatte. Später gelang es den Reformatori, auch für die Schüler des Bildhauers Giammaria Morleiter eigene Räume im Mehldepot zu erhalten. 1756 erfolgte eine Reorganisation der Accademia, wobei festgelegt wurde, daß aus sechsunddreißig Akademikern (Malern und Bildhauern) die Lehrer für ein Jahr ausgewählt wurden. Unter ihnen finden sich Namen wie Pietro Longhi, Jacopo Guarana, Fabio Canal, Antonio Guardi, Giandomenico Tiepolo, Michelangelo Morleiter und viele andere. Sie wurden Meister genannt und erhielten hundertsechzig Lire Transportkosten für die Übersiedlung ihrer Utensilien, aber sonst kein Gehalt. Der erste Präsident wurde damals Giovanni Battista Tiepolo.

1771 wurden die bis dahin ehrenamtlichen Akademiker fest angestellt, und zusätzlich zu den Kursen in Malerei und Bildhauerei wurden auch noch Kurse in Architektur abgehalten. Im Jahr 1775 kam es zu einer Studentenrevolte, die sogar das Eingreifen der staatlichen Ordnungshüter nötig machte. Der Streit hatte sich an der Frage entzündet, ob für das Aktzeichnen genug Zeit zur Verfügung stehe oder nicht. In Wirklichkeit steckte auch noch eine Intrige dahinter. Denn das Collegio dei Pittori und ihr Präsident Peter Edwards sahen die wachsende Bedeutung der Accademia mit scheelen Augen an. Besonders Edwards, der auch Direktor der Pubbliche Pitture (einer Art staatlichen Denkmalamtes) war, fürchtete um seinen Einfluß. Als nun das Collegio dei Pittori auch in den Fonteghetto della Farina übersiedelte, kam die Gegnerschaft zwischen Edwards und dem damaligen Präsidenten der

Accademia Francesco Zuccarelli voll zum Ausbruch und entlud sich in diesen Studentenkrawallen, die angestiftet zu haben Edwards sich auch später noch brüstete.

Edwards hat dann auch noch nach dem Fall der Republik als Kunstexperte des napoleonischen „Königreichs Italien“ eine unrühmliche Rolle gespielt, als er aus Abneigung gegen die Accademia und gegen die venezianische Tradition Werke zeitgenössischer Künstler als nicht erhaltungswürdig einstufte und vernichten ließ, darunter z. B. auch Werke von Francesco Guardi. Seiner Abneigung gegen Venedig machte er ferner dadurch Luft, daß er alle Wappen und manche Köpfe berühmter Venezianer aus den Bildern herausretouchieren ließ und die Werke so verstümmelte.

Nach 1805 übersiedelte die Veneta Accademia aus dem Fonteghetto della Farina, das den „königlichen Gärten“ weichen mußte, in die Räumlichkeiten, in denen sie heute noch ist, in die ehemalige „Chiesa della Carità“, das Kloster „Dei Canonici Lateranensi“ und die „Scuola Grande di Santa Maria della Carità“ und wurde auf Anordnung Napoleons als „Accademia Reale di Belle Arti“ neu gegründet.[s. 393]

208) Rio dei Giardinetti mit Ponte del Fonteghetto

209) Kaffeepavillon. Ein kleines Gebäude, das um 1815 von Lorenzo Santi gebaut wurde und als eine Art Lusthaus in den „königlichen Gärten“ gedacht war.

210) Königliche Gärten. (Giardinetti Reali) Sie wurden angelegt, als 1805 bis 1807 das alte Mehlmagazin weggerissen wurde. Dahinter sieht man heute die Rückseite der neuen Prokuratien, die zusammen mit dem die alten und neuen Prokuratien verbindenden Quertrakt, der auch in dieser Zeit errichtet wurde, den Königspalast für das von Napoleon gegründete „italienische Königreich“ bilden sollte. Dieses glücklicherweise nur kurz währende Königreich benötigte ebenfalls auch nur kurz einen Königspalast für seinen Vizekönig von Napoleons Gnaden, Napoleons Stiefsohn Eugène de Beauharnais. Dieser hat sich durch seine katastrophalen Baumaßnahmen in Venedigs Stadtbild schandbar verewigt. Ebenso hat er durch seine Diebereien viele wertvolle Kunstobjekte aus Venedig weggebracht und manche auch völlig vernichtet.

Diese „königlichen Gärten“, die also zu diesem sogenannten „Königspalast“ gehören sollten, waren dann in der Zeit der österreichischen Herrschaft die

Gärten des österreichischen Regenten, des Gouverneurs von Lombardo-Venezien oder des jeweiligen Miltärgouverneurs. Auch Kaiser Franz Joseph I. hat in diesem Palast gewohnt, wenn er in Venedig zu Besuch war, und in diesem Garten ist er mit seinem Bruder Maximilian spazierengegangen, der Gouverneur von Lombardo-Venezien war. Angeblich sind die beiden Brüder 1862 in diesen Gärten auf und ab gegangen und haben gerade hier über den Plan Maximilians diskutiert, der unbedingt die ihm von Napoleon III. angebotene mexikanische Kaiserkrone annehmen wollte. Kaiser Franz Joseph versuchte ihm dieses Unternehmen auszureden. Maximilian ließ sich zu seinem Unglück von dieser Idee nicht abbringen und sein Engagement in Mexiko hat dann nach dem Verrat von Napoleon III. vor einem Erschießungskommando in Queretaro am 19. Juni 1867 sein blutiges Ende gefunden.

Von links nach rechts: Kaffeepavillon 209), Königliche Gärten 210), Compagnia della Vela 211) und die Ecke der Zecca 212). Im Hintergrund die neuen Prokuratien

Einige Jahre vorher, am 26. Oktober 1861, war die von Venedig so begeisterte Gattin Kaiser Franz Josephs, Elisabeth, die berühmte Sisi, allein nach Venedig gekommen und hatte ebenfalls im „Palazzo Reale“ Wohnung bezogen. Sofort nach ihrer Ankunft hob sie die Anordnung des k. u. k. Gouverneurs auf, der die Gärten absperren und den Kaffeepavillon hatte schließen lassen. Trotz der zwischen der österreichischen Besatzungsmacht und den Venezianern herrschenden Spannungen war der Aufenthalt der österreichischen Kaiserin in Venedig sehr ruhig, und das „venezianische Revolutionskomitee“ hat damals alle Provokationen verhindert. Die österreichische Besatzung und die Venezianer lebten nach der Rückeroberung Venedigs

Von links nach rechts: Compagnia della Vela 211), La Zecca 212) und die Biblioteca Sansovina 213). Rechts sieht man die Piazetta mit der Markuskirche im Hintergrund; hinter der Zecca den Campanile und ganz rechts ein Stück vom Dogenpalast.

durch Radetzky nebeneinander her, und ein ungeschriebenes Gesetz lautete: keine Beziehungen mit, aber auch keine Kundgebungen gegen die Österreicher. Man hat sich zwar nicht immer ganz daran gehalten, aber es kam immerhin zu keinen schwerwiegenden Zwischenfällen mehr.

211) Compagnia della Vela. Ist ein kleiner Pavillon, korrespondierend zum Kaffeepavillon an der anderen Ecke der Königlichen Gärten und ist über dem Canale della Zecca errichtet.

212) La Zecca (Münzamt). Das Gebäude wurde in der ersten Hälfte des 16. Jahrhunderts von Jacopo Sansovino gebaut, an der Stelle des alten Münzamtes, das hier seit 1277 stand. Noch früher war das venezianische Münzamt im Rialtobezirk. Der venezianische Golddukaten hieß Zecchine, hatte durch Jahrhunderte den gleichen Goldgehalt und das gleiche Gewicht. Auch die Prägung war immer gleich, nur der Name des herrschenden Dogen änderte sich jeweils. Hier in der Zecca legten die kleinen und großen Familien ihre Kapitalien sicher, aber zu geringen Zinssätzen von zwei bis vier Prozent an. Auch die Steuereinnahmen der Republik kamen hier zusammen und lagerten in riesigen Truhen, die man auch heute noch in der Biblioteca Marciana sehen kann, die sich in die ehemalige Zecca ausgedehnt hat.

Das Münzamt arbeitete nach dem Fall der Republik weiter, sowohl unter der französischen als auch unter der österreichischen Herrschaft und wurde erst 1870 geschlossen, als Venedig zu Italien kam. 1905 wurde die Biblioteca Nationale Marciana vom Nebengebäude her in die Zecca ausgeweitet.

213) Biblioteca Sansovina. Die Bibliothek wurde errichtet, um die wertvolle Büchersammlung aufzunehmen, die Kardinal Bessarion, der letzte der großen byzantinischen Gelehrten 1468 der Republik geschenkt hatte und die vorerst im Dogenpalast gelagert wurde. Der damalige venezianische Gesandte in Rom, Paolo Morosini, hatte seinen Freund Kardinal Bessarion zu dieser Schenkung überredet, und der Senat hat sich in einem Schreiben an den Kardinal vom 23. März 1486 für die neunhundert wertvollen lateinischen und griechischen Handschriften im Wert von fünfzehntausend Dukaten auch artig bedankt.

Aber erst 1537 vergaben die Prokuratoren von San Marco den Auftrag zum Bau eines eigenen Gebäudes an Jacopo Sansovino. Bis dahin standen an dieser städtebaulich so wichtigen Stelle recht schäbige Gasthäuser und Herbergen. 1540 war der Bau schon recht weit fortgeschritten und wurde von den Zeitgenossen in den höchsten Tönen gelobt. Palladio und Aretino bewunderten beide das nach alten römischen Vorbildern und Inspirationen errichtete Gebäude. Am 18. Dezember 1540 stürzte dann plötzlich ein Teil des Deckengewölbes ein. Sansovino wurde sofort verhaftet und nur auf Interventionen von Tizian, Aretino und sogar von Kaiser Karl V. wieder freigelassen. Seine Stellung als Chefarchitekt bekam er erst 1547 zurück, nachdem er auf eigene Kosten den Palast wiederhergestellt hatte, wobei er in der großen sogenannten goldenen Halle statt einem freien Gewölbe jetzt eine flachere Decke baute. 1554 war der Palast größtenteils fertig, nur die Ecke zum Canal Grande mit den letzten drei Arkaden blieben unvollendet. 1588, dreizehn Jahre nach Sansovinos Tod, wurde die Arbeit von Vicenzo Scamossi wiederaufgenommen, der sie genau nach Sansovinos Plänen vollendete.

KAPITEL 4

311) PONTE RIALTO. Der Ponte Rialto war bis ins 19. Jahrhundert die einzige Brücke über den Canal Grande.

Der Ponte Rialto auf einer Photographie um 1860

Bald nach der Besiedlung der Inseln am Canal Grande, der damals „Rio Alto" oder „Rivus Altus" hieß, scheint bereits eine Verbindung zwischen den beiden Ufern „Citra et Ultra Canalem" bestanden zu haben. Das war etwa im 8. Jahrhundert nach Christus, als die damalige Hauptsiedlung Malamocco an der Lidoküste aus allen Fugen platzte und die Neuankömmlinge sich im Inneren der Lagune ansiedeln mußten. Rivus altus hieß einfach hoher Fluß, und gemeint waren damit die relativ hohen Uferböschungen jenes Mündungsarmes der Brenta, der sich hier durch die Lagune schlängelte und der heute Canal Grande heißt.

Es scheint, daß man schon unter dem Dogen Sebastiano Ziani um 1172 den Bau einer richtigen Brücke überlegte. Die Legende berichtet, daß 1181 statt dessen von einem gewissen Nicolò Baratieri eine Pontonbrücke gebaut wurde. Nach der kleinen Münze, die man für die Benützung der Brücke zahlen mußte, erhielt er den Spitznamen Quartarolo (ein Viertel eines Soldo). Mitte des 13. Jahrhunderts wurde dann eine Holzbrücke errichtet, die auf ebenfalls hölzernen Pfeilern ruhte. Diese Brücke wurde 1310 beim Tiepoloaufstand von den Aufständischen zerstört, die sich nach ihrer Niederlage in

Ausschnitt aus dem Gemälde von Vittore Carpaccio „Miraculo della Reliquia di Santa Croce", das die Rialtobrücke um etwa 1494 zeigt.

jenen Stadtteil flüchteten, wo ihre Häuser standen, und das war der Rialtobezirk in der Gegend des heutigen Fischmarktes. Die Brücke wurde gleich wiederhergestellt, ist aber dann, schon recht altersschwach, im Jahr 1444 zusammengebrochen, als eine große Schar Neugieriger von dort die Durchfahrt des Herzogs von Ferrara sehen wollte, der damals in seinen Palast, den späteren Fondaco dei Turchi fuhr. Bei dem Einsturz gab es zahlreiche Tote und Verletzte.

Die Brücke wurde dann wieder in Holz aufgebaut, größer und mit Buden und Geschäften darauf, mit einem Mittelteil, der in die Höhe gezogen werden konnte, um auch großen Schiffen die Durchfahrt zu ermöglichen. Das war sehr praktisch, denn so konnten diese ohne umzuladen bis an die Palazzi zufahren, die zu jener Zeit ja auch oft auch noch als Warenlager dienten.

Diese Brücke war 1458 fertig und wie sie ausgesehen hat, wissen wir recht gut, da sie auf etlichen Bildern zu sehen ist. Unter anderem auf jenem Gemälde, das Vittore Carpaccio für die Scuola Grande di San Giovanni Evangelista malte und das heute in der Accademia hängt. Zu Beginn des 16. Jahrhunderts war auch diese Holzbrücke schon wieder in einem so schlechten

Zustand, daß sie 1501 vom damals berühmten Architekten Giorgio Spavento repariert werden mußte. Wenige Jahre später war sie aber wieder baufällig und teilweise eingebrochen. Außerdem war sie beim großen Brand 1514 beschädigt worden, so daß die Signoria 1524 beschloß, die Holzbrücke durch eine Steinbrücke zu ersetzen. Die berühmtesten Architekten wurden eingeladen, Vorschläge zu machen, darunter Michelangelo, Scamozzi und Palladio. Den Bauauftrag erhielt schließlich Antonio da Ponte. Er war der „Proto“, der offizielle Architekt der „Magnifici Provveditori al Sal“ (der erlauchtesten Salzinspektoren), denen die Pflege der öffentlichen Gebäude oblag. In den Jahren 1588 bis 1591 wurde der Bau dann trotz heftiger Opposition und Querelen zu Ende geführt. Doge war damals Pasquale Cigogna, dessen Wappen mit dem Schwan an den Gedenktafeln an der Brücke zu sehen ist.

Palladios erster Plan für die Rialtobrücke

Scamozzis Plan für die Rialtobrücke

Ponte Rialto – angeblich ein Projekt von Palladio (Canaletto 1743–1744)

Palladios und Scamozzis Pläne, die beide erhalten sind, kamen vor allem deswegen nicht zur Ausführung, weil sie eine Brücke mit mehreren Bögen und Pfeilern vorgeschlagen hatten. Es hatte bei den zuständigen Behörden lange Diskussionen wegen des Neubaues gegeben, wobei besonders die Problematik der Fundamente für die Widerlager von den Brüdern Marcantonio Barbaro und Daniele Barbaro ins Spiel gebracht wurden. [s. 167] Am Ende setzten sich die Anhänger einer Brücke mit nur einem einzigen Bogen durch, der technisch schwierigsten, aber auch die baulich elegantesten Lösung. Die einbogige Brücke störte auch die Wasserströmung im Canal Grande nicht, die immer ein Problem war, mit dem sich die zuständigen Behörden herumschlagen mußten.

Der Schutz der Lagune und des ganzen Kanalsystems war von dieser Strömung abhängig, und bis zum Ende der Republik waren eine ganze Reihe Behörden mit diesen Problemen befaßt: von den „Zudesi al Piovego" (Richter der öffentlichen Ordnung), den „Solenne Provveditori al Sal" (die erlauchten Salzinspektoren – ein eigenes Salzamt), bis hin zum Dogen und seinen Beratern. Man gründete dann eine eigene Oberbehörde ausschließlich für diese Problematik der Wasserströmung: das „Collegio Solenne alla Acque" (das erhabene Wassercollegium).

Canaletto hat Mitte des 18. Jahrhunderts auf Anregung seines Promotors, des Konsuls Smith [s. 64], der auch sehr an Palladio interessiert war, ein Gemälde angefertigt, auf dem auch ein angeblicher Palladioentwurf für eine Rialtobrücke dargestellt ist. Da dieses Bild mit dem oben gezeigten Plan Palladios nur entfernte Ähnlichkeit hat, gab es immer wieder Diskussionen, ob Canaletto, den das Sujet persönlich nicht interessierte, überhaupt das richtige Modell gemalt hat.

312) Palazzo dei Dieci Savi. Ein schlichter Renaissancebau, der vom Architekten Antonio Abbondi, genannt Lo Scarpagnino, 1527 und 1528 errichtet wurde, um die Behörde der zehn Weisen, eine Steuerbehörde, aufzunehmen. Der Abgang der Rialtobrücke, die in ihrer heutigen Form ja erst später errichtet wurde, verstellt jetzt einen Teil der Fassade, die früher in ihrer vollen Länge auf den Canal Grande gesehen hat. Der Eingang in das Gebäude liegt im Sottoportico Cameral.

Palazzo dei Dieci Savi 312)
und der Abgang der Rialtobrücke

313) Fondamenta del Vin oder auch Riva del Vin und dahinter die folgenden Gebäude und Seitengassen.

Von rechts nach links: Palazzo dei Dieci Savi 312), im Vordergrund die Fondamenta del Vin 313), die sich hier am Canal Grande entlang zieht, ferner das Haus an der Calle del Gambaro 314), die Calle del Gambaro 315) und die Casa Fracca 316)

Von rechts nach links: Calle del Gambaro 315), Casa Fracca 316), Hotel Marconi 317)

314) Haus an der Calle del Gambaro. Gebäude aus dem 17. Jahrhundert.

315) Calle del Gambaro

316) Casa Fracca ist ein schlichtes Gebäude aus dem 16. Jahrhundert.

317) Hotel Marconi. Im 19. Jahrhundert wurden zwei hier stehende Bauwerke zusammengelegt.

318) Sottoporteggio und Calle della Madonna unter dem folgenden Gebäude der Casa Caffi. Hier beginnt die Calle della Madonna, in der das berühmte Restaurant „Della Madonna" liegt.

Von rechts nach links: Casa Caffi mit dem Sottoporteggio della Madonna 318) und 319), Haus an der Fondamenta del Vin 320), mit dem Eingang in die Calle dei Cinque 321) und danach das höhere Haus an der Fondamenta del Vin 322)

319) Casa Caffi. Dieses Bauwerk aus dem 17. Jahrhundert ist ein schmuckloser Zweckbau mit Geschäftsräumen im Erdgeschoß.

320) Haus an der Fondamenta del Vin, etwa um 1800 gebaut.

321) Calle dei Cinque

Von rechts nach links das Haus 322) mit dem Eingang zur Calle dei Cinque 321), Haus 322) und Haus 323)

322) Haus an der Fondamenta del Vin, etwa um 1720 gebaut.

323) Haus an der Fondamenta del Vin. Das Gebäude hat im Erdgeschoß angedeutete Bögen. Es wurde 1840 von der damals österreichischen Verwaltung als Sitz der staatlichen Lotterieverwaltung gebaut.

324) Calle del Sturione. Diese Gasse ist nach dem Gasthaus „Zum Stör“ (Sturio) benannt. Die zum Teil eigenartigen Namen der Straßen dieser Gegend erinnern alle an Gasthöfe, die es in diesem Viertel am Rialto schon immer gab, wie Gambaro und viele andere mehr. Diese Locanda oder Osteria genannten Lokale hatten zwar keinen guten Ruf, dürften aber wahre Goldgruben gewesen sein. Der Chronist Marino Sanudo, der äußerst penibel die Tagesereignisse Venedigs in der ersten Hälfte des 16. Jahrhunderts beschrieben hat, berichtet unter anderem, daß seine Familie ein kleines Haus im Rialtobezirk besessen hat, das vermietet wurde. Im Erdgeschoß waren mehrere Läden und die Osteria „Alla Campagna“ untergebracht. Dieses „kleine Plätzchen“, wie er es nennt, brachte achthundert Dukaten Jahresmiete ein, „mehr als ein erstklassiger Palast“, und davon zahlte allein die Osteria zweihundertfünfzig.

Von rechts nach links Haus 323), Eingang in die Calle del Sturione 324), Casa Tollotti Padovan 325), Casa Cerroni Pasquato 326), Zugang zur Calle del Paradiso 327), Casa Silvestri 328) und ein Stück der Casa Rinaldi 329)

325) Casa Tollotti Padovan. Ein Gebäude aus dem 17. Jahrhundert, das über dem Sottoporteggio del Sturione steht und in dem heute wieder eine Locanda Sturion untergebracht ist.

326) Casa Cerroni Pasquato. Gebäude aus dem 17. Jahrhundert, das über dem Sottoporteggio del Paradiso steht. In ihm ist heute das griechische Konsulat untergebracht.

Von rechts nach links: Casa Cerroni Pasquato 326), Calle del Paradiso 327), Casa Siivestri 328), Casa Rinaldi 329) und Rio Terrà San Sivestro 330) und Casa Petrarca 331)

327) Sottoporteggio und Calle del Paradiso

328) Casa Silvestri. Das Haus wurde im 19. Jahrhundert an der Stelle eines alten Gebäudes errichtet.

329) Casa Rinaldi. Ein in den letzten Jahren umgebautes Haus.

330) Rio Terrà San Silvestro

331) Casa Petrarca. Es ist ein langgestrecktes Gebäude am Ende der Riva del Vin, stammt aus dem 15. Jahrhundert und ist heute völlig umgebaut. Es war einmal ein Miethaus, und auch das „Ufficio Technico Erariale“ war hier untergebracht. Das Gebäude und die davor liegende Fondamenta del Vin ist auf einem Gemälde von Carpaccio abgebildet, das heute in der Accademia hängt und den Patriarchen von Grado auf dem Balkon seines daneben gelegenen Palastes zeigt. Es ereignet sich gerade ein Wunder mit der Reliquie vom heiligen Kreuz.

Von rechts nach links: Seitenfront der Casa Rinaldi 329), Rio Terrà San Silvestro 330), Casa Petrarca 331), Sotoporteggio und Calle del Traghetto 332) und Casa Ravà 333)

332) Sotoporteggio und Calle del Traghetto

333) Casa Ravà. Dieses neugotische Gebäude hinter einem kleinen Vorgarten wurde 1906 vom Architekten Giovanni Sardi gebaut. Es steht an der Stelle, wo früher der Palast des Patriarchen von Grado lag.

„Miracolo della Reliquia di Santa Croce"
(Vittore Carpaccio 1494 Accademia)

Der Patriarch von Grado war der erste Bischof in Venedig. Er hatte auf der Flucht vor den Stürmen der Völkerwanderung seinen Bischofssitz aus dem immer mehr gefährdeten Grado nach Venedig verlegt. Von dem alten Palast, der damals errichtet wurde, stammen vielleicht eine Säule und ein Kapitell, die hier noch zu sehen sind. Carpaccio hat uns ein Gemälde hinterlassen, auf dem der Augenblick festgehalten ist, da der Patriarch einen Besessenen mit einer Kreuzesreliquie heilt, der auch etliche andere Wunder zugeschrieben werden. Auf dem Bild zeigt Carpaccio ein Stück des Palastes des Patriarchen von Grado und auch eine Szene des täglichen Lebens an der Fondamenta del Vin. Die Szene, die Carpaccio im Jahr 1494 gemalt hat, spielte sich aber etwa hundertzwanzig Jahre früher ab, und der Patriarch ist wohl Francesco Querini, der schon zu Lebzeiten den Ruf eines Heiligen hatte.

Der Patriarch von Grado ist mit der Frühgeschichte Venedigs eng verbunden. Die Besiedlung des heutigen Venedigs begann während der Völkerwanderung. In der Legende gibt es einen Gründungstag für Venedig, den 25. März 421. Der Tag wird immer noch, trotz des Kopfschüttelns aller jener, die es besser wissen, gefeiert. Die heilige Jungfrau persönlich habe die frommen Flüchtlinge in die Lagune geleitet und sie angewiesen, hier eine Stadt zu gründen. Solche Gründungslegenden durften anscheinend in keiner Stadt, die etwas auf sich hielt, fehlen, und Venedig hielt zur Zeit der

Serenissima viel auf sich. Mit seiner Gründungslegende stand es also würdig in einer Reihe mit Rom, Byzanz, Troja, Karthago und wie sie sonst nur alle heißen. Die Wirklichkeit sah natürlich etwas anders aus.

Beim Einfall der Hunnen in Oberitalien hatten sich viele Bewohner der römischen Provinz Venetien, sofern sie noch Zeit fanden, auf die Laguneninseln geflüchtet, wo sie für die hunnischen Reiter unerreichbar waren. Als die Gefahr vorüber war, kehrten die meisten in das verwüstete Land zurück, viele blieben aber auch gleich auf den äußeren Inseln von Chioggia bis Malamocco, über den heutigen Lido bis hinauf nach Grado; schließlich konnte man ja nicht wissen, was die Zukunft bringt. Die größeren Städte des alten römischen Imperiums in dieser Region wie Padua oder Aquileia hatten auf diesen Inseln sowieso schon immer ihre Häfen und Stapelplätze für den Fernhandel gehabt: die Paduaner in Malamocco, die Leute aus Aquileia in Grado.

Es lebten tüchtige Leute hier in dieser Gegend, die Kaiser Augustus als die zehnte Region des römischen Imperiums eingerichtet hatte. Viele Geistesgrößen der Kaiserzeit stammten von hier, Catull, Vergil, Livius, die beiden Herren Plinius und Cornelius Nepos. Und überall dort, wo in dem römischen Riesenreich entscheidende Dinge geschahen, saßen auch Veneter an den Schalthebeln. Die Schickeria in Rom mochte über die ungeschliffenen „Pataver" wohl spötteln, aber während man in Baiae, am Tiber und im fernen Alexandria sehr elegant war, waren die Veneter weniger elegant, dafür aber zäh im Handel und konsequent in ihren politischen Intentionen. Und reich wurden sie auch dabei, sehr reich sogar. Der später in Italien übliche Spruch „Milano lavoro, Roma manga" galt auch schon damals, nur daß nicht Mailand, sondern Venetien der fleißige und einflußreiche Teil war.

Diese Zähigkeit und die Phantasie, mit der sich die Veneter schon im großen römischen Reich ihren Platz geschaffen hatten, ist ihnen dann zugute gekommen, als sie plötzlich auf sich selbst gestellt waren und sich nach dem Zusammenbruch des weströmischen Reiches während der Völkerwanderung eine neue Heimat aufbauen mußten.

Diese tüchtigen Veneter waren also erstmals vor den Hunnen in die sumpfige Lagune und auf ihre Inseln geflüchtet und sind, wie wir gehört haben, zum Teil dort geblieben. Recht hatten sie gehabt, denn kaum waren einige zurückgekehrt, kam die nächste Heimsuchung, diesmal in Form der Ostgoten, die ausgerechnet der byzantinische Kaiser losgeschickt hatte, um den Germanen Odoaker vom römischen Thron zu stoßen, da er ihm als weströmischer Kollege und Nachfolger des Romulus Augustulus nicht in den Kram paßte. Außerdem waren ihm die Goten am südlichen Balkan als Nachbarn lästig.

Als starke und tüchtige Militärmacht blieben sie an seiner Grenze stets gefährlich. So hoffte er mit einem Schlag gleich zwei Fliegen zu treffen, als er Theoderich empfahl, Italien zu erobern. Mochten sich doch diese barbarischen Germanen nur gegenseitig die Schädel im fernen Italien einschlagen. Hauptsache, man hatte sie von Byzanz' Grenze weg.

Unter der Führung ihres Königs Theoderich wälzte sich also 489 ein Zug von dreihunderttausend blonden, langhaarigen und ungewaschenen Goten vom Balkan her über die Julischen Alpen nach Venetien, zertrampelten die schönen Dörfer, Städte und Felder, die man nach dem Hunnensturm wieder aufgebaut hatte. Und schließlich schlug Theoderich bei Ravenna auch Odoaker, der ihn dort aufhalten wollte, und beförderte ihn noch recht hinterlistig bei einem Gastmahl höchstpersönlich ins Jenseits. Vom März 493 an war dann Theoderich, der Gotenkönig, unumschränkter Herr Italiens, und zu seiner Hauptstadt machte er Ravenna.

Verglichen mit den Hunnen war aber Theoderich ein viel kleineres Übel. Er erwies sich nämlich als erstaunlich guter Regent, der seine rauflustigen Goten im Zaum hielt. Er verteilte sie als dünne Besatzung über das ganze Land, konzentrierte sie in Festungen und Seestädten und übertrug ihnen nur die Militärverwaltung. Die Zivilverwaltung lag weiter bei den ehemaligen Römern, das heißt hier in Venetien bei den Venetern. Außerdem war das Gotenreich sehr liberal. Goten, Römer – auch Italer genannt –, Katholiken, Juden, Arianer, alle waren sie gleichgestellt; dem Land bekam das sehr gut, seinem König Theoderich weniger. Denn der Papst hielt von der Toleranz nichts, und dem Basileus in Byzanz paßte der Erfolg der Konkurrenz auch nicht ins Konzept. Er hatte ja bekanntlich anderes im Sinn gehabt. Die beiden Würdenträger verständigten sich rasch und hetzten die „unterdrückten Völker Italiens“ auf. Theoderichs Königreich kam zunehmend in Schwierigkeiten. Im August 526 starb dann Theoderich, manche sagen an Gift, andere sagen an der Ruhr.

Ein interessantes Dokument aus der Regierungszeit König Theoderichs ist auf uns gekommen. Ein Bericht, den sein Kanzler, der Römer Cassiodorus ihm schickte, nachdem er die Lagunen besucht hatte. Ein echter Augenzeugenbericht also aus der Frühgeschichte der Stadt in der Lagune. Cassiodorus bewundert die Bewohner der Salzsümpfe. „In jenen Gebieten, um welche Meer und Erde sich streiten, haben sie ihre Häuser aufgerichtet wie die Nester von Wasservögeln, durch künstliche Dämme verstehen sie ihre Wohnungen miteinander zu verbinden, um die Wut der Wellen zu brechen. Ihre Siedlungen sind verstreut und ihre Boote wie Pferde vor der Türe angepflockt. Im Essen und in der Behausung unterscheiden sie sich kaum und der Neid, das Laster, das die Welt regiert, ist ihnen fremd.“

Dieser Tatsachenbericht, aus dem die Bewunderung des Tüchtigen für die Tüchtigen spricht, ist in der Tat höchst bemerkenswert. So manche heutige Historiker sehen darin, wie könnte es denn auch anders sein, eine ergreifende Darstellung einer frühen, wahrhaft sozialistischen Gesellschaft. Man sollte aber doch bedenken, daß die Härte der Umstände diese Menschen von einem Tag auf den anderen zu einer derartigen Lebensweise gezwungen hatte. Natürlich saßen sie alle zugleich im Schlamm der Lagune und natürlich hatte keiner was und damit waren alle gleich – Kunststück!

König Theoderich selbst hat diesen Bericht wohl auch nicht unter sozialphilosophischen Aspekten gelesen, sondern wahrscheinlich mit der Überlegung, wie man dieser augenscheinlichen Notlage abhelfen könne. Aber weder er noch seine Nachfolger hatten dazu genug Zeit.

Nach Theoderichs Tod fuhren sich die gotischen Raufbolde gegenseitig an die Gurgel und balgten sich um die Gotenkrone, und wer immer sie trug, wurde umgebracht, sei es mit Gift oder auf andere Weise. Inzwischen eroberte der byzantinische Feldherr Belizar nach und nach die ganze Apenninenhalbinsel. In höchster Not einigten sich die Goten dann auf einen neuen König – Witichis. Der Glücklose verlor aber auch eine Schlacht nach der anderen, und Belizar nahm ihn 540 gefangen und schickte ihn nach Byzanz, wo man ihn aber angeblich recht ehrenvoll behandelte.

Kaiser Justinian I., so hieß der damalige Basileus in Byzanz, war nun Herr über Ostrom und Westrom. Er hätte damit zufrieden sein können und wäre es auch gewesen, wenn nicht irgend jemand ihm oder seiner Frau, der Kaiserin Theodora, zugetragen hätte, daß Belizar Ambitionen auf die weströmische Kaiserwürde habe. Da man für die Kriege an der Ostgrenze des Riesenreichs sowieso einen Feldherrn benötigte, wurde Belizar flugs dorthin versetzt, und in dieser Eile vergaß man einen neuen Oberfeldherrn für Italien zu ernennen. Da die byzantinischen Steuereinnehmer sich inzwischen durch ihre Korruptheit auf der ganzen Halbinsel unbeliebt gemacht hatten, revoltierte die italische Bevölkerung gegen die Byzantiner. Die Goten bekamen Aufwind und wählten 441 einen neuen, jungen und kurzfristig auch sehr erfolgreichen Mann zum König – Totila. Der warf die Byzantiner aus Italien hinaus und errichtete nochmals das Gotenreich. Doch dann schickte Byzanz 552 seinen besten Mann, den Feldherrn Narses. Der machte Ordnung, und zwar wahrscheinlich mit Hilfe der Veneter. Denn dank ihrer seemännischen Unterstützung (endlich einmal kein Ketzer und Barbar) rückte er unerwartet vom Balkan her über die äußere Inselreihe nach Ravenna und Oberitalien vor und eroberte es. Totila fiel in einer Abwehrschlacht bei Taginae westlich von Ancona, sein Nachfolger Tejas in einer Schlacht am Vesuv bei Nocera. Das schöne Ostgotenreich auf der Apenninenhalbinsel war Geschichte und die überlebenden Goten verließen das Land.

Kaiser Justinian I. Links neben ihm der Exarch, die Magistri Militum, die Duces, die Tribunen major und minor; rechts der Patriarch und der Klerus. (Mosaik in S. Vitale in Ravenna aus der Mitte des 6. Jahrhunderts)

Die Byzantiner hatten Italien wieder und richteten sich hier wohnlich ein. Besonders die Küstenländer der Adria hatten es ihnen angetan. Kaiser Justinian (die venezianische Patrizierfamilie Giustiniani leitet sich übrigens von ihm her), war jetzt klüger geworden und stellte ganz Italien unter Militärverwaltung. Er nannte es Präfektur Italien, setzte einen Vizekönig – einen Exarchen – nach Ravenna, der nur dem Basileus verantwortlich war.

Innerhalb des „Exarchats“ wurden kleinere Verwaltungsgebiete geschaffen, sogenannte Dukate. Den größeren stand ein Magister Militum vor, den kleineren ein Dux (woraus sich später das Wort Doge herleitete). Die Funktion war praktisch gleich, nur der Rang etwas verschieden. Beide waren sie Militärgouverneure, hatten in ihrem Wirkungsbereich größte Vollmachten und taten im übrigen das, was der Exarch befahl. Und das Wichtigste, was der wieder zu tun hatte war, die Steuern einzutreiben und pünktlich nach Byzanz abzuliefern. Denn darin waren die Herren am Bosporus sehr kleinlich und unersättlich.

Innerhalb jedes Dukates gab es noch die Tribunen als Vorsteher in den einzelnen Gemeinden. War die Gemeinde groß, hieß er Tribunus Major, war die

Gemeinde klein, Tribunus Minor. Theoretisch wurden alle diese Beamten vom Basileus in Byzanz selbst ernannt, aber bei den Duces und Tribunen war er dann doch auf die Mitwirkung der lokalen alten Familien angewiesen, die die Verhältnisse besser kannten als ein Beamter aus dem fernen Konstantinopel. Aus den Familien der damaligen Tribunen hat sich dann später das venezianische Patriziat, die Aristokratie entwickelt.

Der byzantinische Einfluß, der damals in Venetien wirksam wurde, hat sich bis in die letzten Tage der Serenissima in der Struktur von Verwaltung und Regierung vielfältig erhalten und alles, was an Venedig byzantinisch war, stammte aus dieser Zeit.

Ob die Veneter unter der byzantinischen Fuchtel sehr glücklich waren, kann man anzweifeln. Wahrscheinlich haben sie sich nach den Zeiten des Theoderich zurückgesehnt, der sie nicht so ausgeplündert hatte wie die Byzantiner. Venetien wurde immer ärmer und militärisch schwächer, da die Byzantiner zwar viel wegtrugen, aber nichts investierten, weder in die Wirtschaft noch in das Militär. Dieses Verhalten hat sich dann sehr rasch gerächt.

Im Frühjahr 568 kam die Katastrophe in Form der Langobarden. Dieser schrecklichste aller Germanenstämme war ursprünglich aus Skandinavien gekommen, saß dann an der Elbe und schließlich in Mähren. Ob ihr Name von den langen Bärten oder von den langen Hellebarden stammte, darüber streiten sich die Gelehrten. Sie hatten einen entsetzlich schlechten Ruf, und sogar der sicherlich nicht zimperliche Narses hatte seine langobardischen Hilfstruppen aus seinem oberitalienischen Heer entlassen, da sie sich so grausam aufführten.

Aber da war es schon zu spät, denn zu dieser Zeit hatten die Langobarden schon Blut geleckt. In Italien hatte es ihnen wie den meisten Reisenden gut gefallen, und sie kamen wieder, auch ohne oder trotz Narses. Sie überrannten Norditalien blitzartig und legten alles in Schutt und Asche. Aquileias Bürger rannten, so schnell sie konnten, mitsamt der oströmischen Administration und ihrem Patriarchen nach Grado, die Leute aus dem feudalen Concordia flohen nach Caorle. Die Städte Aquileia und Concordia machten die Langobarden dem Erdboden gleich.

Wenn man zuerst gehofft hatte, die schrecklichen Fremden würden weiterziehen und woanders ihr Unwesen treiben, so sah man sich getäuscht. Es gefiel ihnen, wo sie waren und sie richteten sich häuslich ein. Zur Haupt- und Residenzstadt ihres blutrünstigen Königs Albion machten sie Pavia, und im Handumdrehen hatten sie das ganze Landesinnere von Oberitalien unter ihrer Fuchtel.

Die Herrschaft der Wüteriche hatte sich bald so gefestigt, daß 588 der byzantinische Kaiser Maurikios mit dem Langobardenkönig, der nächste hieß jetzt Authari, ein Abkommen über die Aufteilung Italiens schloß. Vom Exarchat Ravenna blieb nur ein mehr oder minder schmaler Küstenstreifen an der oberen Adria und im übrigen Italien auch nicht mehr sehr viel. In den folgenden Jahren schlugen sich die Exarchen immer wieder mit den einander folgenden Langobardenkönigen herum, aber der byzantinische Landstreifen wurde immer schmäler und bald blieben nur mehr die Lagunen und die Inseln übrig.

Dort saßen die hungernden und klagenden Flüchtlinge, aber Byzanz war weit weg, und eine Provinz, in der es nichts zu holen gab, wurde für Ostrom zunehmend uninteressant. Man war in Byzanz der Meinung, der Exarch solle sich darum kümmern, vielleicht hatte der gute Ideen. Er hatte aber auch keine, außer daß er die kaiserliche Verwaltung nach Heraklion verlegte, nach einer Stadt, die Kaiser Konstantin III. nach seinem Vater benannt hatte und die um 620 herum beachtlich ausgebaut wurde. Die Stadt lag in der Lagune etwas außerhalb der Reichweite der Langobarden.

Dazu kam, daß man in Byzanz ganz andere Sorgen hatte. Die Araber waren 632 losgebrochen und die Byzantiner hatten im Handumdrehen ihre Provinzen in Nordafrika, Arabien und in Südspanien an die Muslime verloren. Sie konnten sich wirklich nicht um die paar Leute in den sumpfigen Lagunen an der oberen Adria kümmern; man wünschte ihnen alles Gute, aber sie mußten schon selbst schauen, wie sie durchkamen.

Außerdem hatte die Ostkirche sich wieder einmal in ihre eigenen Probleme verstrickt. Kaiser Leo III. (Zenon III.) – sonst ein sehr tüchtiger Herrscher, der Konstantinopel erfolgreich gegen die Araber verteidigte – hatte anscheinend etwas zu lang im damals brandneuen Koran geschmökert und plötzlich den Einfall gehabt, auch Christen dürften Gott nicht abbilden, noch irgendein menschliches Konterfei an einem heiligen Ort anbringen. Sogleich schloß sich eine Menge gelehrter Theologen dieser Meinung an und zog mit Kübeln voll Farbe und großen Pinseln durchs Land und schmierte alles an, was in Kirchen nach Menschenbildnis aussah. Die herrlichen Ikonen! Kein Wunder, daß die Gegner dieses Narrenstreiches in Wut gerieten und die Kleckser verprügelten, und bald prügelte sich kreuz und quer das ganze Kaiserreich. Wer hatte da noch Zeit für Außenpolitik?

Das Durcheinander in Byzanz sah man in Italien einerseits ganz gern, aber auf der anderen Seite war es bedrohlich, denn man hatte ja auch noch die Langobarden im Land und einen Schutz vor ihnen bot dieses Byzanz jetzt noch weniger als bisher. Der Papst in Rom, es war Stefan II., sah sich nach einem anderen Beschützer um und fand ihn in dem Frankenkönig Pippin, dem Vater von Karl dem Großen. Pippin führte seit Jahren Krieg mit den Langobarden in den Grenzgebieten zum Frankenreich.

Die beiden Herren trafen sich 754 und heckten eine der größten Geschichtsfälschungen aus, die es je gegeben hat. In der königlich fränkischen Kanzlei zu Quierzy wurde eine Urkunde gebastelt und gleich ein paar hundert Jahre zurückdatiert. In dieser Urkunde schenkte der römische Kaiser Konstantin der Große (288-337) dem heiligen Petrus beziehungsweise seinen Nachfolgern die Herrschaft über Rom und das westliche Reich. Es war wohl nur ein Zufall, daß die Gebietsgrenzen genau der Ausdehnung des Dukats von Rom entsprachen.

Als Gegenleistung versprach wahrscheinlich der Papst, den Sohn Pippins zum Kaiser zu machen, was zum gegebenen Zeitpunkt auch geschah. Den Basileus im fernen Byzanz stellte man mit dieser Urkunde vor eine vollendete Tatsache, aber der war vielleicht ganz froh, wenigstens das Dukat von Rom nicht an die Langobarden zu verlieren, sondern an den Papst. Jedenfalls hat er sich nicht ernstlich gewehrt.

Was war aber nun inzwischen mit dem Gebiet geschehen, in dem die Veneter wohnten?

602 hatte der Langobardenkönig Agilulf jenen schmalen Küstenstreifen angegriffen, der den Byzantinern verblieben war und ihn in mehrere Stücke gerissen und die Städte Padua und Monselice zerstört. Wie schon früher hatte sich ein neuer Flüchtlingsstrom nach Malamocco und Chioggia ergossen. Auch die innere Insel von Rialto wurde damals stark besiedelt.

Zur gleichen Zeit war zwischen den Patriarchen von Grado und von Aquileia ein innerkirchlicher Streit entbrannt, angeblich um eine Glaubensangelegenheit, in Wirklichkeit ein sehr weltlicher Machtkampf. Grado unter byzantinisch-kaiserlich-päpstlichem Einfluß, Aquileia unter dem Einfluß des Langobardenkönigs am Festland. Die Streitigkeiten gingen Jahrzehnte lang hin und her und es gab eben zwei Patriarchate, ein häretisches in Aquileia und ein päpstliches in Grado und die angeschlossenen Pfarreien und Bistümer schwankten mit.

Eine Zeitlang waren die Langobarden dann etwas müder und weniger aggressiv. Auch legten sie zum Teil ihre arianische Religion ab, was auch zu einer Minderung der Spannung beitrug. Aber als 636 der streng arianische Rothari Langobardenkönig wurde, ging es wieder los. Er zerstörte die restlichen byzantinischen Besitzungen in Venetien, und die Bevölkerung von Altino und Oderzo floh nach dem nahen Torcello. Vor dem kompromißlosen

Arianismus flohen auch die Bischöfe mit ihren Reliquien und Kirchenschätzen nach Torcello, Malamocco und Heraklion und verlegten ihren Bischofssitz dorthin. Diese Orte, in denen heute noch Baureste aus dieser Zeit bestehen, waren damals blühende und sehr bedeutende Städte.

Jener Patriarch von Aquileia – Paolino –, der beim ersten Ansturm der Langobarden 568 seinen Bischofssitz nach Grado verlegt hatte, hat eigentlich das Patriarchat von Grado begründet. Denn natürlich war er der rechtmäßige Patriarch von Aquileia gewesen und wie es die Legende sagte, der Nachfolger des heiligen Markus. Zehn Jahre später hatte der Patriarch Elia die neue Kathedrale von Grado eingeweiht. Diese große Kathedrale, die heute noch existiert und der heiligen Euphemia geweiht ist, hat einen Mosaikfußboden, auf dem die Urahnen jener Familie verewigt sind, die später den venezianischen Adel bildeten. Grado nannte sich auch das „neue Aquileia“ und verteidigte seine Identität hartnäckig, während das alte, später teilweise wiederaufgebaute Aquileia in der Hand der Langobarden blieb und ebenfalls das Patriarchat beanspruchte. Wer immer im Besitz des am Festland gelegenen Aquileia war, ob zuerst die Langobarden, oder später andere Herrscher, jeder von ihnen sprach dem Patriarchen von Grado die Legitimität als Nachfolger des heiligen Markus und des Patriarchen von Aquileia ab. Dahinter steckte natürlich reine Machtpolitik, denn wer das Patriarchat hatte, der hatte auch Einfluß auf die ihm unterstellten Pfarren und Bistümer. Besonders aggressiv war dann 1024 ein Bischof von Aquileia namens Poppo, der Grado stürmte, es niederbrannte und auch den damaligen Papst Johannes XIX. zwang, ihn zumindest eine Zeitlang als den rechtmäßigen Patriarchen anzuerkennen.

Das Innere der Kathedrale von Grado aus dem 6. Jh.

Sonst hatten sich die Päpste eher für Grado und gegen Aquileia entschieden im Gegensatz zu den weltlichen Herrschern. Das Patriarchat von Aquileia blieb jedenfalls bestehen, war später aber nur für das Festland und einen Teil Istriens zuständig.

Wen wundert es bei dem Wirbel, daß sich die Patriarchen von Grado lieber in die sicherere Lagune nach Rialto zurückzogen, wo sie erwünscht waren, wo man sie anerkannte und in Ruhe ließ. Die venezianische Geschichtsschreibung des 10. und 11. Jahrhunderts hat dann eine eigene Geschichte über die Gründung des Patriarchats von Grado ersonnen.

Mit höchstwahrscheinlich gefälschten Beschlüssen einer wohl nie stattgefundenen Synode aus dem Jahr 569, die angeblich von Papst Pelagius feierlich anerkannt worden seien, untermauerte man diese Geschichtsfälschung. Wie auch immer, der Patriarch von Grado saß am Rialto und war während des Aufbaues des neuen Staatswesens eine wichtige Figur, die zusammen mit dem Dux an allen feierlichen Regierungsakten teilnahm. Auch als ein paar Jahrhunderte später die Serenissima eine völlige Trennung von Kirche und Staat durchgeführt hatte, blieb der Patriarch von Grado die höchste kirchliche Autorität der Stadt und der Republik. In bunter Folge wechselten die Patriarchen ab, Patrizier wie Enrico Dandolo, der Onkel des großen Dogen oder Benedetto Falier oder jener Franceso Querini, den Carpaccio bei der Wunderheilung dargestellt hat. Dann wieder Dominkanermönche wie der gelehrte Angelo Maltraverso, oder Egidio, der als päpstlicher Legat zu den Moskowitern gesandt wurde.

San Lorenzo
(von Gentile Bellini)

1451 löste Papst Nikolaus IV. das Patriarchat von Grado auf, vereinigte es mit dem Bistum von Castello und setzte Laurenzo Giustiniani (Zustinian) als ersten Patriarchen von Venedig und Bischof von Castello ein [s. 202]. Diesen Lorenzo Giustiniani, der schon zeit seines Lebens als Heiliger verehrt wurde, hat Papst Alexander VIII. 1690 heilig gesprochen. Er stammte aus einer reichen, angesehenen aristokratischen Familie, deren Mitglieder viele bedeutende Staatsposten ausfüllten. Er selbst zog das Klosterleben vor und trat mit etwa zwanzig Jahren in einen Orden ein, der sich um den Kardinal Angelo Correr, den späteren Papst Gregor XII. gebildet hatte. Die Mönche wurden wegen ihrer blauen Ordenstracht „Celestini", die Himmelblauen, genannt. Das Ansehen von

Von rechts nach links: Casa Ravà 333) und Haus am Campiello Pasina 334)

Lorenzo Giustiniani als Patriarch von Venedig war ungemein groß, aber als echter Venezianer verkörperte er eine gemäßigte Form der Askese. Mit seinen leiblichen Brüdern, erfolgreichen Politikern und Kaufleuten, vertrug er sich hervorragend und entlockte ihnen immer wieder erhebliche Spenden für seine Armen. Seine Bischofskirche war San Pietro di Castello, und sein Palast daneben existiert noch heute. Der Palast des Patriarchen von Grado am Canal Grande aber hatte seine Bedeutung verloren, und außer der oben genannten Säule und den Kapitellen erinnert hier nichts mehr an dieses Bauwerk. Im Museo Correr ist ein perspektivischer Plan von Jacopo de Barbari aus dem Jahr 1500 ausgestellt, auf dem der Palast mit seinen Türmen und Zinnen zu sehen ist.

334) Haus am Campiello Pasina. Ein Gebäude aus dem 16. Jahrhundert, das kaum verändert wurde.

Von rechts nach links: Seitenwand von 334), Palazzo Chiurlotto 335), Palazzo Barzizza 336), Ramo Barzizza 337) und Ecke des Palazzo Lanfranchi 338)

335) Palazzo Chiurlotto. Ein ursprünglich venezianisch-byzantinischer Bau aus dem 12. Jahrhundert, von dessen Bausubstanz noch ganz geringe Reste in Form von Skulpturen in einigen Wänden erhalten sind. Das Gebäude wurde im 16. und 19. Jahrhundert baulich stark verändert.

336) Palazzo Barzizza. Der Palast ist ein venezianisch-byzantinisches Bauwerk aus dem 12. Jahrhundert, von dessen alter Bausubstanz noch schöne Säulen, Kapitelle, Paterae und verzierte Bögen vorhanden sind. Der Palazzo ist durch spätere Umbauten und besonders durch einen häßlichen Anbau zum Canal Grande hin verunstaltet worden.

337) Ramo Barzizza

338) Palazzo Lanfranchi. Das Gebäude stammt aus dem 17. Jahrhundert und war mit seinen zwei Piani Nobili und seinen zwei getrennten Eingängen an der Wasserfront wahrscheinlich für zwei Familien gebaut.

339) Palazzo Businello Giustiniani Bastianello. Das Gebäude war ursprünglich ein rein venezianisch-byzantinischer Bau aus dem 12. Jahrhundert mit einem Portico an der Wasserfront. Im 17. Jahrhundert wurde er umgebaut und restauriert, im 19. Jahrhundert wurde ein Stockwerk aufgesetzt. Der Palast gehörte ursprünglich der Familie Giustiniani und kam im 17. Jahrhundert an die Familie Businello.

Die Businello, manchmal auch Busenello genannt, kamen ursprünglich aus Mailand, gehörten bis 1297 zur venezianischen Patrizierschaft. Damals wurde die Zahl der Patrizierfamilien, die dem Großen Rat angehörten, auf die Hälfte reduziert. Davon waren auch die Businello betroffen und waren ab damals „Edelleute zweiten Ranges". Diese Gruppe von venezianischen Bürgern stellt die hohe Beamtenschaft. Aus der Familie Businello erreichten zwei Männer den höchsten Beamtenposten der Republik, den des Großkanzlers: 1646 Marcantonio Businello und 1698 Pietro Businello.

Von rechts nach links: Ein Stück des Palazzo Barzizza 336), Ramo Barzizza 337), Palazzo Lanfranchi 338), Palazzo Businello 339), Rio dei Meloni 340) und die Ecke des Palazzo Coccina Tiepolo Papadopoli 341)

Um die Mitte des 19. Jahrhunderts besaß die Tänzerin Maria Taglioni diesen Palast, so wie auch noch einige andere am Canal Grande. [s. 53] Sie hatte sie geradezu gesammelt. Zu ihrer Zeit war sie eine Berühmtheit und riß, wann immer sie auftrat, das Publikum zu Begeisterungsstürmen hin, die oft in Tumulte ausarteten. Die Taglioni wohnte, wenn sie nicht auf Tournee war, in Venedig und führte dort ein großes Haus. Der Frau des Schriftstellers John Ruskin, Effie Ruskin, verdanken wir einige sehr lebensfrohe Schilderungen Venedigs und seines gesellschaftlichen Lebens um die Mitte des 19. Jahrhunderts. Im Zusammenhang mit diesem Palast beschreibt sie, wie sie einmal miterlebte, wie vor diesem Palast der damalige österreichische Gouverneur, Feldmarschall Graf Radetzky, etwas mühsam – er war damals immerhin schon 90 Jahre alt – aus seiner Gondel stieg, um der Taglioni seine Aufwartung zu machen, und ihr am Tor die Hand küßte. Sein hohes Alter tat aber dieser zeremoniellen Galanterie des alten österreichischen Feldmarschalls offensichtlich keinen Abbruch.

Feldmarschall Josef Graf Radetzky von Radetz, Generalgouverneur des Lombardo-Venezianischen Königreiches an seinem 90. Geburtstag am 2. November 1856

Palazzo Coccina Tiepolo Papadopoli 341)

340) Rio dei Meloni

341) Palazzo Coccina Tiepolo Papadopoli Arrivabene. Der Palast wurde Mitte des 16. Jahrhunderts von der Familie Coccina in Auftrag gegeben und vom Architekten Giacomo dei Grigi gebaut. 1560 war er fertig. Er ist ein typischer venezianischer Renaissancepalast mit einer Fassade aus istrianischem Kalkstein. Die Familie Coccina gehörte nicht der venezianischen Aristokratie an, sondern sie waren sehr reiche bürgerliche Kaufleute. Sie waren große Kunstförderer und besonders Veronese haben sie viele Aufträge gegeben. Vier berühmte Bilder von ihm waren einst im Palazzo Coccina vorhanden, die später alle nach Dresden gekommen sind. Drei davon sind Bilder religiösen Inhalts, auf einem ist die Familie Coccina vor dem Hintergrund dieses Palastes porträtiert.

Mitte des 17. Jahrhunderts ging der Palast an einen Zweig der Familie Tiepolo über, eine der ältesten aristokratischen Familien Venedigs. Aus ihr waren unzählige Amtsträger der Republik, unter anderem zwei Dogen hervorgegangen. Die Tiepolo richteten eines der schönsten Museen Venedigs in diesem Palast ein, das unter anderem eine berühmte Münzsammlung enthielt. Ein 1736 erschienenes dickes Werk beschäftigt sich ausschließlich mit dem Inhalt der Münzsammlung. 1830 machte der damalige Besitzer, der N.H. Domenico Almorò Tiepolo, plötzlich bankrott und verkaufte die ganze herrliche Sammlung von einem Tag auf den anderen. Auch den Palast verkauften die Tiepolo an einen reichen Getreidehändler namens Valentino Comello.

Comello verkaufte ihn an den österreichischen Feldmarschall Stürmer, dieser wieder an den Grafen Purtalès.

Von diesem kam er an die Familie Papadopoli, die wieder mit den früheren Besitzern, den Comellos verwandt war. Die neuen Besitzer, die Grafen Papadopoli-Aldobrandini erwarben den Garten dazu, bauten einen inneren Flügel an und restaurierten den ganzen Palast in den Jahren 1874 bis 1875. Als der letzte Papadopoli und Besitzer des Palastes, Graf Nicolò Papadopoli, Senator des Königreiches Italiens, 1922 starb, hinterließ er seine ebenfalls prachtvolle Münzsammlung dem Museo Correr, wo sie auch heute noch zu sehen ist.

342) Calle Tiepolo

343) Palazzo Donà. Der Palast ist ein altes Gebäude aus dem 12. bis 13. Jahrhundert im venezianisch-byzantinischen Stil, was noch an den verzierten Säulen und Bögen im zweiten Stock zu erkennen ist. Im 17. Jahrhundert erfolgten Umbauten, später wurde auch noch das Dachgeschoß aufgesetzt.

Von rechts nach links: Palazzo Coccina Tiepolo Papadopoli 341), mit dem dazugehörigen Garten und dem inneren Flügel, Calle Tiepolo 342) und der Palazzo Donà 343)

344) Calle del Traghetto Della Madonetta

Von rechts nach links: Palazzo Donà 343), Calle del Traghetto della Madonetta 344), Palazzo Donà della Madonetta Dolcetti 345), Casa Sicher 346), Rio della Madonetta 347) und die Seitenfront des Palazzo Bernardo 348)

345) Palazzo Donà della Madonetta Dolcetti. Der Palazzo ist ein Gebäude aus dem 12. bis 13. Jahrhundert im venezianisch-byzantinischen Stil, der an den verzierten Bögen mit den Säulen und den darüber eingelassenen Paterae noch deutlich zu sehen ist. Den Namen hat der Palast von dem in der Fassade eingelassenen Relief „Madonna mit dem Kind" aus der Donatello-Schule. Der Palast wurde im 16. und 17. Jahrhundert umgebaut.

Von rechts nach links: Seitenfront des Palazzo Donà 343), Palazzo Donà della Madonetta 345) Casa Sicher 346), Palazzo Bernardo 348), Palazzo Querini Dubois 349) und Palazzo Marcello Grimani Giustiniani 350)

346) Casa Sicher. Das Gebäude stammt aus dem 17. Jahrhundert, wurde später umgebaut und bekam im 19. Jahrhundert ein Dachgeschoß aufgesetzt.

347) Rio de la Madonetta

348) Palazzo Bernardo. Der Palazzo ist ein besonders gut erhaltenes und jüngst auch besonders schön renoviertes Beispiel venezianischer Gotik. Er ist ganz typisch, sowohl was den Entwurf, als auch was die Ausführung anlangt. Der Palazzo wurde 1442 für die Familie Bernardo gebaut, der er auch bis 1868 gehörte. Der Herzog von Mailand Francesco Sforza und seine Frau Bianca Visconti wohnten hier gleich nach der Fertigstellung des Palastes als Staatsgäste der Republik. Francesco Sforza war Heerführer im Dienste der Republik Venedig gewesen, ein Condottiere im Krieg gegen Mailand, obwohl er mit der Mailänder Herzogstochter verheiratet war und schließlich selbst Herzog von Mailand wurde. 1440 war ein jahrelanger Krieg zwischen Mailand und Venedig um die Terra Ferma für Venedig erfolgreich zu Ende gegangen [s. 372], und Franceso Sforza hatte einen erheblichen Anteil an diesem Sieg gehabt [s. 153]. Die Serenissima hatte von der Familie Bernardo den Palast als Unterkunft für die Staatsgäste gemietet, und der Doge Francesco Foscari und die Dogaressa begleiteten Francesco Sforza und seine Frau am 2. Mai 1442 auf dem Buccintoro mit großem Gefolge zu diesem Quartier.

Von rechts nach links: Ecke der Casa Sicher 346), Rio della Madonetta 347), Palazzo Bernardo 348) und Palazzo Querini Dubois 349)

1868 starb in diesem Palast der N.H. Marco Alvise Bernardo als letzter Nachkomme der Familie, die im 15. und 16. Jahrhundert zu den reichsten Familien der Stadt gehört hatte.

Da keine direkten Erben vorhanden waren, hatte er ein junges Mädchen adoptiert und zu seiner Erbin gemacht. Diese junge Dame mit dem damals modischen Namen „Italiana“ hat später einen Herrn Gionna geheiratet, und die beiden haben sofort nach dem Tod von Alvise Bernardo den Palast verkauft.

349) Palazzo Giustinian Querini Dubois. Der Palast ist ein Renaissancegebäude aus dem Ende des 16. Jahrhunderts.

350) Palazzo Marcello Grimani Giustiniani. Das Gebäude stammt aus dem 16. Jahrhundert und ist mit seiner verzierten Marmorfassade ein besonders schönes Beispiel der Bauweise der lombardischen Meister aus der Renaissancezeit. Die Planung wird dem lombardischen Architekten Giovanni Buora zugeschrieben. Der Palast wurde wahrscheinlich von der Familie des Dogen Andrea Vendramin in Auftrag gegeben, vielleicht aber auch von einem Zweig der Familie Grimani. Jedenfalls gehörte er dann jenem Zweig der Familie Grimani, die den Beinamen „Dell' Albero d'Oro" (vom goldenen Baum) trug.

Von rechts nach links: Palazzo Querini Dubois 349), Palazzo Marcello Grimani Giustiniani 350), Palazzo Capello Layard Carnelutti 351) und die Einfahrt zum Rio di San Polo 352)

351) Palazzo Capello Layard Carnelutti. Das Gebäude stammt aus dem 16. Jahrhundert und ist ein sehr schlichter Renaissancepalast, dessen Fassade früher mit Fresken von Battista Zelotti und von Paolo Veronese bemalt war. Wie diese von Veronese ausgesehen haben, weiß man nicht mehr, da sie 1627 durch ein Feuer zerstört worden sind. Die Zelottifresken sind auf einem Stich aus dem 18. Jahrhundert abgebildet. Errichtet wurde der Palast von der Familie Capello mit dem Beinamen „di San Polo". Um 1900 besaß Sir Austin Henry Layard, ein englischer Diplomat und Archäologe, diesen Palast. Layard war im Verlauf seiner Karriere mehrmals englischer Botschafter unter anderem in Konstantinopel gewesen und hatte als Archäologe um 1850 Ninive und Babylon ausgegraben. Dann hatte er sich mit seiner Frau in Venedig niedergelassen, und die beiden haben in der angloamerikanischen Kolonie in Venedig zu Ende des 19. Jahrhunderts eine große gesellschaftliche Rolle gespielt. Nach dem Tod von Lady Layard 1915 ist die ganze berühmte Bildersammlung nach London gegangen, wo sie sich heute in der National Gallery befindet.

352) Rio di San Polo

Von rechts nach links: Palazzo Capello Layard Carnelutti 351), Rio di San Polo 352), Palazzo Barbarigo della Terrazza 353) und Teil des Palazzo Pisani Moretta 354)

353) Palazzo Barbarigo della Terrazza. Das Gebäude wurde 1568 bis 1569 nach Plänen von Bernardino Contin errichtet. Der Auftrag für den Bau kam von jenem Zweig der Familie Barbarigo, die wegen ihres großen Reichtums den Beinamen „dal Banco" hatte. Der Palazzo wurde aber nicht zu Ende gebaut, und statt der oberen Stockwerke wurde rechts auf die unteren Stockwerke eine große Terrasse aufgesetzt, die dem Palast auch seinen Namen gegeben hat. Die Familie Barbarigo di San Polo, die den Palast schließlich besaßen, hatte dort im 19. Jahrhundert eine prachtvolle Bildersammlung mit zahlreichen Werken von Tizian, die 1850 an den russischen Zaren für die Eremitage in Sankt Petersburg verkauft wurde.

Die Familie Barbarigo gehörte zu den „Case Nuove", also zum sogenannten jungen Adel, der immerhin auch in die Anfänge des zweiten Jahrtausends zurückreichte. Ahnenforscher des 17. Jahrhunderts hatten sich bemüht, den Barbarigo Ahnen aus den Zeiten der alten Römer anzudichten, aber die etwas weniger phantasievolle Geschichtsschreibung begnügte sich damit, die Familie 734 von Triest nach Venedig ziehen zu lassen, wo sie seit langer Zeit ansässig war. Zur Erklärung der sechs Bärte auf dem Familienwappen hatte man eine Schlacht erfunden, bei der ein Held aus dem Hause Barbarigo angeblich aus den Bärten gefallener Sarazenen eine Halskette gefertigt hatte.

Wappen der Dogenfamilie Barbarigo mit den sechs Bärten

Jedenfalls war die Familie Barbarigo sehr zahlreich, und etliche Barbarigos haben in der Geschichte Venedigs eine wichtige Rolle gespielt. Ein Agostino Barbarigo, der Kommandant der venezianischen Flotte in der Seeschlacht von Lepanto, fiel dort durch einen türkischen Pfeil ins Auge getroffen. Zwei Dogen kamen aus der Familie Barbarigo – zwei Brüder, die im Dogat einander gefolgt sind. Marco Barbarigo war Doge von 1485 bis 1486, sein Bruder und Nachfolger Agostino Barbarigo war Doge von 1486 bis 1501. Agostino Barbarigo war einer der prachtliebendsten Dogen, die es je gegeben hat und außerdem hat er alles gemacht, was ein Doge nicht hätte tun dürfen. Er ließ es zu, daß Besucher vor ihm niederknieten und ihm die Hand küßten, und er hat sich wie ein Renaissancefürst aufgeführt. In den Ratsversammlungen duldete er keinen Widerspruch, und schließlich hat dann auch nie mehr jemand gewagt, ihm zu widersprechen. Nach seinem Tode hat der Große Rat empfohlen, Regeln auszuarbeiten, die verhindern sollten, daß sich je wieder ein Doge so benehmen könne wie der „allmächtige" Agostino Barbarigo. Der Chronist Marino Sanudo schreibt, daß es nach seinem Tode „erstaunlich gewesen sei, die Verwünschungen zu hören, die jeder ihm nachrief". In Wirklichkeit war er aber ein bedeutender Doge gewesen, während dessen Dogat z. B. das Königreich

Agostino Barbarigo
Doge von 1486 bis 1501

Zypern venezianisch wurde. [s. 292] Die Barbarigo-Dogen stammten aber nicht aus der Linie „dal Banco“, die diesen Palast hier besaß.

Die Linie, die diesen Palazzo besaß, ging zurück auf einen Andrea Barbarigo und einen Daniele Barbarigo, der „Bailo“ (Botschafter und Statthalter) in Konstantinopel gewesen war. Ein Sohn dieses Daniele Barbarigo namens Cristoforo hat eine kulturgeschichtliche Großtat vollbracht, als er am 25. Oktober 1581 vom Sohn des schon damals hochberühmten Malers Tizian, von Pomponio Vecellio, um den Betrag von dreihundert Dukaten das Wohnhaus und Atelier des Meisters kaufte. Tizian war wie sein ebenfalls als Maler tätiger Sohn Orazio vier Monate vorher an der Pest gestorben. Zugleich mit dem Haus hatte Cristoforo Barbarigo den gesamten Inhalt des Ateliers gekauft, darunter mindestens acht prachtvolle Gemälde des Meisters, die er dann weiter vererbte. Diese Bilder waren Grundstock einer herrlichen Bildersammlung, die als „Galleria Barbarigo della Terrazza“ zu einer der berühmtesten Venedigs wurde.

Der letzte Barbarigo aus dieser Linie war der N. H. Giovanni Barbarigo, der 1773 geboren wurde. Er war immens reich und heiratete 1793 eine wohlhabende Erbin, Chiara Pisani. Sie war die Erbin zweier Zweige der Pisanifamilie, „dal Banco“ und „Moretta“, und wohnte im nebenan liegenden Palazzo Pisani Moretta. Die Ehe wäre glücklich geworden, wenn nicht ein schreckliches Unglück die Familie getroffen hätte. 1794 wurde dem jungen Paar ein Sohn geboren, der durch die Unachtsamkeit einer Kinderfrau bei einem Brandunfall ums Leben kam. Die beiden konnten oder wollten keine Kinder mehr bekommen, und vor allem Chiara Pisanis Leben war von da an in eine düstere Melancholie getaucht.

Sie zog sich völlig von jedem gesellschaftlichen Leben zurück. Nur am 9. August jedes Jahres, am Todestag ihres Kindes, versammelte sie auf ihrem Landgut, in ihrer Villa in Stra, die Priester und Mönche aus ihren Besitzungen, um für ihr totes Kind zu beten. Chiara ist einige Jahre vor ihrem Mann gestorben, und auch das Testament ihres Mannes Giovanni Barbarigo vom 26. Oktober 1843 gibt Zeugnis von der tiefen und trostlosen Schwermut, die das Leben der beiden beherrscht haben muß. „Witwer, ohne Nachkommen und ohne Verwandte, der letzte aus der ehemaligen patrizischen Familie Barbarigo di San Polo“; so beginnt das Testament, mit dem er seinen Vetter Graf Nicolò Giustinian zu seinem Universalerben einsetzte, unter der Bedingung, daß er Barbarigo zu seinem Namen hinzufüge. Dieser Nicolò Giustinian Barbarigo hat dann 1850 die prachtvolle Gemäldesammlung um 562.000 österreichische Lire an den russischen Zaren verkauft. Die Sammlung

Venus im Spiegel
(Tizian um 1565)

bestand aus 102 Gemälden, und nach einem zeitgenössischen Katalog sollen darunter insgesamt 17 Tiziangemälde und 13 Bilder von Giorgione gewesen sein. Von den Tiziangemälden sind einige noch in Sankt Petersburg. (Der heilige Sebastian, Christus mit dem Kreuz, Ecce Homo, Magdalena, Porträt von Papst Paul III., Madonna mit dem Kind.) Ein Porträt des Dogen Andrea Gritti hängt im Metropolitan Museum in New York. Ein besonders merkwürdiges Schicksal hatte die „Venus im Spiegel". Die sowjetische Regierung verkaufte das Gemälde, als sie wieder einmal besonders dringend Devisen brauchte, an den amerikanischen Millionär Andrew W. Mellon. Dieser hat es dann weitergegeben, und heute hängt die Venus in der National Gallery in Washington.

354) Palazzo Pisani Moretta, später **Giulia Giusti.** (Der Name Moretta ist möglicherweise eine Abwandlung des Vornamens Almorò, desjenigen Pisani, der den Palazzo bauen ließ.) Das Gebäude stammt aus der Mitte des 15. Jahrhunderts. Im 16. und 18. Jahrhundert wurde an dem Palast viel umgebaut, insbesondere baute Andrea Tirali 1742 den großen Salon aus. Paolo Veroneses Bild „Dareus und seine Familie bei der Flotte Alexander des Großen", das sich heute in London befindet, hing einst hier. Deckenfresken von Tiepolo und Bilder von Guarana sind noch im Palast zu sehen. Canovas berühmter Dädalus und Ikarus waren auch einmal in diesem Palast, heute steht die Plastik im Museo Correr.

Mitte des 18. Jahrhunderts hat sich in diesem Palazzo und um die Menschen, die darin wohnten, ein gewaltiger Gesellschaftsskandal abgespielt, der Venedig schrecklich erregte. Die damalige Hausherrin war Chiara Barbarigo Pisani. Ihr Vater, der Prokurator Pietro Francesco Pisani und der Letzte aus dem Hause „Pisani – Moretta", hatte seine Tochter mit Girolamo „Pisani dal Banco" verheiratet. Er hatte diese Ehe angebahnt, um Chiaras riesiges Erbe für die Familie zu retten. Die Erbschaft war nämlich durch einen Fideikomiß an männliche Pisani-Nachkommen adeliger Geburt gebunden, die „für den Großen Rat geeignet“ waren. Der Ehe entstammten zwei Söhne und mehrere Töchter.

Von rechts nach links: Ein Stück des Palazzo Barbarigo della Terrazza 353), Palazzo Pisani Moretta 354), Palazzo Tiepolo 355), Palazzo Tiepolo Passi 356) und Ecke des Hauses am Ende der Calle Corner 357)

Chiaras Mann, Girolamo Pisani, war jung gestorben, und die Mutter verwaltete mit Umsicht ihr riesiges Vermögen und restaurierte mit viel Geschmack den herrlichen gotischen Palazzo. Die Töchter wurden gut verheiratet und ebenso der ältere Sohn Piero Vettor. Der jüngere Sohn – Vettor Pisani – brachte dann jene Affäre ins Rollen, die seiner Mutter und seiner Familie eine Menge Prozesse und Streitigkeiten mit den Behörden einbrachte und hauptsächlich ein Geschäft für Venedigs geschickte Juristen und findige Advokaten wurde.

Im Dezember 1753 lernte Vettor Pisani bei einem Fest ein Mädchen aus dem Bürgertum kennen, Teresa Dalla Vedova. Ihr Vater war ein wohlhabender Künstler, Handwerker und Kaufmann, aber jedenfalls kein Patrizier. Vettor Pisani, damals zweiundzwanzig, verliebte sich in Teresa und begann ihr glühende Liebesbriefe zu schreiben und ihr nachzulaufen. Als der Vater Vedova, der um den guten Ruf seiner Tochter fürchtete, Vettor das Haus verbot, hielt dieser kurzerhand um Teresas Hand an. Der Vater wußte nur zu gut, daß der Sohn aus einer der bedeutendsten Patrizierfamilien für ihn als Schwiegersohn nicht in Frage kam, noch dazu war die Sache mit dem Testament und die Bindung der riesigen Erbschaft an ebenbürtige Nachkommen stadtbekannt. Es war vorauszusehen, daß die Familie Pisani Himmel und Hölle in Bewegung setzen werde, um eine solche Ehe zu unterbinden. Als Vettor nicht abließ, Teresa weiter nachzulaufen, steckte der Vater seine Tochter zur „Erziehung“ in das Kloster San Giacomo auf der Insel Murano.

Das war aber gerade die falsche Adresse, denn dieses Kloster war kein frommes Refugium, sondern ein wahrer Sündenpfuhl, nachzulesen in Casanovas „Erinnerungen“. Casanova beschreibt die Orgien, die er gerade dort mit der Nonne M. M. (Maria Maddalena Pasini) und einer zweiten, C. C., gefeiert hatte, wohlwollend geduldet von der Äbtissin Maria Arcangela Diedo. Ausgerechnet unter die Fittiche dieser Kupplerin schickte der ahnungslose Signor Vedova seine Tochter.

Die Oberin hatte nichts Eiligeres zu tun, als dem Liebespaar zu „helfen“. Sie gab Vettor den Rat, in Rom bei der apostolischen Pönitentiarie (einem der geistlichen Gerichtshöfe) um die Bewilligung für eine geheime Ehe nachzusuchen. Irgend ein Breve kam von dort zurück, und auf Grund dieses Papiers erklärte sie ein Priester für Mann und Frau – roma locuta causa finita. Teresa kehrte nach Hause zurück, Vettor besuchte sie dort, und irgendeine Art von Hochzeitsfeier wurde vorbereitet.

Eines schönen Tages stürmte Vettor bei der Tür herein und erzählte der entgeisterten Familie, daß dieses Morgens, als er noch im Bett lag, seine Mutter und sein Bruder in sein Zimmer gepoltert seien und ihn in höchster Aufregung gefragt hätten, welche Verpflichtungen er gegenüber Teresa eingegangen sei. Er aber in panischer Angst habe geantwortet: „Keine“.

Was war geschehen? Die Geschichte mit der geheimen Hochzeit hatte in der Stadt die Runde gemacht, und der Zehnerrat hatte alles erfahren und die Staatsinquisition eingeschaltet. Jedenfalls stand wenige Minuten nach Vettor ein Beamter der Inquisitoren vor der Türe, der Teresa abholte und in das Kloster della Croce auf der Giudecca sperrte. Dort blieb sie einige Monate. Briefe, die erhalten sind, gingen zwischen ihr und Vettor hin und her. Sie flehte ihn an, er möge sie befreien und „sie werde ihm keinen Verdruß“ bereiten. Seine Briefe triefen von Selbstmitleid.

Dem Zehnerrat war diese Affäre äußerst lästig, und die Staatsinquisitoren bedrängten Chiara Pisani sehr energisch, die Angelegenheit – schließlich ein

Privatproblem des Hauses Pisani – mit Geld aus der Welt zu schaffen oder Teresa zu überreden, entweder ins Kloster zu gehen oder einen anderen zu heiraten. Teresa dachte nicht daran, zumal sie von Vettor schwanger war. Als die Staatsinquisition diese Weiterung erfuhr, wurde Teresa aus dem Kloster geholt und bei einer Hebamme untergebracht, wo sie am 5. März 1759 einen Buben zur Welt brachte, dem sie den Namen Pietro gab.

Die Familie Pisani ihrerseits hatte Vettor in einer Villa in Stra eingesperrt, wo sein Bruder ihn wissen ließ, seine Mutter sei bereit, einen lebenslänglichen Unterhalt für Teresa zu zahlen. „Was die Kreatur" sonst angehe, wolle sie weiter aber nicht wissen. Und im übrigen solle Vettor sich in Hinkunft um das Durcheinander, das er angerichtet habe, selbst kümmern.

Vettor, mit dem ihm anscheinend angeborenen Feingefühl, nahm Teresa das Kind weg und brachte es zu einer Amme. Für Teresa suchte er einen anderen Mann. Am Hochzeitstag sagte sie in der Kirche dann aber „Nein", und die Heirat kam nicht zustande. Da die Pisanis offensichtlich unfähig oder nicht willens waren, die Angelegenheit in Ordnung zu bringen, wurde es der Staatsinquistion schließlich auch zu dumm, und man kümmerte sich dort vorerst nicht weiter um diese Sache.

Die „Liebesgeschichte" war damit zu Ende. Aber nun ging Teresa zu Gericht, zum Zehnerrat, dem auch der Schutz der Bürger gegen Willkürakte der Patrizier oblag. Sie beantragte, daß Vettor Pisani als ihr rechtmäßiger Ehegatte aufgefordert werde, seinen Pflichten ihr gegenüber nachzukommen. Mit juridischen Winkelzügen versuchten die Pisani sich herauszuwinden. Vor dem geistlichen Gerichtshof des Patriarchen von Venedig legte Vettor Pisani eine Denkschrift vor, in der er – feig wie immer – erklärte, von Teresa Vedova diffamiert zu werden und daß er auf einen „gräßlichen Betrug" hereingefallen sei. Man habe ihm auf Grund des Breve aus Rom vorgespiegelt, mit Teresa verheiratet zu sein. Die Pisani bestachen auch noch den Patriarchen Monsignore Bragadin mit einem großen Darlehen, und das Urteil des Gerichtshofes lautete daher, daß eine Ehe zwischen den beiden niemals bestanden habe.

Die Staatsinquisition wollte Ruhe schaffen und befahl Vettor, „völliges Stillschweigen über die ganze Angelegenheit zu wahren" und Teresa zu versorgen. Zu diesem Zweck sei ein Kapital von 11.428 Dukaten bei der Zecca, der staatlichen Münze, zu hinterlegen, aus dessen Zinserträgen Teresa jährlich eine Rente von 365 Dukaten zukam. Sollte sie heiraten, bekäme sie das gesamte Kapital ausgezahlt. Teresa wurde befohlen, kein weiteres Verfahren anzustrengen.

Als 1767 Chiara Pisani starb, verschmolzen die beiden Riesenvermögen „dal Banco" und „Moretta" endgültig bei den beiden männlichen Erben, bei Piero Vettor und bei Vettor Pisani. Das Problem aber war, daß in der nächsten Generation wieder keine legitimen männlichen Erben vorhanden waren. Piero Vettor, der zwar inzwischen auch geheiratet hatte, war in dieser Ehe mit einer Grimani kinderlos geblieben, und Vettor hatte es nach seinem ersten verunglückten Eheabenteuer kein zweites Mal probiert. Sein Bruder hatte zwar versucht, eine Frau für ihn zu finden, aber etliche große Familien, an die er herangetreten war, hatten nur die Nase gerümpft. Der Skandal mit der Teresa Vedova war nicht vergessen und hatte niemandem gefallen.

1773, sechs Jahre nach dem Tod der Mutter, hatte man dann doch eine Frau gefunden, aus adeligem Hause – eine Cornelia Grimani –, aber sehr arm. Die Hochzeit wurde im kleinsten Kreis gefeiert, in der Kirche San Giorgio auf Alega, einer entlegenen Insel. Cornelia Pisani Grimani brachte 1774 ein Mädchen zur Welt, „Chiara die Jüngere", die dann später einmal Giovanni Barbarigo aus dem Palast nebenan heiraten sollte. Im folgenden Jahr 1775 wurde Piero Vettor Prokurator von San Marco, und im Juli des gleichen Jahres starb Vettor vierundvierzigjährig an einem „Faulfieber".

Bevor er starb, hatte er sein Testament gemacht. An seinen Sohn Pietro, Teresas Sohn, den er als leiblichen Sohn anerkannt hatte, ging eine jährliche Rente von viertausend Dukaten, bei Erreichen des fünfundzwanzigsten Lebensjahres sollte er zehntausend Dukaten erhalten. Da ein Großteil des „dal Banco" Vermögens durch den schon mehrfach erwähnten Fideikommiß an einen männlichen Erben gebunden war, fiel vieles an den Prokurator Piero Vettor, ebenso auch ein Teil des „Moretta"-Vermögens. Den Rest erbte „Chiara die Jüngere" als Universalerbin nach ihrem Vater.

Seinen Sohn Pietro hatte Vettor Pisani erstaunlich anständig behandelt. Er ließ ihm eine gute Bildung zuteil werden. Immer außerhalb von Venedig, versteht sich, zuerst in Istrien und später in Rom. Dort lernte der junge Mann jenen Theologen kennen, der auf Grund des römischen Breve die Ehe seiner Eltern rechtskräftig bestätigt hatte. Ihn hatte die Staatsinquisition am Höhepunkt der Vedova-Affäre lebenslänglich aus Venedig verbannt, da sie ihn als den eigentlichen Verursacher des ganzen Skandals ansah, besonders nach dem Urteilsspruch des Patriarchen. Dieser Priester, wütend über die Verbannung, scheint nun den vierundzwanzigjährigen Pietro dazu gebracht zu haben, um sein Recht auf die Erbschaft nach seinem Vater zu kämpfen.

Im Juli 1783 eröffneten seine beiden Advokaten, zwei der berühmtesten Juristen am venezianischen Gericht, Giuseppe Alcaini und Salvatore Marconi, ein Verfahren, das sich Jahrzehnte lang hinziehen sollte und das schließlich die Juristen mehrerer Reiche beschäftigt hat. Die interessante Rechtsfrage gab in der venezianischen Öffentlichkeit Anlaß zu riesigem Klatsch. Zuerst kam ein Memorandum an die Petitionsrichter mit dem Ersuchen, ihm in „Anbetracht des guten Glaubens, in dem er gezeugt worden war“, die Anerkennung als legitimer Sohn zu gewähren.

Die venezianische Öffentlichkeit überschlug sich vor Begeisterung über den neuerlichen Skandal und stand mehrheitlich auf Pietros Seite. „Der junge Mann ist voll Talent, hat gute Manieren und ist nicht nur beim Adel, sondern auch beim Volk gut angesehen, und alle wollen ihn als Pisani haben, adelig und reich. Scharenweise laufen die Leute zusammen, um ihn zu sehen“, schreibt ein Informant an den venezianischen Botschafter in Paris.

Auch sein Onkel, der Prokurator, hatte ihn kennengelernt. Der junge Mann war nämlich so klug gewesen, als erstes ihm, dem Familienoberhaupt, sofort nach seiner Rückkehr einen Besuch abzustatten, um ja nicht den Anschein von mangelndem Respekt zu erwecken.

Der Prokurator selbst – um dessen Besitz es ja größtenteils ging – hatte seine Sache zwei Staranwälten anvertraut, Tomaso Gallino und Carlo Cordinella. Diese oder der Prokurator selbst machten dann einen entscheidenden taktischen Fehler, als sie das Verfahren von der ersten Instanz, dem Magistrato de Petizione weg, direkt zur nächsten Instanz, dem Rat der Vierzig brachten. Das war deswegen für den Prokurator so ungünstig, weil es kurz zuvor einen Verfassungsstreit gegeben hatte. Zwei Protagonisten einer Reformbewegung, Giorgio Pisani und Carlo Contarini, waren wegen dieser Streitigkeiten von der Staatsinquisition kurzerhand eingesperrt worden. Das hatte eine Woge von Haß gegen die Staatsinquisition aufbranden lassen, vor allem bei den ärmeren und mittleren Patriziern. Und ausgerechnet aus diesen Patriziern setzte sich der Rat der Vierzig größtenteils zusammen.

Am Tag der Gerichtsverhandlung waren mehr als viertausend Personen in den Dogenpalast eingedrungen und hatten den Saal des Großen Rates besetzt, wo die Verhandlung stattfand. Mit Geschrei kommentierte das Publikum die Gerichtsverhandlung und die Willkürakte der Staatsinquisition und die Pflichtverletzung des Hauses Pisani, die, wie der Informant des Botschafters nach Paris schrieb, „die Advokaten mit großer Zurückhaltung benannten“. Vor Schreck versagte dem Advokaten Gallino und seinem Partner ihre große Redegewandtheit, während Alcaini, der Anwalt des jungen Pietro, „ein noch nie gehörter Demosthenes war, klug und vernünftig“. (Er bekam dann auch ein Honorar von fünfundzwanzigtausend Dukaten.) Bei der Urteilsverkündung floh der Prokurator Piero Vettor aus dem Verhandlungsaal und versteckte sich in den Räumen des Strafgerichts, „weil er fürchtete, das Volk werde den Saal stürmen". Anders der junge Mann, er hatte gewonnen! „Der berühmte junge Mann wurde heimgebracht von einem Geleitzug lorbeergeschmückter Barken wie ein Doge. Ein großer Tag, Reichtum, Legitimität, Adel und das alles in einem Augenblick! Man spricht von nichts anderem!", so schrieb der Informant des Botschafters nach Paris.

Nachdem er nun als waschechter Pisani anerkannt war, veränderte sich viel im Leben des jungen Pietro. Das Testament seines Vaters wurde gerichtlich annulliert. Der Prokurator mußte ihm die Güter von Montagnana überschreiben, zwanzig Häuser in Venedig, zweihunderttausend Dukaten, die in der Zecca lagen, sowie Juwelen, Bargeld, Theaterlogen, alles zusammen ein Vermögen von mehr als einer halben Million Dukaten. Der Doge machte ihn zum Grafen von Bagnolo. Das hätte an sich nicht viel bedeutet, aber nach einem Gesetz aus dem Jahr 1775 stand vierzig Familien aus der Terra Ferma ein Sitz im Großen Rat zu, wenn sie über ein angemessenes Vermögen verfügten und einen Fideikommiß von mindestens zehntausend Dukaten schufen. Dank der Grafschaft Bagnolo stand Pietro so der Zugang zum Großen Rat offen, und am 4. Juni 1785 stimmte der Große Rat, wie hätte es auch anders sein können, für die Aufnahme von Pietro Pisani, Teresa Vedovas Sohn, der sich nun N.H. Ser Pietro Pisani nennen durfte. Tausende Menschen hatten sich im Hof des Dogenpalastes versammelt und bejubelten die Entscheidung, der aber auch die Absicht zu Grunde lag, das Aussterben einer großen patrizischen Familie und die Zerstückelung des Vermögens zu verhindern.

Das Theaterstück ging aber noch weiter. „Verstärkt durch die Feindschaft des Herrn Onkel Prokurators und die Bösartigkeit seiner Frau Gemahlin ging der Fanatismus weiter, der sie zum Schandfleck für das ganze Land machte und die bei dieser Lage wollten, daß er (Pietro) sich für immer aufs Land zurückziehe", schrieb der Informant an den Botschafter in Paris.

Pietro, nach wie vor der Liebling der Öffentlichkeit, hatte im Oktober 1785 die sehr adelige, sehr schöne Laura Zusto geheiratet und, um seinen Onkel Prokurator weiter zu ärgern, über seine Anwälte auch auf das „dal Banco"-Vermögen Ansprüche erhoben. Es kam zu einem für ihn günstigen Kompromiß, aber sein Triumphzug wurde jäh unterbrochen, als seine Stiefschwester, Chiara die Jüngere, volljährig wurde. Als würdige Enkelin ihrer prozessierenden Großmutter focht sie nun ihrerseits das Testament ihres Vaters an.

Im Dezember 1792 mußte Pietro an Chiara hunderttausend Dukaten auszahlen zusätzlich zu einer jährlichen Rente von sechstausend. Diese Summen ermöglichten es nun wieder Chiara, Giovanni Barbarigo zu heiraten. 1801 starb dann der Onkel Prokurator, und sofort entbrannte neuerlich ein wilder Streit um das „dal Banco“-Vermögen. Pietro hätte gerne der Stiefschwester alles weggenommen, konnte aber über den Fideikommiß nicht hinweg, der verlangte, daß der Erbe nicht nur ein legitimer Sohn, sondern daß er auch von einer „Frau aus patrizischer Familie“ geboren sei. Und das war mit Teresa Vedova wirklich nicht der Fall gewesen. Deshalb bestätigten die nunmehr österreichischen Gerichte, die an die Stelle der Gerichte der untergegangen Republik getreten waren, daß das Vermögen in Chiaras Besitz bleiben würde.

Diese Schlappe wollte Pietro oder wollten seine Anwälte nicht hinnehmen. Sie wurden in Rom vorstellig, um das Urteil des Patriarchen endgültig zu kassieren, das die Ehe seiner Eltern für nicht existent erklärt hatte. Sie erlangten zwar ein Papier vom päpstlichen Staatssekretariat, wo das zugestanden wurde und bei dem der ausfertigende Richter im Kommentar zum Urteil die „alte Chiara“ kurz und bündig als größenwahnsinnig und den Vater Vettor als Trottel bezeichnete. Das Papier nützte aber nichts, da die österreichischen Gerichte es nicht anerkannten.

Da aber Pietro unbedingt an Chiaras Vermögen herankommen wollte, erklärte er seinen kleinen Sohn kurzerhand für großjährig, der ja nun wirklich alle Bedingungen für den Fideikommiß erfüllte, da hier beide Eltern tatsächlich Patrizier waren. Die ganze Mühe war aber umsonst und zu spät, denn mittlerweile waren die Österreicher weg und die jetzt französische Verwaltung hatte alle Fideikommisse abgeschafft. Es kam zu einer Übereinkunft,

Die Familie des Dareios zu Alexanders Füßen
(Veronese National Gallery, London)

nach der Pietro einen Teil der Güter von Chiara bekam, sie ihr aber um achtzigtausend Dukaten zurückverkaufen mußte.

Die Jahre vergingen, die Protagonisten starben einer nach dem anderen, Pietro 1847 als Graf des österreichischen Kaiserreiches, die Österreicher waren mittlerweile wieder da. 1840 war Chiara Barbarigo Pisani gestorben, und die beiden Pisanivermögen „dal Banco“ und „Moretta“ waren schließlich doch an Pietro und seinen Sohn Vettor gefallen. Vettor, der letzte der Familie, verwaltete die Vermögen recht ordentlich, verkaufte aber 1857 auch eines der schönsten Bilder aus dem Palast an die National Gallery London, nämlich Paolo Veroneses „Die Familie des Dareios zu Alexanders Füßen“.

1786 hat Goethe auf seiner Italienischen Reise dieses Bild noch auf seinem ursprünglichen Platz gesehen und schreibt darüber ganz begeistert unter dem Datum des 8. Oktober in sein Tagebuch:

„Den Palast Pisani Moretta besuchte ich wegen eines köstlichen Bildes von Paul Veronese. Die weibliche Familie des Darius kniet vor Alexander und Hephästion, die vorankniende Mutter hält den letzteren für den König, er lehnt es ab und deutet auf den rechten. Man erzählt das Märchen, der Künstler sei in diesem Palast gut aufgenommen und längere Zeit ehrenvoll bewirthet worden, dagegen habe er das Bild heimlich gemalt, und als Geschenk zusammengerollt unter das Bett geschoben. Es verdient allerdings, einen besonderen Ursprung zu haben, denn es giebt einen Begriff vom ganzen Werthe des Meisters. Seine große Kunst, ohne einen allgemeinen Ton, der

Von rechts nach links: Teil des Palazzo Tiepolo 355), Palazzo Tiepolo Passi 356), Haus am Ende der Calle Corner 357), Haus am Ende der Calle Centani 358) und ein Teil des Palazzo Giustiniani Persico 359)

über das ganze Stück gezogen wäre, durch kunstreich vertheiltes Licht und Schatten, und ebenso weislich abwechselnde Localfarben, die köstlichste Harmonie hervorzubringen, ist hier recht sichtbar, da das Bild vollkommen erhalten und frisch wie von gestern vor uns steht: denn freilich sobald ein Gemälde dieser Art gelitten hat, wird unser Genuß sogleich getrübt, ohne daß wir wissen, was die Ursache sei.

Wer mit dem Künstler wegen des Costüms rechten wollte, der dürfte sich nur sagen, es habe eine Geschichte des sechzehnten Jahrhunderts gemalt werden sollen, und so ist Alles abgethan. Die Abstufung von der Mutter durch Gemahlin und Töchter ist höchst wahr und glücklich; die jüngste Prinzeß, ganz am Ende knieend, ist ein hübsches Mäuschen, und hat ein gar artiges, eigensinniges, trotziges Gesichtchen; ihre Lage scheint ihr gar nicht zu gefallen."

355) Palazzo Tiepolo. Das heutige Gebäude aus dem 16. Jahrhundert wurde auf einem wesentlich älteren, wahrscheinlich aus dem 12. bis 13. Jahrhundert stammenden venezianisch-byzantinischem Bau errichtet. Auftraggeber war die Familie Tiepolo, die in dieser Gegend von Venedig von alters her ansässig war. Es ist ein Renaissancebau, der offensichtlich für zwei

Von rechts nach links: Palazzo Tiepolo Passi 356), Haus am Ende der Calle Corner 357), Haus am Ende der Calle Centani 358), Palazzo Giustiniani Persico 359), er verdeckt die Einfahrt zum Rio San Tomà 360), Fondamenta del Traghetto 361), dahinter der Palazzo Marcello dei Leoni 362), Palazzo Dolfin 363), Palazzo Dandolo 365) und Palazzo Civran Grimani 366)

Familien vorgesehen war, wie man an dem doppelten Eingangstor an der Wasserfront erkennen kann. Die Außenwände waren einmal mit Fresken von Andrea Schiavone verziert, von denen andeutungsweise noch Reste vorhanden sind.

356) Palazzo Tiepolo Passi, auch **Tiepoletto.** Ein gotischer Palast aus dem 15. Jahrhundert, der mehrfach umgebaut wurde.

357) Haus am Ende der Calle Corner. Altes Bauwerk wahrscheinlich aus dem 15. bis 16. Jahrhundert, das später mehrfach umgebaut wurde.

358) Haus am Ende der Calle Centani. Das Bauwerk stammt aus dem 19. Jahrhundert.

359) Palazzo Giustiniani Persico. Das Gebäude stammt aus dem 16. Jahrhundert und ist ein schlichtes sehr elegantes Beispiel der Bauweise der lombardischen Baumeister in Venedig.

Von rechts nach links: Ecke des Palazzo Giustiniani Persico 359), Fondamento die Leoni 361), dahinter der Palazzo dei Leoni 362) und die Ecke des Palazzo Dolfin

360) Rio di San Tomà. Dieser Canal geht dann später und etwas weiter vom Canal Grande entfernt in den Rio dei Frari über, der bis zum Campo dei Frari reicht.

361) Fondamenta del Traghetto

362) Palazzo Marcello dei Leoni. Das etwas vom Canal Grande zurückgebaute Bauwerk, vor dem die Fondamenta del Traghetto liegt, stammt aus dem 17. Jahrhundert. Zu beiden Seiten des Eingangs sind Löwen eingemauert, von denen der Name des Palastes herrührt. Sie stammen aus etwa 1250 und weisen auf ein früheres Gebäude an dieser Stelle hin.

Von rechts nach links: Ein Teil des Palazzo Marcello dei Leoni 362), Palazzo Dolfin 363), hinter seiner zurückweichenden Front verdeckt der Eingang in die Calle del Traghetto Vecchio 364), Palazzo Dandolo Paolucci Parisi 365) und ein Teil des Palazzo Civran Grimani 366)

Von rechts nach links: Ein Teil des Palazzo Dandolo Paolucci Parisi 365), Palazzo Civran Grimani 366), Einfahrt in den Rio della Frescada 367) und das Haus am Rio della Frescada 368)

363) Palazzo Dolfin. Ein ursprünglich gotischer Palazzo, der im 16. und 17. Jahrhundert stark verändert wurde.

364) Calle di Traghetto Vecchio

365) Palazzo Dandolo Paolucci Parisi. Das Gebäude ist ein alter gotischer Palast, der im 17. Jahrhundert stark verändert wurde. 1924 wurde außerdem noch ein Dachgeschoß aufgesetzt.

366) Palazzo Civran Grimani. Das Gebäude stammt aus dem Anfang des 17. Jahrhunderts.

Von rechts nach links: Haus am Rio della Frescada 368), Palazzetto Caotorta Angaran 369) und Ecke des Palazzo Balbi 370)

367) Rio della Frescada

368) Haus am Rio della Frescada ist ein kleines Haus aus dem späten 18. Jahrhundert und war einst ein Nebengebäude des benachbarten Palastes.

369) Palazzetto Caotorta Angaran. Gebäude aus dem Ende des 17. Jahrhunderts, das 1956 ganz wesentlich umgebaut wurde.

370) Palazzo Balbi (in Volta di Canale). Das Gebäude wurde von Niccolò Balbi zwischen 1581 und 1591 errichtet, nach Plänen von Alessandro Vittoria. Es ist ein Renaissancebau mit deutlichen Zeichen des beginnenden Barocks. Am 2. Dezember 1807 hat Kaiser Napoleon I. von der Loggia dieses Palastes einer Regatta zugesehen, die von der Stadt Venedig eigens, nur ihm zu Ehren veranstaltet wurde.

Der Hausherr war damals noch der N.H. Rizzardo Niccolò Balbi, dem der Usurpator wahrscheinlich alles andere als willkommen war. Er selbst war noch Mitglied des Rates der Vierzig gewesen, eines bedeutenden Gremiums der Regierung jener alten Republik die Napoleon zerstört hatte. Heute ist der Palazzo Balbi der Sitz der Regierung der Region Veneto.

Es gibt ein sehr interessantes Bild von Canaletto, das heute in London hängt

Von rechts nach links: Ein Stück des Palazzo Caotorta Angaran 369) und der Palazzo Balbi in Volta di Canal 370)

und auf dem der Palazzo Balbi zu sehen ist. Das Bild zeigt eine Regatta am Canal Grande, die wahrscheinlich im Februar 1733 stattgefunden hat. Links ist der Palazzo Balbi zu sehen, ganz links im Vordergrund ist eine Plattform in der Einmündung des Rio Foscari verankert. Eine solche Plattform hieß „la macchina della regata" und darauf saß auch meistens der Ehrengast, für den die Regatta veranstaltet wurde, in diesem Fall wahrscheinlich der Doge Carlo Ruzzini. Die Regatta scheint schon zu Ende zu sein, denn im Vordergrund in der Mitte des Bildes werden an die Sieger bereits die Preise verteilt, die im allgemeinen aus bunten Bändern und einem Geldpreis bestanden.

Bis heute endet die Regata Storica, die jährlich am ersten Sonntag im September stattfindet, an der gleichen Stelle. Auch eine derartige Plattform ist noch in Verwendung.

Una Regata sul Canal Grande (Canaletto, 1773)

371) Rio Foscari

372) Palazzo Foscari (Ca' Foscari). Der Palazzo ist ein majestätisches Bauwerk und das bedeutendste Beispiel der venezianischen Gotik des ausgehenden 15. Jahrhunderts. Heute beherbergt es Institute der Universität. Er wurde vom Dogen Francesco Foscari (Doge von 1423 bis 1457) errichtet, der das früher hier stehende Bauwerk bei einer Auktion 1452 gekauft hatte.

Ursprünglich stand hier ein Palast der Familie Giustinian in venezianisch-byzantinischem Stil, mit zwei seitlichen Türmen, was dem Palast und dem

Von rechts nach links: die Einmündung des Rio Foscari in den Canal Grande 371), Palazzo Foscari 372) und die Palazzi Giustiniani 373)

daneben liegenden Kanal den Namen „delle due torri“ eintrug. Dieser Palazzo delle due torri hatte ein wechselvolles Schicksal gehabt. Die Republik hatte ihn 1428, schon unter dem Dogat Foscaris, gekauft und ihrem Feldherrn Francesco Gonzaga von Mantua zur Verfügung gestellt, später 1439 einem ihrer anderen Feldherren, Francesco Sforza. Dann wurde er wie gesagt von Foscari gekauft. Er ließ den alten Palast niederreißen und den heutigen im damals sogenannten „deutschen“ d. h. gotischen Stil errichten. 1457, im Todesjahr von Francesco Foscari, war der Palazzo noch nicht ganz fertig.

Wer war nun jener Francesco Foscari, der diesen Palast gebaut hat, ihn aber nur wenige Tage vor seinem Tod bewohnt hatte? Er war, wie schon erwähnt, Doge von 1423 bis 1457. Manche Historiker sehen in ihm einen der bedeutendsten Dogen, manche nur den am längsten dienenden, er war immerhin 34 Jahre, 6 Monate und 8 Tage im Amt. Geboren wurde er wahrscheinlich im Jahr 1375 am Canal Grande, aber nicht hier in diesem Palast, sondern in einem kleinen Palazzetto, der damals schon lange der Familie gehörte [s. 234], in der Nähe von San Simeon Piccolo. Aufgewachsen ist er in Ägypten, wohin sein Vater und sein Onkel aus nicht ganz klaren Gründen ins Exil geschickt worden waren. Zurückgekehrt stürzte er sich, durch eine reiche Heirat aller materiellen Sorgen ledig, in das politische Leben.

Er wurde ganz jung Mitglied des Rates der Vierzig, der Quarantia, und auch einer ihrer drei Vorsteher. Als noch nicht Dreißigjährigen finden wir ihn hier als entschlossenen Bundesgenossen des Dogen Michiel Steno, dessen expansive Politik auf die Erwerbung der Terra Ferma abzielte, des Festlandes in der Umgebung von Venedig. Padua, Verona, Vicenza, Rovigo, Treviso, Belluno, Feltre und Ceneda kamen damals unter venezianische Herrschaft. Foscari galt als brillanter Parlamentarier und war ein mitreißender, überzeugender Redner. Er wurde Mitglied des Zehnerrates und mit knapp Vierzig war er schon Prokurator von San Marco, ein Posten, den die meisten erst im höheren Alter erreichten. Angeblich war auch hier seine Redegewandtheit schuld, weil er den betagten Prokurator Giovanni Barbo überredet hatte, sein Amt abzugeben.

Der Streit über die künftige venezianische Politik spaltete damals die Regierenden. Die einen sahen nur in einem Venedig mit einem Hinterland eine Zukunft, die anderen verdammten diese „Terra-Ferma-Politik" und warnten wie der Doge Tomaso Mocenigo vor einer Einmischung in das oberitalienische „Schlangennest"; sie sahen Venedigs Zukunft so wie auch seine Vergangenheit nur in der Seepolitik, nur am Meer und in seinen kolonieartigen Handelsplätzen. Mocenigo hielt noch knapp vor seinem Tod eine feierliche Rede, in der er daran erinnerte, daß er die Staatsschulden seines Vorgängers Steno aus den Festlandskriegen habe zurückzahlen müssen, daß Venedig und seine Einwohner dank ihrer Handelsmacht so gut dastünden wie noch nie und daß das Gewerbe floriere und gedeihe. Er warnte, diesen blühenden Garten durch einen Krieg zu vernichten, und beschwor seine Parteigänger und vor allem deren Führer Piero Loredan noch am Totenbett, ja nicht den „jungen Prokurator", wie er Francesco Foscari nannte, zum Dogen zu machen. Mocenigo starb am 4. April 1423 und war kaum in San Giovanni e Paolo beigesetzt, als am 15. April 1423 doch Franceso Foscari mit 25 der 41 Stimmen zum Dogen gewählt wurde. Über seine Methode, sich im Konklave Stimmen zu verschaffen, ist viel gemunkelt worden. Er war der jüngste der einundvierzig Wahlmänner und hatte als solcher die Alten zu versorgen und ihnen unter anderem auch das Bett zu

Francesco Foscari,
Doge von 1423 bis 1457

machen. Angeblich hat er das ausgenützt, um eine geschickte Wahlwerbung zu seinen Gunsten zu führen. Zudem hatte er sich vorher schon als Prokurator von San Marco bei den armen Patriziern beliebt gemacht, da er das im Schatz von San Marco reichlich liegende herrenlose Vermögen nicht selbst ausnutzte, wie viele andere Prokuratoren, sondern an die verarmten Patrizier verteilte.

Das Dogat von Francesco Foscari hat dann glücklich begonnen, mit der Eröffnung des prunkvollen neuen Saales für den Großen Rat im Dogenpalast und mit der Nachricht von der Eroberung Thessalonikis. Kaum jemals war das Levantereich Venedigs so machtvoll dagestanden. Bald kamen aber trübere Zeiten. Persönliche Verluste, drei seiner vier Söhne starben in den ersten Jahren seines Dogats; zweimal, angeblich sogar dreimal, zuerst 1433, wollte er zurücktreten, wurde aber vom Großen Rat zur Fortführung seines Amtes angehalten. Am 11. März 1430 wurde er durch ein Messerattentat des Andrea Contarini im Gesicht schwer verletzt. Sein Plan, eine Tochter mit dem Sohn des Piero Loredan zu verheiraten, um den Familienzwist endlich zu begraben, scheiterte am Widerstand des Vaters.

Dieser Piero Loredan, der geschlagene Führer der Gegenpartei, der sich zugleich mit Foscari um das Dogenamt beworben hatte, war ebenfalls ein brillanter Mann, ein verwegener Flottenführer, der als Admiral 1416 die türkische Flotte bei Gallipoli vernichtet hatte, der die Genuesen bei Rapallo geschlagen und sogar eine Flotte am Po erfolgreich gegen die Mailänder eingesetzt hatte. In den politischen Auseinandersetzungen prallten die Meinungen der beiden Männer hart aufeinander und gingen offensichtlich weit ins Persönliche. Francesco Foscari machte einmal die beiläufige Bemerkung, daß er als Doge seine Politik erst dann in Ruhe fortsetzen könne, wenn Piero Loredan nicht mehr lebe. Es war also kein Wunder, daß nach dem plötzlichen Tod von Piero Loredan 1438 das Gerücht entstand, der Doge habe ihn vergiften lassen, ein Vorwurf, der sich niemals auch nur im Ansatz beweisen ließ.

Zu dieser innenpolitisch so aufgeheizten Stimmung kamen die außenpolitischen Probleme, der Terra-Ferma-Krieg und die Kämpfe mit den Türken. Es ist sicher eine Übertreibung seiner Gegner, daß Foscari, einmal an der Macht, mit wehenden Fahnen und mit Begeisterung in den Krieg gezogen sei. Aber da Venedig schon einen Fuß am Festland hatte, war es unmöglich, sich aus den Festlandkonflikten herauszuhalten, und daß gleichzeitig die Kriege mit der Türkei losgingen und zum Verlust von Handelsplätzen in der Levante führten, war sicher ein Verhängnis, aber keine Schuld, am wenigsten die eines einzelnen Mannes.

Venedig sah sich auf der Terra Ferma in einen nahezu dreißigjährigen Krieg mit Mailand verwickelt, wobei dessen Herrscher Filippo Maria Visconti und sein Nachfolger Francesco Sforza eigentlich die aggressive Rolle spielten, da sie ihre Nachbarn, darunter Florenz, bedrängten und diese ihrerseits wieder bei Venedig Schutz suchten. Die Vorhersagen des Tomaso Mocenigo bewahrheiteten sich natürlich, die Kriegsausgaben waren immens, viel Geld und viele Vermögen gingen verloren, was den Haß der Betroffenen gegen den vermeintlich Schuldigen, den Dogen Foscari schürte. Der Krieg war aber wie gesagt nicht Francesco Foscaris Schuld, sondern eigentlich war es sein großes Verdienst zu erkennen, daß ein siegreiches Mailand Venedigs Besitzungen auf dem Festland auch niemals ungeschoren lassen würde.

Der oberitalienische Krieg ging dreißig Jahre mit wechselnden Allianzen hin und her, auch der Papst, der Kaiser und der König von Frankreich waren hineingezogen. Am 9. April 1554 wurde der Frieden von Lodi geschlossen, bei dem Venedig Cremona, Bergamo und Brescia erhielt und die Adda als Grenze festgelegt wurde, alles zusammen ein großer Erfolg für die Terra-Ferma-Politik des Dogen Foscari.

Aber der Preis war hoch gewesen, und genaugenommen war es kein ehrenvoller Krieg. Tomaso Mocenigo, Foscaris frommer und weiser Vorgänger im Dogenamt, hatte die politischen Verhältnisse in Oberitalien ein „Schlangennest" genannt, ein milder Ausdruck für diese Zustände. Da Venedig kein eigenes Landheer besaß, wurde der Krieg von Söldnerheeren und Söldnerführern, den Condottieri geführt, die einmal auf der Seite Mailands, dann wieder auf der Seite Venedigs in den Krieg zogen. Da sie, was auch verständlich ist, weder ihre Heere und schon gar nicht sich selbst in Gefahr bringen wollten, waren diese dreißig Kriegsjahre ein ewiges Auf und Ab und ein ständiges Taktieren. Die Heerführer und die Truppen wechselten dauernd die Seite, und eine Krähe hackt der anderen bekanntlich kein Auge aus.

Außerdem waren sowohl die Heerführer und erst recht auch die Herrscher der einzelnen Städte miteinander verwandt oder verschwägert. Carmagnola z. B. hatte eine Visconti, eine Tochter des Herzogs von Mailand, geheiratet, kämpfte dann aber für Venedig. Francesco Sforza aus der Mantua-Familie kämpfte für Venedig, wurde aber schließlich durch die Heirat mit Bianca Maria Visconti selbst Herzog von Mailand, als Nachfolger von Filippo Maria Visconti. Venedigs bester und auch treuester Feldherr war Bartolomeo Colleoni, der fast immer auf venezianischer Seite stand. Venedig hat dieses dauernde Wechselspiel mit Unsummen finanziert, und daß viele Patrizier darüber erbittert waren, ist verständlich. Die Venezianer, die als ordentliche Kaufleute für ihr gutes Geld Erfolge sehen wollten, brachten diese Zustände in Rage.

Besonderes Mißtrauen erregte der oben genannte Söldnerführer, der Graf von Carmagnola. Als Bauernsohn Francesco Bussoni in Piemont geboren, war er als Soldat mit etwa dreißig Jahren zum Heerführer des Mailänder Herzogs Filippo Maria Visconti ernannt worden. Er eroberte Genua für ihn und noch einiges andere mehr. Er wurde „Conte di Carmagnola" und heiratete eine Tochter des Herzogs. 1424 überwarf er sich aber mit dem mißtrauischen Herrscher und verließ seinen Dienst, um 1425 zum Condottiere der Republik Venedig bestellt zu werden. Kein Wunder, daß der Visconti seine Güter konfiszierte, seine Familie erst 1426 herausgab und ihm auch noch Giftmörder nach Venedig nachschickte. Auf der anderen Seite umwarb er ihn mit Anträgen, wieder zurückzukommen. Carmagnola hatte zwar für Venedig unter anderem Brescia und Bergamo erobert, aber allzu gefährlich ist er seinem früheren Herrn und Schwiegervater dann doch nicht geworden, als er nach dem Sieg von Maclodio die Stadt Mailand selbst hätte angreifen können. Nicht zu Unrecht fand die Signoria, daß er die Sache Venedigs zuerst halbherzig, dann schlecht und schließlich gar nicht mehr geführt habe. Außerdem witterte man Verrat, ließ Carmagnola unter einem Vorwand nach Venedig kommen, machte ihm den Prozeß und richtete ihn am 5. Mai 1432 öffentlich auf der Piazetta hin, unter der Beschuldigung, die Übergabe von Brescia an Mailand vorbereitet zu haben. Daß dieser Prozeß eine Intrige gegen den Dogen Foscari war, der Carmagnola protegiert hatte, wird auch immer wieder behauptet. Machiavelli jedenfalls sah in Carmagnolas Tod einen Justizmord.

Conte di Carmagnola
(Stich aus dem 17. Jahrhundert)

Die Witwe von Carmagnola, immerhin die Tochter des Feindes der Republik Filippo Maria Visconti, und ihre beiden Töchter erhielten eine ansehnliche Rente zugesprochen. Da sie aber zu der venezianischen Justiz aus verständlichen Gründen kein allzu großes Vertrauen mehr hatten, flohen sie am 14. April 1434 nach Mailand, worauf die Republik die Rente wieder strich.

Andere Condottieri in Venedigs Diensten waren neben Francesco Sforza Sigismondo und Roberto Malatesta aus Rimini, Erasmo de Nardi – genannt Gattamelata – und der berühmte Colleoni, dessen Reiterstandbild bei San Giovanni e Paolo steht. Auch er hat einmal die Fronten zwischen Venedig und Mailand gewechselt, hat aber dann sein ganzes gewaltiges Vermögen der Republik hinterlassen unter der Bedingung, daß ihm ein öffentliches Denkmal errichtet werde. Er wollte es am Markusplatz, der Signoria war das aber doch zu prominent, und da man das Geld schon hatte, errichtete man das versprochene Denkmal dort, wo es heute steht, am Platz vor der Scuola Grande di San Marco.

So erfolgreich Foscaris Dogat politisch für Venedig auch war, so tragisch war sein persönliches Leben. Sogar so tragisch, daß Lord Byron eine Historische Tragödie, „The two Foscari", schrieb und Verdi daraus eine Oper machte. Drei seiner Söhne sind wie schon erwähnt zu Beginn seines Dogats gestorben. Sein vierter Sohn Jacopo Foscari war zwar ein gebildeter Humanist, der Latein und Altgriechisch in Wort und Schrift beherrschte, aber einen leichtfertigen und für einen Dogensohn äußerst unpassenden Lebenswandel führte. Er war mit Lucrezia Contarini verheiratet, und die Hochzeit der beiden war ein besonders glanzvolles Ereignis gewesen. 1445 kam aber dem Zehnerrat zu Ohren, daß Jacopo unter Mißachtung einer sehr strengen Regel, die das Verhalten der nächsten Verwandten des Dogen betraf, wertvolle Geschenke angenommen und als Gegenleistung bestimmte Angelegenheiten und Personen begünstigt hatte. Am 17. Februar 1445 verhaftete die Staatsinquisition einen deutschen Kammerherrn von Jacopo, einen Komplizen bei diesen krummen Geschäften. Am darauffolgenden Tag ordneten sie die Verhaftung Jacopos an, was aber nicht gelang, da dieser sich unter Mitnahme von viel Geld nach Triest abgesetzt hatte. Das in seiner Abwesenheit vor dem Zehnerrat eröffnete Verfahren war kurz. Nicht nur einen Zeugen gab es, der die widerrechtliche Geschenkannahme bestätigte, sondern deren neun. Dennoch fiel das Urteil der Zehn relativ mild aus: Verbannung nach Nauplia auf dem Peloponnes,

Bartolomeo Colleoni
(Kopf des Reiterstandbildes
vor San Giovanni e Paolo)

wohin er drei Hausangestellte mitnehmen, aber nur als „privater Bürger" leben durfte. Dem Dogen gegenüber verhielt sich der Zehnerrat sehr respektvoll. Man hatte ihn der Anwesenheitspflicht bei den Beratungen entbunden. Man wollte ihm die Peinlichkeit ersparen zu hören, daß sein Sohn eine Kiste mit den verbotenen Geschenken ausgerechnet in der Wohnung des Dogen im Palast versteckt hatte.

Die Position des Dogen wurde aber noch peinlicher. Als Jacopo im nahen Triest von dem Urteil erfuhr, machte er keine Anstalten, nach Venedig zurückzukehren oder gar seine Strafe anzutreten. Er gehorchte auch nicht, als die Zehn den Dogen aufforderten, selbst darauf zu sehen, daß sein Sohn nicht ein solch skandalöses Beispiel für die Nichtachtung der Gesetzen gebe. Jacopo blieb mit der Ausrede, er sei schwer erkrankt, in Triest. Um die Angelegenheit nicht auf die Spitze zu treiben, akzeptierten die Zehn diesen Vorwand und wandelten die Verbannung nach Nauplia in eine Verbannung nach Treviso um. Nach einer Bittschrift des Dogen, in der dieser anführte, daß in außenpolitisch so schwierigen Zeiten das Staatsoberhaupt nicht durch solche Familienprobleme belastet werden sollte, zog der Zehnerrat, obwohl die Inkorrektheit Jacopos nachgewiesen war, auch diesen Urteilsspruch zurück und erlaubte ihm die Rückkehr nach Venedig in Freiheit.

Dann blieb es um Jacopo drei Jahre lang ruhig, bis sich das nächste Unheil ereignete. Am 5. November 1450 wurde der Patrizier Ser Almorò Donà auf der Straße ermordet. Er war drei Jahre zuvor einer der drei Vorsteher des Zehnerrates gewesen, als dieser Jacopo verurteilt hatte. Als dann im Jänner 1451 ein gewisser Antonio Venier Jacopo beschuldigte, den Mord begangen oder zumindest dazu angestiftet zu haben, wurde er sofort verhaftet. Da er aber auch unter der damals üblichen Folter kein Geständnis ablegte, die Verdachtsmomente aber anscheinend sehr schwerwiegend waren, verurteilte der Zehnerrat Jacopo zwar nicht zum Tode oder zum Kerker, sondern zur Verbannung nach Kreta. Kreta war zwar eine Provinzstadt, aber es gab ärgere Verbannungsorte.

Kaum war Jacopo in Kreta angekommen, tat er etwas besonders Verrücktes. Er schrieb nämlich an Francesco Sforza, den ehemaligen Condottiere im Dienste der Republik und mittlerweile selbst Herzog von Mailand, und was noch ärger war, an den türkischen Sultan und bat sie, sich für die Aufhebung seiner Verbannung einzusetzen. Als diese Aktion ruchbar wurde, gab es sogar unter den Zehn einige, die das nur als Zeichen grenzenloser Dummheit betrachten wollten, daß sie vorschlugen, ihn in Kreta vom dortigen Statthalter den Kopf waschen zu lassen und sich im übrigen um wichtigere Dinge zu kümmern. Andere aber verlangten, ihn nach Venedig zurückzubringen, um ihn neuerlich zu verurteilen. Es wurden auch Stimmen laut, die in der ganzen Geschichte ein Manöver des Dogen sahen mit der Absicht, Jacopo nach Venedig zurückzuholen. Wie auch immer, Jacopo wurde zurückgebracht und nach einem spontanen Geständnis zu neuerlicher Verbannung nach Kreta und einem zusätzlichen Jahr Haft im dortigen Kerker verurteilt, da es venezianischen Bürgern und erst recht Patriziern verboten war, Ausländer in venezianische Angelegenheiten hineinzuziehen.

Das Urteil war also völlig korrekt, aber Jacopo wollte nach dem Urteilsspruch nicht abreisen, warf sich zu Boden und umklammerte die Füße des Dogen und rief: „Vater, ich bitte Euch, sorgt dafür, daß ich nach Haus zurückkehren darf." Der Doge antwortete ihm: „Jacopo gehe, gehorche dem Willen des Vaterlandes und versuche nicht anderes mehr." Diese Szene hat sich wirklich so abgespielt, wie der Chronist Dolfin, der selbst anwesend war, berichtet. Sie ist auch eine Schlüsselszene in Byrons Tragödie und in Verdis Oper. Als Jacopo endlich gegangen war, ließ sich der vierunddachtzigjährige Doge verzweifelt in einen Stuhl fallen und rief „Oh pietà grande"; so berichtete Dolfin. Bei Byron und bei Verdi spielt sich diese Szene anders ab.

Francesco Foscari
Altersbildnis von
Lazzaro Bastiani

Kaum war Jacopo nach Kreta abgefahren, setzte der Doge wieder alle Hebel in Bewegung, um seinen Sohn zurückzuholen. Im März 1457 traf dann die Nachricht ein, daß Jacopo in Kreta unerwartet verstorben sei.

Diese Nachricht hatte den bis dahin unbeugsamen Dogen schwer getroffen, er wurde plötzlich alt, bei vierundachtzig Jahren und diesen Aufregungen kein Wunder. Er kam seinen Amtspflichten nicht mehr ordentlich nach, nahm an Sitzungen nicht teil, war bei Staatsempfängen teilnahmslos und unkonzentriert. In einer geheimen Sitzung, der dann auch eine Zonta (25 weitere ausgewählte Patrizier) zugezogen wurde, beschloß der Zehnerrat, den Dogen in recht respektvoller Weise zu ersuchen zurückzutreten. Die drei Vorsteher des Rates der Zehn wurden aufgefordert, dem Dogen seinen Rücktritt nahezulegen. Es waren dies die Patrizier Jacopo Loredan, Girolamo Donà und Girolamo Barbarigo. Foscari leistete gegen diese Abberufung Widerstand und verlangte, juristisch korrekt, einen Beschluß des

Großen Rates, dem ja auch die Dogenwahl oblag. Der Zehnerrat wiederum wollte diesen Umweg nicht gehen, wahrscheinlich wäre er dort auch gescheitert. In einer weiteren Sitzung am 22. Oktober 1457 zog er die Zuständigkeit an sich und stellte dem Dogen ein Ultimatum, den Dogenpalast innerhalb einer Woche zu verlassen bei einer Pension von eintausendfünfhundert Golddukaten im Jahr. Im Falle einer Weigerung würden seine ganzen Güter konfisziert. Diesem Gewaltstreich, der eigentlich ein Verfassungsbruch war, beugte sich Foscari dann.

Im Dogenpalast wurde in einer formellen Zeremonie dem Dogen der Corno abgenommen sowie sein Siegelring, der sofort zerbrochen wurde, und Francesco Foscari verließ auf einen Stock gestützt und von seinem Bruder geführt den Dogenpalast. Man wollte, daß er über einen Hinterausgang gehe, er weigerte sich aber energisch und sagte: „Ich will über diese Stiege hinuntergehen, über die ich in das Dogat hinaufgestiegen bin!“ So ging er also ganz gemächlich über die Treppe hinunter, bestieg an der Piazetta seine Gondel und ließ sich zu seinem noch nicht ganz fertigen Palazzo, dem Ca' Foscari rudern.

Als diese Handlungsweise des Zehnerrates in Venedig bekannt wurde, war die Empörung riesengroß. Der Große Rat fühlte sich in seiner Kompetenz beschnitten und sah in der Handlungsweise des Zehnerrates einen Machtmißbrauch. Innerhalb eines Jahres wurde eine Reihe von Gesetzen erlassen, die die Kompetenzen des Zehnerrates kräftig zurückstutzten und alle Einmischungen in die Fragen des Dogats verboten. Diese Gesetze wurden in den folgenden Jahren noch verschärft und die Stellung der Zehn war für einige Jahrzehnte schwächer. Erst im folgenden Jahrhundert gelang es dem Zehnerrat wieder, seine Macht auszuweiten.

Dramatiker, allen voran Lord Byron, haben sich des Foscari-Stoffes bemächtigt und daraus eine Tragödie gemacht, in der vor allem Jacopo Foscari als das Opfer einer Intrige gegen seinen Vater erscheint. Besonders die Fehde zwischen der Familie Loredan und dem Dogen Francesco Foscari wird herausgestrichen. Hatte doch Jacopo Loredan, einer der drei Vorsteher des Zehnerrates, zur Zeit des ersten Prozesses gegen Jacopo Foscari als einziger für die Todesstrafe gestimmt. Und hatte er nicht 1457, wieder als Vorsteher, Foscari die Rücktrittsaufforderung überbracht, die er vorher im Rat der Zehn durchgesetzt hatte? War er nicht auch der Sohn jenes Piero Loredan, den Foscari bei der Dogenwahl geschlagen hatte und den er dann später angeblich hatte vergiften lassen? Wollte nicht ein Historiker von einem Loredan gehört haben, daß in der Familie ein Hauptbuch aufbewahrt wurde, in dem

Jacopo Loredan am Tag von seines Vaters Tod unter der Spalte Schuldner den Namen Francesco Foscari eingetragen hatte, und diese am Tag seiner Abdankung in der Saldospalte mit „hat bezahlt“ quittierte? Reichlich Stoff für ein Drama, das sich zwar ereignet hat, aber wohl mit anderen Motiven.

Grabmal des Dogen Francesco Foscari
Paolo und Antonio Bregno
(Santa Maria Gloriosa dei Frari)

Sicher hat sich Jacopo Loredan weder für Francesco Foscari noch für seinen Sohn Jacopo verwendet. Warum hätte er das als politischer Gegner auch tun sollen? Jacopo hatte sich so dumm verhalten, daß ein Urteil gegen ihn zu erreichen nicht schwer war; die Absetzung des Dogen hingegen war eine Aktion seiner politischen Gegner und ein Kraftakt des Zehnerrates gegen die übrigen verfassungsmäßigen Organe. Andererseits hat der hochbetagte Doge seine Geschäfte am Ende so schwach geführt, daß er wahrscheinlich wirklich untragbar geworden war und wohl auch die gegen ihn gesponnene Intrige nicht mehr rechtzeitig erkannt hat.

Am 30. Oktober 1457 wurde Pasquale Malipiero zum neuen Dogen gewählt. Francesco Foscari lebte zu diesem Zeitpunkt noch und ist angeblich im Morgengrauen des nächsten Tages gestorben, als das Geläute aller Kirchenglocken Venedigs die Wahl des neuen Dogen verkündete. Die Nachricht von seinem Tod verbreitete sich blitzartig und erregte allgemeines Unbehagen auch innerhalb des Zehnerrates, da sich die Härte, mit der man gegen den alten, verdienten Dogen vorgegangen war, um ihn zur Abdankung zu zwingen, als überflüssig herausstellte, da seine Tage ohnedies schon gezählt gewesen waren.

Die Dogaressa wollte zuerst den Leichnam nicht für ein Staatsbegräbnis herausgeben, das für ihn angeordnet war. Dann ließ sie das Staatsbegräbnis aber doch zu, nachdem Francesco Foscari mit dem Dogenhut am Kopf und in die Staatsgewänder gehüllt aufgebahrt und festgelegt worden war, daß beim Begräbniszug durch die Straßen Venedigs sein Nachfolger in der Robe eines einfachen Senators dem Sarg in die Kirche Santa Maria dei Frari folgen werde, wo Francesco Foscari auch heute noch unter seinem prachtvollen Grabmal ruht.

Etwas mehr als hundert Jahre später im Juli 1574 war die Ca' Foscari Mittelpunkt des prunkvollsten Staatsbesuches, den Venedig je in Szene gesetzt hatte. Der Anlaß wäre eher unbedeutend gewesen, die Umstände für die Republik waren aber außen- und innenpolitisch derart, daß ein solches Spektakel der Signoria und dem Dogen Alvise Mocenigo äußerst wichtig waren.

Die politische Situation war alles andere als zufriedenstellend. 1571 war Zypern nach langen harten Kämpfen an die Türken verlorengegangen. Zwar hatte man den im Oktober des gleichen Jahres errungenen Seesieg von Lepanto stürmisch gefeiert, aber der Widerstand der „verbündeten" Spanier verhinderte einen politischen Erfolg. Schon vorher war die Politik des spanischen Königs Philipp II. darauf gerichtet, Venedig zu schaden, auch um den Preis des Vordringens der Türken im Mittelmeer. Eine neuerliche heilige Liga, vom Papst mühsam zusammengekleistert, stellte 1572 die riesige, innerhalb eines Jahres aus dem Boden gestampfte, aber schlecht gerüstete türkische Flotte bei Navarino und hätte sie leicht vernichten können. Aber Don Juan d' Austria, der spanische Oberkommandant des gesamten Unternehmens, zog am 6. Oktober sein Flottenkontingent zurück, sicher auf Anweisung seines Halbbruders, des spanischen Königs Philipp II. Dadurch konnte auch der Kommandant des venezianischen Flottenkontingents, Capitan General dal Mar Giacomo Foscarini, seine Schiffe nicht in den peloponnesischen Gewässern halten, denn um die Türken allein zu schlagen, war er zu schwach. Foscarini hat nach der Rückkehr von diesem erfolglosen Unternehmen im Senat eine Rede gehalten, in der er bitter die Unverläßlichkeit der Alliierten beklagte und die Situation glasklar analysierte. Der Succus seiner Ausführungen war: „Bevor man mit solchen Verbündeten Kriege führt, führt man sie besser alleine, oder man schließt mit den Feinden Frieden." Die Venezianer haben das dann auch getan und am 3. März 1573 mit dem Sultan einen Friedensvertrag unterschrieben, auf Zypern verzichtet und außerdem die immense Summe von dreihunderttausend Dukaten bezahlt.

Nun war erst recht der Teufel los. Das Gezeter über die treulosen Venezianer, die Verräter an der gemeinsamen Sache, war bei den Spaniern, den wirklichen Verrätern, ganz besonders laut. Don Juan, gerade in Sizilien, riß höchstpersönlich die Fahne der Liga vom Mast seines Flaggschiffes und setzte wieder die spanische. Daß die übrigen Gegner Venedigs in Italien, der Papst, die Genuesen und die Pisaner, in dieses Geheule lauthals einstimmten, war kein Wunder.

In dieser üblen Situation war der einzige Freund Venedigs der französische König Karl IX., der durch die Unterstützung der Aufstände in den Niederlanden und seine Ambitionen auf Algerien die Spanier wenigstens im Westen in Schach hielt. Nun starb dieser einzige Freund ganz plötzlich und unerwartet am 30. Mai 1574, und sein Bruder sollte ihm auf den Thron folgen.

Diese Sache hatte nur einen Haken. Dieser Bruder war erst kurz zuvor nach einer Reihe wilder Intrigen seiner Mutter, Katharina von Medici, auf den polnischen Königsthron gehievt und im Februar 1574 in Krakau gekrönt worden. Ob er und die Polen miteinander sehr glücklich waren, ist nicht bekannt. Jedenfalls wollte man ihn nicht weglassen, und so mußte er bei Nacht und Nebel aus seinem Königreich flüchten. Daß zugleich mit ihm auch der polnische Kronschatz mit Diamanten im Wert von vielen Millionen aus Krakau verschwanden, ist eine zusätzliche Pikanterie dieser merkwürdigen königlichen Flucht.

Alvise I. Mocenigo,
Doge von 1570 bis 1577

Dieser junge Mann, der als Heinrich III. den französischen Thron besteigen sollte, war damals dreiundzwanzig Jahre alt, und Venedig setzte in ihn die Hoffnung, daß er die venedigfreundliche Politik seines Bruders fortsetzen werde. Das war der Serenissima viel Geld wert, und für ihn präsentierte sich die Republik in ihrer ganzen Pracht und Herrlichkeit mit dem offensichtlichen Hintergedanken, dem neuen französischen König zu imponieren und die ganze übrige Welt ebenfalls in Erstaunen zu versetzen. Die Wohnräume des Königs im Palazzo Foscari wurden mit Wandteppichen und mit eigens angefertigten goldenen Herzen aus geprägtem, vergoldeten Leder auf rotem Untergrund sowie mit alten Waffen und mit Gemälden geschmückt. Mauern zu den daneben liegenden Palazzi Giustiniani wurden entfernt und die Wohnräume verbunden. Mitten auf dem Canal Grande war auf einem Floß eine Glasbläserei eingerichtet, die Tag und Nacht in Betrieb war und von dem Widerschein des Feuers und des geschmolzenen Glases waren die umliegenden Paläste in der Nacht in ein flackerndes rotes Licht getaucht.

In Maghera, am Festland, wurde der König von sechzig Senatoren in karmesinroten Samtroben begrüßt. Auf der Galeere des Admirals im Golf, „der schönsten, die jemals das Arsenal verließ, mit einem vergoldeten Heck geschmückt mit geschnitztem Laub und Fabelgestalten, gerudert von dreihundertvierundfünfzig in gelben und violetten Taft gekleideten Männern und begleitet von vierzig Gondeln", begab man sich zuerst nach Murano. Dort erwartete den König eine Ehrengarde von sechzig Hellebardieren in eigens entworfenen Uniformen in den französischen Nationalfarben. Ferner waren hier vierzig Knappen aus den nobelsten Familien Venedigs angetreten, die für die Dauer seines Aufenthaltes sein Gefolge und seinen Hofstaat bildeten. Sein Empfang in Venedig selbst war dann für den nächsten Tag geplant.

Das Flüchten scheint dem jungen Herrn schon eine liebe Gewohnheit gewesen zu sein. Am selben Abend entkam der König nämlich seinem Hofstaat, in einem dunklen Umhang und Maske, und machte ganz gemütlich und unbemerkt eine Spazierfahrt in einer Gondel durch die Kanäle von Venedig.

Am nächsten Morgen kam der Doge Alvise Mocenigo, angetan mit den prächtigen Staatsgewändern und begleitet von großem Gefolge. Die zwei Herrscher fuhren gemeinsam zum Lido. Dort schritt der König durch einen von Palladio gebauten und mit Gemälden von Paolo Veronese und von Jacopo Tintoretto geschmückten Triumphbogen. Dann bestieg er den Bucintoro, das vergoldete Staatsschiff des Dogen, und begab sich in dessen Begleitung zum Ca' Foscari. Von dort aus bewunderte er die Unzahl der Boote, die sich im Canal Grande drängten, und die schwimmende Glasbläserei mitten im Canal. Am Abend wurde dann auf einer Bühne, die auf großen, nebeneinander verankerten Booten ruhte, ein Konzert mit „erlesener Musik" gegeben, und vor dem Palast lag auch noch eine schwimmende Grotte mit Neptun und Tritongestalten, die für die Preisverleihung nach der am folgenden Tag geplanten Regatta vorgesehen war.

Elf Tage dauerte dieser Staatsbesuch, während dem Bankette und sonstige Spektakel einander in rasender Folge ablösten. Ganz Venedig nahm daran intensiv Anteil und kommentierte alles und jedes. Jede Bemerkung des Königs machte die Runde, und auch die Tatsache, daß die berühmte Kurtisane,

Veronica Franco, eines Abends im Bett des Königs lag. Da zerbrachen sich die Venezianer wieder den Kopf, ob sie als Gastgeschenk der Signoria oder als Spionin dort gelandet war oder als persönliches Geschenk des Patriziers Andrea Tron, dessen Geliebte sie gerade war.

Gegen Ende des Staatsbesuches, anläßlich der Überreichung eines wertvollen Buches, begann der Doge mit dem König über Politik zu sprechen. Lepanto, sagte er, wäre zwar ein großer Sieg gewesen; aber es habe eigentlich nur zu einem Zuwachs der sowieso schon übergroßen Macht Spaniens geführt. Und das sei für alle rechtlich denkenden europäischen Mächte ein Grund zur Sorge. Er vertraue darauf, daß Frankreich, jetzt wieder in seiner früheren Größe, alles daransetzen werde, König Philipps Ambitionen im Zaum zu halten. Und soweit es die religiösen Fragen betreffe – die Bartholomäusnacht in Frankreich mit der Ermordung der Protestanten war gerade erst einige Jahre vorbei –, sei das nicht Venedigs Angelegenheit. Nichtsdestoweniger hoffe er, daß seine Majestät ihm gestatte, den Wunsch auszudrücken, daß Frankreich unter seiner neuen Herrschaft zum Weg der Milde und zu einer vernünftigen Toleranz zurückkehren würde. Diese Politik habe seinem eigenen Staat sehr gut getan und nur so, wage er zu bemerken, könne innerer Frieden und Stabilität gesichert werden. Der König blieb unverbindlich, und als das frühere Haupt der katholischen Partei in Frankreich konnte er wohl auch kaum viel zu diesem Thema sagen.

König Heinrich III. von Frankreich
Gemälde von Clouet (genannt Janet),
ca. 1575

Kurze Zeit später, nach einem phantastischen Abschiedsbankett, verließ er die Stadt. Der Doge begleitete ihn persönlich bis Fusina. Heinrich III. hat Venedig und den Empfang, der ihm hier bereitet worden war, nie vergessen. Ebensowenig die Kombination von Pracht und Erfolg, von Eleganz und Weisheit. Zum Abschied überreichte er seinen neuen Freunden großartige Geschenke in Dankbarkeit für ihre Gastfreundschaft. Dem Dogen einen riesigen

Diamanten (wohl aus dem polnischen Kronschatz) und seinem Gastgeber Luigi Foscari eine goldene Kette.

Nach seiner Abreise waren die Venezianer überzeugt, daß sie das viele Geld gut in die Zukunft investiert hatten. Heinrich III. wurde aber Frankreich kein guter König. Hineingerissen in die religiösen Wirren, erwies er sich als unentschlossen und schwach und verdarb es sich reihum mit allen Parteien. Fünfzehn Jahre nach seiner Krönung wurde er von einem Mönch ermordet, und mit ihm starb das Königshaus von Valois aus.

Im 18. Jahrhundert wurde der Palazzo Foscari neuerlich umgebaut und vergrößert, wobei eine Außenstiege entfernt wurde. Dann verfiel der Palast wieder.

Als Herman Melville, der Autor von Moby Dick, 1857 in Venedig war, war der Palazzo von den österreichischen Militärbehörden beschlagnahmt und in eine Kaserne umgewandelt worden. In den Salons, in denen noch die großen Gemälde hingen, waren die Stuben der Soldaten, und die Feldküche stand im Atrium. Die österreichischen Militärbehörden hatten hier ihren Sitz.

1867 kaufte die Stadt Venedig das Gebäude. Es folgte ein neuerlicher Umbau, und die Scuola Superiore di Commercio wurde hier untergebracht. Im 20. Jahrhundert wurde der Palazzo ein Teil der Universität, und nach ebenfalls mehreren Umbauten ist eine Reihe von Universitätsinstituten hier eingezogen.

Von rechts nach links: Palazzo Balbi 370), Einfahrt zum Rio Foscari 371) auf diesem Bild verdeckt durch die Macchina della Regata, die vor dem durch ein Baugerüst verhüllten Ca'Foscari 372) verankert ist. Palazzi Giustiniani 373), Palazzo Giustinian Bernardo 374), Calle Bernardo 375) und Teil des Palazzo Bernardo Nani Lucheschi 376)

373) Palazzi Giustiniani. Dieses Gebäude ist, wie der Name sagt, eigentlich ein Doppelgebäude, aus zwei völlig symmetrischen Bauwerken zusammengefügt. Ursprünglich gab es dazwischen eine kleine Calle, die heute durch einen Zwischentrakt überbaut ist. Die Palazzi wurden Mitte des 15. Jahrhunderts errichtet. Die Architekten waren wahrscheinlich die Brüder Giovanni und Bartolomeo Bon.

Es geht die Mär, daß im 12. Jahrhundert die Familie Giustiniani (oder Giustinian) fast ausgestorben war, da sämtliche männliche Mitglieder der Familie bei Kämpfen mit den Byzantinern gefallen waren. Der einzige noch lebende Giustiniani war als Mönch im Kloster. Um die Familie nicht aussterben zu lassen, bekam er die Dispens, aus dem Orden auszutreten. Er heiratete die Tochter des Dogen Michiel und scheint dann seine Aufgabe hinsichtlich der Erhaltung der Familie recht erfolgreich erledigt zu haben, sonst hätte man hier nicht gleich vier Giustiniani-Paläste nebeneinander gebraucht, abgesehen von einer Unzahl anderer Paläste in Venedig, die den Namen dieser Familie tragen, die schließlich in viele Zweige aufgespalten war. Viele Mitglieder der Familie Giustiniani haben eine bedeutende Rolle in der venezianischen Geschichte gespielt. Aus dem Familienzweig, der hier im Palazzo Giustiniani in der Pfarre von San Barnaba gewohnt hat und der als besonders reich galt, stammte ein Pietro Giustiniani, der wegen seines immensen Reichtums den Beinamen „Budella d'oro“ (Mit den goldenen Eingeweiden) hatte. Der Sohn dieses Pietro, Marcantonio Giustiniani, wurde 1684 zum Dogen gewählt und regierte bis 1688. Er galt als besonders fromm und bigott und hatte deswegen beim Volk den Spitznamen San Zuanino oder „Il Doxe dei Te Deum“.

Marcantonio Giustiniani
Doge von 1684 bis 1688

In dem linken der beiden Paläste hat in den Jahren 1858 bis 1859 Richard Wagner gewohnt und hier an der Oper „Tristan und Isolde“ gearbeitet. Angeblich haben die melodiösen Rufe der Gondolieri, die er vom Canal Grande bis in sein Zimmer hinauf hörte, ihn zu verschiedenen Melodien inspiriert.

Er beschrieb den Gesang: „... diese tief melancholischen Melodien, mit tönender mächtiger Stimme gesungen, von der Ferne über das Wasser tragend, in noch weiterer Ferne verhallend“. Diese Rufe finden sich wieder im dritten Akt von „Tristan“ in einer langgedehnten Klage des Hirtenhorns.

Wagner war am 17. August 1858 aus Zürich abgereist, hatte seine Frau Minna und seine geliebte Mathilde Wesendonk verlassen, war mit der Postkutsche über den St. Gotthard nach Mailand gefahren und von dort mit der gerade fertiggestellten Eisenbahn direkt nach Venedig.

In Venedig, das um diese Zeit noch österreichisch war, wurde Wagner, der ja wegen seiner Umtriebe während der Revolution 1848 aus Sachsen geflohen war, von der Polizei überwacht. Ein Polizeirat Crespi berichtete nach Wien, daß Wagners Gesundheit nicht zum Besten sei, und daß er jeden Umgang mit revolutionären Kreisen meide. Damit war die Angelegenheit für die österreichischen Behörden weitgehend erledigt, und der Polizeirat Angelo Crespi sah im weiteren Verhalten Wagners nur Zeichen von politischer Harmlosigkeit. „Da die Farbe der Tapeten seines Schlafzimmers ihn störte, hat er vom Hausherrn die Erlaubnis erbeten, eine seiner Stimmung mehr zusagende Art von Rot wählen zu dürfen und diese Veränderungen am nämlichen Tag durchführen lassen“, berichtete der Polizeirat als Ergebnis seiner eingehenden Recherche nach Wien.

Wagner seinerseits schrieb seiner Frau Minna, er wohne in einem mächtigen Palast mit hohen erhabenen Räumen, in denen er nach Lust umherwandle und in denen das Klavier gut klinge.

Von rechts nach links: Teil des Palazzo Giustinian Bernardo 374), Calle Bernardo 375), Palazzo Bernardo Nani Lucheschi 376) und Ecke des Palazzo Rezzonico 377)

Überhaupt hat Wagner aus diesem Palast viele Briefe geschrieben, unter anderem einen an Mathilde Wesendonk am Allerseelentag des Jahres 1858, in dem er, zumindest Mathilde gegenüber, mit Selbstmordgedanken spielt: „... Ich bin erwacht nach kurzem, aber tiefem Schlafe ... Ich stand auf dem Balkon und blickte in den schwarzflutenden Canal hinab. Der Sturmwind tobte. Mein Sprung, mein Fall wäre nicht vernommen worden! ... Und die Faust ballte ich dazu, mich auf das Geländer zu erheben.“

Wagner ist nicht gesprungen, sondern hat fleißig am zweiten Akt seines Tristan komponiert, den er hier vollendete. Ein anderer Brief aus dem Palazzo Giustiniani ging an Franz Liszt, seinen späteren Schwiegervater, in dem er die Vollendung des 2. Aktes vermeldet und gleichzeitig bittet, seine Gönner daheim um Geldzuwendungen anzugehen, da er nur mehr 10 Gulden besitze.

Jedenfalls hat hier in diesem Palazzo Giustiniani Wagner mit seinem Tristan ein neues Kapitel der Musikgeschichte aufgeschlagen.

374) Palazzo Giustinian Bernardo. Der Palazzo besteht aus zwei Teilen, wobei der linke etwas höher als der rechte gebaut ist. Das Gebäude stammt aus dem frühen 16. Jahrhundert.

375) Calle Bernardo

376) Palazzo Bernardo Nani Lucheschi. Das Gebäude stammt aus der zweiten Hälfte des 16. Jahrhunderts und zeigt barocke Bauelemente und auch solche der ausgehenden Renaissance.

377) Palazzo Rezzonico, früher Priuli Bon. Der Palast enthält heute das Museum des 18. Jahrhunderts. Ursprünglich stand an dieser Stelle ein alter venezianisch-byzantinischer Palast der Familie Bon. Mitte des 17. Jahrhunderts erteilte Filippo Bon dem Architekten Baldassare Longhena den Auftrag, an dieser Stelle einen neuen, großartigen Palast zu errichten. Longhena begann 1667 mit dem Bau, der bei seinem Tod 1682 bis zum ersten Stock gediehen war. Dann blieb die Arbeit stecken und wurde erst 1750 nach Plänen des Architekten Giorgio Massari von den mittlerweile neuen Eignern, der Familie Rezzonico, fortgesetzt und 1756 vollendet. Nicht allen Venedigliebhabern hat der Palazzo gefallen und vor allem Ruskin, ein Feind barocker Baukunst, ist über den Palazzo

Von rechts nach links: Ecke des Palazzo Bernardo Nani Lucheschi 376), Palazzo Rezzonico 377), Rio di San Barnaba 378) und Ecke des Palazzo Contarini Michiel

Rezzonico hergezogen. Aber wie alle Bauwerke Longhenas ist er ein geschmackvoller proportionierter und nicht überladener Bau.

Der Familie Bon war nach dem Tod des ursprünglichen Auftraggebers, des Prokurators Filippo, und nach dem Tod des Architekten das Geld für den Weiterbau ausgegangen. Die Bons waren zwar eine sehr alte und angesehene Familie, gehörten aber nicht zu den wirklich Reichen.

Die Familie Rezzonico hingegen war wirklich und ganz besonders reich, gehörte aber erst seit 1687 zum venezianischen Adel, in den sie sich um die damals üblichen hunderttausend Dukaten eingekauft hatte. Die Familie stammte ursprünglich vom Comosee, wo es einen Ort gleichen Namens gibt. Sie waren dort Grundherren gewesen und offensichtlich tüchtige Kaufleute. Mit zunehmendem Wohlstand übersiedelte ein Zweig der Familie nach Genua, ein anderer eben nach Venedig. Die Aufnahme in die venezianische Aristokratie wurde noch durch die Hochzeit des Giovanni Rezzonico mit der N.D. Vittoria Barbarigo besiegelt. Aus dieser Verbindung wurde 1693 Carlo Rezzonico geboren – auch am Canal Grande, aber in einem anderen Palazzo [s. 50] –, der 1758 ganz unerwartet zum Papst gewählt wurde und als solcher den Namen Clemens XIII. annahm.

Papst Clemens XIII. 1758 bis 1769
(Gemälde eines unbekannten römischen Meisters)

Der Kauf, die Fertigstellung und die prachtvolle Ausschmückung des Palazzo kam der nun „päpstlichen“ Familie wie gerufen. Der Kauf hatte sechzigtausend Dukaten gekostet, und Giorgio Massari hatte im rückwärtigen Teil einen Ballsaal gebaut, wie ihn kein zweiter Palast in Venedig besaß. Als Zugang hat er die großartigste Freitreppe geschaffen, die es damals gab, und für die Innendekoration hatte er die berühmtesten Künstler seiner Zeit engagiert, unter ihnen Giambattista Tiepolo, dessen Hochzeitsallegorie heute noch an der Decke des großen Saales zu sehen ist. Das Bild war anläßlich der Hochzeit von Lodovico Rezzonico mit Faustina Savorgnan gemalt worden, die als erstes großes Fest im neuen Palazzo gefeiert wurde und bei der der ganze Prunk der reichen Familie zur Schau gestellt wurde.

Die kurz darauf erfolgte Wahl des Bischofs von Padua, Kardinal Carlo Rezzonico, zum Papst war ein neuerlicher Anlaß zu prächtigen Festen und zur Dokumentation des Reichtums und der Bedeutung der Familie. Die zeitgenössischen Berichte überschlagen sich geradezu bei der Beschreibung der Festlichkeiten. Am 13. Juli 1758 nahm die Familie in einem Saal, in dem ein Bildnis des neuen Papstes stand, die Gratulationen des päpstlichen Nuntius und des Senates entgegen. Über den benachbarten Rio San Barnaba war eine Terrasse errichtet, auf der zu den Klängen der Musik an das Volk Brot und Wein ausgeteilt wurde. Unter dem Donner der Böller und unter den Klängen von Musik defilierte der Adel durch die rund um die Uhr hell erleuchteten Säle: die Patrizier in „Toga und Perücke, und in Umhang und farbigem Untergewand" die Edeldamen. Am Abend gab es dann eine große Konversationsgesellschaft mit Spiel, aber ohne Tanz.

Die Amtszeit von Clemens XIII. war für ihn selbst keine leichte. Schon unter seinem Vorgänger waren die Jesuiten besonders in Spanien und Frankreich schwer unter Beschuß geraten unter anderem deswegen, weil sie sich in den spanischen Kolonien zu sehr für die Indios einsetzten.

Clemens hat im Gegensatz zu seinem diplomatisch versierteren und vorsichtigen Vorgänger Benedikt XIV. und vor allem unter dem Einfluß seiner Umgebung die Jesuiten energisch verteidigt und eine Änderung der Ordensstatuten abgelehnt. Über kurz oder lang brachte ihn das in Gegensatz zu allen bourbonischen Höfen in Frankreich, Spanien, Neapel und auch zu Portugal. Diese Länder hoben nicht nur den Jesuitenorden auf, sondern wandten sich gegen den Papst in Rom und beschlagnahmten sehr viel päpstlichen Grundbesitz in ihren Ländern, auf den sie wohl schon seit geraumer Zeit ein Auge geworfen hatten.

Da ihm auch seine Heimatstadt Venedig nicht helfen konnte – die übrigens mit den Jesuiten auch keine besondere Freude hatte –, wandte er sich an die Kaiserin Maria Theresia mit der Bitte, ihm zu helfen. Auch sie lehnte eine Einmischung ab, mit der Begründung, das sei keine Frage der Religion, sondern eine des Staates. 1769 erschienen schließlich die Gesandten der bourbonischen Höfe in Rom, um die unwiderrufliche Aufhebung der Jesuiten zu fordern. Der Papst berief ein Konsistorium ein mit der Absicht, über diese

Probleme doch noch einmal zu verhandeln. Am Vorabend des Zusammentreffens erlitt er, wahrscheinlich wegen all dieser Aufregungen, einen Schlaganfall, an dem er verstarb.

1762 folgte im Palazzo Rezzonico die nächste Festlichkeit, als Lodovico Rezzonico zum Prokurator von San Marco gewählt wurde. „Drei Nächte lang war der Palast beleuchtet, und mit unsäglichem Kostenaufwand wurden weiterhin reichlich Erfrischungen und Konfekt ausgegeben."

1764 gab eben dieser Prokurator Lodovico einen festlichen Ball zu Ehren des Herzogs von York, des Bruders des englischen Königs Georg III. Wieder kennen die Chronisten nicht genug Worte der Bewunderung über das pompöse Fest: sie loben „die Unmenge von Domestiken, die Haushofmeister, die Kammerherren und Stabträger, die Hellebardiere in vergoldeter Uniform und die Bombardiere. Die Damen in Festgewändern übersät mit Perlen und Edelsteinen die Tänzer, junge Adelige und berühmte Fremde, gekleidet nach französischer Mode mit Stickereien, Besatz und kostbarsten Draperien, nach dem jeweiligen Rang. Der Herzog, an der Seite und am Knie den prächtigen Hosenbandorden, tanzte zuerst mit der kaiserlichen Botschafterin der Gräfin Rosenberg geborene Kaunitz, dann mit der französischen Botschafterin wobei den Damen duftende und liebliche Blumen überreicht wurden …" usw. usw.

1769 geruhte seine Majestät Kaiser Josef II. einer „öffentlichen Konversation" und einem Konzert im Palazzo Rezzonico beizuwohnen und vermied so einen Staatsempfang, der gleichzeitig für ihn hätte gegeben werden sollen. Aber auch von diesem Konzert schlich er sich heimlich weg, obwohl „hundertzehn junge Künstlerinnen" als Orchester spielten, bei einer siebenstimmigen Kantate namens „La Reggia di Calipso", die Maestro Bertoni dirigierte. Der bescheidene Kaiser ging die berühmte Treppe hinab, zwischen den in „reichste Kleidung gehüllten Dienern der Republik" hindurch, die ihn offenbar nicht erkannten, stieg in seine Gondel und ließ sich in sein Hotel „Lion Bianco" zurückrudern.

Es war kein Wunder, daß auch das riesige Vermögen der Rezzonico bei diesem Aufwand allmählich zusammenschmolz. Beim Untergang der Republik traf auch sie die finanzielle Katastrophe mit voller Wucht. Kurz später starb mit Abbondio Rezzonico, dem jüngeren Bruder des Prokurators Lodovico, die männliche Linie aus. Das noch vorhandene Erbe ging zum Teil an die Schwester Lodovicos, die mit einem Widmann verheiratet war und deren Nachkommen sich von da an Widmann Rezzonico nannten. Nach der Versteigerung der letzten Kunstschätze wurde auch der Palast verkauft. Er hatte dann viele Besitzer und viele Mieter. Der Herzog von Modena – Francesco d'Este von Österreich – wohnte dort mit seinem Schwiegersohn, einem spanischen Bourbonen, dem Vater des späteren Kronprätendenten. Später lebte hier ein anderer Österreicher, ein Graf Zichy.

Dann kam ein preußischer Edelmann aus der bekannten Familie Bülow. Einige Räume waren Ateliers venezianischer Künstler. Schließlich erwarb der Sohn des englischen Dichters Robert Browning, Pen Browning, den Palazzo. Er hatte eine reiche Amerikanerin, Fannie Coddington, geheiratet, die es ihm ermöglichte, 1885 den Palazzo Rezzonico zu kaufen. Die Brownings waren immer schon viel in Venedig gewesen und Pen Browning, selbst ein eher unbedeutender Maler und Bildhauer, war in Venedig praktisch aufgewachsen. Er richtete den Palazzo wieder her, baute eine Heizung ein, eine Sensation für die damalige Zeit, und machte ihn zu einem gemütlichen Heim für seinen zu dieser Zeit schon recht alten Vater. 1889 ist Robert Browning hier auch gestorben. 1906 mußte der Palast verkauft werden, nachdem Fannie Coddington sich von Pen Browning hatte scheiden lassen.

Der neue Besitzer war Baron Hirschel de Minerbi, der den Palast später, 1935, an die Stadt Venedig verkaufte. Die Stadt hat dort eines der faszinierendsten Museen der Welt, das Museum des venezianischen Settecento (des 18. Jahrhunderts) eingerichtet.

Von rechts nach links: Rio di San Barnaba 378), Palazzetti Contarini Michiel 379), Calle del Traghetto 380) verdeckt von der Vaporettostation San Barnaba, Palazzetto Stern 381) und Einfahrt in den Rio Malpaga 382)

378) Rio di San Barnaba

379) Palazzetti Contarini Michiel. Das ursprünglich als einheitliches Gebäude konzipierte Bauwerk wurde in zwei kleine Palazzi zerlegt. Beide stammen aus dem 17. Jahrhundert.

380) Calle del Traghetto

381) Palazzetto Stern. Dieser Palast wurde im 19. Jahrhundert vom Architekten Giuseppe Berti gebaut. Er hat in dieses neugotische Bauwerk außerdem noch venezianisch-byzantinische Elemente hineingebaut. Hier stand früher einmal der Palazzo Michiel Malpaga aus dem 13. Jahrhundert. Der Name Malpaga stammt von einem Kastell in der Nähe von Ragusa, das ein Mitglied dieses Zweiges der Familie Michiel, der eigentlich „di San Trovaso" hieß, errichtet hatte.

Von rechts nach links: Palazzetto Stern 381), Rio Malpaga 382), Palazzo Moro Barbini 383), Palazzo Loredan dell' Ambasciatore 384), Casa Mainelli 385), Einfahrt in den Rio San Trovaso 386) hier etwas verdeckt durch den vorbeifahrenden Vaporetto und Seitenwand des einen Palazzo Contarini dagli Scrigni 387)

382) Rio Malpaga

383) Palazzo Moro Barbini. Das Gebäude, das wahrscheinlich auf einem älteren venezianisch-byzantinischen Palast aufgebaut wurde, stammt aus der ersten Hälfte des 16. Jahrhunderts. Er hat eine besonders schlichte Fassade und wurde von lombardischen Baumeistern gebaut.

384) Palazzo Loredan dell' Ambasciatore, später **Gaggia.** Das Gebäude stammt aus dem 15. Jahrhundert und ist ein typisch venezianischgotischer Palast. Die Familie Loredan hat den Palazzo meistens vermietet und ihn vielleicht sogar zu diesem Zweck gebaut.

Der erste historisch bedeutsame Mieter war der sächsische Graf Johann Matthias von der Schulenburg. Er hatte sich als venezianischer Feldherr bei der Verteidigung von Korfu gegen die Türken ganz besonders ausgezeichnet.

Palazzo Loredan dell' Ambasciatore 384)

Am 8. Dezember 1714 erhielt der venezianische Bailo (Botschafter und Vorstand der venezianischen Kolonie) in Konstantinopel Andrea Memmo die Kriegserklärung des Sultans und wurde nach gutem altem türkischen Brauch auch gleich selbst ins Gefängnis gesperrt. Die türkische Flotte drang in die Ägäis ein und eroberte 1715 eine venezianische Festung nach der anderen auf den griechischen Inseln und am Peloponnes. Die Serenissima erwählte Andrea Pisani zum Generalkapitän, und da man einen Angriff auf Korfu befürchten mußte, ging man auf die Suche nach einem Kommandanten für das dortige Landheer. Der venezianische Botschafter in Wien, Pietro Grimani, holte sich Rat beim großen Türkensieger, bei Prinz Eugen, der ihm seinen Unterfeldherrn, den Grafen von der Schulenburg empfahl. Schulenburg hatte seine ersten Lorbeeren im Nordischen Krieg (1700 bis 1721) im sächsischen Heer verdient, als er den Rückzug des Heeres von August dem Starken nach Schlesien so geschickt durchführte, daß er immer als ein Sieg gegen den Schwedenkönig Karl XII. angesehen wurde. Auch im österreichischen Heer unter Prinz Eugen hatte er sich in der Schlacht von Malplaquet mit schwachen Kräften gegen eine Übermacht sehr bewährt. Diesen Meister im Einsatz von schwachen Kräften gegen überlegene Heere empfahl also Prinz Eugen der Serenissima als Verteidiger von Korfu. Er hatte sofort erkannt, wo die Probleme lagen, und den Venezianern den besten Mann dafür genannt. Auch Prinz Eugen hatte größtes Interesse daran, Korfu nicht in die Hände der Türken fallen zu lassen, sondern er wollte einen Sperriegel gegen die türkische Flut quer über den ganzen Balkan errichten. Der westliche Eckpfeiler dieses Riegels war eben Korfu und so auch für die Strategie Österreichs von entscheidender Bedeutung.

Die Serenissima nahm den General für drei Jahre in Dienst – es sollten zweiunddreißig werden –, und am 16. Februar 1716 traf er in Korfu ein. Als die Türken im Juli mit einem Heer von über zwanzigtausend Mann auf Korfu landeten – der Generalkapitän Pisani konnte mit seinen zwei Dutzend Galeeren die Landung nicht verhindern –, trafen sie auf eine gut gerüstete Festung. Wohl gingen die Vorwerke verloren, aber Schulenburg und sein Unterkommandant, der Generalprovveditore Antonio Loredan, waren auf ihrem Platz. Am 3. August war der Belagerungsring ganz eng gezogen. Ein erster Ausfall am 19. August mißlang, ein zweiter in der darauffolgenden Nacht war erfolgreich, und das türkische Heer verließ in wilder Flucht Korfu unter Zurücklassen wahrer Berge von Kriegsmaterial. Wie weit auch der glänzende Sieg Prinz Eugens am 5. August 1716 bei Peterwardein – gegenüber von Neusatz, dem heutigen Novisad an der Donau – zum Zusammenbruch der türkischen Belagerung von Korfu beigetragen hat, läßt sich heute nicht mehr leicht entscheiden. Diesbezügliche Hinweise hat man in türkischen Aufzeichnungen damals entdeckt.

Die Erleichterung in Venedig war grenzenlos, und über den Grafen von der Schulenburg ging ein wahrer Regen von Ehrenbezeigungen und Auszeichnungen nieder. Ein Denkmal in Korfu, ein mit Diamanten besetztes Ehrenschwert und eine jährliche Leibrente von fünftausend Dukaten auf Lebenszeit sind nur einige davon.

Graf von der Schulenburg erwiderte die Sympathie, die ihm von seiten der Serenissima entgegengebracht wurde, mit einer großen Liebe und Anhänglichkeit an Venedig, das er zu seiner neuen Heimat erwählte. Er ließ sich in Venedig nieder und erneuerte seinen Vertrag als Generalissimus der Republik bis zu seinem Lebensende immer wieder. Und im Dienst für Venedig ist er 1747 in Verona auch gestorben. Er war ein Feldherr, der bei seinen Soldaten überaus beliebt war, da er sie immer möglichst schonend behandelte.

In Venedig ließ sich der Feldmarschall im Palazzo Loredan nieder, wo er sich mit einem Gefolge von fünfundzwanzig Domestiken und vier Gondolieri einrichtete. Er führte ein großes Haus, auch wenn, wie der französische Reisende Charles de Brosses schrieb, an seiner Tafel immer die falschen Weine serviert wurden. Selbst als er schon über achtzig war, sei es ein Vergnügen gewesen, ihm zuzuhören, wenn er über den Nordischen Krieg, Karl XII. und den berühmten Rückzug erzählte. Er war stolz auf seine persönliche Freundschaft mit dem Dogen Carlo Ruzzini, der ihn inkognito in Maske besuchen kam, wie es für private Ausgänge des Dogen Vorschrift war. Die beiden kannten sich sehr gut aus früheren Zeiten. Ruzzini war venezianischer

Botschafter bei den Friedensverhandlungen in Passarowitz 1718 gewesen, mit denen die Türkenkriege beendet wurden und hatte damals eng mit Graf von der Schulenburg zusammengearbeitet.

Mit vielen anderen Herrschern hatte er ebenfalls gute persönliche Kontakte, so mit seinem früheren Landesherrn König August dem Starken von Sachsen, der ihm sein Porträt zum Geschenk machte, und mit dem Kurfürsten Karl Albert von Bayern, der ihm eine kostbare Tabaksdose schenkte. Er blieb Junggeselle, da er „sein Brot in Frieden essen wolle", wie er sagte, aber es haben vielleicht noch andere Gründe mitgespielt. Er hatte aus einer alten Beziehung in Dresden einen Sohn gehabt, der aber schwerst behindert war, so daß er vor einer Ehe und vor weiteren eigenen Kindern zurückscheute.

Zu Schulenburgs engstem Kreis zählten auch mehrere Maler, unter anderem Giovanni Antonio Guardi. Der Feldmarschall hatte eine leidenschaftliche Liebe zur Malerei und hatte schließlich eine große Gemäldesammlung zusammengetragen. Wenn die Inventarlisten stimmen, so besaß er Gemälde von Tizian, Giotto, Rubens, Caravaggio, Mantegna sowie von zahlreichen jüngeren Malern, unter anderem von Canaletto und von Guardi, der mit ihm ein Leben lang verbunden blieb. Von ihm soll er mindestens hundert Stücke besessen haben. Er sammelte gern Porträts, besonders solche von ihm selbst.

Adam und Eva
(Kupferstich von Albrecht Dürer 1504)

Als der Feldmarschall siebenundachtzigjährig starb, soll er 845 Gemälde besessen haben, von denen ein erheblicher Teil bereits Jahre früher nach Berlin gebracht worden war, wo sich sein Lieblingsneffe Adolf Friedrich Graf von der Schulenburg gerade ein Schloß baute. Als dieser, ebenfalls ein Soldat, fiel (der Feldmarschall kam über den Verlust nie hinweg), wurde ein anderer Neffe als Universalerbe eingesetzt, wobei die Unveräußerlichbarkeit der Sammlung durch einen Fideikommiß gesichert wurde.

Nach dem Tod des Feldmarschalls wurde der Rest der Sammlung nach Deutschland geschickt. Nach einiger Zeit wurde, entgegen dem Willen des Verstorbenen, damit begonnen, die Sammlung zu verkaufen. Als erstes kam Adam und Eva von Albrecht Dürer zum Verkauf sowie ein Van Dyck und ein Veronese. 1775 brachte das damals neu gegründete Londoner Versteigerungshaus Christie 125 Gemälde zum Verkauf. „A Noble and Superb Collection of Pictures" wurde damals angeboten. 1968 sollen noch 256 Gemälde im Besitz der Familie Schulenburg gewesen sein, davon die Hälfte als Depot im Landesmuseum von Hannover. Seit 1975 kommen aber doch immer wieder Stücke aus der großartigen Sammlung des alten Feldmarschalls auf den Markt und werden durch die Auktionshäuser über die ganze Welt verstreut.

1754 vermietete der Doge Francesco Loredan (1752–1762) den Palast an die kaiserliche Botschaft auf einen Zeitraum „von nicht weniger als neunundzwanzig Jahre", und der erste kaiserliche Botschafter, der ihn bezog, war Graf Philipp Rosenberg.

Über den Grafen Rosenberg sind einige amüsante Geschichtchen zu erzählen. Er scheint ein recht intensives Interesse für das Theater und die dort tätige Weiblichkeit gehabt zu haben und hat außerdem sehr unter den strengen Bestimmungen gelitten, die seit der „Verschwörung der Spanier" [s. 153] den privaten Kontakt zwischen venezianischen Patriziern und ausländischen Diplomaten verboten.

Eines Tages jedenfalls amüsierten sich Casanova und Andrea Memmo (Letztgenannter ein Patrizier und Träger öffentlicher Ämter) gerade bei einer Tänzerin und Kurtisane namens Ancilla, als Memmo vom Fenster aus den kaiserlichen Botschafter Rosenberg vor dem Haus aus der Gondel steigen sah. Wie Casanova erzählt, machte sich Memmo fluchtartig beim Hinterausgang davon, stürzte zum Sekretär der Staatsinquisition und berichtete von dem Vorfall. Dieser erklärte, Memmo habe gut daran getan zu kommen und im übrigen sei der Gerichtshof von diesem Vorfall bereits informiert, worüber sich die beiden Freunde sehr wunderten. Nachdem der erste Schreck vorüber war, belustigte sie das alles sehr. Denn sie waren davon überzeugt, daß der Gerichtshof von dem Ereignis, das gerade erst stattgefunden hatte, nichts gewußt haben konnte, dies aber nicht zugab, um seinen Ruf der Allwissenheit nicht zu gefährden.

Außer seinem Interesse für das Theater und die Frauen hatte Graf Rosenberg auch eine Leidenschaft für gute Weine. 1761 beanstandete die Staatsinquisition, daß er sich nahezu tausend Fässer Wein in den Palazzo Loredan hatte bringen lassen. Die Menge sei zu groß, auch wenn man bedenke, daß er eine große Zahl von Bediensteten zu verköstigen hatte. Um Schmuggel zu verhindern, war nämlich der zollfreie Import auch für Diplomaten begrenzt, und Rosenberg mußte sich entschuldigen, was er mit dem Hinweis tat, daß ihm diese Vorschrift nicht bekannt gewesen sei.

Beim Grafen Rosenberg und im Palazzo Loredan treffen wir in späteren Jahren dann auch eine Dame, nämlich Giustiniana Wynne, die wir vom Palazzo Memmo und ihrem Verhältnis mit Andrea Memmo und mit Casanova kennen. [s. 25] Giustiniana Wynne war die uneheliche Tochter eines englischen Aristokraten und einer Griechin und in Venedig aufgewachsen. Sie muß eine hinreißende Schönheit gewesen sein, offensichtlich auch recht wohlhabend und hat in der venezianischen Gesellschaft des 18. Jahrhunderts eine gewisse Rolle gespielt. Von Andrea Memmo, den sie so gern geheiratet hätte, wurde sie schwanger, floh nach Paris, bekam das Kind in einem Kloster, hatte eine Liebesaffäre mit Giacomo Casanova, lebte eine Zeitlang in London, kehrte dann wieder nach Italien zurück und heiratete schließlich in Padua den alten verwitweten und extravaganten kaiserlichen Botschafter Graf Rosenberg.

So hatte sie es endlich geschafft, Hausherrin in einem Palazzo am Canal Grande zu sein. Die Sache hatte nur einen Haken. Die kaiserliche Regierung in Wien war von dieser doch etwas zwielichtigen Gestalt als Botschaftersgattin nicht sehr angetan. Staatskanzler Kaunitz, ein Verwandter der verstorbenen ersten Frau von Botschafter Graf Rosenberg, ließ über sie in London Nachforschungen anstellen. Da dabei nichts Gutes herauskam, verlangte er, daß diese Heirat geheimgehalten werde. Da das aber nicht so lief, wie er es wünschte, berief er den alten Botschafter einfach ab, und die schöne Giustiniana hatte ihren Palazzo am Canal Grande, kaum erhalten, auch schon wieder verloren.

Vorher hatte sie noch als Botschaftersgattin ihren Exgeliebten, den oben genannten Andrea Memmo, mit dem sie zu dieser Zeit nur mehr eine aufrichtige Freundschaft verband, in größte Verlegenheit gebracht, als sie ihn im Palazzo Manin bei einem Fest ansprach und ihre Intervention in einer Angelegenheit anbot, die gerade im Senat – natürlich geheim – diskutiert wurde. Nicht genug damit, schrieb sie ihm am nächsten Tag auch noch einen Brief zum selben Thema. Memmo gab den Brief an den Boten zurück und meldete den Vorfall sogleich der Staatsinquisition. Dort nahm man die Angelegenheit sehr ernst, und nur auf Grund seines spontanen Geständnisses entging Memmo einer schweren Bestrafung. Auch auf Grund des Respekts gegenüber der Frau des Botschafters begnügte man sich mit der Mahnung „sich in Zukunft jeden Kontaktes mit der Gattin des genannten Botschafters sowie mit deren Familie zu enthalten und sich ihr auch bei offiziellen Anlässen und Zeremonien nicht zu nähern, um nicht die äußerste Empörung des Tribunals auf sich zu ziehen". Dieser Vorfall, der natürlich diplomatische Wellen bis nach Wien schlug, hat wahrscheinlich auch noch mit zur Abberufung des Botschafters Rosenberg aus Venedig beigetragen.

Nach zehnjähriger Dienstzeit in Venedig wurde also Rosenberg nach Wien zurückberufen, und hier konnte Giustiniana in der Gesellschaft erst recht nicht Fuß fassen, und bei Hof wurde sie, die skandalumwitterte Abenteurerin, natürlich auch nicht empfangen. Die Rosenberg zogen sich auf ihre Güter in Kärnten zurück, und 1765 starb der alte Botschafter. Giustiniana fühlte sich auf dem Familiensitz natürlich unglücklich und kehrte bald wieder nach Venedig zurück, wo sie ihre alten Freunde ja jetzt wieder ungestört treffen konnte und wo sie sich auch wohl fühlte.

Mittlerweile war der Palazzo Loredan dell' Ambasciatore vom Nachfolger des Grafen Rosenberg, dem genuesischen Edelmann Graf Giacomo Durazzo und seiner Frau bewohnt. Auch mit ihm hat sich die Staatsinquisition beschäftigt, da dieser kaiserliche Botschafter neben seiner exzessiven Leidenschaft für gutes Essen auch wieder Kontakte besonders mit den Damen vom Theater suchte. Seiner Leidenschaft für die gute französische Küche frönte er ganz besonders und ließ sich einen französischen Meisterkoch nach Venedig kommen, der aber später zum Prokurator von San Marco, Francesco Lorenzo Morosini, wechselte; auch eine Tatsache, die der Staatsinquisition eine Zeitlang verdächtig war.

Außerdem hatte sich dieser Koch, Monsieur Claude de Vigneron, mit Patriziern unterhalten, was ja seinem Herrn dem Botschafter untersagt war. Zudem war Herr Vigneron hinter den Damen der guten Gesellschaft her, tauschte mit der N.D. Adriana Barbaro Foscarini verführerische Blicke aus und sandte an die N.D. Lucia Barzizza Crotta Liebesbriefchen, alles Dinge, die der Staatsinquisition nicht entgingen und die sie fein säuberlich registrierte.

Auch die Botschafterin, mit der sich Giustiniana Wynne, die verwitwete Gräfin Rosenberg, sehr angefreundet hatte, war nicht ganz ohne, und mehrfach mußte die Staatsinquisition ihren Sprecher, den Abate Cattaneo, zum Botschafter schicken, um Beschwerden vorzubringen. Eines Tages, nach einem Mittagessen im Palazzo Loredan, hatte der Botschafter des Königs von Neapel, Marchese Finocchetti, vorgeschlagen, die illustre Gesellschaft möge doch die Gärten der Abtei von San Giorgio Maggiore besuchen. Die Schwierigkeit lag darin, daß ein Teil der Gärten nur durch den Klausurbezirk des Klosters zugänglich war. Finocchetti aber war der Meinung, daß die guten Mönche der Frau des kaiserlichen Botschafters den Zutritt nicht verwehren könnten. Die guten Mönche konnten und nach dem zweiten Kreuzgang stand ein mit einem Gewehr bewaffneter Benediktinermönch vor der fröhlichen Gesellschaft und machte Anstalten, auf die muntere Tischgesellschaft zu schießen. Die Botschafterin soll sich daraufhin in einer Weise gebärdet haben, „die eher einer Bacchantin als einer vernünftigen Person" angemessen war. Die Angelegenheit hatte einen Wust von Unannehmlichkeiten zur Folge, die in diplomatischen Kreisen eher nicht vorkommen sollten und dort jedenfalls sehr unerwünscht sind.

Die Gräfin Durazzo war auch noch in eine andere Affäre verwickelt, von der wir schon beim Haus am Ramo Grassi [s. 145] erfahren haben. Dort war ein hartnäckiger Verehrer der Gräfin, ein Mitglied des Hauses Nassau abgestiegen, um seiner Angebeteten nahe zu sein. Die Staatsinquisition warf den Prinzen kurzerhand aus Venedig hinaus, um einen Skandal größeren Ausmaßes zu verhindern.

1891 wurde der Palast bei einem Brand stark beschädigt und anschließend gründlich restauriert und ist heute in einem sehr guten Zustand.

385) Casa Mainelli. An der Stelle eines kleinen zurückgebauten gotischen Hauses mit einem davor gelegenen Kai und einem Schuppen am Rio San Trovaso wurde dieses Haus unter der österreichischen Herrschaft Mitte des 19. Jahrhunderts vom Architekten Lodovico Cadorin im Stil eines nachempfundenen Renaissancebaues errichtet. Leider ist es durch einen vorgebauten Bootsschuppen völlig verunstaltet.

Von rechts nach links: Teil des Palazzo Moro Barbini 383), Palazzo Loredan dell' Ambasciatore 384), Casa Mainelli 385), die Einfahrt zum Rio di San Trovaso 386) und die Palazzi Contarini dagli Scrigni 387)

386) Rio di San Trovaso

387) Palazzi Contarini dagli Scrigni oder Palazzi Contarini Piazzola. Es sind zwei Palazzi, die beide der gleichen Familie gehörten, aber in ihrem Stil völlig verschieden sind.

Der Name „dagli Scrigni“ (von den Kassetten) soll von einer Villa in Piazzola bei Padua stammen, die den Contarini seit 1418 gehörte und deren Fassade mit einem Kassettenmuster versehen war, andere meinen wieder, und das scheint auch wahrscheinlicher, daß dagli Scrigni als „die mit dem vielen Geld“ zu übersetzen wäre, weil die Familie so viele Truhen mit Geld besaß und Scrigni im venezianischen Dialekt auch ein Ausdruck für Geld war. Der Beiname Piazzola stammt von einem Ort, wo die Contarini Besitzungen hatten.

Palazzi Contarini dagli Scrigni 387)

Der erste Palazzo, an der Einmündung des Rio di San Trovaso, ist ein gotisches Gebäude aus dem 15. Jahrhundert, das im 17. Jahrhundert von Francesco Smeraldi umgebaut wurde. Hier befand sich einst die berühmte Gemäldesammlung der Contarini. Graf Girolamo Contarini hat sie 1838 der Stadt Venedig hinterlassen. Sie bilden heute einen Bestandteil der Galleria del' Accademia. Contarini war österreichischer Graf geworden und Träger des höchsten Ordens der Monarchie, des goldenen Vlieses. Sein Vermächtnis an die Accademia enthielt Giovanni Bellinis „Madonna mit dem Bäumchen“, sechs Bilder von Pietro Longhi, darunter „Das Konzert“, „Die Tanzstunde“, „Der Apotheker“ sowie eine große Zahl von Bildern der Meister des 15. und 16. Jahrhunderts.

Der zweite daran anschließende Palast trägt auch den Beinamen „Corfu“, ist jüngeren Datums, ein später Renaissancebau, der von Vincenzo Scamozzi, dem bedeutendsten der Palladioschüler, 1609 errichtet wurde. Da das Gebäude mit dem alten gotischen Palast zusammengebaut wurde und man auf die Stockwerkhöhe Rücksicht nahm, ist die Fassade irgendwie unproportioniert.

388) Palazzo Mocenigo Gambara. Ursprünglich stand hier ein gotischer Palast, der der Familie Mocenigo vom Zweig „della Carità“ gehörte. In diesem Palazzo soll der berühmte Lazzaro Mocenigo geboren worden sein, der als dreißigjähriger Generalkapitän drauf und dran war, nach einer der Dardanellenschlachten die türkische Hauptstadt mit seiner Flotte zu bedrohen, als ihn am 19. Juli 1657 ein Volltreffer auf seinem Admiralsschiff tötete.

Dieser berühmte Seeheld der Familie Mocenigo erwarb seinen großen Ruhm in den Seeschlachten, die damals zwischen den Venezianern und den Türken in der östlichen Ägäis geschlagen wurden. 1656 führte er die siegreiche venezianische Flotte von den Dardanellen zurück und überbrachte die traurige Nachricht vom Tod seines Vorgesetzten, des Admirals Lorenzo Marcello, der während der siegreichen Schlacht auf seinem Admiralsschiff fiel [s. 31] und während der er, Mocenigo, sein rechtes Auge verlor. Auf der Heimreise nahm er dann noch ein Piratenschiff gefangen und hat es als heimkehrender Sieger bis vor den Dogenpalast geschleppt.

Die Begeisterung für ihn in Venedig kannte keine Grenzen. Er wurde sofort nach seiner Rückkehr zum neuen Capitan General da Mar gewählt, um im folgenden Jahr die von seinem Vorgänger begonnenen Aufgaben in der Ägäis weiterzuführen. Aus diesem Jahr stammt wohl auch das Porträt, das Francesco Maffei von ihm gemalt hat und von dem zwei Exemplare existieren. Eines hängt im Palazzo Mocenigo bei San Stae und ein zweites im Schloß Schleißheim in Deutschland. Ein schlanker Mann, an den Mast seines Schiffes

Von rechts nach links: Palazzo Contarini dagli Scrigni 387), Palazzo Mocenigo Gambara 388), Palazzo Querini Vianello 389), Haus am Rio della Carità 390), Rio Terrà della Carità 391) und Campo della Carità 392)

gelehnt, den Kommandostab in der Rechten, weist er auf die im Hintergrund liegende Insellandschaft der Dardanellen. Er trägt die Romana, den Purpurmantel des Capitan General da Mar, und fixiert mit einem brennenden Blick den Betrachter. Das Bild hat etwas Gespenstisches an sich, vielleicht die Ahnung des nahen Todes. Im Juli 1657 ist er nämlich gefallen, als er versuchte, die Tat seines Vorgängers Marcello zu wiederholen und zu Ende zu führen.

Die operative türkische Flotte, die versucht hatte, aus den Dardanellen heraus in die Ägäis vorzudringen, hatte er bereits geschlagen, aber beim Versuch, selbst in die Meerenge einzudringen, wurde sein Flaggschiff von der Kanonenkugel einer türkischen Landbatterie so unglücklich getroffen, daß die Pulverkammer explodierte, das Schiff zerbrach und Mocenigo selbst von den herabstürzenden Rahen erschlagen wurde.

Lazzaro Mocenigo
von Francesco Maffei

Lazzaro Mocenigos Bruder, Antonio Mocenigo, wurde wegen der Verdienste des Admirals zum Cavaliere della Stola d'Oro ernannt. Der Sohn dieses Antonio, Zusanne Mocenigo, geboren 1651 und der letzte dieser Linie, machte hingegen sehr unliebsam von sich reden, „weil er im Theater San Salvador zwei Pistolenschüsse auf Sèr Nicolò und Sèr Sebastian Foscarini abgab, die den Tod des Sèr Nicolò nach sich zogen", wie es in einem Protokoll aus der damaligen Zeit zu lesen ist. Zusanne wurde daraufhin bei Todesstrafe verbannt. Der Adelstitel wurde ihm später aber wieder zurückgegeben.

Die Familie Gambara, die den Palast umbaute, stammte ursprünglich aus Brescia, hatte sich 1653 in das Patriziat eingekauft und kam 1678 durch eine Ehe ihrer Tochter Eleonora mit Francesco Mocenigo zu dem Palast. Von ihnen stammt das Wappen mit dem Krebs (Gàmbero), das heute noch am Landeingang am Campiello Gambara zu sehen ist.

389) Palazzo Querini Vianello. Es ist ein Gebäude aus dem 17. Jahrhundert, das auf den Mauern eines viel älteren gotischen Palastes errichtet wurde. Heute ist hier das englische Konsulat untergebracht.

390) Haus am Rio della Carità. Das Haus wurde in der Mitte des 19. Jahrhunderts in einem kleinen Garten gebaut, der sich an dieser Stelle befand und dessen hinterer Teil heute noch erhalten ist.

391) Rio Terrà della Carità. Nur ein kleines Stück von diesem ehemaligen Canal ist an seiner Einmündung in den Canal Grande noch erhalten und dient als Anlegeplatz für Gondeln. Der Rest ist zugeschüttet und mit dem Campo della Carità vor dem Eingang zur Galleria dell' Accademia zusammengewachsen.

392) Campo della Carità. Hier steht die frühere Scuola della Carità, deren Tor heute der Eingang in die größte Bildersammlung Venedigs ist, in die Galleria dell' Accademia. Die Fassade, die um 1760 nach Plänen von Giorgio Massari gebaut wurde, ist im 19. Jahrhundert verändert worden. Weiter links auf dem Campo steht die Accademia di Belle Arti im Gebäude der ehemaligen Kirche Santa Maria della Carità.

Von rechts nach links: Rio Terrà della Carità 391), Campo della Carità 392) mit der Accademia di Belle Arti 393) und dem Abgang von der Ponte dell' Accademia ganz links 394)

Die 1260 gegründete Scuola Grande di Santa Maria della Carità war eine der sechs Bruderschaften, die diesen Titel „Scuola Grande" führen durfte. Es waren Vereinigungen der reichen Bürger mit einem religiösen Anstrich, die der Fürsorge und der Andacht dienten. Durch ihre prunkvollen Bauten und vor allem durch deren herrliche künstlerische Ausstattung gaben sie vielen Malern und Kunsthandwerkern Arbeit. Heute würde man solche Vereinigungen wie die Scuole am ehesten als Club bezeichnen.

In der Adelsrepublik Venedig war für die von der Regierung ausgeschlossenen, zum Teil aber sehr reichen Bürger die Mitgliedschaft bei den Scuole ein Ventil, es der exklusiven Patrizierschaft gleich zu tun und ebenfalls Pracht und Ansehen zu demonstrieren. Die Scuole veranstalteten Umzüge und Prozessionen, wie sie uns auf vielen alten Bildern überliefert sind, und ihre Mitglieder trugen dabei Gewänder, die der patrizischen Amtstoga nachempfunden war. Auf den Bildern der von ihnen beauftragten Künstler konnten sich die Mitglieder der Scuole wie Dogen abbilden lassen. Eines der schönsten Beispiele dieser Selbstdarstellung hängt heute noch an jener Stelle, wo es die Brüder der Scuola Grande della Carità 1534 bis 1538 anbrachten, in der früheren Sala dell' Albergo ihrer Scuola, in der heutigen Accademia. Es ist Tizians „Präsentation Marias im Tempel", auf der der Freund Tizians, der sehr reiche und kultivierte Andrea de Franceschi „auf Dogenart" gemalt ist. Die anderen Figuren des Bildes stellen wahrscheinlich die übrigen Mitglieder der Scuola Grande dar, die dieses Bild in Auftrag gegeben hat.

Presentatione della Vergine al Tempio
(Tizian, Galleria dell' Accademia Venedig)

Die Scuola Grande wurde bei der Umwandlung in die Accademia nicht allzusehr umgebaut und dadurch auch nicht so verwüstet wie die Kirche Santa Maria della Carità.

393) Accademia di Belle Arti ist die ehemalige Chiesa di Santa Maria della Carità. Heute ist hier die Akademie der schönen Künste untergebracht mit ihrem berühmten Museum. Das Bauwerk ist eine alte gotische Kirche aus dem 15. Jahrhundert, die zum Kloster der Lateranensischen Kanoniker gehörte. Auf Bildern von Canaletto ist die Kirche noch mit ihrem Campanile zu sehen, der aber später, am 27. März 1744, plötzlich zusammenstürzte.

1807 wurden die Kirche und das Kloster aufgelassen und wie so vieles während der Zeit der Napoleonischen Herrschaft barbarisch umgebaut und das Gebäude anschließend der Akademie übertragen. Die Kirche war nämlich, wie auf dem Bild von Canaletto zu sehen ist, ein schönes, reich verziertes gotisches Bauwerk, das 1441 restauriert worden war. Die Steinmetzarbeiten stammten von Bartolomeo Bon, der auch die Porta della Carta des Dogenpalastes errichtet hatte. Die Kirche enthielt die Grabmäler dreier Dogen. Von Mauro Codussi stammte das Grabmal für die Dogen Marco und Agostino Barbarigo und von Vincenzo Scamozzi das Grabmal des Dogen Niccolò da Ponte mit einer von Alessandro Vittoria gefertigten Büste des Dogen. Von allen diesen Schätzen blieb fast nichts übrig; nur die Büste von Da Ponte und die kniende Gestalt des Agostino Barbarigo sind noch erhalten, alles andere wurde als Bauschutt weggeführt. Man hatte eine Zwischendecke eingezogen, um mehr Platz für die Arbeits- und Ausstellungsräume der Accademia zu schaffen, die die Franzosen aus dem alten Mehlmagazin neben der Piazetta ausquartieren mußten, da sie ihre „königlichen“ Gärten unbedingt dort anlegen wollten.

Die Kirche Santa Maria della Carità, der Canal Grande und Santa Maria della Salute im Hintergrund (Canaletto 1726)

Der Umbau, den Sanantonio Selva geleitet hatte, war 1811 abgeschlossen, und die Akademie übersiedelte. Da in die Kirche ein Obergeschoß eingezogen worden war, wurden, um eine Beleuchtung von oben zu ermöglichen, die gotischen Fenster einfach zugemauert und Fenster in das Dach gebrochen. Bei den Umbauten 1919 bis 1922 wurden einige der schönen alten gotischen Doppelbogenfenster wieder freigelegt.

Als 1814 das „Italienische Königreich“ Napoleons zusammenbrach und die Österreicher wieder die Regierung in Venedig übernahmen, war die Accademia schon längst übersiedelt. Im Jahr 1822 hat sich übrigens eine eigenartige Kontoverse zwischen dem damaligen Patriarchen von Venedig, dem Ungarn Kardinal Ladislau Pyrker, und dem Präsidenten der Accademia, Leopoldo Cicognara, ereignet. Cicognara wollte nach dem Tod des berühmten

Trauerfeier für Canova (von Giuseppe Borsato)

Bildhauers Canova eine Trauerfeier in der Accademia abhalten, und zu diesem Zweck sollte der Trauerkondukt vor der Accademia anhalten, der Sarg Canovas ausgeladen und in einem Saal (Sala delle Riunioni) aufgebahrt werden. Aber der Patriarch war strickt dagegen. Es ist dann aber doch so geschehen, wie es die Accademia und ihr Präsident wollten, und ein Bild von Giuseppe Borsato zeigt die Trauerfeierlichkeit in diesem Saal unter dem berühmten Tiziangemälde „Assunta" (Himmelfahrt Mariens), das heute wieder den Hochaltar der Frarikirche schmückt. Warum sich diese beiden, um die Erhaltung der venezianischen Kunstschätze so verdienten Männer wegen dieses Trauerkondukts so in die Haare geraten sind, ist nicht ganz klar. Zorzi meint, daß ein Streit zwischen ihnen sich daran entzündet hatte, daß der Patriarch unbedingt die Ikonostase aus der zur Kathedrale gewordenen Markuskirche entfernen lassen wollte. Cicognara hatte diese Idee bekämpft und „als einen Plan bezeichnet, der eines der edelsten Monumente der Christenheit verunstalten würde". Sein Einsatz hat damals sicherlich bewirkt, daß diese absurde Initiative im Sande verlaufen ist. Leider wurde diese unglückliche Idee in späterer Zeit von einem anderen Patriarchen, Angelo Giuseppe Roncalli (dem späteren Papst Johannes XXIII.), wieder aufgegriffen, und dabei wurden dann sogar etliche schöne alte Marmorteile entfernt (sogenannte Plutei).

Eine weitere Geschichte rankt sich um dieses aufgelassene Kloster der Lateranischen Kononiker von Santa Maria della Carità, die aber wohl eher in das Fabelreich zu verweisen ist.

Wahr ist nur, daß 1177 in Venedig Frieden zwischen Kaiser Friedrich Barbarossa und dem Papst Alexander III. geschlossen wurde und daß der damalige Doge, Sebastiano Ziani, bei der Vermittlung eine bedeutende Rolle gespielt hat. [s. 100] Dadurch war damals Venedig in den Mittelpunkt der Weltgeschichte gerückt, und die späteren Historiographen der Serenissima konnten sich nicht genug daran gütlich tun, dieses Ereignis phantasievoll auszuschmücken.

Eine der Geschichten, die in diesem Zusammenhang erfunden wurde, spielt in diesem Kloster. Der angeblich vom Kaiser zur Flucht gezwungene Papst Alexander III. wäre nämlich heimlich in Venedig eingetroffen und nachdem er die erste Nacht unter einem Haustor geschlafen hatte, sei er inkognito beim Prior des Klosters der Carità vorstellig geworden. Dieser habe ihn nach der einen Version als Kaplan, nach der anderen als Küchenjunge aufgenommen. Nach vielen Monaten sei der Papst vom Dogen Sebastiano Ziani entdeckt und in allen Ehren in den Dogenpalast geleitet worden, von wo man sogleich zwei Gesandte zum Kaiser geschickt habe, die Friedensvorschläge unterbreiteten. Barbarossa weigerte sich aber zu verhandeln, verlangte die Auslieferung des Papstes und rüstete – immer noch laut Legende – mit genuesischer Hilfe eine Flotte von fünfundsechzig Galeeren aus, die er unter dem Kommando seines Sohnes Otto gegen Venedig schickte. Der Doge übernahm angeblich persönlich das Oberkommando über eine venezianische Flotte von nur dreißig Galeeren, empfing den Segen des Papstes, der ihm einen Degen mit goldenem Griff und eine goldene Rose überreichte. Am Himmelfahrtstag sei es vor Capo Salvore (Savudria) in Istrien zur Seeschlacht gekommen. Der Doge Ziani besiegte die Kaiserlichen und nahm achtundvierzig Galeeren sowie Otto selbst gefangen. Und dieser habe dann, nachdem der Doge ihn großzügig wieder freigelassen hatte, seinen Vater zum Frieden mit dem Papst überredet.

Die tatsächlichen historischen Ereignisse werden im Zusammenhang mit dem ehemaligen Palazzo der Familie Ziani [s. 100] berichtet.

394) Ponte dell' Accademia. Sie ist heute eine Holzbrücke, die die im 19. Jahrhundert von den Österreichern gebaute Eisenbrücke ersetzt hat.

Von rechts nach links: Rio Terrà Foscarini 395), Palazzo Brandolin Rota 396) und ein Teil vom Palazzo Contarini dal Zaffo 397) vom Aufgang zum Ponte dell' Accademia aus gesehen.

395) Rio Terrà Foscarini. Auch hier besteht noch ein kurzes Stück des alten Kanals als Bootsanlegestelle.

396) Palazzo Brandolin Rota. Das Gebäude wurde im 17. Jahrhundert an der Stelle eines alten venezianisch-byzantinischen Palastes von der Familie Rota errichtet. Die Rota waren seit 1685 Patrizier, den Bau dürften sie aber schon früher begonnen haben. Sie waren Avocati, was in dem sehr komplizierten venezianischen Rechtssystem eine hohe Staatsstellung bedeutete. Das Gebäude war im 19. Jahrhundert ein Hotel, das Hotel Universo, in dem unter anderem Robert Browning wohnte. Auch die berühmte Sängerin Toti dal Monte war einmal Eigentümerin dieses Palastes.

Von rechts nach links: Ecke des Palazzo Brandolin Rota 396), Palazzo Contarini dal Zaffo 397), Garten 398) und Palazzo Molin Balbi Valier della Tressa 399)

397) Palazzo Contarini dal Zaffo, später Manzoni Angaran. Das Gebäude selbst ist ein prachtvolles Renaissancebauwerk und wahrscheinlich eine Arbeit von Mauro Coducci und eines der schönsten Werke der lombardischen Baumeister in Venedig.

Das Bauwerk blieb Jahrhunderte im Besitz der Contarini-Familie mit dem Beinamen „dal Zaffo". 1783 kauften die reichen Seidenhändler Manzoni den Palast. Später ging er an die Grafen Montecuccoli über, dann an den Herzog von Decazes. Die Montecuccoli waren eine alte österreichische Soldatenfamilie, aus denen viele österreichische Offiziere hervorgegangen sind, unter anderem der langjährige Marinekommandant Admiral Graf Montecuccoli di Polignano. Der Palast war einmal mit Fresken von Domenico Tiepolo ausgeschmückt, die aber nach Deutschland verkauft worden waren und im Zweiten Weltkrieg zerstört wurden. Nur einige Friese sind noch erhalten.

398) Garten an der Stelle des früher hier gelegenen Palazzo der Familie Paradiso. Heute gehört der Garten zu dem nächstfolgenden Palast, dem Palazzo Molin Balbi Valier.

399) Palazzo Molin Balbi Valier della Tressa, später **Sanmartini.** Das Gebäude, das vom Canal etwas zurückgesetzt ist, geht auf einen alten venezianisch-byzantinischen Palast zurück, der später gotisch umgebaut und dann im 17. Jahrhundert ganz neu gebaut wurde. Damals wurden auch die zwei halbrunden Vorbauten mit den darüber befindlichen Terrassen errichtet, die die zurückgesetzte Front etwas kaschieren. Die Kriegsandenken von Gerolamo Maria Balbi, Statthalter in Dalmatien, der 1715 erfolgreich Knin und Senj gegen die Türken verteidigte und der in diesem Palazzo wohnte, sind zusammen mit anderen Familienandenken im städtischen Museum Correr zu sehen.

400) Palazzo Loredan Cini. Das Gebäude, dessen schlichte Fassade zum Canal Grande geht, wendet seine wesentlich reichere Hauptfassade zum Rio und Campo San Vio. Das Bauwerk stammt aus dem 16. Jahrhundert.

Von rechts nach links: Garten 398), Palazzo Molin Balbi Valier della Tressa 399), Palazzo Loredan Cini 400), Rio di San Vio 401), Campo San Vio 402) und der Palazzo Barbarigo 403)

Die Fassade zum Canal Grande war ursprünglich mit Fresken von G. Salviati bemalt, die heute verschwunden sind. Nach den Loredan gehörte der Palazzo dem Herzog von Modena und ging noch viel später in das Eigentum des Grafen Vittorio Cini über.

Ende des 19. und Anfang des 20. Jahrhunderts wohnte hier der spanische Thronanwärter und Führer der „Karlisten“ Carlos von Bourbon, als der Palast seinem Onkel Franz d'Este, dem letzten Herzog von Modena, gehörte.

Die karlistische Bewegung, die Spanien in der zweiten Hälfte des 19. Jahrhunderts blutige Kriege und Aufstände beschert hatte, ging auf einen bourbonischen Erbschaftsstreit im spanischen Königshaus zurück. König Ferdinand VII. hatte, als er 1833 starb, seine Tochter Isabella zur Thronerbin erklärt, was dem Salischen Erbfolgerecht widersprach, nach dem immer nur männliche Nachkommen den Thron erben konnten. In diesem Falle wäre dies der Bruder des Königs, Don Carlos, gewesen. Zwischen den Anhängern dieses Don Carlos und der Königin Isabella brach ein blutiger Bürgerkrieg aus, der schließlich damit endete, daß Don Carlos ins Exil ging, sich aber weiter König Karl V. von Spanien nannte.

Nach einigen Jahren, Don Carlos' Nachkommen hatten das Spiel nicht verloren gegeben, war 1872 ein weiterer karlistischer Krieg ausgebrochen, den jetzt ein neuer Don Carlos in Szene gesetzt hatte. Der Krieg hat damals vier Jahre gedauert und Spanien zerrissen und war schließlich in einem Meer von Blut beendet worden. Am Ende hat General Primo de Rivera die karlistischen Truppen geschlagen, und Don Carlos – Herzog von Madrid und für die ganz Unbeugsamen König Karl VII. – hatte Spanien verlassen müssen.

Er erschien nun im Palazzo Loredan bei San Vio und nistete sich bei seinem Onkel, dem letzten Herzog von Modena ein. Er lebte abwechselnd hier und in Frohsdorf bei Wiener Neustadt in Niederösterreich bei den französischen Bourbonen, mit denen er auch verwandt war. Auf die karlistische Bewegung und ihre blutige Niederlage geht ein Teil jener Schwierigkeiten zurück, denen sich Spanien heute noch durch die baskische Befreiungsorganisation ETA ausgesetzt sieht. Das Baskenland war nämlich eine Hochburg der Karlisten.

Graf Vittorio Cini, der den Palazzo Loredan später besaß und restaurieren ließ, hat auch das Kloster von San Giorgio Maggiore restaurieren lassen und sich zusätzlich durch die Stiftung „Giorgio Cini“ große Verdienste um Venedig erworben.

401) Rio di San Vio

402) Campo San Vio. An der inneren Front des Campo San Vio stand früher die alte Pfarrkirche San Vio, bevor sie im Jahr 1813 abgerissen wurde. Hier fand alljährlich im Beisein des Dogen und der gesamten Regierung Venedigs ein Dankgottesdienst statt. Dabei feierte man die glückliche Niederschlagung des Tiepolo-Aufstandes vom 15. Juni 1310. [s. 305] Einige Paterae und ein Kreuz, die im 14. Jahrhundert von dem niedergerissenen Palast der Tiepolo zur Erinnerung aufbewahrt wurden, sind in die Wand der modernen Votivkapelle eingemauert, die an die alte „Chiesa di San Vio e San Modesto" erinnern. 1813 unter der französischen Herrschaft war für die selbsternannten „Demokraten" aus Bajamonte Tiepolo plötzlich ein Held geworden, da er am 15. Juni 1310 gegen die Republik und den Dogen geputscht hatte. Daß seine Motive sicherlich nicht demokratischer Natur waren, haben die damaligen französischen Machthaber entweder nicht gewußt, oder es war ihnen aus propagandistischen Gründen egal. Wichtig war nur, wieder ein weiteres Wahrzeichen zu zerstören, das an einen Brauch aus der alten Republik erinnerte.

Von rechts nach links: Palazzo Loredan Cini 400), Rio di San Vio 401), Campo San Vio 402) und Palazzo Barbarigo 403)

1926 wurde hier auch eine kleine protestantische Kirche errichtet. Ihr Eingang ist mit Bronzetoren versehen, und die Statuen und ein Relief von Sankt Georg sollen an die englischen Soldaten erinnern, die im Ersten Weltkrieg an der italienischen Front gefallen sind.

403) Palazzo Barbarigo. Ist ein Gebäude aus dem 16. Jahrhundert, das ursprünglich sehr schlicht gehalten war mit einer wunderschönen Renaissancefassade aus istrianischem Kalkstein. Leider wurde es im 19. Jahrhundert mit Mosaiken verziert, die auf Vorlagen von Giulio Carlini zurückgehen. Heute ist die Compagnia Veneziana Murano dort untergebracht. In diesem Haus hat im 17. Jahrhundert Pietro Barbarigo gelebt, der zuerst Senator war und später Patriarch von Venedig wurde.

Von rechts nach links: Teil des Palazzo Barbarigo 403), Palazzo da Mula 404), Palazzo Centani 405) und Ecke der Casa in Corte Venier dei Leoni 406)

404) Palazzo da Mula. Er ist ein gotisches Bauwerk aus dem 15. Jahrhundert mit einer Spitzbogenfassade. Die beiden getrennten Eingänge an der Wasserfront weisen darauf hin, daß das Gebäude für die Benutzung durch zwei Familien gebaut wurde. Einige Räume haben noch die Inneneinrichtung aus dem 17. Jahrhundert.

Im Palazzo da Mula wohnte in der ersten Hälfte des 20. Jahrhunderts Contessa Annina Morosini, die von manchen als die „letzte Dogaressa" bezeichnet wurde. Sie war eine wunderschöne Frau, mit tizianroten Haaren, grünen Augen und einer phantastischen Figur. Sie spielte im gesellschaftlichen Leben Venedigs ihrer Zeit eine große Rolle, zum Teil natürlich durch den Titel und den Namen ihres Mannes, Michele Morosini, der aber das angenehme Leben in Paris der Gesellschaft seiner extravaganten Frau vorzog. Er soll sie, wenn er nach ihr gefragt wurde, als Landplage bezeichnet haben.

Der Palazzo da Mula war durch sie jedenfalls zu einem Mittelpunkt im gesellschaftlichen Leben Venedigs geworden, und die sogenannte gute Gesellschaft riß sich darum, bei ihr eingeladen zu sein. Ihr Ansehen nahm noch zu, als seine Majestät der deutsche Kaiser Wilhelm II. ihr hartnäckig den Hof machte. Die Kreuzfahrten der kaiserlichen Yacht „Hohenzollern" in der oberen Adria wurden immer häufiger und endeten regelmäßig in Venedig. Unter großem Pomp fuhr dann die Barkasse mit dem am Bug stehenden Kaiser von der Yacht zum Palazzo da Mula. Ab dem Zeitpunkt standen natürlich noch mehr Snobs aus der ganzen Welt vor dem Palazzo da Mula Schlange.

Geschichtchen und Anekdoten über die Contessa Morosini gab es viele. Sie scheint auch viel Humor gehabt zu haben, denn einige Bemerkungen von ihr zeigen entweder eine grenzenlose Dummheit oder doch viel eher eine köstliche Selbstironie, mit der sie einerseits die Rolle des ausgestorbenen Ancien Régime gespielt und andererseits sich selbst karikiert hat. So soll sie einmal auf einer Gesellschaft mit einer Stimme, die der ganze Saal nicht überhören konnte, gesagt haben: „Ich lese gerade ein Buch über den Prozeß von Maria Antoinette; wenn Sie es auch schon gelesen haben, so sagen Sie mir bitte nicht, wie er ausgeht.“

Graf Zorzi hat sie selbst noch gekannt und beschreibt die damals gertenschlanke Achtzigjährige als „reinstes Ancien Régime, mit feuerrot gefärbten Haaren, großen breitkrempigen Hüten, eng geschlossenen Kostümen, hohen Absätzen und einer schrillen Stimme“. Nicht überall scheint sie aber beliebt gewesen zu sein, denn der italienische Königshof hat sich lange geweigert, sie zur Hofdame zu ernennen. Sie ist nach dem Zweiten Weltkrieg gestorben und mit ihr ist wieder ein Hauch von Erinnerung an jene 1797 zugrunde gegangene Republik verlorengegangen, den sie zu vermitteln wußte.

405) Palazzo Centani, auch Zantani oder Zontani. Das Gebäude aus dem 17. Jahrhundert hat eine sehr hohe und relativ schlichte Fassade. Die Familie war seit langer Zeit in der Pfarre San Vio ansässig, wie mehrere Straßennamen zeigen.

406) Casa in Corte Venier dei Leoni. Es ist ein kleines Gebäude, das mit seiner Rückseite an den Corte (Platz) anschließt, von dem es seinen Namen hat.

407) Casa Biondetti. Das Gebäude stammt aus dem 17. Jahrhundert, und wurde später umgebaut. Die berühmte Pastellmalerin Rosalba Carriera (geb. 1675) lebte und arbeitete hier und ist in diesem Haus auch 1757 gestorben.

Sie lernte Malen bei Diamanti und Balestra in Venedig und beschäftigte sich sehr bald schon mit Miniaturmalerei und Pastelltechnik. In diesen beiden Sparten erreichte sie eine wunderbare Fertigkeit und einen Ruf, der bald weit über Italien hinausging. Ihr Atelier in diesem Haus, das sie mit ihrer Schwester und Gehilfin Naneta bewohnte, wurde zu einem Treffpunkt der vornehmen Kenner. König August der Starke von Sachsen, Maximilian II. von Bayern, Christian Ludwig von Mecklenburg, Karl VI. von der Pfalz und der König von Dänemark gaben sich die Türschnalle in die Hand, ließen sich selbst porträtieren und bestellten Pastellbilder und Miniaturen, so wie der Dänenkönig z. B. zwölf Miniaturporträts der schönsten venezianischen Edeldamen, von denen etliche erhalten sind. Die Malerin machte zahlreiche Reisen nicht nur innerhalb Italiens, sondern sie fuhr auch nach Paris, wo sie

Von rechts nach links: Palazzo Centani 405), Casa in Corte Venier dei Leoni 406), Casa Biondetti 407), Palazzo Venier dei Leoni 408), Haus am Rio della Torresela 409), Rio della Torresela 410) und Ecke des Palazzo Dario 411)

Selbstporträt von Rosalba Carriera

1720 Mitglied der Pariser Malerakademie wurde. In der Galleria dell' Accademia sind einige ihrer schönen Porträts ausgestellt, unter auch anderem auch ihr Selbstporträt.

1730 reiste sie auf Einladung Kaiser Karls VI. mit ihrer Schwester nach Wien. Der Kaiser, der von ihrem Talent begeistert war, ließ sich von ihr porträtieren. Angeblich hat er zu seiner Umgebung geäußert, daß ihm die Malerin so ganz besonders häßlich erschien. Aus ihrer Wiener Zeit stammt auch ein Gemälde des Dichters Pietro Metastasio, das heute in Dresden hängt. Viele andere Gemäldeaufträge, die sie in Wien erhielt, führte sie erst im Anschluß an ihre Rückkehr nach Venedig 1731 aus.

Die Carriera arbeitete nach einem festen Tarif. Eine Miniatur kostete fünfzig Zechinen, ein Pastellporträt zwanzig, nur wenn der Auftraggeber wollte, daß auch die Hände zu sehen seien, dann kostete es dreißig. Die Kritik war stets voll des Lobes; die „überraschende Leichtigkeit", die „besondere Grazie der Farbübergänge" waren die Hauptstärken ihrer Werke. Auf die Frage nach dem Geheimnis ihrer Kunst gab sie einem ihrer Besucher die folgende Antwort: „Die Pinsel und die Farbe, die Sie sehen werden, braucht es dafür …“.

1738 starb ihre Schwester und Gehilfin Naneta. Von diesem schweren Verlust erholte sie sich lange nicht, wurde schwermütig und arbeitete auch längere Zeit nicht mehr. 1739 nahm sie dann Angioletta Sartori als Schülerin und Gehilfin auf und begann wieder zu malen. 1742 zog ihre Schwester Angela, die mittlerweile verwitwet war, wieder in die Casa Biondetti ein. Rosalba begann damals an einer Augenkrankheit zu leiden, wahrscheinlich an einem grauen Star. Mit der Verschlechterung dieser Krankheit war die Künstlerin zunehmend in ihrer Tätigkeit als Miniaturmalerin behindert, so daß sie sich 1749 entschloß, eine Operation zu wagen, die ihr auch für kurze Zeit das Augenlicht zurückgab. Die letzten Jahre ihres Lebens mußte die unglückliche Künstlerin jedoch in völliger Blindheit zubringen, so daß der Tod am 15. April 1757 für die in tiefste Schwermut und schließlich in Wahnsinn Verfallene eine wahre Erlösung bedeutete. Ihr Grab fand sie an der Seite ihrer Eltern und ihrer Schwester Naneta in der Kirche von San Vio.

1894 kam der amerikanisch-britische Autor Henry James (1843 bis 1916) wieder nach Venedig, wohnte eine Zeitlang in der Casa Biondetti und schrieb hier an dem Roman „The Coxon Fund“.

408) Palazzo Venier dei Leoni. Das Gebäude war ein Entwurf des Architekten Lorenzo Boschetti von 1749. Ein Modell aus Holz, das zeigt, wie der Palazzo hätte aussehen sollen, ist im Corrermuseum zu sehen. Die Familie Venier besaß hier am Canal Grande mehrere Grundstücke und direkt daneben, an der Einmündung des Rio della Torresela, stand der prächtige gotische Palazzo Venier des Familienzweiges von San Vio. Er wurde wegen des geplanten Neubaues abgerissen. Der Bau kam aber aus finanziellen und familiären Gründen über das Erdgeschoß nicht hinaus. Heute beherbergt das Areal die Guggenheim Collection, eine permanente Ausstellung moderner Kunst.

Die Familie Venier hatte Venedig drei Dogen gestellt, darunter Sebastiano Venier, dessen Dogat zwar nur weniger als ein Jahr dauerte, der aber als Admiral der venezianischen Flotte bei der Vorbereitung der Seeschlacht von Lepanto eine bedeutende Rolle gespielt hatte.

Lunardo Venier von San Vio, Sohn des Prokurators Niccolò Venier, war der letzte seines Familienzweiges, der hier lebte. Er hatte bis zu seinem vierundfünfzigsten Lebensjahr nicht geheiratet. 1770 heiratete er dann, aber nicht standesgemäß, eine Wienerin namens Elisabeth Maria Tauber. Die

Eheschließung erfolgte im geheimen und wurde den Avogadori di Comun auch nicht gemeldet. Somit starb die Linie zehn Jahre später mit dem Tod von Lunardo Venier aus. Auch das ist vielleicht einer der Gründe, warum der Palazzo nie fertig gebaut wurde. In dem großen Gartenareal sollen die Venier seinerzeit einen Löwenkäfig gehabt haben, daher der Name dei Leoni.

Der Palazzo hatte im Volksmund den Namen „Maifinìo", der nie Beendete. Zu Beginn des 20. Jahrhunderts lebte eine damals schon legendäre Person in diesem Haus, die Marchesa Casati. Sie hat dort in der Zeit vor dem Ersten Weltkrieg recht aufsehenerregende Feste veranstaltet und war selbst eine verschrobene und wunderliche Person, die unter anderem mit einem Panther an der Leine spazieren ging und diesen auch mitnahm, wenn sie sich ins Café Floriani setzte. Gabriele D'Annunzio beschreibt in seinem Notturno die eigenartigen Feste der Casati, die er in seinem Buch Corè nennt; ein Name, den er vom griechischen Koure abgeleitet hat, was aber eigentlich junges Mädchen heißt.

Später wohnte Peggy Guggenheim über dreißig Jahre in diesem Palast inmitten einer außergewöhnlichen Sammlung zeitgenössischer abstrakter und surrealer Kunst. Sie stammte aus der amerikanischen Industriellenfamilie Meyer-Guggenheim und lebte mit ihren zwei Ehemännern Max Ernst und Laurence Vail in Venedig, wo sie mit venezianischen Künstlerfreunden intensiven Kontakt hielt. Ihre außergewöhnliche Sammlung wollte sie eigentlich der Stadt Venedig hinterlassen, schließlich verblieb sie aber dann doch bei der Salomon R. Guggenheim Stiftung.

409) Haus am Rio della Torresela. An dieser Stelle stand früher ein alter gotischer Palazzo, der auch der Venierfamilie gehörte. Er wurde „della Torresela" genannt, weil hinter ihm das Dach eines hohen Aussichtturmes zu sehen war, von dem man wahrscheinlich die Lagune überwachen konnte. In der Gasse und im benachbarten Kanal sind hinter dem relativ neuen Haus noch Reste des alten Bauwerks zu sehen.

In dem Gebäude selbst ist heute ein Institut der amerikanischen Wake University untergebracht.

410) Rio Della Torresela

411) Palazzo Dario. Der Palast ist nach Giovanni Dario benannt, der um 1487 das ursprünglich gotische Gebäude mit der reichen und einzigartigen Renaissancefassade versehen ließ. Es ist der einzige Palast, dessen

Erbauer seine Urheberschaft durch eine große Inschrift verewigt hat. GENIO URBIS JOHANNES DARIUS (DEM GEIST DER STADT GEWIDMET VON JOHANNES DARIUS) liest man in einem goldenen Feld in Mosaikbuchstaben. Die Fassade ist mit Marmor verkleidet, in den runde reich ornamentierte Felder aus buntem Porphyr eingelassen sind. In früheren Zeiten sollen auch solche aus Lapislazuli vorhanden gewesen sein. Die architektonische Ausgestaltung wird einem Meister der lombardischen Schule, und zwar Pietro Lombardo zugeschrieben.

Von rechts nach links: Einfahrt zum Rio della Torresela 410), Palazzo Dario 411) und Ecke des Palazzo Barbaro Wolkoff 412)

Giovanni Dario war einer der vierundzwanzig Sekretäre des Senates. Er war aber kein Mitglied der herrschenden Aristokratie, sondern entstammte der Gruppe der „Cittadini Originarii", der Ursprungsbürger, die die sehr einflußreiche Schichte hoher Beamten stellte, deren höchster der Cancelièr Grando, der Großkanzler war. Es waren hoch gebildete, sehr gut geschulte Beamte, die unter anderem die Dogenkanzlei leiteten und denen die eigentliche Verwaltung der Republik oblag. Außerhalb des Kreises der gelegentlich auch in politische Machtkämpfe verwickelten Nobili stehend, hielten sie die Kontinuität der Verwaltung aufrecht. Wie bedeutend und auch angesehen diese Männer werden konnten, zeigte sich eben an Giovanni Dario.

Venedig hatte nach der Vernichtung des griechisch-byzantinischen Reiches 1204 dessen Erbe angetreten, drei Achtel des Landbesitzes an sich gebracht und so seinen Besitzstand über das östliche Mittelmeer bis weit ins Schwarze Meer ausgedehnt. Zweihundertfünfzig Jahre später, mit der Eroberung Konstantinopels durch die Türken 1453, kam es naturgemäß zu Schwierigkeiten, da das aufstrebende türkische Reich begann, sich auszudehnen und peinlicherweise die venezianischen Besitzungen genau da lagen, wo auch die Türken hin wollten.

Sultan Mechmed II. nahm Venedig die Handelsniederlassungen am Schwarzen Meer und Besitzungen in Griechenland und in Kleinasien sowie Euböa und Lemnos weg und bedrohte die Handelsniederlassungen und Häfen auf dem Balkan. Venedig kämpfte mit wechselndem Erfolg um seinen

Besitzstand, war aber durch die langen Anfahrtswege in einer schlechten militärischen Position und durch die von den Türken verursachte Blockade des Schwarzmeerhandels bald auch in einer verzweifelten finanziellen Lage. Es hatte für diesen Krieg seit 1470 an die 1,2 Millionen Dukaten jährlich ausgegeben, eine für damalige Zeiten abenteuerlich hohe Summe.

Die Markusrepublik beschloß daher nach langem Für und Wider, doch mit den Türken Frieden zu schließen, auch um den Preis hoher Opfer. Da man sich leicht ausrechnen konnte, daß dieser Frieden alles andere als ehrenvoll sein werde, schickte man auch keinen Patrizier, sondern einen Beamten nach Konstantinopel zu den Verhandlungen. Ein erfahrener Beamter war auch deswegen die bessere Wahl, weil die zuständigen patrizischen Amtsinhaber durch die Ämterrotation oft mit den speziellen Problemen nicht vertraut waren.

Porträt von Sultan Mechmed II. von Gentile Bellini

Die Wahl fiel also auf den damals etwa 65 Jahre alten Giovanni Dario. Er kam 1479 mit einem Friedensvertrag zurück, der die Abtretung von Negroponte (Euböa), Argolis, Lemnos und den Sporaden besiegelte. Für das Recht, im Schwarzen Meer weiter Handel zu betreiben, hatte Venedig außerdem einen jährlichen Tribut von 10.000 Golddukaten zu entrichten; auf der anderen Seite war es Dario aber gelungen, dem Sultan das Versprechen abzuluchsen, Skutari in den nächsten zehn Jahren nicht anzugreifen. Trotz dieses eigentlich miserablen Ergebnisses war man in Venedig anscheinend hoch zufrieden – man hatte wohl noch Ärgeres erwartet. Die Republik erwies Dario ihre große Dankbarkeit und schenkte ihm zur Belohnung einen Besitz in Noventa Padovana.

Die guten, wahrscheinlich sogar persönlich freundschaftlichen Beziehungen, die der gebildete Dario zu Sultan Mechmed II. und zu seinem Sohn und Nachfolger Bayezid II. aufbauen konnte, brachten Dario auch vom Sultan wertvolle Geschenke ein und führten dazu, daß Mechmed den damals berühmtesten venezianischen Porträtmaler Gentile Bellini nach Istanbul einlud, um sich, ganz entgegen dem Gebot des Korans, der ja keine Bilder von Menschen erlaubt, von ihm porträtieren zu lassen.

Im Jahr 1484 wurde der siebzigjährige Dario neuerlich zu Verhandlungen nach Istanbul, diesmal schon zu Mechmeds Nachfolger zu Sultan Bayezid, geschickt und erreichte eine Milderung der harten Bedingungen des vorherigen Vertrages. Auch diesmal war die Sache zur höchsten Zufriedenheit der Signoria erledigt, und Dario wurde umgehend zum Sekretär des Rates der Zehn ernannt, eines der mächtigsten Ämter der Republik.

Außer diesem einflußreichen Posten gab der Senat an Giovanni Dario eine Mitgift von sechshundert Dukaten für seine uneheliche Tochter Marietta, die 1493 ein Mitglied der Patrizierfamilie Barbaro – Ser Vincenzo Barbaro – heiratete, der ein echter Zornbinkel gewesen sein dürfte. Zehn Jahre nach der Hochzeit mit Marietta Dario schrieb er einen derartig kotzengroben Brief an eine Behörde, der so arg gewesen sein muß, daß man ihn aus dem Großen Rat hinauswarf, in den er erst nach zehn Jahren wieder zurückkehren durfte.

Bis Anfang des 19. Jahrhunderts verblieb der Palast im Besitz der Familie Barbaro. Dann ging er in den Besitz einer etwas geheimnisumwitterten Persönlichkeit über, eines Marchese Abdoll, der mit armenischen Diamanten handelte.

Der Palazzo war ganz heruntergekommen und drohte völlig zu verfallen, als ihn 1838 ein junger Engländer namens Rawdon Lubbock Brown um vierhundertachtzig Pfund Sterling kaufte und ihn zu restaurieren begann. Brown (1806 in London geboren) war 1832 nach Venedig gekommen, wurde ein guter Freund des Ehepaares Ruskin und blieb besonders mit Effie Ruskin auch nach ihrer Trennung von John bis zu seinem Tod eng verbunden.

Brown hatte sich in die Stadt Venedig verliebt und ist sein ganzes Leben hier geblieben. Er war ein guter Historiker und veröffentlichte 1854 die Berichte und die diplomatischen Depeschen des venezianischen Botschafters in London bei König Heinrich VIII., Sebastiano Giustiniani. Auf Grund dieser wissenschaftlichen Leistung bekam er 1862 vom englischen Premierminister Lord Palmerston den Auftrag, alle Dokumente des venezianischen Staatsarchivs, die sich auf die englische Geschichte beziehen, zu registrieren und zu übersetzen, eine Arbeit, mit der er sich sein ganzes Leben beschäftigte. Brown wohnte später, nachdem er den Palazzo Dario 1842 wieder verkauft hatte, im Palazzo Businello und später im Palazzo Grimani della Vida.

Den teilweise renovierten Palazzo erwarb 1842 der Bruder der Fürstin Metternich, Feldmarschalleutnant Graf Sigismund Zichy, der zu dieser Zeit österreichischer Militärkommandant von Venedig war. Nach dem Aufstand gegen Österreich 1848 mußte sich Graf Zichy vor einem Militärgericht verantworten, weil er die für den Fall einer Revolte vorgesehenen militärischen Maßnahmen nicht energisch genug durchgeführt hatte und unter anderem die Artillerie nicht einsetzte.

Er verteidigte sich damit, daß er überhaupt nichts habe tun können, weil er Venedig (wo er 1862 auch sterben sollte) liebe und weil er nicht „als ein Barbar in die Geschichte eingehen“ wolle.

Wenngleich diese Erklärung auch durchaus der Wahrheit entsprechen könnte, gab es aber ein Gerücht über die Ursache seines Verhaltens, das zwar nie zu beweisen war, aber immerhin bis in die Londoner „Times“ gelangte. Möglicherweise hatten nämlich die venezianischen Revolutionäre den Militärkommandanten erpreßt. Es ging dabei um eine langjährige Beziehung zu einer – zu ihrer Zeit sehr berühmten – Tänzerin der Mailänder Scala, Gaetanina, die Graf Zichy von Mailand nach Venedig gefolgt war und ihm mehrere Kinder geboren hatte. Offenbar hatten die Revolutionäre gedroht, daß das Leben der Gaetanina oder das seiner Kinder in Gefahr sei, wenn er sich der Revolution entgegenstelle.

Von Graf Zichy ging der Palazzo dann an einen anderen hohen Beamten der österreichischen Verwaltung, den Grafen Buol. Von ihm gelangte er in den Besitz des pensionierten österreichischen k.u.k. Feldmarschalls Laval Graf Nugent, der hier im Alter von über neunzig Jahren starb. Nugent hatte als Heerführer in den Napoleonischen Kriegen unter Erzherzog Carl für Österreich in Italien gekämpft und war bei der englischen Armee in Spanien als österreichischer Verbindungsoffizier. Später kämpfte er dann wieder unter Radetzky in Oberitalien.

Von rechts nach links: Ecke des Palazzo Dario 411), Palazzo Barbaro Wolkoff 412), Haus am Rio della Fornace 413), Rio della Fornace 414), Palazzetto Salviati 415), Garten 416), und Ecke des Palazzo Orio Semitecolo Benzon 417)

Der Palast verfiel in der Folgezeit wieder zusehends, war kurze Zeit eine Pension, kam dann in den Besitz der Gräfin La Baume-Pluvinel, die ihn vor dem völligen Verfall rettete. Ihre glühende Begeisterung für „ihren" Palast und für Venedig ist von den Literaten belegt, die in ihrem Zirkel verkehrten. Von ihr ging er in den Besitz des Marquis Montcalm über, dessen einer Vorfahre als französischer Offizier in den Englisch-Französischen Kriegen in Kanada eine Rolle gespielt hat. Der Palast ging dann noch durch mehrere Hände und gelangte schließlich in den Besitz der Familie Gardini.

412) Palazzo Barbaro Wolkoff. Der Palast stammt aus dem 14. bis 15. Jahrhundert und hat eine gotische Fassade mit Spitzbogen in einer recht verwirrenden Anordnung, die durch mehrere Umbauten im 18. Jahrhundert entstanden ist. Der Palast war nach dem Fall der Republik sehr heruntergekommen, kam aber dann in die Hände eines russischen Aristokraten und begeisterten Malers, Alexander Wolkoff Mourozoff, der seine Bilder aber mit A.N. Rousoff signierte. Dieser hat ihn Ende des 19. Jahrhunderts liebevoll restauriert und lebte hier zusammen mit seiner Tochter inmitten einer Sammlung von Kunstgegenständen. Den obersten Stock vermietete er.

Die Duse am Dachgarten des Palazzo Barabaro Wolkoff

In den Jahren 1894 bis 1897 wohnte hier die berühmte italienische Schauspielerin Eleonora Duse. Sie war in diesem Palast sehr glücklich und zufrieden, bewohnte das oberste Stockwerk und schrieb in einem Brief begeistert über „die Spitzbogenfenster, aus denen ich die ganze Stadt überblicke". Es existiert ein Bild von der Duse, das sie am Dachgarten des Palazzo Barbaro-Wolkoff zeigt.

Von der Duse, die wohl neben der Französin Sarah Bernhardt die berühmteste Schauspielerin ihrer Zeit war, gibt es schon viele Photographien, nur leider keinen Film. Der einzige, den es je von ihr gab, „Cenere" (Asche), ist verlorengegangen.

Auch ihr Hausherr in Venedig, der russische Maler und Fürst, hat von der Duse ein Porträt gemalt. Er war einer ihrer wahrhaften Bewunderer und Verehrer und ebnete ihr den Weg an die Bühnen von St. Petersburg, auch ein Schritt auf der steilen Weltkarriere der Duse.

Die Duse stammte aus einer Theaterfamilie, ihr Vater war ein „Capocomico" gewesen, Chef einer wandernden Schauspielertruppe, einer sogenannten „Compagnia". In dieser Truppe spielte die Duse ihre erste Rolle mit vier Jahren und trat 1873 vierzehnjährig als Julia in Shakespeares „Romeo und Julia" auf. Sie hat damals mit Vergnügen festgestellt, daß die wahre Julia, deren Rolle sie spielte, auch eben erst vierzehn war.

Mit vierzehn bekam sie auch ihr erstes Kind von einem Neapolitaner, der sie aber natürlich sitzen ließ. Das Kind starb bald nach der Geburt. Kurz darauf heiratete sie, diesmal einen Schauspieler. Die Ehe dauerte nicht lange, aber aus ihr stammte eine Tochter, die in ihrem Leben später eine freud- und leidvolle Rolle spielte. Mit einundzwanzig gelang der Duse der große Durchbruch, und von da an begann ihre steile Karriere, die sie weltberühmt werden ließ. Die Faszination, die von ihr ausging, lag wohl darin, daß sie die Rollen nicht spielte, sondern lebte, daß sie nicht deklamierte, wie es bis dahin üblich war, sondern sprach.

Der österreichische Dichter Hugo von Hofmannsthal, der sie 1903 in Wien sah, schrieb: „Es liegt in dieser Schauspielerin eine solche Seele, daß vor der Erhabenheit ihrer Gebärden jedes Stück, in dem sie spielt, aus den Fugen geht, nur mehr sie da ist, ihre Natur, die unfähig ist, sich zu verbergen, ihre großen Regungen, die in einer unerhörten Weise leibliche Form geworden sind."

Porträt der Duse von A. N. Rousoff (Alexander Wolkoff)

Sehr bekannt wurde ihre Beziehung mit Italiens damals berühmtesten Dichter, mit Gabriele D'Annunzio, der am 26. September 1895 in sein Tagebuch notierte: „Amori e dolori sacra – Hotel Royal Danieli – Venezia". (Heilig der Liebe und dem Schmerz). Es war eine wechselvolle Liebesbeziehung, die von D'Annunzio selbst in seinem Roman „Il Fuoco" (Das Feuer) zwar mit Pseudonymen, aber doch erkenntlich und recht rücksichtslos erzählt wird. Er beschreibt da eine Beziehung zwischen einer alternden Frau und einem jüngeren Liebhaber, was ja wohl auch gestimmt hat. Aber sonst haben die beiden über längere Zeit ganz gut zusammengepaßt und haben auch miteinander gearbeitet. Die Duse wünschte sich von ihrem geliebten „Gabri“ italienischsprachige Theaterstücke, um nicht immer in französischen Stücken auftreten zu müssen. Auf der anderen Seite war der stets in Geldnöten befindliche, etwas hochstaplerisch lebende D'Annunzio glücklich über seine großzügige und wohlhabende Geliebte.

Er hat sie während dieser Jahre immer wieder einmal verlassen, hatte andere Geliebte und ist dann wieder zu ihr zurückgekehrt. Sie hat sich inzwischen mit ihrem vorherigen Liebhaber, Arrigo Boito, dem Textdichter Verdis, Übersetzer Wagners und Komponist von „Mefistofele“ getröstet.

Diese beiden theatralischen Menschen haben sich in Venedig nicht so ungewollt getroffen, wie es die Duse einmal einer Freundin schildert – zufällig und beim ersten Morgenrot an einem Gondelsteg –, sondern so wie es D'Annunzio zwar recht schwülstig, aber richtiger wiedergibt, in der Halle des Hotel Danieli. Organisiert hat dieses Zusammentreffen der Verleger Treves, der an künftigen Theaterstücken D'Annunzios interessiert war. Was lag da wohl näher, als ihn mit der berühmtesten Tragödin italienischer Zunge zusammenzubringen.

Aus dem gemeinsamen Theaterprojekten ist zwar nicht so viel geworden, wie sich alle Beteiligten davon erwartet haben, was wohl am meisten an der Flatterhaftigkeit D'Annunzios lag und an seiner mangelnden Erfahrung als Bühnenautor. Aber die Liebesbeziehung zu Eleonora Duse, die sich über viele Jahre mit einigem Auf und Ab hinzog, inspirierte D'Annunzio zu seinem Roman „Il Fuoco“, in dem viel venezianisches Lokalkolorit jener Zeit steckt. Zahlreiche Gedichte, die D'Annunzio zu jener Zeit geschrieben hat, sind wohl auch von dieser Liebe inspiriert, und sie sichern diesem ersten Dichter eines geeinten Italiens einen Platz in der Weltliteratur.

413) Haus am Rio della Fornace. Das schlichte Gebäude stammt aus dem 17. Jahrhundert. In seiner unmittelbaren Nachbarschaft war früher eine große Ziegelbrennerei.

414) Rio della Fornace

415) Palazzo Salviati. Das Bauwerk stammt aus dem 19. Jahrhundert. Im Jahr 1924 wurde es grundlegend restauriert und mit Mosaiken ausgeschmückt.

416) Garten

417) Palazzo Orio Semitecolo Benzon. Er ist ein gotischer Palazzo aus dem 13. Jahrhundert; im 14. Jahrhundert dürfte der zweite Stock aufgesetzt worden sein, wobei die Asymmetrie der Fassade entstand. Im 18. Jahrhundert wurde noch ein dritter Stock aufgesetzt.

418) Palazzetto Santomaso ist ein kleiner ursprünglich gotischer Palazzo, der mehrfach aufgestockt wurde.

419) Haus in der Calle del Traghetto. Das Haus, dessen Eingang in der zum Canal führenden Calle del Traghetto liegt, stammt aus dem 16. Jahrhundert und wendet nur seine Seitenfassade dem Canal Grande zu.

Hier wohnte und arbeitete Mariano Fortuny y Madrazo (1871–1950), bevor er in den Palazzo Pesaro degli Orfei bei San Benedetto umzog, den er restaurierte und wo auch heute noch ein Museum mit Erinnerungsstücken an ihn existiert. Die spanische Familie Fortuny war 1889 nach Venedig gekommen, wo die Mutter den Palazzo Martinengo kaufte. Fortuny, der eigentlich Maler war, beschäftigte sich viel mit der damals aufkommenden Photographie und hat viele interessante Photographien aus dieser Zeit hinterlassen. Sein wohl größtes Verdienst war, daß er die Herstellung der alten venezianischen gold- und silberdurchwirkten Renaissancestoffe wieder aufleben ließ, für die er selbst dann auch neue Muster entwarf.

Von rechts nach links: Palazzo Orio Semitecolo Benzon 417), Palazzetto Santomaso 418), Haus an der Calle del Traghetto 419), Calle del Traghetto di San Gregorio 420), Palazzetto Nani Mocenigo 421), Casa San Gregorio 422) und Teil des Palazzo Genovese 423)

Fortuny beschäftigte sich auch mit Bühnenbildern und Bühnentechnik im allgemeinen. Er machte eine Reihe von bühnentechnischen Erfindungen. Eine Inszenierung, die er gemeinsam mit D'Annunzio und der Duse für D'Annunzios Stück „Francesca da Rimini" entwarf, führte zu einem handfesten Streit zwischen den Dreien. Später haben sie sich aber wieder versöhnt, und D'Annunzio bemühte sich sehr, die bühnentechnischen Erfindungen seines Freundes Fortuny zu propagieren.

420) Calle del Traghetto San Gregorio

421) Palazzetto Nani Mocenigo. Das Gebäude stammt aus dem frühen 16. Jahrhundert und war ein schlichter reiner Renaissancebau. Im 19. und 20. Jahrhundert wurde jeweils ein Stockwerk aufgesetzt.

Von rechts nach links: Ecke des Hauses an der Calle del Traghetto 419), Calle del Traghetto San Gregorio 420), Palazzetto Nani Mocenigo 421), Casa San Gregorio 422), Palazzo Genovese 423), Privathaus 424), etwas verdeckt die Kirche Santa Maria della Salute 426), Seminario Patriarcale 428) und das Salzmagazin 429)

422) Casa San Gregorio. Die Bausubstanz dieses kleinen Gebäudes stammt noch von dem alten Kloster San Gregorio, das ursprünglich vom Campo della Salute bis hierher reichte. Nach dem Bau des benachbarten Palazzo Genovese hat es den Zusammenhang mit dem anderen Rest des alten Klostergebäudes verloren.

Von rechts nach links: Teil des Palazzetto Nani Mocenigo 421), Casa San Gregorio 422), Palazzo Genovese 423), Privathaus (Rest des Klosters San Gregorio 424), Einfahrt zum Rio della Salute 425), Campo della Salute, in dessen Hintergrund man die Kirche des ehemaligen Klosters San Gregorio sieht, die aber heute keinen Turm mehr hat 427), Kirche Santa Maria della Salute 426)

423) Palazzo Genovese. Es ist ein neugotisches Bauwerk, das im Jahr 1892 im Bereich des alten Klostergebäudes und eines inneren Hofes nach den Entwürfen des Architekten Tricomi Mattei gebaut wurde.

424) Privathaus (Rest des Klosters von San Gregorio). Hier ist ebenfalls ein Teil des alten Klostergebäudes am Canal Grande erhalten. Der schönste noch erhaltene Bestandteil ist das gotische Eingangstor an der Wasserfront, über dem ein Relief des heiligen Gregor zu sehen ist und die zwei daneben liegenden dreifach gebogenen Spitzbogenfenster.

Um 1800 war das Kloster aufgelöst und das Gebäude verkauft worden. Das jetzige Aussehen dieses kleinen Privathauses geht auf eine Renovierung von 1911 zurück. Barbara Hutton war einige Zeit Eigentümerin dieses Gebäudes.

Das von Napoleon säkularisierte und zum Großteil niedergerissene Kloster war eines der ältesten Venedigs. 806 gegründet, gehörte es den Benediktinermönchen von Sant' Ilario, deren Stammhaus in der Gegend von Fusina und Stra an der Brenta stand, wo auch vier der ersten Dogen begraben waren und von dem heute nicht einmal mehr Ruinen erhalten sind. 1214 hatten die Mönche ihr Stammhaus verlassen und waren in die Abtei San Gregorio übersiedelt, die eine der größten Klosteranlagen in Venedig war. Auf einem Bild von Canaletto, auf dem auch die Kirche von San Gregorio hinter Santa Maria della Salute zu sehen ist, bekommt man einen Eindruck vom ursprünglichen Aussehen der Einfahrt in den Canal Grande.

425) Rio della Salute

426) Santa Maria della Salute. Die Kirche wurde 1630 als Dank für das Ende der schrecklichen Pestepidemie gestiftet, die Venedig heimgesucht hatte. Sie ist ein Meisterwerk des damals noch unbekannten Architekten Baldassare Longhena, der einen Architektenwettbewerb gewann, bei dem insgesamt elf Projekte eingereicht worden waren.

427) Campo della Salute

428) Seminario Patriarcale. Das Priesterseminar ist ein Bau von Baldassare Longhena. Ursprünglich ein Klosterneubau, der 1669 an der Stelle

Ingresso al Canal Grande verso ovest (Canaletto)
Heute in: The Museum of Fine Arts, Houston, Texas. The Robert Lee Blaffer Collection

Von rechts nach links: Santa Maria della Salute 426), Campo della Salute 427) und Seminario Patriarcale 428)

des alten Klosters der Dreifaltigkeit der Somaschi-Brüder gebaut wurde. Nach dem Fall der Republik wurde auch dieser Orden von Napoleon aufgelöst. Unter der österreichischen Herrschaft wurde 1817 auf Anordnung von Kaiser Franz I. das Priesterseminar des Patriarchen von Venedig hierher verlegt, das bis dahin in San Cipriano auf der Insel Murano beheimatet war. Der erste Präses, Pater Moschini, war ein begeisterter Sammler alter venezianischer Kulturgüter. Aus alten aufgelassenen Kirchen und Klöstern suchte er alle erreichbaren Kunstwerke und Dinge von historischem Wert zusammen und legte so den Grundstein der Sammlung des Seminars.

Dieser Sammlung wurde später noch die Manfredianische Bildersammlung hinzugefügt, so daß eine wertvolle Sammlung venezianischer Kunstwerke entstand, die heute vorwiegend in die Sammlung des Museo Correr integriert ist.

429) Magazzini al Sal (Salzmagazin). Es handelt sich um eine Rekonstruktion des alten Salzmagazins aus dem Jahr 1838, ausgeführt von Giovanni Alvise Pigazzi. Die Form des alten Gebäudes wurde zwar wiederhergestellt, funktionell ist es aber mit seinen großen halbrunden Oberlichten doch ganz anders als das alte Magazin aufgebaut. Schon das alte Gebäude diente nicht ausschließlich als Salzmagazin, sondern als Lagerhallen für das Zollamt.

430) Dogana da Mar oder Punta della Dogana. Bis 1414 mußten hier alle Waren, die nach Venedig gebracht wurden, ausgeladen und verzollt werden. 1677 wurden die alten Gebäude abgerissen und nach einem Architektenwettbewerb die Ausführung des Neubaues Giuseppe Benoni übertragen. Die Tatsache, daß Benoni und nicht Baldassare Longhena den Wettbewerb gewonnen hatte, galt damals als schmachvolle Niederlage Longhenas, der immerhin schon das daneben liegende Kloster und Santa Maria della Salute gebaut hatte.

Die alte Dogana wurde weggerissen. Sie diente nicht nur als Zollstation, sondern war mit ihrem zinnenbewehrten Turm auch Teil eines Verteidigungssystems, das unerwünschten Besuchern die Einfahrt in den Canal Grande und den Zutritt zum Stadtzentrum verwehren sollte.

Auf dem massiven Turm aus istrianischem Kalkstein steht die Gestalt der Fortuna auf einem goldenen Erdball, den zwei Atlanten tragen. Diese Bronzeplastik ist das Werk von Bernardo Falcone.

Von rechts nach links: Ein Stück des Seminario Patriarcale 428), Salzmagazin 429) und Dogana dal Mar oder Punta della Dogana 430)

Der venezianische Staat

Regierung und Verwaltung

Der alte venezianische Staat war eine echte Republik mit freien Wahlverfahren, durch die seine Regierung bestellt wurde. Und dieses Venedig ist bis heute der einzige bedeutende Staat in der Geschichte geblieben, der sich mit oder trotz einer republikanischen Verfassung über tausend Jahre erhalten hat. Die Verfassung war allmählich gewachsen und aus sehr verschiedenen staatsrechtlichen Elementen zusammengesetzt. Die wichtigen Ämter in der Regierung und in der Verwaltung waren fast ausschließlich mit den männlichen Mitgliedern der patrizischen Familien besetzt. Die patrizischen Amtsträger wurden in diese Ämter frei gewählt, wobei ab einem bestimmten Zeitpunkt nur mehr die Patrizier, die Adeligen, wahlberechtigt waren. Demgemäß war Venedig eine Adelsrepublik.

Ganz im Anfang war Venedig allerdings ein Fürstentum gewesen, ursprünglich mit einem vom byzantinischen Kaiser ernannten Regenten. Später haben dann die Venezianer – und zwar anfangs alle – diesen Dux (den späteren Dogen) selbst gewählt. So eine Staatsform würde man heute eine konstitutionelle Wahlmonarchie nennen. Beide Elemente, das monarchische und das republikanische, haben sich in der venezianischen Verfassung bis zum Ende der Republik erhalten. Die Organisation des Staates ähnelte aber eher der Organisation einer großen Firma, was bei der beruflichen Herkunft seiner Träger kein Wunder war.

Zwei Anforderungen, die man heute an eine republikanisch-demokratische Verfassung stellt, waren nur mangelhaft ausgebildet. Erstens war die Trennung zwischen Exekutive und Legislative in vielen Bereichen sehr verschwommen. Einzelne Behörden erließen in ihrem Wirkungsbereich Gesetze und Verordnungen, die sie auch mit Strafmaßnahmen selbst durchsetzten konnten. Zweitens war das Wahlrecht nicht allgemein, da seit dem 12. Jahrhundert nur die Patrizier im Großen Rat wahlberechtigt waren.

Die männlichen ***Patrizier*** oder ***Nobili*** führten den Titel ***„Nobile Homo“ (N. H.);*** die Damen hießen ***„Nobile Donna“ (N. D.).*** Andere Adelstitel gab es in Venedig nicht; sie kamen erst später und nach dem Fall der Republik.

Bei den Patriziern unterschied man zwar nach der Dauer der Zugehörigkeit der Familie zum venezianischen Adel zwischen einer ***Casa vecchia,*** einer ***Casa nova,*** einer ***Casa novissima*** und einer ***Casa fatte per soldo*** (einem alten, einem neuen, einem sehr neuen und einem gekauften Haus). Aber abgesehen davon, daß die einen auf die anderen gelegentlich snobistisch heruntergeschaut haben, waren sie politisch und gesellschaftlich völlig gleichgestellt. Jedes in einer derartigen Familie geborene Kind wurde, wenn beide Eltern aus pratrizischen Familien stammten, nach seiner Geburt in das goldene Buch eingetragen und war ab da Mitglied der Aristokratie. Bei Kindern, die aus Mischehen zwischen Patriziern und anderen Bürgern stammten – was gelegentlich, aber eher selten vorkam – , gab es große Schwierigkeiten, wenn dann doch der Versuch gemacht wurde, die männlichen Nachkommen in das Patriziat aufzunehmen.

Der ältere, der ***monarchische Teil*** der Regierung war der Doge (Dux, Herzog), der ursprünglich vom oströmischen Kaiser eingesetzte, später von der Volksversammlung und schließlich nur mehr von den Patriziern gewählte Landesfürst. Im venezianischen Staat hat man mit der Zeit auf diesen Ursprung als Provinz des byzantinischen Reiches gerne vergessen und diese Tatsache in der Geschichtsschreibung auch verfälscht. Die Byzantiner hatten auf diese kleine Kolonie im fernen Norden ja auch eher vergessen. Sie hatten mit ihrem riesigen vorderasiatischen Reich schließlich auch andere Sorgen.

Der ***Doge*** wurde auf Lebenszeit gewählt – als Doge ein Fürst, jedem Kaiser oder König ebenbürtig – , andererseits als Gewählter ein Primus inter pares. Der Edelmann zog vor ihm den Hut, wußte aber, daß er selbst – zumindest theoretisch – jederzeit Doge werden konnte. Es gab daher in Venedig zwischen zwei- und dreitausend patrizische Bürger, die im Falle ihrer Wahl zum Dogen jedem Kaiser und König ebenbürtig waren, eine Tatsache, die der adelsstolzen europäischen Hocharistokratie und den Fürstenhäusern Jahrhunderte lang ein Dorn im Auge war.

Der etwas jüngere, der ***republikanische Teil*** der Regierung bestand aus den übrigen patrizischen Amtsträgern in Regierungsposten, die von der Vollversammlung der Patrizier oder einem der Ausschüsse gewählt wurden. Diese Regierungsposten umfaßten alles, die ***Senatoren,*** die ***Podestà*** (Bürgermeister oder Gouverneure) von Städten und Ländern unter venezianischer Verwaltung, die ***Botschafter,*** die ***Prokuratoren von San Marco*** (eine Art Schatzmeister), die militärischen Befehlshaber zu Lande und die ***Kommandanten*** der venezianischen Flotte. Es lag in der Natur einer solchen Auswahl, daß es manchmal zu krassen Fehlbesetzungen kam, da ein Patrizier eine Wahl nicht ablehnen durfte. Selbst wenn jemand der ehrlichen und oft auch berechtigten Ansicht war, für einen Posten ungeeignet zu sein, durfte er sich der Bestellung nicht entziehen. Besonders bei den militärischen Ernennungen hatte das zuweilen verheerende Folgen.

Es gab etwa 150 patrizische Familien, und ihre männlichen Mitglieder bildeten den ***Großen Rat,*** der damit aus ca. 2000 bis 2600 Personen bestand. Aus ihrer Mitte mußten etwa 800 Staatsposten in Venedig, 150 in der Terra Ferma und 100 im Seereich besetzt werden. Im privaten Bereich lag auch der gesamte Überseehandel in den Händen der gleichen Leute. Die Staatsposten waren fast nie einträglich, sondern kosteten dem Amtsinhaber viel Geld; besonders die Botschafter hatten ihren hohen Aufwand aus eigener Tasche zu bestreiten. Ein Nobile konnte eine Wahl nicht ablehnen, es sei denn, er weilte im Ausland oder er war Geistlicher.

Die Wahl für die hohen Staatsposten, vor allen die Dogenwahl, gab unter den Patriziern immer wieder Anlaß zu Intrigen, Streitigkeiten und Parteiungen, wobei eine Gegnerschaft der reichen gegen die armen und der jungen gegen die alten Adelsfamilien viel eher zu erkennen ist als die Bildung von Parteien mit Programmen. Es gab manchmal auch – soweit man das heute noch beurteilen kann – Gelegenheitsbündnisse von Interessengemeinschaften.

Praktisch alle patrizischen Familien waren ursprünglich Seefahrer und Kaufleute und bezogen aus dieser Tätigkeit ihr Einkommen und Vermögen. Einige wurden sehr reich, viele reich, aber viele wurden auch wieder arm. Diese armen Patrizier, später auch ***Barnabotti*** genannt (nach Sozialwohnungen, die ihnen der Staat in der Nähe der Kirche San Barnaba zur Verfügung stellte), erhielten eine staatliche Rente, um ihnen ein halbwegs standesgemäßes Leben zu ermöglichen. Sie waren aber eine manipulierbare käufliche Masse, die mit ihrem Einfluß im Großen Rat das Regieren erschwerte.

Die übrigen Einwohner Venedigs, die nicht der Aristokratie angehörten, die ***Popolanen*** (Populares, Populus, Popolo) waren von der Wahl in Regierungsämter ausgeschlossen. Es waren dies die Handwerker, Arbeiter, Bauleute, Künstler usw. Es hat im Laufe der venezianischen Geschichte nicht an Versuchen gefehlt, diesen Zustand zu ändern, aber niemals mit Erfolg, und die Aristokratie hat ihren alleinigen Zugriff auf die Staatsmacht mit aller Schärfe verteidigt.

Im Verlauf der Zeit bildete sich noch eine weitere Gruppe zwischen Adel und gewöhnlichem Volk heraus, die alteingesessenen Bürger, die ***Cittadini Originarii*** (Cives). Auch Adelige, die aus welchen Gründen immer ihren Adelstitel verloren, wurden manchmal in diese Gruppe eingereiht. Aus den Cittadini Originarii rekrutierte sich die hohe Beamtenschaft.

Im Bewußtsein der Venezianer waren sie, was ihre Verfassung anlangte, direkte Nachkommen des alten römischen Reiches. Eine Ansicht, die sicherlich nicht unberechtigt war. In der Tat waren viele Details, von der Amtstoga der Patrizier bis zu verschiedenen lateinischen Formulierungen bei Beschlußfassung der römischen Staatsverfassung entnommen; andere Details lassen sich auf die oströmische Verfassung zurückführen.

Die Verfassung Venedigs war laufend Änderungen unterworfen. Anfangs ging es darum, eine Familienerbfolge beim Dogenamt und den höchsten Staatsämtern zu verhindern. Nachdem dies im 11. Jahrhundert gesichert war, entwand man den Dogen nach und nach ihre ursprünglich große Macht, bis sie zeitweise nur mehr Repräsentationsfiguren waren. Der Doge Marino Falier versuchte diese Entwicklung mit einem Staatsstreich zu verhindern und, wie man heute glaubt, auch die Popolanen mehr in die Regierung einzubinden. Der Coup mißlang, und der Doge wurde hingerichtet. Sein Freund, der Dichter Petrarca, schrieb damals: „Den Dogen, die nach ihm kommen, sei es gesagt: Sie sollen wissen, daß Dogen keine Herrscher sind, ja nicht einmal Herzöge, sondern nur mit Ehren bekleidete Sklaven der Republik."

Aus Anlaßfällen wurden außerdem immer wieder neue Behörden geschaffen und mit gewissen Vollmachten ausgestattet. Wenn diese dann effizient arbeiteten, ließen sie sich ihre Macht wieder schwer wegnehmen, so daß neue Gremien geschaffen wurden, um die vorherigen zu überwachen. So entstand mit der Zeit ein unendlich kompliziertes Behördensystem dessen Grundtendenz das Mißtrauen einer Behörde gegen die andere war. Die Folge war eine ewige Flut von Kompetenzstreitigkeiten.

Das ausgeprägte Mißtrauen der Legislative gegen die Amtsinhaber und die ständige Sorge, ein Gewählter könnte sich durch seinen Posten eine Hausmacht schaffen, führte zu sehr kurzen Amtszeiten (manche dauerten nur ein halbes Jahr) und zu sehr komplizierten Wahlverfahren, die uns heute so absurd anmuten, daß man sich wundern muß, daß überhaupt je ein kompetenter Kandidat gewählt werden konnte. Am kompliziertesten war die Dogenwahl und die verlief z. B. 1268 folgendermaßen:

1)	Im Großen Rat wurden durch Los			**30**	bestimmt.
2)	Die	**30**	wurden durch Los auf	**9**	vermindert.
3)	Die	**9**	wählten	**40.**	
4)	Die	**40**	wurden durch Los auf	**12**	vermindert.
5)	Die	**12**	wählten	**25.**	
6)	Die	**25**	wurden durch Los auf	**9**	vermindert.
7)	Die	**9**	wählten	**45.**	
8)	Die	**45**	wurden durch Los auf	**11**	vermindert.
9)	Die	**11**	wählten	**41.**	
10)	Die	**41**	wählten den Dogen.		

Sehr genau nahm man es übrigens mit der Arbeitszeit. Die Amtsstunden begannen um 9 Uhr, und Amtsinhaber, bis hinauf zum Dogen, die zu spät an ihren Arbeitsplatz kamen, wurden mit einer Geldstrafe belegt. Die gegenseitige Kontrolle war sehr effizient, da man viele Posten aus Kontrollgründen doppelt und dreifach besetzte.

Die Grundstruktur der venezianischen Verfassung ist auf den nächsten Seiten, soweit das in Kürze möglich ist, beschrieben.

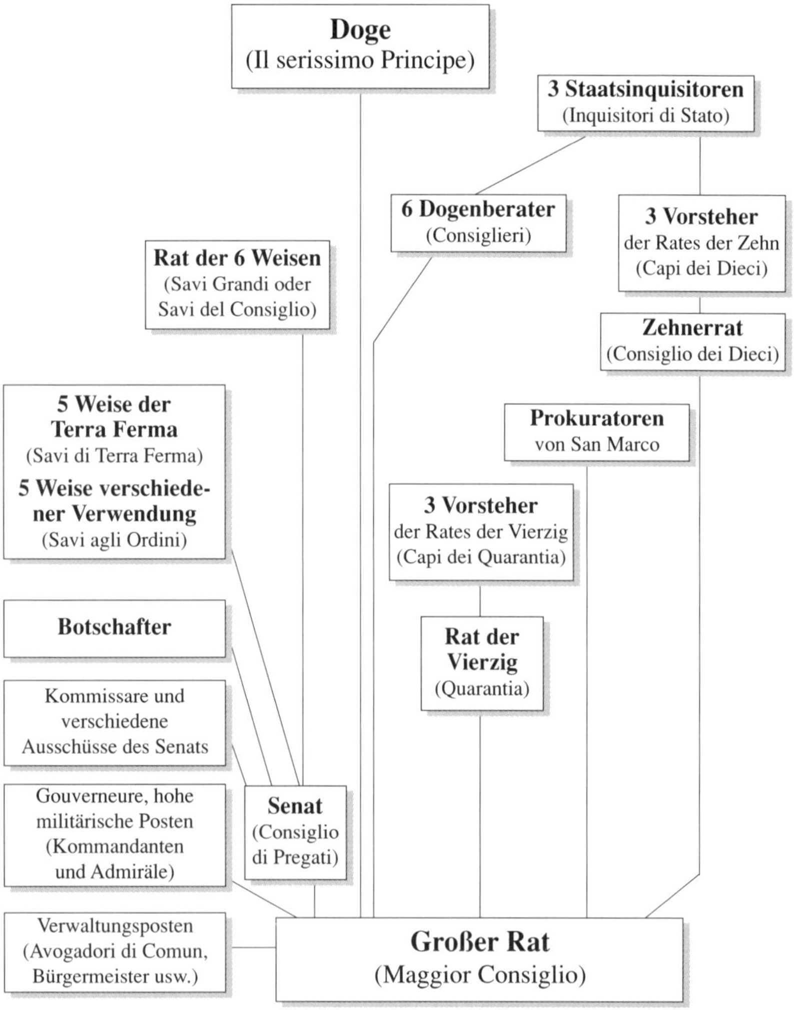

I.) Ämter und Posten, die ausschließlich den Patriziern vorbehalten waren

A) Die Legislative

1) Grosser Rat (Maggior Consiglio). Er bestand aus den männlichen Mitgliedern der adeligen Familien. Um die Mitte des 15. Jahrhunderts gab es etwa 150 adelige Familien, deren etwa 2000 bis 2600 männliche Mitglieder im Großen Rat Sitz und Stimme hatten. Da stets viele Adelige außerhalb von Venedig weilten, waren bei Sitzungen etwa 1200 anwesend. Bei bedeutenden Abstimmungen kamen bis gegen 1900 Personen. Die Abstimmungen waren geheim.

Pietro Longhi: Il Maggior Consiglio (Der Große Rat)

2) Rat der Vierzig (Quarantia). Diese Institution gab es seit der Mitte des 13. Jahrhunderts. Er war anfangs für die Rechtsprechung und für Finanzen zuständig, wurde aber mit der Zeit eine Art Appellationsgericht.

3) Senat. Er wurde ursprünglich als Unterausschuß des Großen Rates gebildet, hieß ***Consiglio di Pregati*** oder ***Consiglio di Rogati,*** und sollte für Schiffahrtsfragen zuständig sein, zog aber bald Fragen der Außen- und Handelspolitik an sich. Schließlich kamen alle bedeutenden Fragen der Politik zum Senat und wurden dort diskutiert. Der Senat hatte ursprünglich 60 Mitglieder, gewählt vom Großen Rat, aber zusätzlich hatte der Doge Sitz und Stimme sowie die Quarantia, die Staatsanwälte, die höchsten Beamten, und die sogenannte Zonta [aggiunta] (ein Gremium, das aus 60 Mitgliedern bestand, die von den ausgeschiedenen Senatoren als Berater oder Aufpasser für ihre Nachfolger ernannt wurden). Somit hatte der Senat etwa 300 Mitglieder, von denen aus Zeitmangel meist nur ein Drittel anwesend war. Es wurden Personalfragen dreimal, politische Angelegenheiten viermal verhandelt. Die letztlich gefällten Entscheidungen des Senates waren daher im allgemeinen sehr gut durchdacht und hatten im zeitgenössischen Italien einen vorbildlichen Ruf.

Pietro Longhi: Consiglio di Pregati (Der Senat)

B) Die Exekutive

1) Der Doge (Il Serenissimo Principe). Er war der gewählte Souverän und der Repräsentant Venedigs. Funktionell war er der Vorsitzende des Kleinen Rates, des Collegio, in dem er Sitz und Stimme hatte.

Die frühen Dogen waren weitgehend souveräne Herrscher, mit der Zeit wurde die Dogenmacht aber radikal eingeschränkt. Der Doge durfte Verhandlungen nur mehr in Gegenwart seiner Berater führen, durfte den Palast nur mit Erlaubnis des Kleinen Rates, das Staatsgebiet nur mit Erlaubnis des Großen

Rates verlassen. Weder er noch seine nächsten Verwandten durften Geschäften nachgehen. Er erhielt aber ein großzügiges Gehalt und reichlich Repräsentationskosten und hatte den Dogenpalast als Dienstwohnung. Auch seine Frau, die „Dogaressa", bekam Repräsentationskosten ersetzt, und zwar stand ihr für ihre Garderobe ein Teil jener Steuern und Zölle zu, die auf eingeführtes Obst erhoben wurden. Zu Beginn seiner Amtszeit mußte in späteren Jahren jeder Doge einen Vertrag unterschreiben, in dem er sich diesen und noch anderen Bedingungen unterwarf, die oft eigens auf seine Person zugeschnitten waren.

2) Kleiner Rat (Collegio, früher Consulta). Um das Jahr 1300 wurde diese Verwaltungsbehörde gegründet, um die täglichen Regierungsgeschäfte zu erledigen. Sie bestand aus dem ***Dogen*** und seinen sechs ***Consiglieri*** (Dogenberatern). Jeder der sechs Stadtbezirke stellte ab dem 12. Jahrhundert einen Dogenberater. Ursprünglich hieß dieses Gremium Consulta, ab 1412 eben Collegio. Da es nicht nur die täglichen Regierungsaufgaben zu erledigen hatte, sondern außerdem die Rechtsfälle den einzelnen Gerichten zuwies, den Aktenlauf zu den Behörden regelte, diese Behörden auch kontrollierte und Kompetenzstreitigkeiten schlichtete, wurden diese sieben Männer mit einem Berg von Akten zugedeckt.

Um ihnen Arbeit abzunehmen, hat man dem Collegio die sogenannten ***Savii*** oder ***Savi*** (die Weisen, in der Einzahl Savio) beigegeben, ebenfalls gewählte Patrizier, die ab 1420 auch dem Kleinen Rat angehörten. Es gab schließlich die sechs ***Savi grandi*** (etwa Staatsministern vergleichbar), die fünf ***Savi di terra ferma*** und die sechs ***Savi agli ordini*** oder ***Savi di mare.***

a) Savi grandi. Es gab sechs, die ursprünglich Savii del Consiglio genannt wurden. Ihre Amtszeit dauerte nur sechs Monate. Im Senat hatten sie Vorschlagsrecht, aber kein Stimmrecht. Wenn der Senat aus irgendwelchen Gründen nicht zusammentreten konnte, hatten sie aber gemeinsam das Recht, in Senatsangelegenheiten Beschlüsse zu fassen und Entscheidungen zu fällen, die dann mit den Worten begannen: „Mandantibus Sapientibus".

b) Savi di terra ferma. Es gab ***fünf,*** und sie hatten eine Amtszeit von achzehn Monaten. Der erste hieß ***Savio Cassiere,*** und ihm unterstand der Tesoro Pubblico. Der zweite hieß ***Savio alla Scrittura,*** ihm unterstand die reguläre Miliz. Der dritte hieß ***Savio alle Ordinanze;*** ihm unterstand die Miliz der ländlichen Umgebung. Der vierte hieß ***Savio ai Brevi*** und hatte die Aufgabe, die päpstlichen Verordnungen (Brevi) zu sichten und zu entscheiden, ob sie der Regierung vorgelegt werden sollten oder nicht. Der fünfte hieß ***Savio ai Damò*** (Abkürzung für da Modo = vom Augenblick an) und hatte die Aufgabe, dringende Senatsbeschlüsse sofort umzusetzen.

c) Savi agli Ordine. Es gab ***sechs,*** und sie waren unter dem Titel ***Savii agli Ordine di Navigazione*** eingesetzt worden. Ihre Aufgabe war ursprünglich die Überwachung des Arsenals und der Kriegsschiffe. Später hatten sie eigentlich nur mehr die Aufgabe, im Kleinen Rat dabei zu sein, wo sie Sitz und Stimme hatten. Die Posten wurden dazu verwendet, junge Patrizier in der politischen Verwaltungsarbeit auszubilden. Das war der erste Schritt zu höheren Ämtern, wie Savio di Terra ferma oder Savio grande.

Da die Legislative die Exekutive auch hier möglichst streng überwachen wollte, entsandte man die ***3 Capi di Quarantia*** (Vorsitzende des Rates der Vierzig) auch noch in den Kleinen Rat. Der Kleine Rat bestand also aus Doge, Dogenberater, den Savi und den 3 Vorsitzenden der Quarantia und wurde in diesem Fall als ***Pien Collegio*** bezeichnet. Waren die Savi nicht dabei, sprach man vom ***Collegio.*** Sowohl das Pien Collegio als auch das Collegio hießen auch ***La Serenissima Signoria*** (kurz ***La Serenissima).***

Das ***Pien Collegio*** trat am Morgen zusammen, empfing Depeschen, Berichte und Gesandtschaften oder Diplomaten und entschied, was dem Senat zuzuleiten sei und welche Akten von den Savi weiter bearbeitet werden sollten. Der Nachmittag war für politische Beratungen und zeremonielle Pflichten reserviert.

Der ursprüngliche *„Kleine" Rat* wurde so wieder zu einem sehr umfangreichen Gremium, in dem der Doge zwar den Vorsitz, aber auch nur eine Stimme hatte. Diese Struktur behinderte natürlich die Entscheidungsfindung bei kontroversen Standpunkten und engte den Handlungsspielraum des Dogen ein.

Es ist aber erstaunlich zu sehen, wie die großen Dogen in Venedigs Geschichte es trotzdem verstanden haben, ihre Linie in der Politik durchzusetzen. Sie nützten dabei den einzigen Vorteil, den sie gegenüber den anderen Ratsmitgliedern hatten, nämlich den, daß sie auf Lebenszeit gewählt waren.

Die Amtszeit eines der sechs Weisen (Savio grande) betrug hingegen nur sechs Monate, und die Dogenberater (Consiglieri) durften nach dem Ausscheiden eine bestimmte Zeit nicht wiedergewählt werden. Auf die Wahl seiner Berater konnte aber der Doge – natürlich hinter den Kulissen – Einfluß nehmen. Diesen Bonus des Arbeitens mit dem Faktor Zeit scheinen manche Dogen perfekt beherrscht zu haben, andere haben offensichtlich manchmal die Geduld verloren.

3) **Rat der Zehn (Consiglio dei Dieci).** Dieses 1310 als Unterausschuß des Großen Rates eingesetzte Gremium hatte bei seiner Gründung die Aufgabe eines Schnellgerichtes zur Aburteilung der Beteiligten am sogenannten Tiepolo-Aufstand, einer Revolte innerhalb der Aristokratie. Das Gremium hat sich aber dann weiter erhalten und blieb bis zum Ende der Republik bestehen.

Die ***Dieci*** entwickelten sich zu jener Behörde, der die Staatssicherheit anvertraut war. Um diese Aufgabe zu erfüllen, wurde ein bezahltes Agentennetz im In- und Ausland aufgebaut, wie es heute jeder ordentliche Geheimdienst auch benützt. Da ein solches Vorgehen damals aber völlig neu und unüblich war, haben sich alle anderen Staaten, die über einen solchen Geheimdienst nicht verfügten, ganz schrecklich über dieses „Spitzelsystem" und die „Informanten" ereifert.

Da die ***Dieci*** außerdem einen Sonderstatus etwas außerhalb der Verfassung hatten, waren sie die einzige venezianische Behörde, die, wenn es darauf ankam, sehr rasch und ohne Behinderung durch ein langes Abstimmungsverfahren und ohne Behinderung durch andere Gremien handeln konnte.

Der Zehnerrat setzte sich aus zehn vom Großen Rat gewählten Mitgliedern zusammen, die einen untadeligen Ruf haben mußten. Die Amtszeit eines Mitgliedes dauerte nur ein Jahr, und für ein weiteres Jahr war die Wiederwahl ausgeschlossen. Zwei Mitglieder einer Familie konnten nie gleichzeitig dem Zehnerrat angehören.

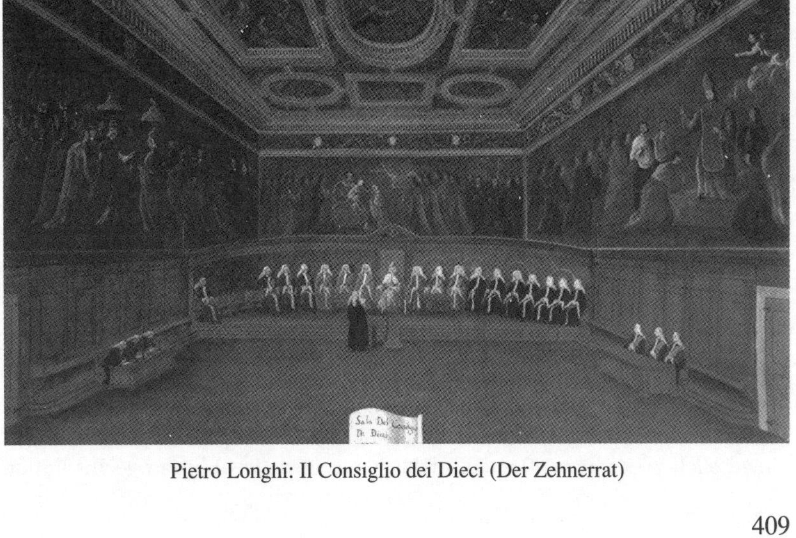

Pietro Longhi: Il Consiglio dei Dieci (Der Zehnerrat)

Die Zehn wählten sich drei Vorsitzende – ***Capi*** – , denen während ihrer kurzen Amtszeit von nur einem Monat sogar der Besuch gesellschaftlicher Veranstaltungen verboten war, damit sie nicht beeinflußt werden konnten. An den Sitzungen des Zehnerrates nahmen in der Regel auch noch der Doge und seine sechs Berater teil, manchmal auch noch andere Mitglieder der Signoria und bei Bedarf auch eine ***Zonta*** aus 25 gewählten Patriziern. Der Zehnerrat war ein relativ potentes Machtinstrument mit gerichtlichen Vollmachten und zog mit der Zeit und bei geeigneter Gelegenheit mehr und mehr Agenden an sich, was immer wieder zu Kompetenzstreitigkeiten mit dem Senat führte.

Der Zehnerrat hatte statutengemäß die besondere Aufgabe, „die Schwachen gegen die Mächtigen zu verteidigen“ und hat auch besonders Übergriffe der Patrizier gegen einfache Bürger verhindert bzw. geahndet. Weil er ohne Ansehen der Person auf *„law and order“* sah, hat er sich immer wieder und besonders innerhalb der Aristokratie sehr unbeliebt gemacht.

Heikle Staatsangelegenheiten, die höchste Geheimhaltung verlangten, wurden bisweilen vom *Pien Collegio* dem Zehnerrat als Exekutivorgan zugewiesen. Auch die berühmten Anzeigen gegen Personen, die angeblich oder tatsächlich den Staat gefährdeten, wurden vom Zehnerrat überprüft. Dabei waren zur Aufnahme des Verfahrens fünf Abstimmungen erforderlich, wobei jedes Mal vier Fünftel der Mitglieder für die Aufnahme des Verfahrens stimmen mußten. Bei anonymen Anzeigen mußten sogar fünf Sechstel der Richter für die Aufnahme des Verfahrens stimmen. Auch über Urteile wurde fünfmal abgestimmt.

Bei einem Verfahren vor dem ***Consiglio dei Dieci*** wurde zuerst einmal die ***Staatsinquisition*** eingeschaltet. Einer oder mehrere der drei ***Inquisitori*** führten eine „allgemeine“ Untersuchung durch. Wenn das Verfahren weiterging, führten die drei ***Capi dei Dieci*** innerhalb von zwei Monaten eine „besondere“ Untersuchung. Wenn auch diese positiv war, kam es zum Prozeß. Im großen und ganzen war man aber im Prozeß sehr vorsichtig und um Korrektheit bemüht.

Da vor den Dieci auch alle Prozesse wegen Hochverrats stattfanden, bei denen es ja um Staatsgeheimnisse ging und diese Prozesse dann natürlich unter Ausschluß der Öffentlichkeit geführt wurden, hatten diese Verfahren eine geheimnisvolle, bedrohliche Aura. Dem Zehnerrat hat die Geschichtsschreibung einen schlechten Ruf angehängt, und er wurde immer wieder mit der kirchlichen Inquisition und deren Hexenprozessen verglichen und als finsterstes mittelalterliches Relikt hingestellt, woran aber vorwiegend die Geheimverfahren schuld trugen. Besonders nach dem Fall der Republik konnten sich die sogenannten Demokraten oder „Jakobiner“, wie sie sich der Zeitmode entsprechend auch zu nennen pflegten, nicht genug über diese bösartige Institution ereifern. Dabei haben ihre so glorreichen französischen Vorbilder während der Revolution in Frankreich in einigen Monaten viel tausendmal mehr unschuldiges Blut vergossen, als der Zehnerrat in 500 Jahren schuldiges.

Zweifellos hat der Zehnerrat auch Fehlurteile gefällt; die Affäre um den Senator Foscarini (1622) ist am berühmtesten geworden. Im historischen Rückblick muß man aber den Mut bewundern, mit dem man zu jener Zeit einen solchen Irrtum zugegeben hat und wie versucht wurde, den Schaden, soweit es möglich war, wieder gutzumachen.

Zu seiner Zeit war der Zehnerrat eine in ganz Venedig bekannte, respekteinflößende Institution, umgeben vom düsteren Glanz des Geheimnisvollen. Kindern, die nicht ins Bett gehen wollten, drohte man auch mit den „Dieci".

4) Staatsinquisitoren (Inquisitori di Stato). Sie waren die Ermittlungsbehörde des Zehnerrates und setzten sich aus drei Mitgliedern zusammen. Zwei waren Mitglieder des Zehnerrates und trugen eine schwarze Toga, einer wurde unter den Dogenberatern ausgelost und trug eine rote Toga, weshalb er auch „Der Rote" genannt wurde.

II.) Ämter und Posten, die auch Bürgern offenstanden, die nicht dem Patriziat angehörten

Zur Unterstützung vor allem der Exekutive und zur Aufrechterhaltung des Systems gab es eine gut ausgebildete Beamtenschaft. Da die patrizischen Amtsinhaber, mit Ausnahme des Dogen und der Prokuratoren, immer nur für kurze Zeit, oft nur auf ein halbes Jahr gewählt wurden, waren es diese Beamte, die den Überblick über die Verwaltung hatten und die die Kontinuität wahrten. Sie hießen ***Sekretäre*** oder ***Notare*** und waren in zwei Gremien, der ***Cancelleria segreta*** und der ***Cancelleria inferiore,*** zusammengefaßt.

Die Sekretäre der Cancelleria segreta durften die Geheimkanzlei betreten, in der alle Dokumente über die politischen und diplomatischen Angelegenheiten Venedigs aufbewahrt wurden. Sie waren hohe Beamte und aus ihren Reihen kamen die Botschaftssekretäre und auch die in London, Turin und Mailand residierenden Gesandten. Die Sekretäre waren keine Patrizier, sondern gehörten dem alteingesessenen Bürgertum an, den ***Cittadini Originarii*** (Cives). Sie waren meist Juristen, die entweder studiert hatten oder in einer staatseigenen Verwaltungsschule bei San Marco ausgebildet worden waren.

Der Ranghöchste dieser etwa fünfzig Sekretäre war der ***Cancelier Grando*** oder ***Großkanzler,*** der auch Vorsteher der Dogenkanzlei war. Er wurde vom Großen Rat auf Lebenszeit gewählt und war immer ein altgedienter Beamter, der natürlich über alle laufenden Geschäfte auf das beste informiert war. Bei öffentlichen Auftritten und Staatsprozessionen ging der Großkanzler unmittelbar vor dem Dogen und hatte wie dieser das Recht, Purpur zu tragen.

Die Verwaltung bestand ebenso wie die Regierung aus einer Unzahl von Behörden, die sich auch wie die Regierung im Verlauf der Zeit in ein Kompetenzwirrwarr verstrickten. Manche Posten in diesen Verwaltungsbehörden, vorwiegend die unbezahlten, wurden mit Patriziern besetzt. Andere Posten, die immer bezahlt waren, wurden durchwegs mit Beamten besetzt. Einige Behörden waren also gemischt besetzt, in einigen waren ausschließlich Beamte tätig.

Es ist unmöglich, hier alle diese Behörden und Ämter aufzuzählen; sie reichten vom ***Wassermagistrat*** (der sich u. a. mit der Erhaltung und Sauberkeit der Wasserwege befaßte) über ***11 Gerichte*** allein in der Stadt Venedig bis zum ***Bailo*** in Konstantinopel (Botschafter in Konstantinopel und Vorsteher der dortigen venezianischen Kolonie), über die Bürgermeister von Städten unter venezianischer Verwaltung (z. B. ***Podestà*** von Padua) bis zu den ***Camerlenghi di Commun*** (den Schatzmeistern). Nur einige der wichtigsten Ämter seien hier genauer beschrieben.

1) Die Dogenkanzlei. Die Dogenkanzlei, deren oberster Chef der Großkanzler war, wurde zusätzlich mit folgenden Personen besetzt: zwei Unterkanzlern, vier Sekretären des Rates der Zehn, 24 Sekretären des Senates, welche die Akten der Regierung zusammenstellten und die Gesetze des Großen Rates, die Dekrete des Senates sowie die Beschlüsse des Collegio (des „Hochverehrten Kollegiums") protokollierten und zur Ausführung weiterleiteten.

2) Die Prokuratoren von San Marco. Der erste ***Prokurator von San Marco*** (wahrscheinlich um 829) war ursprünglich der Verwalter des Schatzes von San Marco und auch der Verwalter der Markuskirche. „San Marco" war aber nicht eine Kirche im gewöhnlichen Sinn, sondern die Hauskapelle des Dogen. Hier las der Hauskaplan des Dogen die Messe, beileibe nicht der Bischof von Venedig, der seine Bischofskirche in Castello hatte. Die Markuskirche war außerdem ein massives Gebäude, gleich neben der Wohnung und dem Amtssitz des Dogen. Auf ihrer rechten Seite, dort wo sie an den Dogenpalast anschließt, war sie besonders fest und fensterlos gebaut. Eben dort wurde ursprünglich auch der Schatz von San Marco aufbewahrt, der gleichbedeutend war mit dem Staatsschatz von Venedig. Jedenfalls waren der ***Prokurator*** oder später die ***Prokuratoren von San Marco*** rein weltliche Posten und hatten sich rasch vom ausschließlichen Hüter des Staatsschatzes entfernt. Mit der Zunahme der Aufgaben erhöhte sich die Zahl der Prokuratoren, bis es schließlich neun wurden. Sie hatten seit 1319 ihr Amtsgebäude in den alten Prokuratien am Markusplatz. Die Prokuratoren selbst nahmen einen sehr hohen Rang in der staatlichen Hierarchie ein, waren immer Patrizier und wurden auf Lebenszeit gewählt. Sie hatten auch einen beschränkten Zugang zu den die Politik der Serenissima entscheidenden Ratsversammlungen, wenn es um finanzielle Probleme ging. Sie verwalteten zwar nach wie vor den aus Staatsgeldern gespeisten „Schatz von San Marco", teilten sich aber diese Tätigkeit, besonders was die Aufbewahrung und die Ausgaben anlangte, mit den ***Camerlenghi del Comun***.

Ab dem 11. Jahrhundert waren die Prokuratoren damit beauftragt, die großen Vermögen von Verstorbenen, die ja in Venedig meistens Kaufleute waren, im Interesse der oft noch unmündigen Erben zu verwalten. Der Sinn dahinter war, daß das Privatvermögen der Familien keinen Schaden erleide. Diese Tatsache, daß ein Staat derart am privaten Wohlergehen der staatstragenden Klasse seiner Bürger interessiert war, zeigt die Identifikation des Staates mit seinen Bürgern und vice versa die der Bürger mit ihrem Staatswesen.

Mit der Zeit erweiterten sich die Aufgaben der Prokuratoren. Sie verwalteten auch die bei ihnen hinterlegten Vormundschafts- und Kuratelgelder und überwachten die rechte Ausführung der Testamente, die Abwicklung der Verlassenschaften und die Bezahlung der Erbschaftssteuer.

Die Hinterlegung gewaltiger Kapitalien bei den Prokuratoren, auch durch ausländische Herrscher, zeigt, wie gut und sicher das Geld dort angelegt war. Es führte aber auch zu einer enormen Vergrößerung dieser Behörde, die mit ihrem gesamten Personal schließlich die alten und neuen Prokuratien am Markusplatz einnahm. Daß die enormen Kapitalbewegungen durch die Prokuratoren den gesamten Handel mit venezianischen Staatanleihen und vor allem deren Kurs beeinflußte, versteht sich von selbst.

Im Prinzip war diese Behörde ein Mittelding zwischen Finanzministerium und Nationalbank, Pflegschaftsgericht und Staatsnotariat. Ganz typisch für die Republik Venedig aber war es, daß es eben eine eigene Behörde gab, die das öffentliche Interesse mit den privaten kaufmännischen Interessen seiner Bürger auf diese Weise vereinte.

3) Die Gerichte. Es gehörte zur Überzeugung der venezianischen Patrizier, daß ihr Staat ein Hort des Rechtes war. Das war auch weitgehend richtig. Vor dem Gesetz gab es keinen Unterschied zwischen dem Adel und dem Volk. Das einzige Privileg eines venezianischen Nobile bestand darin, daß er im Ernstfall auf der Loggia des Dogenpalastes zwischen den beiden roten Säulen im ersten Stock hingerichtet wurde und nicht zu ebener Erde auf der Piazetta.

Die Justiz wurde mit äußerster Sorgfalt und im allgemeinen sehr gerecht ausgeübt. Im Gegensatz zu anderen Städten ihrer Zeit waren die Richter selbst sachlich und unabhängig und vor allem auch nicht den Launen eines Stadttyrannen unterworfen. Sie urteilten meistens ohne Eile und human, und sofern es nicht um Hochverrat ging, war die Folter verpönt.

Probleme ergaben sich nur aus der Tatsache, daß die Richter gewählte Patrizier waren, denen oft die juridische Bildung fehlte und daß es außerdem in Venedig kein der Zeit angepaßtes kodifiziertes Recht gab. Das Strafrecht wurde 1181 erst- und 1232 letztmalig niedergeschrieben, das bürgerliche Recht zuletzt 1346. Dann gab es immer wieder nur Novellen und völlig unübersichtliche Urteilssammlungen. Also kein Wunder, daß Richter, die oft unerwartet gewählt wurden, keine Ahnung hatten, zumal es ihnen auch bei Fleiß und bestem Willen nicht möglich war, die richtigen und geeigneten Unterlagen einzusehen. Im Privatrecht hatte die Gerichtsbarkeit trotzdem immer ein hohes Niveau, weil hier die Richter als gelernte Kaufleute aus ihrer Praxis viel Erfahrung mitbrachten.

Ein weiterer Nachteil war ein äußerst komplizierter Instanzenzug; allein für die Stadt waren 11 Gerichtshöfe in erster Instanz zuständig. Über ihnen stand als Revisionsgericht die Signoria. Ein weiteres Appellationsgericht war die Quarantia, die ab dem 15. Jahrhundert dafür in drei Kurien aufgeteilt wurde. Der Zehnerrat konnte seinerseits, wenn er der Meinung war, die Staatssicherheit sei betroffen, jedes Verfahren an sich ziehen. Auch der Große Rat konnte sich zum Gerichtshof erklären und Verfahren an sich reißen.

Die ersten Instanzen arbeiteten unparteiisch und schnell, und manches harte Urteil konnte im Apellationsverfahren abgeändert werden. Auch ein Gnadenantrag an die Signoria konnte manches harsche Urteil abschwächen, wobei politische und familiäre Rücksichten dann sehr wohl eine Rolle spielten. Besonders bei jenen Fällen, wo die eigenen glücklosen Heerführer oder Admiräle patrizischer Herkunft vor Gericht gestellt und zum Tod verurteilt wurden, waren die Begnadigungen und Umwandlung der Todesstrafe in Verbannung die Regel. Einigermaßen rauher verfuhr man mit angeheuerten Söldnerführern, wenn diese in den oft sehr begründeten Verdacht gerieten, mit den Feinden paktiert und ihren Auftraggeber Venedig verraten zu haben.

Berühmt wurde in diesem Zusammenhang der Prozeß gegen den Söldnerführer Graf Carmagnola. Er kämpfte zunächst für Mailand, dann trat er, obwohl mit einer Visconti verheiratet (die Visconti waren die Herzöge von Mailand), in venezianische Dienste. Er geriet schließlich in den Verdacht des Hochverrates und wurde in Venedig hingerichtet. Der Prozeß ist oft als Musterbeispiel einer infamen venezianischen Politjustiz dargestellt worden. Sicher ist aber, daß das Verfahren immerhin vier Wochen dauerte, daß Carmagnola mehr laviert als Krieg geführt hatte und am Ende jedem Kampf ausgewichen war. Mit den Mailändern hatte er außerdem heimlich wegen der Übergabe von Breschia verhandelt. Er wollte offenbar für sich bzw. für seine Frau das Herzogtum Mailand gewinnen, auf dessen Thron ja ein Visconti saß, ein Verwandter seiner Frau und der letzte seines Stammes.

Das zeitgenössische Italien, in dem Venedig ja alles andere als beliebt war, hat sich über den Prozeß schrecklich aufgeregt, und ausgerechnet Machiavelli war einer der lautesten Schreier. Empört war man aber eher deswegen, weil die Signoria durch das Agentennetz der Dieci diese scheinbar so meisterlich eingefädelte politische Intrige aufgedeckt und dann mit einem Schwertstreich beendet hatte.

ZEITTAFEL

Geschichte aus venezianischer Sicht

421 (25. März) Legendäres Gründungsdatum Venedigs. Erstmalig haben um diese Zeit in großem Ausmaß die Bewohner der Region Venetien vor den zunehmenden Stürmen der Völkerwanderung in der Lagune Schutz gesucht und vor allem die äußere Inselreihe wie den Lido mit Malamocco, wo sie ihre Häfen hatten, stärker besiedelt. Sie sind aber immer wieder noch in ihre ursprünglichen Dörfer und Städte zurückgekehrt. Zur Zeit des Ostgotischen Reichs von Theoderich in Italien (ab 493) haben Veneter schon auf den Laguneninseln gelebt, wie aus einem Bericht von Theoderichs Kanzler Cassiodorus hervorgeht.

553 Venetien byzantinische Provinz unter dem Exarchen von Ravenna. Die kleineren Verwaltungseinheiten heißen Dukate, sind bis zu einem gewissen Grad selbständig, ihr Vorsteher heiß Dux.

568 Der Patriarch von Aquileia flüchtet nach Grado.

636 Neuerliche Einwanderungswelle nach Torcello, Herakleia und Malamocco.

680 Wahrscheinlich erster Dux in der Lagunenstadt Heracliana von Ravenna aus eingesetzt.

697 (–717) Paoluccio Anafesto nach venezianischer Überlieferung als erster Doge auf einer Versammlung gewählt, die der Patriarch von Grado nach Heracliana einberufen haben soll.

717 (–726) Marcello Tegalliano als zweiter Doge angeblich bereits gewählt.

Geschichte aus europäischer Sicht

401–410 Westgoten unter Alarich fallen immer wieder in Italien ein, wobei sich viele Kämpfe in Norditalien abspielen, und erobern Rom 410.

415–711 Westgotenreich in Spanien.

429–534 Vandalenreich in Afrika. 430 stirbt Augustinus, Bischof in Hippo Regius, während der Belagerung durch die Vandalen.

452 Hunneneinfall in Italien, Attila zerstört Aquileia.

489 Zug der Ostgoten nach Italien.

493 ist der Ostgote Theoderich Herrscher in Italien mit Ravenna als Hauptstadt

526 Tod von Theoderich.

535–553 Byzanz erobert Italien unter Belisar und Narses. Das Ostgotenreich bricht zusammen

568 Die Langobarden brechen in Italien ein, errichten dort ein Reich mit Pavia als Hauptstadt und erobern 588–602 die byzantinischen Provinzen bis auf einen schmalen Küstenstreifen und die Lagunensiedlungen.

632 Tod Mohammeds. Die Araber bedrängen Byzanz und erobern dessen nordafrikanische Provinzen.

723 Ein Magister Militum namens Mar-

726 Rebellion der verbliebenen italienischen Provinzen gegen Byzanz.

727 (–737) Orso (Ursus) Ipato Doge. Er scheint ursprünglich auf der Seite des Aufstandes gegen Byzanz gestanden zu sein, trug aber dann durch den Einsatz der venezianischen Flotte entscheidend zur Wiedereroberung Ravennas durch Byzanz bei.

742 Der Doge Diodato Ipato (Deusdedit, 742-756) verlegt den Regierungssitz von Heracliana nach Malamocco und betreibt zunehmend selbständig eine Schaukelpolitik zwischen den langobardischen Königen, dem Papst und Byzanz bzw. dem Exarchen von Ravenna.

756– 803 Unter den Dogen Galla Lupanio, Domenico Monegario, Maurizio Galbaio und seinem Sohn Giovanni Galbaio, die zu zweit regieren, gibt es eine byzanzfreundliche und ein frankenfreundliche Partei. Ein Exponent der fränkischen Partei war der Patriarch von Grado Johannes. Der Dux Mauritius (byzanzfreundlich) fährt mit der Flotte nach Grado und läßt den Patriarchen von den Zinnen der Befestigung hinunterwerfen.

804 Obelerio Antenorio (frankenfreundlich) wird zum Dogen gewählt, seine Vorgänger fliehen. Dem Patriarchen Fortunatus wird aber die Rückkehr in die Lagune verwehrt.

807 Legendäre Seeschlacht am Kanal, der Malamocco mit Rialto verbindet, zwischen Pippin und den Venezianern, die in einem blutigen Gemetzel die Franken endgültig geschlagen haben sollen. Canale Orfano (Kanal der Waisen) hieß seither diese Wasserstraße.

810 (-836) Dogen aus dem Haus Partizipazio.

811 Der Doge Angelo Partezipazio verlegt den Regierungssitz offiziell an den Rialto.

cellus unterschreibt zusammen mit dem Exarchen Paulitius einen Grenzvertrag mit den Langobarden.

725 - 726 Bildersturm Kaiser Zenons III. (Leon III.) in Byzanz und Wirren im ganzen Kaiserreich.

727 Der byzantinische Exarch in Ravenna Paulitius wird bei einer Rebellion ermordet.

732 Karl Martel (unehelicher Sohn von Pippin II.) verhindert mit der Schlacht von Tours und Portiers das Vordringen der Araber über Spanien hinaus.

737– 742 wird das Dukat Venezien von einigen Magister Militum regiert. Einer von ihnen war der spätere Doge Deusdedit.

749 (–756) Aistulf König der Langobarden erobert alle byzantinischen Besitzungen in Ober- und Mittelitalien mit Ausnahme der Lagunen.

751 (–768) Pippin III. (Sohn von Karl Martel) König der Franken verbündet sich mit dem Papst gegen die Langobarden.

768 (–814) Karl der Große zieht

773– 774 nach Italien, wird italienischer König und setzt das byzanzfreundliche Dukat Venetien unter Druck.

803 Ein besonderer Schützling des Kaisers namens Fortunatus wird statt Johannes neuer Patriarch von Grado.

806 Das Reichsteilungsgesetz weist Pippin IV. (2. Sohn von Karl dem Großen) der ursprünglich Karlmann hieß, Venetien, Istrien und Dalmatien zu.

807 Byzantinische Flotte unter Niketas erscheint und übernimmt die Herrschaft, Pippin ohne Flotte ist vorerst machtlos, und der Dux Obelerio schlägt sich wieder auf die Seite von Byzanz.

809 Gelingt es Pippin IV., Malamocco, Heracliana, Chioggia und etliche Inseln zu erobern, wahrscheinlich auch Rialto, da sich die Dogen unterwerfen und Tribut zahlen.

810 Tod von Pippin IV.

811– 812 Byzantinische Gesandtschaft unter Sphartarios Asapphos bei Karl

820– 827 Bau der Kathedrale S. Pietro auf der Insel Olivolo (Castello) durch den Bischof Torso. Im Auftrag des byzantinischen Kaisers Leon V. (813-820) wird das Kloster San Zaccharia errichtet, vorwiegend mit byzantinischem Geld und von griechischen Baumeistern.

827 (–829) Giustiniano Partezipazio Doge. Die Mumie des heiligen Markus wird aus Alexandria nach Venedig gebracht und in der gerade im Bau befindlichen Markusbasilika eingemauert.

836 (–864) Pietro Tradonico Doge. Kam gegen die Familie Partecipazio ins Dogat, schloß als erster

840 selbständige Verträge mit Kaiser Lothar ab, die jene ersetzen, die Byzanz mit den deutschen Kaisern geschlossen hatte. Venedig ist damit von Byzanz praktisch unabhängig. Venedig übernimmt durch die vielen mit den Sarazenen ausgefochtenen Seeschlachten die Rolle der byzantinischen Seemacht in der Adria. 864 wird der Doge bei einer Adelsrevolte ermordet.

864 Die Dogenmacht geht wieder bis 979 an die Häuser Partezipazio und Candiano zurück, die versuchen, Dynastien aufzubauen.

959 (–976) Pietro Candiano Doge. Versucht durch Heirat mit der Nichte des römisch-deutschen Kaisers Otto Waltrada von Tuscien eine Dynastie aufzurichten. Wird 976 bei einer Revolte ermordet, bei der auch noch der Dogenpalast und San Marco abbrennen.

976– 978 Pietro Orseolo I. Doge. Es gelingt ihm langsam und mit Mühe, eine Versöhnung Venedigs mit dem deutschen Kaiser herzustellen. Nach zwei Jahren flüchtet er und geht ins Kloster nach Spanien.

991 (–1009) Pietro Orseolo II. Doge. Ihm gelingt die Eroberung Dalmatiens und Kroatiens mit der Billigung von Byzanz und des deutschen Kaisers. Eine von ihm persönlich geführte Flotte erobert 1000 Lesina und Curzola und säubert die ganze dalmatinische Küste von Piraten, besonders von den Narentanern, die er ins Landesinnere vertreibt. Seine Rückkehr wird zu einem großen Triumph.

1001 Legendärer angeblicher Inkognitobesuch Kaiser Ottos III. beim Dogen Pietro II. Orseolo, der ihm nach S. Servilio entgegenfährt. Später

dem Großen in Aachen. Byzanz erhält Istrien, Dalmatien und Venetien zurück, erkennt aber dafür Karl als Kaiser im Westen an. Die venezianischen Dogen sehen sich als Fürsten an, die den byzantinischen Kaisern untergeben sind. (Alle Akten werden in Venedig bis 979 byzantinisch datiert.)

827 Synode von Mantua spricht Aquileia als ehemaligem Sitz des heiligen Markus die Herrschaftsrechte über Grado und die umliegenden Bistümer zu.

843 (–911) Karolingische Kaiser in Deutschland.

843 Vertrag von Verdun. Teilung des Reiches zwischen Kaiser Lothar, der Italien und Mittelfranken mit den Hauptstädten Rom und Aachen erhält, Ludwig dem Deutschen und Karl dem Kahlen.

919 (–1024) Sächsische Kaiser und Könige in Deutschland.

973 (–983) Otto II. Kaiser, verheiratet mit der byzantinischen Prinzessin Theophano, stirbt 983 – 28 Jahre alt – in Rom, nachdem er in Süditalien mit wechselndem Erfolg Krieg geführt hat.

983 (–1002) Otto III. kommt mit 3 Jahren auf den Thron. Zuerst regiert seine Mutter Theophano für ihn.

995 Übernimmt Otto III. selbst die Macht. Er freundet sich brieflich mit dem Dogen Pietro Orseolo an und wird der Taufpate seines Sohnes Ottone. Zieht dreimal nach Italien, wo er dann schließlich 1002 am Golf von Tarent stirbt.

1001 Papst Sylvester II. verleiht dem Ungarnfürsten Stephan, der sein Volk christianisiert hat, die Königskrone.

wohnt der Kaiser während seines dreitägigen Aufenthaltes im Dogenpalast und hebt eine Tochter des Dogen aus der Taufe.

1009–1026 Ottone Orseolo mit fünfzehn Jahren Doge. Heiratet 1011 die Tochter des ungarischen Königs. Regiert zusammen mit seinem Bruder Orso.

1023 Flieht er vor inneren Wirren nach Istrien, wo er Besitzungen und seine Hausmacht hat.

1024 Wird er zurückgerufen, da Poppone, Patriarch von Aquileia, Grado stürmt und die Reliquien raubt.

1026 Ottone Orseolo endgültig abgesetzt und nach Konstantinopel ins Exil geschickt. Mit seinem Sturz enden endgültig die Versuche patrizischer Familien, eigene Dynastien aufzubauen. 1032 versuchten seine Anhänger, ihn aus dem Exil zurückzuholen.

1026–1031 Pietro Centranigo (auch Barbolano genannt) Doge.

1043–(1071) Domenico Contarini I. Doge. Der Ausbau der Basilika von San Marco wird ab 1050 vorangetrieben und wenige Monate nach dem Tod des Dogen vollendet. Es kommt während dieser Zeit immer wieder zu Kontroversen mit dem Patriarchen Poppone um Grado, das der Doge schließlich besetzt. Die Prokuratoren von San Marco werden zu einer Institution erhoben, die vorerst nur den Staatsschatz verwalten, der in der Staatskirche San Marco gelagert ist.

1070–1084 Kämpfe auf der Seite von Byzanz gegen die Normannen, die immer wieder byzantinische Besitzungen in Sizilien, Unteritalien und an der Ostküste der Adria und des Ionischen Meeres angreifen. 1082 bekommt Venedig dafür besondere Handelsprivilegien im byzantinischen Kaiserreich.

1091 Lädt der Doge Vitale Falier den in Treviso belagerten Kaiser Heinrich IV. nach Venedig ein und erhält dafür ein weitgehendes Handelsprivileg für das deutsche Reich.

1094 Nimmt der Doge den Titel eines Herzogs von Dalmatien und Kroatien an.

1094 Nach dem Abschluß der Bauarbeiten an San Marco werden durch eine Erscheinung die Gebeine des Evangelisten im Markusdom neuerlich aufgefunden und feierlich beigesetzt.

1095 (–1102) Vitale I. Michiel Doge.

1099 (–1100) nimmt eine venezianische Flotte am Kreuzzug teil und beteiligt sich an der Erobe-

1002 (–1024) Heinrich II. (der Heilige) Kaiser. Zieht dreimal nach Italien und wird beim Kampf gegen die Byzantiner von den eben erst eingewanderten Normannen unterstützt.

1024 (–1039) Konrad II. Kaiser. Zieht zweimal 1026 und 1036 nach Italien.

1026 Konrad II. erobert Ravenna und wird in Rom zum Kaiser gekrönt. In Italien belehnt er die Normannen und bindet sie dadurch ans Reich.

1039 (–1056) Heinrich III. Kaiser.

1046 Erster Zug Heinrichs III. nach Rom, wo er drei gleichzeitig regierende Päpste absetzt und Clemens II. ernennt, der ihn dann auch krönt. Belehnt einen Normannen mit Apulien und nimmt seine Gegnerin, die Markgräfin Beatrix von Tuscien (Toskana), als Gefangene nach Deutschland mit.

1056–1106 Heinrich IV. (6 Jahre alt) Kaiser. 1075 Streit mit Papst Gregor VII., 1076 Bann. 1077 Gang nach Canossa, einem Schloß seiner Gegner, der Markgrafen von Tuscien, wo er Abbitte leisten muß. 1080 zum zweiten Mal gebannt, zieht nach Rom, das er erobert. Setzt Clemens III. als Papst ein, der ihn dann krönt.

1090/1091 kämpft er wieder in Italien gegen Papst Urban II. und die Markgräfin Mathilde von Tuscien. Dem Papst gelingt es, den Sohn des Kaisers zum Abfall zu bewegen und Heinrich bleibt hilflos ohne Heer in Treviso.

1095 ruft Papst Urban II. zum Kreuzzug.

1096–1099 Erster Kreuzzug.

1099 Erstürmung von Jerusalem. Das Körung von Haifa. Die Flotte bringt auch die Gebeine des heiligen Nikolaus von Myra nach Venedig.

1102 (–1118) Ordelafo Falier Doge. Baut das Arsenal aus, das

1104 erstmals erwähnt wird. Kämpft mit Byzanz gegen die Normannen und fällt 1118 vor Zara.

1118 (–1130) Domenico Michiel Doge.

1122–1124 Flottenexpedition ins Heilige Land und Eroberung von Tyros und Hilfe an die Kreuzfahrerstaaten. Gleichzeitig wird durch dieses Flottenunternehmen und Eroberung einiger griechischer Festungen der neue byzantinische Kaiser Johannes gezwungen, die alten Handelsprivilegien zu erneuern, die er aufkündigen wollte. Triumphaler Erfolg des Dogen.

1130 (–1147) Pietro Polani Doge.

1135 Teilnahme Venedigs am Reichstag von Merseburg und Anerkennung als mit Byzanz gleichberechtigte Großmacht durch Kaiser Lothar III.

1137 Sieg der venezianischen Flotte gegen die normannische vor Trani.

1143 Einführung eines Rates von Weisen (Sapientes oder Savi) zur Beratung des Dogen.

1146/1147 Streit um Bischofsernennungen mit Papst Eugen III. und Interdikt gegen Venedig. Flottenaktion im Ionischen Meer zur Unterstützung von Byzanz gegen die Normannen unter Roger, der Korfu erobert hat.

1147 (–1156) Domenico Morosini Doge.

1149 (–1150) Belagerung und Rückeroberung von Korfu, wobei es zu Streitigkeiten zwischen Venezianern und Byzantinern kommt, da Matrosen den byzantinischen Kaiser verspotten.

1151 Besetzung Anconas durch die Byzantiner unter Kaiser Manuel I. Komnenos. Die Stellung der Venezianer in Byzanz wurde schwieriger, zum Teil wegen des Zwischenfalls vor Korfu, vorwiegend aber weil Kaiser Manuel den Konkurrenten Genua und Pisa mehr Handelsrechte einräumt. In Venedig wird der Campanile erreichtet.

1156(–1172) Vitale II. Michiel Doge. Der letzte Doge, der noch von der Volksversammlung direkt gewählt wurde. Schaukelpolitik zwischen dem lombardischen Städtebund und Kaiser Barbarossa, der Venedig zunehmend zu isolieren versucht. Die Schwierigkeiten mit Byzanz nehmen auch zu, da Kaiser Manuel

nigreich von Jerusalem wird errichtet, das bis 1187 unter verschiedenen Königen (der letzte ist Guido von Lusignan) bestehen bleibt.

1106 (–1125) Heinrich V. beendet durch das Wormser Konkordat den Investiturstreit mit dem Papst um die Einsetzung und Belehnung von Bischöfen und Äbten, die ja gleichzeitig auch weltliche Fürsten sind.

1125 (–1137) Lothar von Sachsen als Lothar III. deutscher Kaiser. Er zieht zweimal nach Italien. Beim ersten Mal wird er von Papst Innozenz II. in Rom gekrönt und erhält das Herzogtum Tuscien als Lehen. Das zweite Mal kämpft er gegen den Normannenkönig Roger II. und vertreibt ihn für einige Zeit nach Sizilien.

1137 Stirbt Kaiser Lothar in Bayern auf der Heimreise aus Italien.

1138 (–1152) Konrad III. Kaiser (Haus der Hohenstaufen). In Deutschland Kampf der Ghibellinen (Ital. Verballhornung von Waiblingen, einem Staufferschloß) gegen die Welfen oder Guelfen (benannt nach Welf Herzog von Bayern) um die Vormacht in Deutschland. Konrad vergibt Bayern an den Babenberger Markgrafen Leopold IV. von Österreich.

1147 (–1149) Zweiter Kreuzzug von Konrad III. und dem französischen König Ludwig VII. endet ohne jeden Erfolg.

1151 Reichstag in Regensburg, wo ein neuer Zug gegen die Normannen beschlossen wird. Kriege Kaiser Konrads in Norddeutschland.

1152 Tod Konrads, der seinen Neffen Friedrich von Schwaben als König empfiehlt.

1152 (–1190) Friedrich I. (Barbarossa) zieht insgesamt sechs Mal nach Italien, einigt das deutsche Reich und bekämpft die italienischen Städte, die sich im lombardischen Bund gegen ihn vereinen.

1159 (–1177) Kirchenspaltung. Papst Alexander III. bannt den Kaiser, der sei-

1157 einen Handelsvertrag mit Genua abschließt und den Genuesen ein eigenes Quartier in Byzanz einräumt.

1171 Gefangennahme aller Venezianer auf byzantinischem Staatsgebiet und Beschlagnahme ihres Vermögens. Der Doge bricht zu einer anfangs erfolgreichen Strafexpedition auf, die aber durch die Pest, die auf den Schiffen ausbricht, beendet wird. Die heimkehrende Flotte bringt die Pest nach Venedig. 1172 wird der Doge bei Unruhen ermordet.

1172 (–1178) Sebastiano Ziani Doge. Langsame Verbesserung der Beziehung zu Barbarossa, dem er auch

1173 die venezianische Flotte zur Verfügung stellt, um das byzantinische Ancona zu erobern.

1177 Vier Monate lange Verhandlungen zwischen dem Kaiser, seinem Sohn Otto, dem Papst und den lombardischen Städten unter der Vermittlung des Dogen. Im Juli Versöhnung zwischen Papst und Kaiser unter großem Gepränge in Venedig. Damals ist der Brauch der Vermählung Venedigs mit dem Meer entstanden, der angeblich auf Papst Alexander zurückging, der von Venedig so begeistert war.

1178 der Doge Ziani tritt zurück und das Dogat geht bis 1192 auf Oro Mastropiero über.

1188–1191 Beteiligung Venedigs mit einem kleinen Flottenkontingent am dritten Kreuzzug.

1192 (–1205) Enrico Dandolo Doge.

1201–1204 vierter Kreuzzug. Das Kreuzheer fährt von Venedig aus, erobert Zara und am 13. April 1203 Konstantinopel. Venedig erhält drei Achtel des oströmischen Reiches. Einsetzung eines lateinischen Kaisers in Konstantinopel. Venedig kauft Bonifaz v. Montferrat Kreta ab.

1205 (–1229) Pietro Ziani Doge. Die venezianische Herrschaft über die Ägäis und den Peloponnes wird ausgebaut. Auf Kreta nach erfolgreichen Kämpfen Vergabe von Lehen an venezianische Adelsfamilien. Verfassungsreform und Einrichtung der Quarantia ursprünglich als Gericht.

1214 Krieg gegen Padua.

1217 Frieden mit Ungarn und Sicherung Kroatiens.

1224 Mit nur einer Stimme Mehrheit wird im Großen Rat der Plan abgelehnt, die Regierung von Venedig nach Byzanz zu verlegen.

1225 Einrichtung des Fondaco dei Tedeschi.

1229 (–1249) Jacopo Tiepolo Doge.

1230 Besuch Kaiser Friedrichs II. in Venedig.

nerseits Gegenpäpste aufstellt.

1162 Belagerung und Zerstörung von Mailand durch Kaiser Barbarossa.

1176 Kaiser Barbarossa in der Schlacht bei Legnano vernichtend geschlagen.

1177 Versöhnung zwischen Kaiser und Papst und Friedensschluß mit den Städten, die im lombardischen Bund vereinigt waren, in Venedig, dem es gelungen war, während dieses Krieges relativ neutral zu bleiben.

1189 Tod Barbarossas beim dritten Kreuzzug.

1190 (–1197) Sein Sohn Heinrich VI. deutscher Kaiser. Er zieht dreimal nach Italien, wo er mit 32 Jahren in Messina stirbt.

1198 (–1215) Thronkrieg zwischen Philipp von Schwaben (jüngster Sohn von Barbarossa) und Otto IV. von Braunschweig (Sohn Heinrichs des Löwen) in Deutschland. (Krieg der Ghibellinen gegen die Welfen).

1208 Ermordung Philipps und Anerkennung Ottos IV. als Kaiser.

1215 (–1250) Friedrich II. (Sohn Heinrich VI., Mündel von Papst Innozenz III.) Kaiser, zugleich König Beider Sizilien. Der Kaiser erobert Ostgebiete Deutschlands, ordnet sein Reich in Apulien. Er macht, obwohl er gerade gebannt ist, einen Kreuzzug.

1230–1234 Aufstände der Archonten in Kreta, die niedergeschlagen werden.
1232 Unterwerfung von Ragusa und weitere erfolgreiche Kämpfe gegen die Aufstände in Kreta.

1237 Der Dogensohn Pietro Tiepolo wird bei Kämpfen in Norditalien von der Ghibellinischen Partei gefangengenommen, zum Tode verurteilt und hingerichtet.
1238 Friedensvertrag mit Genua.
1239 Bündnis mit Papst Gregor IX. gegen Kaiser Friedrich II. Eroberung von Ferrara. Neuordnung der Schiffahrt auf dem Po und Beginn der venezianischen Herrschaft über Teile von Norditalien.
1246 Verfassungsreformen mit Einführung eines „Consiglio dei Pregati", eines Vorläufers des Senats, und Einsetzung von sogenannten „Correttore degli Leggi", die die Verfassung zu ändern hatten.
1249 Abdankung des Dogen Tiepolo und Wahl von Marino Morosini, der bis 1253 regiert und sich vor allem bemüht, die Handelsbeziehungen mit den morgenländischen Fürsten aufrecht zu erhalten, die durch die Kreuzzüge gestört waren. Einführung der „Signori di Notte", einer Polizeitruppe in Venedig.
1253 (–1268) Renier Zeno Doge. Erster Krieg gegen Genua wegen der Handelsplätze in Griechenland, Kämpfe im Heiligen Land, Seeschlachten im westlichen Mittelmeer und in der Ägäis. Unterwerfung von Parenzo. Weitere Erneuerung der Verwaltung Venedigs und Kodifizierung vor allem des See- und Handelsrechts.
1264–1266 Bau der ersten Rialtobrücke und Pflasterung des Markusplatzes.
1268 (–1275) Lorenzo Tiepolo Doge. Unterwerfung vieler Städte in Istrien, Kroatien und Norditalien.
1270 Friede von Cremona mit Genua und Byzanz sichert Venedig die Vorherrschaft in der nördlichen Adria. Als sichtbares Zeichen wird der „Capitano del Golfo" eingeführt, dem die Flotte untersteht, die die nördliche Adria sowohl gegen Seeräuber als auch gegen Schmuggler und ungebetene Händler absichert.
1275 (–1280) Jacopo Contarini Doge. Weitere Streitigkeiten mit Ancona und den Städten in Istrien.
1280 (–1289) Giovanni Dandolo Doge, schließt
1281 den Vertrag von Ravenna mit Philipp von

1228/1229 Kreuzzug. Gerät mit den Päpsten Gregor IX. und Innozenz IV. in Konflikt, wird noch mehrmals gebannt.
1236 Beginn von Kämpfen mit den lombardischen Städten, wo die Partei der Guelfen = Welfen vorherrscht.
1237 Großer Sieg Kaiser Friedrichs II. bei Cortenuova gegen die lombardischen Städte.

1245 Papst Innozenz IV. beruft ein Konzil nach Lyon ein, das den Kaiser neuerlich bannt und die Deutschen zum Widerstand gegen den Kaiser auffordert.
1246 Nach dem Tod des Babenberger Herzogs Friedrich des Streitbaren zieht der Kaiser das österreichische Lehen ein. Starke Stellung des Kaisers in Süddeutschland. Hochzeit des Kaisersohnes Konrad mit einer bayerischen Prinzessin.
1250 Stirbt Kaiser Friedrich II. plötzlich in Apulien.
1250 (–1254) Konrad IV. (Sohn von Friedrich II.) kämpft als deutscher Kaiser nur um sein italienisches Erbe, das Königreich Beider Sizilien.
1256 (–1273) Interregnum im Reich, das keine internationale Rolle spielt.
1261 Bricht das Lateinische Kaiserreich in Konstantinopel zusammen und Michael VIII. Palaiologos, der eine Restauration des alten griechischen Kaiserreiches versucht, wird in Byzanz zum Kaiser gekrönt. Er verbündet sich zu Beginn eher mit Genua, der Rivalin Venedigs, und verleiht Genua Handelsrechte in Byzanz.

1273 (–1291) Rudolf I. (Graf von Habsburg) deutscher Kaiser. Rudolf hat trotz Bann und Interdikt immer treu zur staufischen Partei gehalten. Er fordert Rückgabe des entfremdeten Reichsgutes, was sich besonders gegen König Ottokar von Böhmen richtet, der sich die babenbergischen Länder angeeignet hat.
1278 Sieg Rudolfs I. über Ottokar von Böhmen in der Schlacht bei

Frankreich und Carl von Anjou zur Wiedereroberung von Konstantinopel, die aber nicht zustande kommt.

1289 (–1311) Pietro Gradenigo Doge.

1297 Serrata des Großen Rates. Die Mitgliederzahl wird eingeschränkt und einige (ärmere) Nobilifamilien werden aus der Aristokratie ausgeschlossen, was zu schwerwiegenden Spannungen in Venedig führt.

1298 Neuerlicher Krieg mit Genua, der mit einer Niederlage in den Gewässern um Curzola endet. Der dabei in Gefangenschaft geratene Marco Polo verfaßt in der genuesischen Gefangenschaft seinen Reisebericht über China, der aber nicht geglaubt wird.

1299 Friede mit Genua.

1304 Neubau des Arsenals.

1308 (–1311) Krieg um Ferrara und Interdikt gegen Venedig.

1310 Aufstand des Bajamonte Tiepolo. Als Folge Einsetzung des Rates der Zehn, zuerst nur als Gerichtshof zur Aburteilung der Aufständischen.

1311 (–1312) Marino Zorzi Doge. Aufstände in Zara und Dalmatien.

1312 (–1328) Giovanni Soranzo Doge.

1317 Erste Handelsfahrten nach Flandern und Handelsverträge mit Brügge, Brabant und dem persischen Kaiser in Täbris.

1321 (–1339) Erwerb von Pola, Treviso und anderem Festlandbesitz und dadurch neuerlich Konflikt mit dem Papst.

1329 (–1339) Francesco Dandolo Doge. Er sichert die ausgedehnten Besitzungen der Terra Ferma.

1339 (–1342) Bartolomeo Gradenigo Doge.

1340 Bau des Getreidespeichers bei San Marco und Beginn des Baues der Sala del Maggior Consiglio.

1343 (–1354) Andrea Dandolo Doge.

1349 Bündnis mit Byzanz gegen Genua.

1358 Friedensvertrag zwischen Venedig und Ungarn.

1365 Sala del Maggior Consiglio im Dogenpalast vollendet. Der Bilderzyklus dort verherrlicht

Dürnkrut und Jedenspeigen.

1291 (–1438) In Deutschland Könige aus verschiedenen Häusern. Macht der Städte (Hanse im Norden, Süddeutscher Städtebund im Süden) nimmt zu, die zentrale Kaisermacht nimmt ab. Immer wieder Kämpfe der Ghibellinen gegen die Welfen in ganz Deutschland, Böhmen und Italien.

1298 (–1308) Albrecht I. von Österreich König, wird aber vom Papst nicht anerkannt.

1308 (–1313) Heinrich VII. (Graf von Luxemburg) deutscher König.

1314 Gleichzeitig zwei deutsche Könige, Ludwig der Bayer und Friedrich von Österreich.

1315 Schlacht von Morgarten. Sieg der Schweizer und Entstehung der Eidgenossenschaft.

1347 Karl IV. von Luxemburg/Böhmen zum König gewählt und

1355 in Rom zum Kaiser gekrönt.

1356 Goldene Bulle regelt die Königswahl im Reich und überträgt sie den Kurfürsten.

1365 Sultan Murad I. verlegt seine Hauptstadt nach Adrianopel auf das euro-

Venedigs Teilnahme an der Aussöhnung zwischen Papst und Kaiser Barbarossa.

1376–1381 Vierter Krieg gegen Genua (Chioggiakrieg).

1382 (–1400) Antonio Venier Doge.

1386 Wiedereroberung des an die Türken verlorengegangenen Korfu und Eroberung von einigen Gebieten am Festland wie Skutari und Durazzo.

1390 Handelsverträge mit dem Türken, deren Einfluß in der Levante und am Balkan zunimmt. Die Venezianer sind nur ungern bereit, sich einer abendländischen Liga gegen die Türken anzuschließen, da diese die venezianischen Handelswege in den Fernen Osten in zunehmendem Maße beherrschen.

1396 Admiral Tomaso Mocenigo rettet König Sigismund nach der Niederlage von Nikopolis und bringt ihn über das Schwarze Meer in Sicherheit.

1406 Gesandtenaustausch mit Sultan Suleiman.

1414 (–1423) Tomaso Mocenigo Doge; obwohl er ein strikter Anhänger der Seepolitik ist, vergrößert sich trotzdem der Machtbereich Venedigs am Festland, die Terra ferma, durch den Erwerb von Friaul, Cadore, Belluno und Feltre.

1414 Neue Verträge mit Sultan Mohammed I. und endgültige Ausschaltung des Patriarchen von Aquileia.

1416 Sieg von Admiral Piero Loredan über die Türken an den Dardanellen.

1423 (–1457) Francesco Foscari Doge, der sehr energisch die Terra-Ferma-Politik vertritt. Während seines Dogats kommt es zu zahlreichen Kriegen in Oberitalien und gegen die Türken. Eroberung vieler Städte und großer Landgebiete in Oberitalien durch Venedig. Venedig verwendet Söldnerheere unter Condottieri. Insgesamt kommt es zu vier Kriegen mit Mailand.

1454 Frieden von Lodi zwischen Venedig und Mailand.

1458 Neubau der Rialtobrücke.

1463 Neuerlicher Beginn der Türkenkriege mit der Eroberung von Morea durch die Türken.

1466 Vettor Capello besetzt Athen. Kämpfe am und um den Peloponnes.

päische Festland. Diese Entwicklung entgeht den in ihre Streitigkeiten verwickelten europäischen Mächten vorerst völlig.

1386 Schlacht bei Sempach. Sieg der Schweizer Eidgenossenschaft über ein Ritterheer führt zur Selbständigkeit der Schweiz.

1389 schlägt Sultan Murad die Serben am Amselfeld. Jetzt bemerkt man erst in Westeuropa, daß die Türken die Vorherrschaft in Kleinasien gewonnen haben. Die europäischen Länder schreiten ein und bei einem Gegenangriff der deutschen, ungarischen und französischen Ritter wird

1396 König Sigismund (ein Luxemburger auf dem ungarischen Königsthron) von den Türken bei Nikopolis an der unteren Donau vernichtend geschlagen.

1410 (–1437) Sigismund deutscher König.

1414–1418 Konzil von Konstanz. Es wird beschlossen, eine Kirchenversammlung einzuberufen und die Einheit der Kirche wiederherzustellen und Reformen durchzuführen. Es treten innerkirchlich nationale Spannungen zutage, die in der Verbrennung von Johann Hus (Professor in Prag)

1415 einen Höhepunkt finden, und zu den Hussitenkriegen von

1419–1436 führen, die Aufstände und Kämpfe in Böhmen hervorrufen.

1438 (–1740) Deutsche Kaiser aus dem Hause Habsburg.

1438 (–1439) Albrecht II.

1440 (–1493) Friedrich III. schwacher Kaiser, unter dem Einfluß seines Kanzlers Piccolomini, dem späteren Papst Pius II.. Ständig Fehden im Reich.

1453 Mohammed II. erobert Konstantinpel.

1456 Die Türken besetzen Athen.

1464 Die Türken besetzen Bosnien und die Walachei.

1468 Catarina Cornaro wird Königin v. Zypern.
1470 Die Türken erobern das bisher venezianische Euböa (Negroponte).
1486 (–1501) Agostino Barbarigo Doge. Galt als sehr prachtliebend und verschwenderisch.
1489 Catarina Cornaro dankt als Königin von Zypern ab und übergibt Zypern an Venedig, das dort die Herrschaft übernimmt und Zypern als Kolonie und Stützpunkt ausbaut und auch die Verwaltung der venezianischen anpaßt.
1492 Prachtvoller Ausbau der Wohnung des Dogen im Dogenpalast und viele Neubauten, darunter Santa Maria Miracoli und des Torre Orologio (Glockenturm) am Markusplatz.
1495 Zögerliche Beteiligung Venedigs an der antifranzösischen Liga bestehend aus Papst, Kaiser, Mailand und Spanien.
1498 Ein Hochverratsprozeß um den Senatssekretär Antonio di Landi erschüttert Venedig.

1499 Liga von Blois zwischen Venedig und Frankreich zur Aufteilung von Oberitalien, da die Interessen Venedigs mit denen Frankreichs eher übereinstimmen.
1499 Neuer Türkenkrieg beginnend mit der Seeschlacht bei der Insel Sapienza vor Modon, die mit einer Niederlage endet. Zwei Wochen später geht trotz einer gewonnenen Seeschlacht Lepanto verloren. Die venezianische Flotte ist in einem schlechten Zustand.
1501 (1521) Leonardo Loredan Doge.
1502 Pläne Venedigs zum Bau eines Kanals bei Suez gelangen wegen der dort herrschenden politischen Verhältnisse nicht zur Ausführung.
1503–1509 Versuch Venedigs, auf diplomatischem Weg Kriege in Italien zu vermeiden. Da es aber seine Besitzungen nicht herausgibt, auf die der sehr kriegerische Papst Julius II. Anspruch erhebt, kommt es mit diesem zu schweren Spannungen.

1509 (Mai) Niederlage Venedigs in der Schlacht von Agnadello. Verlust der gesamten Terra Ferma.
1509 (September) Padua kehrt unter venezianische Herrschaft zurück und hält einer Belagerung durch Kaiser Maximilian stand.
1510 Venedig gewinnt wieder einen Teil seines Besitzes in Oberitalien in Verhandlungen zurück.
1512–1513 Zähe Verhandlungen zwischen Papst Julius II. und Venedig.

1479 In Spanien vereinigt die Heirat Isabellas von Kastilien mit Ferdinand von Aragon die beiden Länder unter einer einzigen Krone.

1492 Rückeroberung von Granada und Vertreibung der Mauren aus Europa.
1492 (–1496) Die ersten zwei Entdeckungsreisen von Kolumbus nach Amerika.
1493 Maximilian I. deutscher Kaiser.
1494 Einmarsch der Franzosen in Italien. Anspruch des Hauses Anjou auf Neapel.
1496 Heirat von Philipp d. Schönen (Sohn v. Kaiser Maximilian, gest.: 1506) und der Erbin Spaniens, Johanna (der Wahnsinnigen).
1499 Heimkehr von Vasco da Gama aus Indien um das Kap der guten Hoffnung nach Lissabon. Dadurch ist dieser Seeweg nach Indien geöffnet. Portugiesische und spanische Seefahrer als Konkurrenten Venedigs im Fernosthandel. Außerdem verlagert sich der Handel nach der Entdeckung Amerikas mehr auf die Transatlantikrouten. Beides ist für den venezianischen Seehandel ein schwerer Schlag.

1503 Julius II. Papst. Unter seiner Führung wird die antivenezianische Liga von Cambrai mit Frankreich, Spanien, dem Kaiser und den oberitalienischen Städten gebildet. Julius beginnt den Neubau der Peterskirche, beruft, Bramante als Baumeister, ferner Michelangelo und Raffael nach Rom.
1509 (–1515) Eher erfolglose Kriege Maximilians in Oberitalien. Zwischen den Visconti und den Sforza wird um Mailand gekämpft. Maximilian reformiert die Reichsverfassung durch die Beschlüsse des Reichstags zu Worms. Durch Heiraten gewinnt Maximilian dem Hause Habsburg Spanien mit den neuen Kolonien, die spanischen Niederlande sowie das

1516 Venedig bekommt mit dem Vertrag von Brüssel fast alle seine Besitzungen in Oberitalien zurück, hat aber einen schweren Machtverlust zu verkraften. Auch der kirchliche Einfluß im Staat steigt wieder.

1519 Der Erzbischof von Candia, Giovanni Lando wird in Venedig verhaftet, weil er Falschgeld in Umlauf gebracht hat. Zahlreiche Skandale in Venedig um den Verkauf öffentlicher Ämter.

1520 Der päpstliche Nuntius überreicht dem Senat eine Note gegen den Protestantismus.

1521 (–1523) Antonio Grimani Doge.

1523 (–1538) Andrea Gritti Doge. Erneuerung der Handelsverträge mit den Türken und in der Folgezeit Versuch einer vermittelnden Politik im Westen zwischen Kaiser, Frankreich, Papst und Spanien, im Osten zwischen Kaiser und Türken. Große städtebauliche Veränderungen, besonders Ausbau der Wasserwege und der Fondamenta aus Stein und allgemeine Befestigung der Uferanlagen. Es werden durch das „Collegio solenne delle Acque" genaue Vorschriften zum Schutz der Kanäle erlassen, die auch für Private gelten.

1535 Zwei Savi werden eigens für den Schutz und die Pflege der Stadt eingesetzt.

1537 Belagerung von Korfu durch die Türken und Angriffe auf die dalmatinische Küste. Verlust vieler griechischer Inseln, die sich aber zum Teil auch selbst unter der Führung der orthodoxen Geistlichen gegen Venedig erhoben hatten.

1538 Eine überlegne christliche Flotte aus kaiserlichen, päpstlichen, spanischen und venezianischen Schiffen unter Andrea Doria (Genuese und kaiserlicher Admiral) wird bei Santa Maura von den Türken geschlagen.

1538 Tod des Dogen Andrea Gritti, der immer eine eher franzosenfreundliche und auf Kompromisse mit den Türken gerichtete Politik betrieben hat. Seine Nachfolger setzen diese Politik fort. Dadurch entstehen Spannungen mit den Habsburgern, auf die Venedig anderseits im Osten gegen die Türken angewiesen ist.

1539 (–1545) Pietro Lando Doge.

1542 Erobert Venedig in einem Handstreich das österreichische Marano, was zu Spannungen mit Österreich führt. Der Doge versucht mit den Türken zu einem Arrangement zu kommen. Da die Instruktionen der venezianischen Gesandten anscheinend verraten worden

dazugehörige Neapel, ferner Ungarn und Böhmen.

1517 Beginn der Reformation durch Martin Luther.

1519–1521 Hernando Cortez erobert Mexiko für Spanien.

1519 Karl V. (Enkel von Maximilian und vorher schon König von Spanien) wird zum Kaiser gewählt. Vor ihm verteidigt Luther seine Thesen

1521 am Reichstag zu Worms. Karl führt zwei Kriege gegen den französischen König Franz I., der nach der Schlacht von Pavia gefangengenommen wird.

1525 König Franz I. von Frankreich verzichtet auf Mailand.

1526–1532 Türkenkriege auf dem Balkan.

1526 Der ungarische König Ludwig II. fällt in der Schlacht von Mohacs.

1529 Türkenbelagerung von Wien.

1529 Nach dem Tod von Herzog Francesco Sforza erhebt der französische König Franz I. wieder Anspruch auf Mailand.

1536/1538 Dritter Krieg Karls V. gegen Franz I. von Frankreich, der sich mit Sultan Soleiman verbündet hat. Dieser fällt in Ungarn ein und läßt seine Flotte die italienische Küste plündern. Er endet mit dem Frieden von Crépy. Mailand bleibt Reichslehen, Neapel bleibt bei Spanien.

1538 Gründung einer Liga der katholischen Reichsstände.

1542 (–1544) Vierter Krieg Karls V. gegen Franz I., der sich wieder mit Sultan Soleiman verbündet hat. Im Reich dauern die Spannungen mit den protestantischen Fürsten an, die 1531 den Schmalkaldischen Bund

waren, wird eine Art Geheimdienst unter den „Inquisitori di Stato“ gegründet.

1545 (–1553) Francesco Donà Doge. Die römische Kurie versucht in Venedig die Inquisition einzuführen. Das wird aber nur sehr eingeschränkt gestattet; nur gegen Häretiker, außerdem müssen 3 Laien, die „Savi all'eresia“, zugezogen werden, und die Inquisition darf nur mit Erlaubnis des Dogen aktiv werden.

1559 (–1567) Girolamo Priuli Doge.

1563 Konferenz in Udine zur Klärung der jahrelangen Grenzstreitigkeiten mit Österreich.

1563 Beendigung des Konzils von Trient und Anerkennung seiner Beschlüsse (Supremat des Papstes) durch Venedig.

1570 (–1577) Alvise Mocenigo I. Doge.

1571 Nach schweren Kämpfen geht Zypern an die Türken verloren, wobei die griechische Bevölkerung und besonders der orthodoxe Klerus den Türken hilft. Nach der Eroberung von Famagusta wird der Provveditore Bragadin bestialisch ermordet.

1571 Venedig feiert den Sieg von Lepanto, den es auch als eine Revanche für den Verlust von Zypern ansieht.

1572 Belagerung der türkischen Flotte im Hafen von Navarino durch die Flotte der Liga, wobei sich die Spanier plötzlich zurückziehen und dadurch verhindern, daß die neuegebaute türkische Flotte vernichtet wird.

1573 sieht sich Venedig mit dem Türkenkrieg im östlichen Mittelmeer allein gelassen und daher gezwungen, wegen seines Fernosthandels mit den Türken Frieden zu schließen, was die anderen christlichen Mächte übelnehmen.

1574 Besuch König Heinrichs III. von Frankreich bzw. von Polen in Venedig.

1574 Brand des Dogenpalastes.

1575–1577 Pestepidemie in Venedig, bei der ein Fünftel der Bevölkerung stirbt, unter anderem auch Tizian. Die Kirche del Redentore wird für das Erlöschen der Seuche gestiftet.

1578 (–1585) Nicolò da Ponte Doge. Venedig gerät in zunehmende handelspolitische Schwierigkeiten, was sich in Bankzusammenbrüchen niederschlägt und in einem Rückgang des venezianischen Anteils am Welthandel.

1580 Erdrückende handelspolitische Übermacht des vereinigten Portugal-Spanien gegenüber Venedig; verschiedene portugiesische Thronanwärter, die die spanische Herrschaft in Portugal bekämpfen, finden in Venedig Asyl,

gegründet haben. Es kommt zu zahlreichen Kämpfen in Deutschland. Schließlich siegt Karl V.

1547 in der Schlacht bei Mühlberg.

1555 Augsburger Religionsfrieden, der den protestantischen Fürsten und Städten weitgehende Freiheit gewährt.

1556 Abdankung Karl V. Sein Bruder Ferdinand von Österreich wird deutscher Kaiser. Sein Sohn Philipp II. wird König von Spanien.

1564 (–1576) Kaiser Maximilian II. lehnt die Verkündung der Beschlüsse des Konzils von Trient ab. Ausbreitung des Protestantismus im Reich.

1571 Gründung der Heiligen Liga und Sieg in der Seeschlacht von Lepanto. Unter dem Kommando von Don Juan d'Austria, einem natürlichen Sohn Karls V., schlägt die Flotte der Liga, bestehend aus spanischen, venezianischen und päpstlichen Schiffen, die türkische Flotte vernichtend.

1572 zerfällt die Heilige Liga. Philipp II. verweigert Hilfe an Venedig gegen die Türken, weil er mit den Kriegen in den Spanischen Niederlanden beschäftigt ist, die er in sein Reich eingliedern will, und wo Wilhelm von Nassau-Oranien erbittert Widerstand leistet. England unterstützt die Niederländer gegen die Spanier, wobei auch der antikatholische Charakter der Erhebung in den Niederlanden eine große Rolle spielt.

1576 (–1612) Rudolf II. Kaiser, Gegenreformation.

1577 (–1580) Zweite Weltumsegelung durch Francis Drake.

1578 König Sebastian von Portugal fällt im Kampf gegen die Mauren, und die Krone geht an Spanien über.

1580 Die portugiesische Dynastie stirbt mit Kardinal Heinrich im Mannesstamm ganz aus, und Philipp II. von Spanien vereinigt die beiden Länder in Personalunion.

was wieder die Beziehungen zu Spanien trübt.

1585 (–1595) Pasquale Cicogna Doge. Rege Bautätigkeit. San Nicolò da Tolentino wird vollendet. Besuch einer japanischen Gesandtschaft in Venedig.

1591 Vollendung der Rialtobrücke in ihrer heutigen Gestalt.

1593 Ausbau der Grenzfeste Palmanova, angeblich gegen die Türken, in Wirklichkeit gegen Österreich.

1595 (–1605) Marino Grimani Doge. Streitigkeiten mit dem Papst um Ferrara und um Bischofsernennungen. Die Republik wird von Fra Paolo Sarpi kirchenrechtlich beraten. Laut Anordnung des Dogen müssen die Kirchen trotz des Interdikts offen halten. Die Jesuiten, die Kapuziner und die Teatiner, die nicht gehorchen, werden aus Venedig ausgewiesen.

1606 (–1612) Leonardo Donà Doge. Er setzt die Konfrontation mit dem Papst fort.

1607 Im April wird das Interdikt aufgehoben. Im Oktober erfolgt ein Mordanschlag gegen Fra' Paolo Scarpi, hinter dem man die römische Kurie vermutet, daraufhin verstärken sich die Spannungen mit der Kirche wieder.

1612 Wird eine Verordnung erlassen, die jedem die Todesstrafe androht, der seine Kinder von den Jesuiten erziehen läßt.

1613 Krieg mit den Uskoken (Seeräuber, die von der dalmatinischen Küste aus den Handel in der Adria bedrohen). Sie werden von Österreich unterstützt, aber dann

1617 endgültig ins Landesinnere vertrieben.

1618 Nicolò Donà Doge.

1618 Sogenannte Verschwörung der Spanier, die von der spanischen Botschaft in Venedig ausging und die angeblich zu einer Machtübernahme der Spanier in Venedig hätte führen sollen. Sie endet mit der Hinrichtung der Rädelsführer.

1618 (–1623) Antonio Priuli Doge. In der durch die Verschwörung der Spanier angeheizten Stimmung kommt es

1622 zu einem Hochverratsprozeß gegen den Senator Foscarini, der hingerichtet wird, wobei sich kurz später seine Unschuld herausstellt und er voll rehabilitiert wird.

1626 Vertrag zwischen Spanien und Frankreich über die Aufteilung Norditaliens, der sich vorwiegend gegen Venedig und Savoyen richtet.

1584 Gründung der ersten englischen Kolonie in Nordamerika.

1587 Hinrichtung von Maria Stuart.

1588 Untergang der spanischen Armada vor England und in der Folge Plünderungen der Küste Spaniens und Portugals durch englische Kapitäne.

1601–1612 Johannes Kepler, der die Planetenbewegungen beschreibt, ist Hofastronom bei Kaiser Rudolf in Prag.

1608–1609 Bündnisse der protestantischen gegen die katholischen Fürsten im Reich.

1612 (–1619) Kaiser Matthias sichert seinem streng katholischen Vetter Ferdinand die Erbfolge von Böhmen. Daraus entstehen Unruhen in Böhmen.

1618 Prager Fenstersturz aus Empörung über die Habsburger und über die Gegenreformation. Beginn des Dreißigjährigen Krieges.

1619 Ferdinand II. deutscher Kaiser. Siegt

1620 in der Schlacht am Weißen Berg gegen den von den Protestanten zum König gewählten Friedrich V., der nach Holland flieht.

1625 Christian IV. König von Dänemark wird Führer der Protestanten.

1627 unterwirft Wallenstein das protestantische Norddeutschland.

1630 (–1631) Nicolò Contarini Doge. Pestepidemie in Oberitalien und in Venedig. Für ihr Ende wird vom Dogen und vom Senat die Kirche Santa Maria della Salute gestiftet.

1631 (–1646) Francesco Erizzo Doge. Es folgen Jahre des Wiederaufbaus und der langsamen Erholung nach der Pestepidemie, die etwa ein Viertel der Bevölkerung gekostet hatte. Venedig verhält sich im Dreißigjährigen Krieg strikt neutral und vermeidet jede Verwicklung in diesen Krieg.

1637 Erste öffentliche Opernaufführung in Venedig. („Andromeda" von Benedetto Ferrari im Teatro S. Cassiano.)

1644 Streit Venedigs mit den Malteserrittern, die im Mittelmeer türkische Schiffe aufbringen und dadurch den schon brüchigen Frieden zwischen Venedig und der Hohen Pforte, den Türken, stören.

1645 Beginn des Krieges mit den Türken um Kreta. Es kommt zu einer Unzahl von größeren und kleineren Seegefechten, sowohl in der Ägäis als auch in der Adria.

1646 (–1656) Francesco Molin Doge. Der sehr kriegserfahrene Doge bekleidete vor seiner Wahl verschiedene militärische Ämter. Unter seinem Dogat wird der Einkauf in das Patriziat ermöglicht. Nach der Zustimmung des Senates und des Maggior Consiglio können sich Kandidaten gegen den Erlag von 100.000 Dukaten in das Patriziat einkaufen.

1649 Vernichtung der türkischen Flotte durch Giacomo Riva.

1651 Sieg von Lazzaro Mocenigo vor Paros.

1656 Greift Lorenzo Marcello die Dardanellen an und bedroht Konstantinopel vom Meer aus.

1657 Greift Lazzaro Mocenigo ebenfalls Konstantinopel von der See her an.

1659 (–1675) Domenico Contarini II. Doge. Der Herzog von Beaufort fällt in Kreta, worauf sich die verbündeten Franzosen zurückziehen.

1669 Räumung von Kreta durch die Venezianer und Übergabe von Candia an die Türken nach 22 Jahren der Belagerung und wenig Unterstützung durch die übrigen christlichen Mächte. Am ehesten hat noch König Ludwig XIV. geholfen, der als Folge des Westfälischen Friedens viel mächtiger geworden war als der deutsche Kaiser.

1683 Venedig weigert sich einer antitürkischen Liga beizutreten, die aus Kaiser, Papst und anderen bestehen soll, weil man Venedig ja auch nicht

1630 König Gustav Adolf II. von Schweden landet in Pommern.

1632 Schlacht bei Lützen, in der Gustav Adolf zwar siegt, aber fällt.

1634 Wallenstein abgesetzt und ermordet.

1635 Frankreich greift auf Seite Schwedens in den Dreißigjährigen Krieg ein.

1637 wird Ferdinand III. Kaiser.

1643 wird Ludwig XIV. französischer König.

1644 Eröffnung der Friedensverhandlungen in Osnabrück.

1648 Westfälischer Frieden unter tatkräftiger Vermittlung des venezianischen Diplomaten Alvise Contarini. In der Folge Machtverlust der deutschen Kaiser innerhalb des Reiches. Schweiz und die nördlichen Niederlande werden selbständig, und die einzelnen deutschen Fürstentümer werden immer mächtiger, wie der von 1640-1688 regierende Große Kurfürst Friedrich Wilhelm von Brandenburg-Preußen.

1658 Leopold I. Kaiser. Beginn der österreichischen Großmachtbildung.

1663 Türkenkriege in Ungarn. Sieg der Österreicher in Mogersdorf.

1669 Verschwörung der ungarischen Magnaten gegen die Habsburger. Die ungarischen Magnaten rufen die Türken ins Land.

1683 Erfolglose Belagerung von Wien durch die Türken, Entsatz durch das Reichsheer unter König Johann So-

gegen die Türken geholfen hat. Es handelt sich jetzt damit den Vorwurf ein, nur auf seinen Vorteil Bedacht zu nehmen.

1684 Venedig tritt der heiligen Liga nicht offiziell bei, zahlt aber schließlich Subventionen.

1685 Venedig greift unter dem Kommando von Francesco Morosini, der später der Peloponnesier genannt wird, die Türken an und erobert Santa Maura (Lefkas). Der schwedische General Graf Königsmarck wird als Kommandant der Landtruppen angeworben.

1686–1687 Werden Modone, Navarino, Argos, Nauplia, Lepanto, Patras und Korinth den Türken abgenommen.

1687 Morosini belagert zusammen mit Hilfstruppen Athen, dabei fliegt das Parthenon, das die Türken als Pulvermagazin verwenden, in die Luft, als es von einem Mörsergeschoß der deutschen Artillerie getroffen wird.

1688 Francesco Morosini wird einstimmig im ersten Wahlgang zum Dogen gewählt. Im Juli des gleichen Jahres fährt der Doge persönlich mit einer Flotte von 200 Schiffen zur Wiedereroberung von Negroponte aus. Eine Epidemie im Heer und eine Meuterei des kaiserlichen Truppenkontingents verhindert den Erfolg. Königsmarck stirbt und Morosini selbst erkrankt und kehrt nach Venedig zurück, seinem Nachfolger im Kommando, Girolamo Cornaro, gelingt die Eroberung von Malvasia, so daß der Feldzug doch halbwegs erfolgreich endet. Der Doge ist wegen seiner militärischen Erfolge, die er meist persönlich errungen hat, hoch angesehen und in Venedig sehr populär. Sein hohes Ansehen erlaubt es ihm, sehr autoritär zu regieren und die Signoria gehorcht seinen Anweisungen.

1693 Der schon kranke Doge Morosini übernimmt nochmals feierlich das Kommando über die Flotte und besetzt Salamis und Hydra. Im Winterquartier der Flotte in Nauplia stirbt er im Jänner 1694.

1694 Landung von 9000 Mann in Chios, das aber

1695 durch eine katastrophale Niederlage zur See wieder verloren geht.

1695 Erfolgreiche Seeschlacht bei Chios und Andros.

1697 Erfolgreiche Seeschlacht in den Dardanellen.

1698 Beginn der Verhandlungen, die schließlich zum Frieden von Karlowitz führen, bei dem Vene-

bieski von Polen und dem Herzog Karl von Lothringen.

1684 Heilige Liga gegen die Türken unter Vermittlung des Papstes gegründet.

1685 Ludwig XIV. auf dem Höhepunkt seiner Macht. Vertreibung der protestantischen Hugenotten. Eroberungen in Holland, in Burgund und Luxemburg. Nur der Nordteil von Holland bleibt unter Wilhelm von Oranien.

1686 Österreich befreit Ofen von den Türken, dann ganz Ungarn. Rußland tritt der Liga gegen die Türken bei.

1687 Siebenbürgen von den Türken befreit.

1687 Reichstag von Preßburg, der das Königtum der Habsburger über Ungarn im Mannesstamm anerkennt.

1688 landet der protestantische Wilhelm von Oranien, nach Thronwirren vom Parlament dazu aufgefordert, in England und wird als Wilhelm III. englischer König in Personalunion mit Holland. Der letzte Stuart, Jakob II., flieht nach Frankreich.

1688 Österreich erobert Belgrad von den Türken, verliert es 1690 aber wieder.

1690 schlägt der protestantische von Holland nach England auf den Thron gerufene Wilhelm III. (von Oranien) in Irland den katholischen Jakob II., der dort mit Unterstützung von Ludwig XIV. einen Restaurationsversuch unternommen hatte. (Oranierorden in Irland.)

1692 Durch den Sieg der vereinigten englischen und niederländischen Flotte über die Franzosen bei La Hougue verliert Frankreich seine maritime Bedeutung.

1697 Sieg des Prinzen Eugen von Savoyen bei Zenta. Schwächung der Türkei, die von da an keine Angriffskriege mehr führen kann.

dig die meisten seiner gerade errungenen Besitzungen wieder verliert und der

1699 abgeschlossen wird. Venedig behält aber Morea. Dort wird eine relativ gut funktionierende Verwaltung installiert, die in den folgenden Jahren zu einem Aufschwung der Region führt, obwohl die orthodoxe Geistlichkeit immer wieder ganz erhebliche Schwierigkeiten heraufbeschwört.

1700 (–1709) Alvise Mocenigo II. Doge. Venedig beschließt im Spanischen Erbfolgekrieg eine strikte bewaffnete Neutralität einzuhalten, was anfangs, solange die Kriegsschauplätze in Oberitalien liegen, schwierig ist. Nachdem sich um 1704 die Kämpfe nach Norden verlagern, kann sich Venedig gut heraushalten. Trotzdem kommt es immer wieder zu Übergriffen französischer und kaiserlicher Truppen auf dem Territorium der Republik. Venedig läßt es aber bei Protesten in Wien und Paris bewenden. Der Doge ist eher ängstlich und steht sehr unter dem Einfluß seiner Ratgeber.

1709 Besuch von König Friedrich II. von Dänemark im März, während des kältesten Winters der Geschichte. Die ganze Lagune ist zugefroren und Venedig über das Eis vom Festland her erreichbar. Bei diesem Staatsbesuch hat sich der Doge erkältet und stirbt an einer Lungenentzündung.

1713 Venedig vermittelt im Frieden von Utrecht. Der Gesandte Carlo Ruzzini kann aber nur melden, daß der spanische Einfluß in Norditalien durch den österreichischen ersetzt wurde.

1714 Nachrichten vom Bailo aus Konstantinopel über starke Flottenrüstung der Türken. Noch im gleichen Jahr befindet sich die Republik wieder im Krieg mit den Türken zur See und zu Land.

1715 Die Türken überrennen alle Besitzungen Venedigs, die teils schlecht verteidigt werden und zum Teil durch den Verrat der griechischen Bevölkerung verlorengehen. Nur Knin und Senji können gehalten werden.

1716 Angriff der Türken auf Korfu, das von Graf von der Schulenburg und Generalprovveditore Andrea Loredan erfolgreich gehalten wird. Graf von der Schulenburg war auf Anraten von Prinz Eugen von Savoyen in venezianische Dienste genommen worden, der seinen ehemaligen Unterfeldherrn empfahl, als Venedig einen Führer für das Landheer suchte.

1699 Friede von Passarowitz. Österreich erhält Ungarn und Transsylvanien. Österreich hat es mit dem Friedensabschluß sehr eilig, da im Westen der Spanische Erbfolgekrieg droht.

1700 Tod des letzten spanischen Habsburgers König Karl II.. Beginn des Spanischen Erbfolgekrieges. Allianz zwischen England, dem Deutschen Reich, den Niederlanden, Portugal und Savoyen gegen Frankreich.

1700 schließt Peter der Große von Rußland Frieden mit den Türken und beginnt den Nordischen Krieg gegen Schweden zusammen mit Sachsen und Dänemark. (Der Krieg dauert bis 1721)

1705 Tod Kaiser Leopolds I. Sein Nachfolger wird Kaiser Joseph I. und ab dem Jahr

1711 Karl VI., der bis dahin für Spanien vorgesehene König.

1713 Friede von Utrecht mit den Alliierten beendet den Erbfolgekrieg im Westen. Friedrich Wilhelm I. erlangt den Titel als preußischer König.

1714 Friede von Rastatt und Baden beendet den Erbfolgekrieg mit Österreich. Spanien bleibt bourbonisch, darf aber mit Frankreich nicht vereinigt werden.

1715 Vertrag zwischen Österreich und Venedig gegen die Türken.

1716 Prinz Eugen siegt bei Peterwardein, Temesvar kapituliert und der Banat wird erobert. Die vernichtende Niederlage bei Peterwardein führt auch zum plötzlichen Rückzug der Türken vor Korfu, das bis dahin belagert wurde.

1717 erobert Prinz Eugen Belgrad.

1718 Frieden von Passarowitz, bei dem Venedig alle seine Besitzungen in Morea sowie in der Ägäis verliert. Es erhält dafür Besitzungen in Dalmatien, die Ionischen Inseln und Korfu.

1735 Venedig verstärkt seine Grenzgarnisonen gegen die Türken am Balkan, hält sich aber aus einem Krieg mit der Türkei heraus und verhält sich auch bei allen übrigen Konflikten in Europa ängstlich neutral. Dadurch daß Triest und Fiume Freihandelshäfen werden, verliert Venedig seine Bedeutung als Handelsmetropole der Adria. Der Aufstieg der auf der Terra Ferma gelegenen venezianischen Industrie ist durch ein veraltetes Zollsystem zwischen der Terra Ferma und der Republik schwer behindert, und der Ausstoß der Industrie geht sogar zurück.

1769 und 1775 Besuche Kaiser Josefs II. in Venedig, der aber mehr als Tourist denn in offizieller Mission kommt.

1779 (1789) Paolo Renier Doge. Venedig verarmt zunehmend, wovon auch ein großer Teil des Patriziates betroffen ist.

1782 Besuch des russischen Thronfolgers Großfürst Paul Petrovitsch in Venedig.

1789 Ludovico Manin Doge. Zu seiner Wahl hat sein immenser Reichtum beigetragen, da man hofft, der reiche Doge werde einen Teil der Staatsausgaben aus eigener Tasche bezahlen.

1791 Venedig lehnt es ab, sich an einem antifranzösischen Bündnis zu beteiligen.

1792 Neuerliche Ablehnung eines Vorschlags von Toscana und vom Kaiser einem italienischen Gesamtbund gegen Frankreich und einem Bündnis mit Österreich beizutreten.

1793 Ein Antrag der antifranzösischen Koalition, zu der sich jetzt auch England, Spanien, Neapel gesellt haben, wenigstens zur einer bewaffneten Neutralität überzugehen, wird von der Signoria neuerlich abgelehnt. Statt dessen akzeptiert sie einen Gesandten der französischen Republik in Venedig.

1795 Teilnahme Venedigs an den Friedensverhandlungen in Basel zwischen Frankreich und der Koalition, wobei Preußen aus der Koalition ausscheidet.

1796 weist die Republik auf französischen Druck Ludwig von Lille (später Ludwig XVIII.) aus, um keinen Konflikt mit Frankreich zu haben.

1797 Die Regierung versucht die immer wieder aufflammenden Aufstände der Landbevölkerung der Terra Ferma gegen die französische

1718 Frieden von Passarowitz, bei dem Österreich den Banat, Nordserbien mit Belgrad, Teile der Walachei und Bosniens erhält.

1735–1739 Russischer Krieg gegen die Türkei unter Beteiligung Österreichs.

1740 Maria Theresia besteigt als Nachfolgerin Karls VI. den Thron.

1740–1742 Erster schlesischer Krieg mit Friedrich II. (dem Großen).

1744–1745 Zweiter schlesischer Krieg.

1756–1763 Dritter schlesischer Krieg (Siebenjähriger Krieg) zwischen Österreich und Deutschland mit sehr wechselvollen Ergebnissen.

1765 Josef II. deutscher Kaiser, aber in den österreichischen Ländern nur Mitregent seiner Mutter Maria Theresia.

1778–1779 Bayerischer Erbfolgekrieg.

1780 Josef II. nach dem Tod Maria Theresias auch Herrscher in Österreich.

1789 Beginn der Französischen Revolution.

1790 Tod Kaiser Josefs II. Nachfolger wird sein Bruder, der bis dahin Großherzog von Toskana war und als Leopold II. den Thron besteigt.

1792 Tod Kaiser Leopolds II. Franz II. wird Nachfolger.

1792 Erste Teilung Polens zwischen Rußland, Österreich und Preußen.

1793 Hinrichtung von König Ludwig XVI. und von Königin Marie Antoinette in Paris.

1793 Erster Koalitionskrieg gegen Frankreich.

1793 Zweite Teilung Polens zwischen Rußland und Preußen.

1795 Dritte Teilung Polens zwischen Rußland, Österreich und Preußen.

1796 Erfolgreicher Feldzug Napoleon Bonapartes als General der Republik Frankreich in Oberitalien.

1797 Napoleon erobert Mantua und dringt auf die venezianische Terra Ferma vor. Nach der Erhebung der Bewoh-

Besatzung zu beruhigen.

1797 Am 20. April beschießt und entert ein venezianisches Kriegsschiff ein französisches, das in den Porto di Lido eindringen will. Dieser „Lidozwischenfall" ist für Napoleon der Kriegsgrund gegen die Republik Venedig, auf den er schon lange gewartet hatte.

1797 *12. Mai:* Der Große Rat (nur 573 der 1600 Mitglieder anwesend) beschließt seine Auflösung und Einsetzung einer den Franzosen genehmen Regierung (Municipalità). Am *13. Mai* besetzen französische Truppen Venedig.

1797 *Mai bis Dezember:* Ausplünderung Venedigs durch Napoleon; zahllose Kunstschätze werden gestohlen und nach Paris gebracht.

1798 *Jänner:* Besetzung Venedigs durch die anfangs sehr willkommenen Österreicher. Übernahme der Verwaltung durch Österreich. Auflösung der napoleonischen Municipalità und Einsetzung der alten gewählten Körperschaften und Kollegien, wie sie Anfang 1796 bestanden haben und die hauptsächlich aus venezianischen Patriziern bestehen.

ner kommt es vor allem in den Städten und da allen voran in Verona zu heftigem Widerstand. Die Bevölkerung hofft immer wieder auf einen militärischen Erfolg Österreichs. Im Mai erklärt Napoleon der Republik Venedig den Krieg, und die französischen Truppen besetzen Venedig ohne nennenswerten Widerstand.

1797 *Oktober:* Frieden von Campoformio zwischen Napoleon und Österreich, wobei Österreich die Lombardei und die Niederlande abtritt, dafür aber Venedig und dessen Gebiete erhält.

1798 Napoleons Zug nach Ägypten. Besetzung von Malta, Eroberung von Alexandria und Kairo.

1798 Am *1. August* Seeschlacht bei Abukir. Die englische Flotte unter Admiral Lord Nelson vernichtet die französische und schneidet Napoleon von Frankreich ab.

1799 Allmähliche Anpassung der Verwaltung und Gerichtsbarkeit an Österreich. Leichte Verbesserung der wirtschaftlichen Zustände. Sie hält aber wegen der Kriege, in die Österreich verwickelt ist, nicht an.

1800 Papstwahl in Venedig im Kloster San Giorgio Maggiore. Kardinal Chiaramonti wird als Pius VII. gewählt. Da er aber innerhalb der Kirche eher der napoleonfreundlichen Partei zuzurechnen ist, wird die Wahl von der österreichischen Regierung boykottiert, und der neue Papst darf auch nicht in San Marco gekrönt werden.

1802 Tod des letzten Dogen Lodovico Manin in Venedig, wo er sehr zurückgezogen gelebt hat. Er hinterläßt sein großes Vermögen Waisen und Kranken.

1803 Der Österreicher Graf Ferdinand von Bissingen wird Vorsitzender des „Governo General Vèneto". Die wirtschaftlichen Zustände in Venedig werden durch die neuerlichen Kriegsvorbereitungen Österreichs gegen Napoleon wieder schlechter, da Österreich kein Geld mehr hat, seiner neuen Provinz zu helfen.

1799 Beginn des Zweiten Koalitonskrieges (England, Österreich, Rußland, Neapel, Portugal, Türkei).

1799 Napoleon Erster Konsul auf 10 Jahre.

1800 Napoleon schlägt die Österreicher bei Marengo und stellt die Cisalpinische Republik her.

1801 Friedensschluß zu Luneville zwischen Frankreich und Deutschland.

1802 Frieden zu Amiens zwischen Frankreich und England.

1802 Napoleon Konsul auf Lebenszeit.

1804 Napoleon zum Kaiser der Franzosen gekrönt. Gleichzeitig König von Italien. Sein Stiefsohn Eugène Beauharnais wird Vizekönig von Italien.

1805 Dritter Koalitionskrieg. Seesieg Nelsons bei Trafalgar, Niederlage Rußlands und Österreichs bei Austerlitz.

1805 Im Dezember kommt Venedig nach dem Frieden von Preßburg wieder unter französische Herrschaft. Der Vizekönig von Italien Eugène Beauharnais wird „Fürst von Venedig“.

1806 Im Jänner Besetzung Venedigs durch französische Truppen und Einsetzung einer neuen Verwaltung unter N.H. Daniele Renier. Mailand wird Hauptstadt des italienischen Königreichs, Venedig Bezirkshauptstadt des Bezirkes Adriatico.

1806 *3. Februar:* Besuch des Vizekönigs Eugène Beauharnais in Venedig.

1806 Aufhebung von 34 Klöstern und 9 Kirchen.

1807 *28. November:* erster Besuch von Kaiser Napoleon in Venedig. Beginn der verheerenden städtebaulichen Veränderungen in Venedig auf Napoleons Anweisungen. Aufhebung von 26 weiteren Klöstern und 15 Kirchen bis zum Jahr 1810. Verwüstung ganzer Stadtteile. Wahlloser Verkauf von Kunstschätzen oder Diebstahl durch den Vizekönig persönlich.

1809 Dringt ein österreichisches Heer unter Erzherzog Johann bis Padua vor, was in Venedig und in der Terra Ferma große Hoffnungen auf eine Befreiung von den Franzosen erweckt. Napoleon vertreibt aber das österreichische Heer wieder, das sich in Richtung Ungarn zurückzieht. Die französische Schreckensherrschaft in der Terra Ferma und in Venedig dauert an.

1810 Völliger Zusammenbruch des restlichen venezianischen Handels, da wegen der Kon-tinentalsperre die Franzosen Sanktionen gegen die bis dahin halbwegs funktionierende Handelsschiffahrt ergreifen und die Engländer in der Adria als Gegenmaßnahme alle Schiffe aufbringen.

1813 Venedig durch die österreichische Armee belagert. In der Stadt errichtet der französische Festungskommandant General Seras ein Schreckensregime.

1814 Am 16. April Waffenstillstand von Schiarino Rizzino zwischen Österreich und Frankreich. Am 15. Mai zieht das österreichische Heer unter Feldzeugmeister Fürst Reuß in Venedig ein. Hier hofft man, daß der Wiener Kongreß und Metternich die alte Republik wieder erstehen lassen würden. Die Enttäuschung, daß dies nicht geschieht, ist dann groß und trübt das anfangs gute Verhältnis zu Österreich.

1815 Anpassung der venezianischen Verwaltung an die österreichische, wobei sehr pragmatisch

1805 Im Dezember Friede zu Preßburg. Österreich tritt Venedig an das Königreich Italien ab und verliert Tirol und Vorarlberg an Bayern.

1806 Krieg Frankreichs gegen Preußen und Rußland. Im Oktober siegt Napoleon bei Jena und Auerstedt und zieht als Sieger in Berlin ein. Napoleon verhängt die Kontinentalsperre gegen England.

1807 Frieden von Tilsit zwischen Frankreich, Preußen und Rußland.

1808 Beginn des Krieges von Napoleon in Spanien und Portugal.

1809 Krieg Frankreichs gegen Österreich, Aufstände in Tirol (Andreas Hofer, Speckbacher) Sieg von Erzherzog Karl über Napoleon bei Aspern, aber Niederlage bei Wagram. Das Heer des Erzherzogs Johann wird aus Italien wieder vertrieben und bei Raab in Ungarn geschlagen. Friede zu Wien zwischen Napoleon und Österreich.

1810 Napoleon heiratet Erzherzogin Marie Louise, die Tochter von Kaiser Franz.

1811 Geburt des Sohnes von Napoleon, dem Herzog von Reichstadt.

1812 Napoleons Krieg und Niederlage gegen Rußland.

1813 Kriegserklärung Österreichs an Frankreich, Völkerschlacht bei Leipzig und Niederlage Napoleons.

1814 Einzug der Verbündeten in Paris. Am *4. Mai* wird Napoleon nach Elba verbannt.

1814 Frieden zu Paris.

1814 Beginn des Wiener Kongresses, der bis 1815 dauert.

1814 Ludwig XVIII. französischer König.

1815 *1. März:* Landung Napoleons in Cannes.

gute Einrichtungen der napoleonischen Verwaltung übernommen wurden. Venedig ist völlig verfallen und zum Teil verwüstet. Die österreichische Verwaltung versucht eine allmähliche Verbesserung der katastrophalen Wirtschaftslage zu erreichen.

1817 Erzherzog Rainer (Bruder von Kaiser Franz) Vizekönig des Lombardo-Venezianischen Königreichs.

1817 Besuch Metternichs in Venedig.

1817 Besuch von Kaiser Franz I. von Österreich in Venedig. Der Kaiser bemüht sich persönlich um die Rückführung geraubter Kunstschätze aus Paris. Die Rückführung der Quadriga von S. Marco aus Paris wird von den Österreichern propagandistisch so schlecht in Szene gesetzt, daß es der zum Teil schon österreichfeindlichen Presse gelingt, den Eindruck zu erwecken, die berühmten Bronzepferde wäre nicht von den Franzosen, sondern von Österreich gestohlen worden.

1822 Besuch von Kaiser Franz I. in Venedig.

1822 Canova gestorben, der sich auch um die Rückführung von Kunstwerken sehr verdient gemacht hatte.

1825 Besuch Kaiser Franz' I. zusammen mit seinem Sohn Erzherzog Franz Karl und seiner Schwiegertochter Sophie (den Eltern des späteren Kaisers Franz Joseph). Auf Anregung des Patriarchen Kardinal Pyrker verfügt der Kaiser die Übersiedlung sämtlicher städtischer Behörden und Gerichte, die Napoleon im Dogenpalast untergebracht hatte. Der Anlaß waren die immer wieder entstehenden Brände. Die Gerichte kommen in die Fabbriche nuove di Rialto.

1830 Venedig wird Freihafen.

1836 Brand des Teatro La Fenice.

1837 Das wiederaufgebaute Teatro Fenice wird in Anwesenheit des Vizekönigs Erzherzog Rainer eröffnet.

1846 Errichtung der Bahnbrücke und des Bahndamms und somit Anschluß Venedigs an das österreichische Eisenbahnnetz.

1815 *18. Juni:* Schlacht bei Waterloo.

1815 *7. Juli:* Zweite Einnahme von Paris, Gefangennahme Napoleons. Beginn seiner Haft in St. Helena.

1815 *November:* Zweiter Frieden von Paris.

1817 Wartburgfest der deutschen Burschenschaften; einzelne parlamentarische Verfassungen innerhalb Deutschlands.

1819 Karlsbader Beschlüsse und Einführung der Zensur sowie Verbot der Burschenschaften leiten den Vormärz ein.

1820 Herzog von Berry, der französische Thronerbe, in Paris ermordet.

1821 Napoleon stirbt auf St. Helena

1821 (–1830) Griechischer Unabhängigkeitskrieg gegen die Türken.

1823 Verkündung der Monroedoktrin in Amerika.

1824 (–1830) Karl X. König in Frankreich (Bruder von Ludwig XVIII.).

1830 Julirevolte in Frankreich. Die Übernahme der Regierung durch den „Bürgerkönig" Louis Philippe, Herzog von Orléans rettet die Monarchie.

1848 *Jänner:* Verhaftung des Anwalts Daniele Manin, der eine nationalitalienische Regierung für Lombardo-Venezien gefordert hatte.

1848 *März:* Mit der Ermordung des Kommandanten des Arsenals, des österreichischen Obersten Marinovich, beginnt eine Erhebung, die mit der Ausrufung der Republik endet. Die schwache österreichische Militärbesatzung zieht ab. Manin wird Präsident. Mehrere Ultimaten Österreichs zur Übergabe Venedigs, nachdem durch den Sieg bei Vicenza das Festland wieder fest in österreichischer Hand war. Die Assembla, die Volksversammlung, lehnt eine Übergabe an Österreich ab und entschließt sich zum bewaffneten Widerstand, obwohl Venedig auch von See her von der österreichischen Flotte eingeschlossen ist.

1849 *Mai:* Beginn der Belagerung Venedigs durch Radetzky, Beschießung des Forts Maghera.

1849 *Juli:* Beginn der Beschießung der Stadt Venedig durch die österreichische Artillerie.

1849 Am *22. August:* Kapitulation Venedigs.

1849 *30. August:* Feldmarschall Graf Radetzky trifft in Venedig ein und installiert die Militärverwaltung. Manin und einige seiner Mitstreiter gehen wie vereinbart ins Exil, Manin selbst nach Paris.

1850 Feldmarschall Graf Radetzky wird Generalgouverneur in Venedig.

1851 Besuch Kaiser Franz Josephs I. in Venedig

1856 *Dezember:* Feierlicher Besuch von Kaiser Franz Joseph I. und von Kaiserin Elisabeth in Venedig.

1858 Die zweite der von den Österreichern errichteten Brücke über den Canal Grande beim Bahnhof wird eröffnet.

1859 Erzherzog Maximilian Vizekönig des Lombardo-Venezianischen Königreiches. Allmählicher wirtschaftlicher Aufschwung und intensiverer Fremdenverkehr in Venedig.

1859 Durch den Waffenstillstand von Villafranca und Abtretung der Lombardei durch Österreich verliert Venedig sein Hinterland. In den folgenden Jahren geht die Frequenz des Hafens von Venedig um über 50 % zurück.

1848 Februar: Revolution in Paris und im Dezember Wahl Louis Napoleons zum Präsidenten (Später Kaiser Napoleon III.).

1848 März: Beginn der Aufstände in Wien, Metternich flieht nach England.

1848 *Mai:* Zweiter Aufstand in Wien. Kaiser Ferdinand geht nach Innsbruck.

1848 *Oktober:* Dritter Aufstand in Wien, Einnahme von Wien durch kaiserliche Truppen unter Windischgraetz.

1848 *2. Dezember:* Abdankung Kaiser Ferdinands I. und Thronfolge durch Kaiser Franz Joseph I.

1849 *März:* der preußische König Friedrich Wilhelm IV. wird zum deutschen Kaiser gewählt.

1849 *März:* In Ungarn spricht auf Kossuths Antrag der Reichstag die Absetzung des Hauses Habsburg-Lothringen aus. Österreich und Rußland gehen gegen Ungarn vor.

1849 *August,* die ungarischen Aufrührer kapitulieren in Villagos.

1850 Fürstenkongreß in Berlin und 1851 Errichtung des deutschen Bundes.

1856 Der Friede zu Paris beendet den Krimkrieg, der Rußland eine schwere Niederlage und Frankreich unter Napoleon III. einen politischen Erfolg gebracht hat. Schwere Verstimmung zwischen Rußland und Österreich wegen der ausgebliebenen Unterstützung.

1859 Krieg Sardiniens und Frankreichs gegen Österreich. Niederlage der Österreicher im Juni bei Magenta und Solferino. Österreich verliert nach dem Waffenstillstand von Villafranca Mailand und die Lombardei.

1861 Längerer Aufenthalt von Kaiserin Elisabeth in Venedig und kurzer Besuch von Kaiser Franz Joseph.

1861 (–1865) Verschlechterung der venezianischen Wirtschaft und ständiger Widerstand gegen die österreichische Besetzung, der man an der Misere die Schuld gibt. Es kommt zu einem Boykott der Österreicher in Venedig, und die österreichfreundlichen Venezianer wagen es kaum mehr, Sympathien zu zeigen. Am Markusplatz ist das Café Quadri österreichisch und das Café Floriani italienisch.

1866 Volksabstimmung in Venetien, das sich nahezu einstimmig für einen Eintritt in das Königreich Italien ausspricht. Istrien, das kroatische Küstenland und Dalmatien, die mit Venedig wirtschaftlich eng verflochten waren, bleiben weiterhin bei Österreich, und das führt zu einer weiteren Verschlechterung der wirtschaftlichen Lage.

1867 – ca. 1875 Ausbau des Hafens von Venedig. Aufschwung des Fremdenverkehrs.

1895 Erste Biennale in Venedig.

1915–1917 Venedig wird nach dem Kriegseintritt Italiens Flottenbasis; die Zivilbevölkerung wird weitgehend evakuiert. Die österreichisch-ungarische Luftwaffe bombardiert laufend die militärischen Einrichtungen, wobei auch die Kirchen San Pietro in Castello in der Nähe des Marinearsenals und S. Maria degli Scalzi neben dem Bahnhof getroffen werden.

1925 Beginn des Ausbaues der Industrie am Festland in Mestre und nach dem Zweiten Weltkrieg in Maghera.

1934 *14. bis 15. Juni:* Treffen von Mussolini mit Hitler in der Villa Pisani in Stra. Wegen der immer wiederkehrenden, aber bisher stets gescheiterten Putschversuche in Österreich kommt es zu erheblichen Spannungen zwischen den beiden Diktatoren, da Italien zu dieser Zeit als Schutzmacht für Österreich

1861 Ausbruch des Bürgerkriegs in den Vereinigten Staaten.

1861 *März:* Viktor Emanuel II. von Piemont-Sardinien nimmt den Titel eines Königs von Italien an.

1863 Erzherzog Maximilian wird Kaiser von Mexiko.

1864 Krieg Österreichs und Preußens gegen Dänemark.

1866 Juni – Juli Krieg um die Vorherrschaft in Deutschland, die Preußen gegen Österreich durch die Schlacht von Königgrätz gewinnt.

1866 Italien tritt an der Seite Preußens in den Krieg ein, wird aber bei Lissa zur See und in Custozza zu Land vernichtend geschlagen, gewinnt aber trotzdem Venedig und Venetien im Frieden zu Wien.

1869 Eröffnung des Suezkanals.

1887 Italien erwirbt die Kolonie Eritrea und in den folgenden Jahren Italienisch-Somaliland, Libyen und das Protektorat über Abessinien.

1915–1917 Italien tritt auf der Seite der Alliierten in den Ersten Weltkrieg ein.

1915–1917 Versucht die italienische Armee vom Land her Triest zu erobern, bleibt aber am Isonzo liegen.

1917 Die italienische Armee wird von der österreichischen bis an die Piave zurückgeworfen. Viele Stabsstellen kommen nach Venedig und Venedig liegt praktisch im Frontgebiet.

1918 *November:* Ende des Ersten Weltkrieges.

1922 Benito Mussolini kommt in Italien an die Macht.

1933 Hitler kommt in Deutschland an die Macht.

1934 *25. Juli* Ermordung des österreichischen Bundeskanzlers Dr. Engelbert Dollfuß bei einem SS-Putsch in Wien, der aber von der österreichischen Regierung erfolgreich niedergeschlagen wird.

auftritt. (Beim nächsten Putschversuch im Juli 1934 wird dann der österreichische Bundeskanzler Dr. Engelbert Dollfuß ermordet).

1935–1936 Eroberung und Annexion Abessiniens durch Italien mit Billigung durch Deutschland.

1936 Gründung der „Achse“ Deutschland-Italien (später auch Japan).

1938 *12. März:* Beim Einmarsch der deutschen Truppen in Österreich greift Mussolini nicht ein und ermöglicht so den Anschluß. In diesem Zusammenhang Hitlers Ausspruch: „Duce, das werde ich Ihnen nie vergessen!“.

1939 *1. September:* Beginn des Zweiten Weltkriegs.

1940 *10. Juni:* Um noch Anteil am Sieg zu haben, erklärt Italien an Frankreich und England den Krieg.

1940 *27. September:* Unterzeichnung des Dreimächtepaktes bestehend aus Deutschland, Italien und Japan.

1940 *28. Oktober:* Italien beginnt einen Feldzug in Griechenland, der sofort in einer italienischen Niederlage endet und das Eingreifen Deutschlands am Balkan verursacht.

1943 Versuche des Grafen Adolfo Loredan, beim deutschen Militär zu erreichen, daß Venedig zur offenen Stadt erklärt wird. Der Chef der Militäradministration für Venedig Hans Drechsel spielt den Alliierten Informationen zu, daß Venedig von den Deutschen nicht verteidigt werden wird und läßt als Beweis

1944 die Sprengsätze aus der Straßen- und Eisenbahnbrücke entfernen.

1945 Venedig wird von den Deutschen kampflos geräumt.

1943 Landung der Alliierten in Italien, Sturz Mussolinis und Austritt Italiens aus dem Krieg. Die deutsche Armee besetzt Italien und versucht die alliierten Armeen am Vormarsch in Italien aufzuhalten.

1945 *28. April:* Die Kapitulation der deutschen Italienarmeen in Caserta beendet die Kämpfe des Zweiten Weltkriegs in Italien.

Liste der Dogen

1) Paoluccio Anafesto	697–717
2) Marcello Tegalliano	717–726
3) Orso (ursus) Ipato	727–737
4) Teodato Ipato (Diodato, Deusdedit)	742–756
5) Galla (Gaulo) Lupanio	756–757
6) Domenico Monegario	757–764
7) Mauricio Galbaio	764–787
8) Giovanni Galbaio	787–803
9) Obelerio Antenorio	804–810
10) Angelo (Agnello) Participazio	810–827
11) Giustiniano Participazio	827–829
12) Giovanni Participazio I.	829–836
13) Pietro Tradonico	836–13. IX. 864
14) Orso Participazio I.	X. 864–881
15) Giovanni Participazio II.	881–17. IV. 887
und von	8. IX. 887–XII. 887
16) Pietro Candiano I.	17. IV. 887–8. IX. 887
17) Pietro Tribuno	1. V.888–XII. 911
18) Orso Participazio II.	I. 912–932
19) Pietro Candiano II	932–939
20) Pietro Badoer	939–942
21) Pietro Candiano III.	942–959
22) Pietro Candiano IV.	959–11. VIII. 976
23) Pietro Orseolo I.	VIII. 976–1. IX. 978

24) Vitale Candiano	IX. 978–XI. 979
25) Tribuno Memmo (Menio)	XI. 979–III. 991
26) Pietro Orseolo II.	III. 991–IX. 1009
27) Ottone Orseolo	IX. 1009–IX. 1026
28) Pietro Centranigo (Barbolano)	IX. 1026–IV. 1031
29) Domenico Flabianico	VI. 1031–1042
30) Domenico Contarini I.	1043–IV. 1071
31) Domenico Selvo	1071–XII. 1084
32) Vitale Falier Dodoni	XII. 1084–XII. 1095
33) Vitale Michiel I.	XII. 1095–IV. 1102
34) Ordelaf Falier Dodoni	IV. 1102–IV. 1118
35) Domenico Michiel	IV. 1118–1130
36) Pietro Polani	1130–1147
37) Domenico Morosini	1147–II. 1156
38) Vitale Michiel II.	III. 1156–28. II. 1172
39) Sebastiano Ziani	29. IX.1172–12. IV. 1178
40) Oro Mastropiero (Malipiero)	IV.1178–1. VI. 1192
41) Enrico Dandolo	21. VI.1192–1. VI. 1205
42) Pietro Ziani	15.VIII.1205–26. II. 1229
43) Jacopo Tiepolo	6. III. 1229–20. V. 1249
44) Marino Morosini	13. VI. 1249–1. I. 1253
45) Renier Zen (Zeno)	22. I.1253–7. VII. 1268
46) Lorenzo Tiepolo	23. VII. 1268–15. VIII. 1275
47) Jacopo Contarini	6. IX. 1275–6. III. 1280
48) Giovanni Dandolo	31. III. 1280–2. XI.1289
49) Pietro Gradenigo	25. XII. 1289–13. VIII. 1311
50) Marino Zorzi	23.VIII.1311–3.VII.1312

51) Giovanni Soranzo	13. VII. 1312–31.XII. 1328
52) Francesco Dandolo	4. I. 1329–31. X. 1339
53) Bartolomeo Gradenigo	7. XI. 1339–28.XII. 1342
54) Andrea Dandolo	4. I. 1343–7. IX. 1354
55) Marino Falier	11. IX. 1354–17. IV. 1355
56) Giovanni Gradenigo	21. IV. 1355–8.VIII. 1356
57) Giovanni Dolfin	13. VIII. 1356–12. VII. 1361
58) Lorenzo Celsi	16. VII. 1361–18.VII. 1365
59) Marco Corner	21. VII. 1365–13. I. 1368
60) Andrea Contarini	20. I. 1368–5. VI. 1382
61) Michele Morosini	10. VI. 1382–16. X. 1382
62) Antonio Venier	21. X. 1382–23.XI. 1400
63) Michiele Steno	1. XII. 1400–26. XII. 1413
64) Tomaso Mocenigo	7. I. 1414–4. IV. 1423
65) Francesco Foscari	15. IV. 1423–23. X. 1457
66) Pasquale Malipiero	13. X. 1457–7. V. 1462
67) Cristoforo Moro	12. V. 1462–9. XI. 1471
68) Nicolò Tron	25. XI. 1471–28.VII. 1473
69) Nicolò Marcello	13. VIII. 1473–1. XII. 1474
70) Pietro Mocenigo	14. XII. 1474–23. II. 1476
71) Andrea Vendramin	4. III. 1476–6. V. 1478
72) Giovanni Mocenigo	18. V. 1478–14. IX. 1485
73) Marco Barbarigo	19. XI. 1485–14.VIII.1486
74) Agostino Barbarigo	30.VIII. 1486–20. IX. 1501
75) Leonardo Loredan	2. X. 1501–21. VI. 1521
76) Antonio Grimani	6. VII. 1521–7. V. 1523
77) Andrea Gritti	20. V. 1523–28.XII. 1538

78) Pietro Lando	19. I. 1539–9. XI. 1545
79) Francesco Donà	24. XI. 1545–23. V. 1553
80) Marcantonio Trevisan	4. VI. 1553–31. V. 1554
81) Francesco Venier	11. VI. 1554–2. VI. 1556
82) Lorenzo Priuli	14. VI. 1556–17.VIII. 1559
83) Girolamo Priuli	1. IX. 1559–4. XI. 1567
84) Pietro Loredan	26. XI. 1567–3. V. 1570
85) Alvise Mocenigo I.	11. V. 1570–4. VI. 1577
86) Sebastiano Venier	11. VI. 1577–3. III. 1578
87) Nicolò Da Ponte	11. III. 1578–30. VII. 1585
88) Pasquale Cicogna	18. VIII. 1585–2. IV. 1595
89) Marino Grimani	26. IV. 1595–25.XII. 1605
90) Leonardo Donà	10. I. 1606.–16.VII. 1612
91) Marcantonio Memmo	24. VII. 1612–31. X. 1615
92) Giovanni Bembo	2. XII. 1615–16.III. 1618
93) Nicolò Donà	4. IV. 1618–9. V. 1618
94) Antonio Priuli	17. V. 1618–12.VIII. 1623
95) Francesco Contarini	8. IX. 1623–6. XII. 1624
96) Giovanni Corner I.	4. I. 1625–23.XII. 1629
97) Nicolò Contarini	18. I. 1630–2. IV. 1631
98) Francesco Erizzo	10. IV.1631–3. I. 1646
99) Francesco Molin	20. I. 1646–27. II. 1655
100) Carlo Contarini	27. III. 1655–1. V. 1656
101) Francesco Corner	17. V. 1656–5. VI. 1656
102) Bertucci Valier	15. VI. 1656–29. III. 1658
103) Giovanni Pesaro	8. IV. 1658–30. IX. 1659
104) Domenico Contarini II.	16. X. 1659–26. I. 1675

105) Nicolò Sagredo	6. II. 1675–14.VIII. 1676
106) Alvise Contarini	26. VIII. 1676–15. I. 1684
107) Marcantonio Giustinian	26.I. 1684–23. III. 1688
108) Francesco Morosini	3. IV. 1688–6. I. 1694
109) Silvestro Valier	25. II. 1694–7. VII. 1700
110) Alvise Mocenigo II.	16. VII. 1700–6. V. 1709
111) Giovanni Corner II.	22. V. 1709–12.VIII. 1729
112) Alvise Mocenigo III.	24. VIII. 1722–21. V. 1732
113) Carlo Ruzzini	2. VI. 1732–5. I. 1735
114) Alvise Pisani	17. I. 1735–17. VI. 1741
115) Pietro Grimani	30. VI. 1741–7. III. 1752
116) Francesco Loredan	18. III. 1752–19. V. 1762
117) Marco Foscarini	31. V. 1762–31. III. 1763
118) Alvise Mocenigo IV.	19. IV. 1763–31. XII. 1778
119) Paolo Renier	14. I. 1779–13. II. 1789
120) Lodovico Manin	9. III. 1789–12.V. 1797

GEOGRAPHISCHES GLOSSAR

Arbe	–	Rab
Brassa	–	Brac
Candia	–	Heraklion (Kreta)
Cattaro	–	Kotor
Cherso	–	Cres
Curzola	–	Korcula
Durazzo	–	Durres
Fiume	–	Rijeka
Heraklion	–	Eraklea an der Piave
Kandia	–	s. Candia
Kephalonia	–	Kefallinia
Koron	–	Koroni
Lepanto	–	Naupaktos
Lesina	–	Hvar
Lissa	–	Vis
Malea, Kap	–	Malia, Kap
Malvasia	–	Monemvasia
Modon(e)	–	Methoni
Morea	–	Peloponnes
Nauplia	–	Nafplion
Navarino	–	Pylos
Negroponte	–	Euböa
Nikopolis	–	Nikopol
Parenzo	–	Porec
Parthenope	–	Neapel
Ragusa	–	Dubrovnik
Rovigno	–	Rovign
Santa Maura	–	Levkas
Sapientia I.	–	Sapienzia I.
Scutari	–	Shkoder
Sebenico	–	Sibenik
Spalato	–	Split
Stampaglia	–	Astipalea
Traù	–	Trogir
Tuscien	–	Toskana
Tyros	–	Tyre, Es Sur
Zara	–	Zadar

Venezianische Ausdrücke

Arsenal .... Staatliche Schiffswerft
Arte .... Handwerkszunft in Venedig
Atrium .... Von Säulenreihe umgebene Vorhalle
Avogadori di Comun .... Beamte, die Gesetze auf ihre Verfassungsmäßigkeit überprüfen und unter anderm auch das Adelsverzeichnis führen
Bauta .... Umhang zur Verkleidung mit Maske
Beccaria .... Fleischmarkt
Buccintoro .... Staatsgaleere des Dogen
Ca' .... Abkürzung für Casa = Haus, oft für einen Palazzo verwendet
Calle .... Gasse
Campanile .... Meistens von der Kirche getrennt stehender Glockenturm
Campiello .... Kleiner Platz
Campo .... Platz
Canalazzo .... Der große Kanal, auf venezianisch der Canal Grande
Cannaregio .... Einer der sechs Bezirke oder Sestieri von Venedig
Capitan General dal Mar .... Admiral, Kommandant d. venezianischenFlotte
Capitan del Golfo .... Admiral, Kommandant der Adriaflotte
Casa .... Haus im Sinne von Wohnhaus, Haus im Sinne von Familie
Casada .... Familienclan
Casino .... Lusthaus, Spielcasino
Castello .... Einer der sechs Bezirke oder Sestieri von Venedig
Collegio .... Teil der Regierung, Siehe Abschnitt „Der venezianische Staat“
Corno .... Dogenmütze
Correttore delle Leggi .... s. Korrektor
Corte .... Von mehreren Gebäuden umgebener Hof
Cortile .... Innerhalb eines Gebäudes gelegener Hof
Dieci Savi (sopra le Decime) .... Steuerbehörde
Dogat .... Das Amt als Doge
Dorsoduro .... Einer der sechs Bezirke oder Sestieri von Venedig
Dose .... Doge
Doxe .... Doge
Ducat .... (lat.) Das vom Dogen beherrschte Fürstentum
Erberia .... Gemüsemarkt
Fante .... Bediensteter oder Bote einer Behörde

Fondaco .... Warenlager, Niederlassung ausländischer Kaufleute
Fondamenta .... Befestigtes Ufer, öffentlicher Kai
Fontego .... s. Fondaco
Galeasse .... s. Maone
Goldenes Buch .... Venezianisches Adelsverzeichnis
Korrektor .... Mit Verfassungs- oder Gesetzesänderung Beauftragter
Liagó .... Vorgebaute Seitenloggia an der Front eines Gebäudes
Libro d'Oro .... s. Goldenes Buch
Lido di Venezia .... Insel vor Venedig
Lido .... Generell: schmale, der Lagune vorgelagerte Insel
Lista .... Weg an einem unbefestigten Ufer, wie es ihn heute nicht mehr gibt
Magazen, Magazzino .... Warenlager
Maone .... Galeasse, schwerbewaffnete Galeere
N.D. ...... Abkürzung für Nobile (Nobilis) Donna, Titel jeder Patrizierin
N.H. .... Abkürzung für Nobile (Nobilis) Homo, Titel jedes Patriziers
Parrocchia .... Pfarre, geographisch Pfarrbezirk
Patriarch .... Hoher Bischofstitel, ursprünglich aus der Ostkirche
Pescaria .... Fischmarkt
Piano .... Stockwerk
Piano Nobile ...... Das besonders schöne erste Stockwerk eines Palazzo
Podestà .... Gouverneur, in Städten Bürgermeister
Portego da basso ...... Portico, Porticus, Säulenhalle an der Wasserfront
Portego .... Saal im Obergeschoß eines Palastes
Pozzeto ... Tragstuhl, auf dem der Doge nach der Wahl präsentiert wurde
Proto .... Höchster fix angestellter Baumeister der Stadt Venedig
Provveditore .... Inspektor, für eine bestimmte Aufgabe ernannter Patrizier
Ramo .... eigentlich Zweig, bedeutet venezianisch Gasse oder Sackgasse
Remer .... Rudermacher
Rensa .... Unter der Dogenmütze getragene Haube aus Reimser Leinwand
Ridotto .... Spielkasino
Riformatore .... Vorstand der Universität oder sonst hoher Beamter
Rio Terrà .... Straße auf einem alten heute zugeschütteten Kanal
Rio .... Canal
Ruga .... Straße
Salizzada .... gepflasterte Straße
San Marco .... Einer der sechs Bezirke oder Sestieri von Venedig
San Polo .... Einer der sechs Bezirke oder Sestieri von Venedig

Sàndolo .... Kleine Gondel
Santa Croce .... Einer der sechs Bezirke oder Sestieri von Venedig
Santolo .... Aristokratischer Pate eines Bürgerlichen
Scuola Grande .... Titel für die sieben bedeutendsten Bruderschaften
Scuola .... Bruderschaft, Vereinigung von nicht patrizischen Bürgern
Ser .... Anrede für einen venezianischen Patrizier
Sensa .... Himmelfahrtstag, bedeutendster Staatsfeiertag in Venedig
Serenissima .... eigentlich „La Serenissima Signoria" s. Signoria
Sestiere .... Bezirk von Venedig
Signoria .... Venezianische Regierung
(Doge, 6 Savi, 3 Capi della Quarantia)
Sotopòrtego .... Überdachter Eingang oder Durchgang
Squero .... Kleine Bootswerft
Tagliapietra .... Steinmetz
Taiapiera .... Steinmetz
Terra Ferma ...... Venezianisches Staatsgebiet am Festland um Venedig
Traghetto .... Fähre über den Canal Grande

Literatur

Ackermann J. S. : Palladio, Penguin Books 1966
Baetjer K., Links J. G. : Canaletto, Newton & Compton Roma 1996
Boerio Giuseppe: Dizionario del Dialetto Veneziano. Ristampa Giunti Firenze 1998
Brockhaus Konversations-Lexikon: F. A. Brockhaus in Leipzig, Berlin und Wien 1901
Cacciavillani I.: Antonio Foscarini. In Quatro Protagonisti della Repubblica di San Marco; Corbo e Fiori Editori, Venezia 1997
D'Annunzio G.: Das Feuer, Matthes & Seitz. 1988
Da Mosto Andrea: I Dogi di Venezia nella vita pubblica e privata. Herausgeber Giunti Martello, Aldo Martello 1977
Der Neue Brockhaus: F. A. Brockhaus, Wiesbaden 1962
Deutsche Verlagsanstalt: Klassiker der Kunst in Gesamtausgaben. Stuttgart und Leipzig, Deutsche Verlagsanstalt 1904
Emmer J.: 60 Jahre auf Habsburgs Thron. Verlagsanstalt Pallas 1908
Franzoi U., Smith M.: Canal Grande, Arsenale Editrice, Venezia, 1997
Gontard Friederich: Die Päpste und die Konzilien. Verlag Kurt Desch, Wien–München–Basel 1963
Goy R.: Die Stadt in der Lagune. Knesebeck, München 1998
Harbauer Karl: Der Kaiser und die Kriegsmarine (Herausgegeben anläßlich des 80. Geburtsfestes Seiner Majestät Kaiser Franz Joseph I.). Verlag des Österreichischen Flottenvereins, Wien 1910
Hunecke V.: Der venezianische Adel am Ende der Republik, Max Niemeyer Verlag Tübingen 1995
Klassiker der Kunst. In XVI Bänden. Deutsche Verlagsanstalt, Stuttgart 1904
Kretschmayr Heinrich: Geschichte von Venedig, 2. Neudruck der Ausgabe Gotha 1920. Scientia Verlag, Aalen 1986
Kurowsky F.: Vendig, Herbig Verlag, München–Berlin 1981
Lane F. C., Mueller R. C. : Money and Banking in Medieval and Renaissance Venice. The Johns Hopkins University Press, Baltimore and London 1985
Lauritzen P., Zielke A.: Palaces of Venice, Blacker, Calman Cooper Ltd, London 1978
Lorenzetti Giulio: Venice and its Lagoon, Edizione Lint Trieste, Reprint 1985
Lutyens Mary: Effie in Venice, Pallas Editions, London 1999
Mayer H. F., Winkler D.: Als die Adria österreichisch war. Edition S, Verlag der Österreichischen Staatsdruckerei, Wien 1987
Mueller R. C.: The Procurators of San Marco in the Thirteenth und Fourteenth Centuries: A Study of the Office as a Financial Trust Institution, in: Studii Veneziani 13 (1971) S. 105–122
Norwich J. J.: A History of Venice, Alfred A. Knopf, New York 1982
Pedrocco F, Pignati T.: Giambattista Tiepolo, Itinerari Veneziani, Canal & Stamperia Editrice srl. Venezia, 1996
Pflugk-Harttung J. v.: Grotesche allgemeine Weltgeschichte, Verlag von Ullstein & Co., Berlin 1907
Pflugk-Harttung J. v.: Ullsteins Weltgeschichte, Verlag von Ullstein & Co., Berlin 1908
Ploetz Dr. Karl: Auszug aus der Geschichte, 11. Auflage, Verlag von A.G. Ploetz, Berlin 1895

Ploetz Dr. Karl: Auszug aus der Geschichte, 25. Auflage, Verlag von A.G. Ploetz, Würzburg 1956
Pucci E.: Ganz Venedig, Bonechi Editore, Firenz 1971
Quadri A., Moretti D.: Il Canal Grande di Venezia. 1805
Ranke Leopold v.: Die römischen Päpste, Phaidon Verlag, Wien 1943
Rendina C.: I Dogi, Storia e Segreti. Newton Compton Editori, Roma 1984
Ritschel K. H.: Salzburger Miniaturen, Otto Müller Verlag, Salzburg– Wien 1998
Romanelli G. (Herausgeber): Venedig Kunst & Architektur. Könemann, Köln 1997
Romanelli G.: Venezia l'arte nei secoli, Magnus Edizioni, Udine 1997
Ross W.: Venezianische Promenade, Siedler Verlag, Berlin 1996
Ruskin John: The Stones of Venice, (Ed. by J. G. Links). Penguin Books, London 2001
Salvalaggio N.: Signoria dell'Acqua, Piemme, 1997
Schauber V., Schindler H. M.: Heilige und Namenspatrone im Jahreslauf. Pattloch Verlag 1998
Schweigert C.A.: Österreichs Helden und Heerführer, Prandel &. Meyer, Wien 1855
Segelhandbuch der Adria: Hydrographisches Amt der K. u. K. Kriegsmarine, Pola 1906
Sibylle E., Rösch G.: Venedig im Spätmittelalter 1200–1500, Verlag Ploetz, Freiburg–Würzburg 1991
Storia dei Dogi di Venezia (Cicogna, Veludo, Caffi, Casoni Moschini), Venezia 1867
Straganz M., Fischer P., Felten W.: Illustrierte Weltgeschichte. Wien Verlag der Leo-Gesellschaft
Tassini G.: Curiosità Veneziane, Filippi Editore Venezia 1970
Thieme U., Becker F.: Allgemeines Lexikon der bildenden Künstler von der Antike bis zur Gegenwart. Deutscher Taschenbuch Verlag 1992
Thurbon C.: Die Venezianer. Time Life Bücherei Amsterdam 1980
Valeri D.: Giuda Sentimentale di Venezia, Aldo Martello, Milano.
Vitale A: La Moda a Venezia attraverso i Secoli. Filippi Editore, Venezia. 1992
Vitoux F.: Leben und Wohnen in der Lagunenestadt Venedig. Du Mont Buchverlag Köln.
Zorzi A., Marton P.: Die schönsten Paläste in Venedig, Hirmer, München, 1995
Zorzi A.: Canal Grande, Biblioteca Universale Rizzoli 1996
Zorzi A.: Österreichs Venedig, Claassen, Düsseldorf 1990

Index nach Ordnungsnummern

Die Zahl rechts ist die Ordnungsnummer unter der das Objekt im Text abgehandelt wird

REGISTER

ABBILDUNGSNACHWEIS

Seitennummern in Standardschrift, Ordnungsnummern in Kursivschrift

Brockhaus' Konversations-Lexikon: F..A. Brockhaus in Leipzig, Berlin und Wien 1901: 32, 65, *102,* 166, *167,187,* 203, 223, 239, 269, 287.
Emmer J.: 60 Jahre auf Habsburgs Thron. Verlagsanstalt Pallas 1908: 255, 317.
Klassiker der Kunst. In XVI Bänden. Deutsche Verlagsanstalt Stuttgart 1904: *13, 22,* 64, 65, *70,* 70, *81, 81,* 90, *100, 107,* 123, 130, 145, 152, *155,* 159, *167,* 167, 217, *219,* 288, 291, *294,* 305, 308, *311,* 326, 333, 339,
347, 347, 365, 372, 374, *376,* 384, 388, *397,* 405, 406, 410.
Lauritzen P., Zielcke A., : Palaces of Venice, Becocci Editore 1978: 340
Pflugk – Harttung J. v. : Grotesche allgemeine Weltgeschichte, Verlag von Ullstein & Co Berlin 1907: *22, 30, 67,* 139, 144, 242, 231, 256, 309, 349, 353, 359.
Quadri A., Moretti D. : Il Canal Grande di Venezia. Venezia 1820: 10, 13, 102, 112, 118, 119, 133, 228.
Storia dei Dogi di Venezia (Cicogna, Veludo, Caffi, Casoni Moschini), Venezia 1867: 49, *63,* 136, 143, 157, 173, 184, *107,* 155, 266, *353, 372,* 354.
Alle übrigen Photographien und Zeichnungen stammen aus dem Archiv des Verfassers.